THE HISTORY OF ENGLAND

英格兰史

六部曲

— III —

叛乱年代

内战、复辟与光荣革命

[英国]

彼得·阿克罗伊德

— 著 —

赵国新 王庆

— 译 —

译林出版社

图书在版编目（CIP）数据

叛乱年代：内战、复辟与光荣革命 /（英）彼得·阿克罗伊德著；赵国新等译．—南京：译林出版社，2022.9
（英格兰史六部曲）
书名原文：Rebellion
ISBN 978-7-5447-9175-5

Ⅰ.①叛… Ⅱ.①彼… ②赵… Ⅲ.①英国－中世纪史－17世纪 Ⅳ.①K561.3

中国版本图书馆 CIP 数据核字（2022）第 084614 号

叛乱年代：内战、复辟与光荣革命　[英国] 彼得·阿克罗伊德 / 著　赵国新　王庆 / 译

责任编辑　王瑞琪
装帧设计　韦　枫
版式设计　黄　晨
校　　对　蒋　燕
责任印制　单　莉

原文出版　Macmillan, 2014
出版发行　译林出版社
地　　址　南京市湖南路 1 号 A 楼
邮　　箱　yilin@yilin.com
网　　址　www.yilin.com
市场热线　025-86633278
排　　版　南京展望文化发展有限公司
印　　刷　徐州绪权印刷有限公司
开　　本　718 毫米 ×1000 毫米　1/16
印　　张　29
插　　页　12
版　　次　2022 年 9 月第 1 版
印　　次　2022 年 9 月第 1 次印刷
书　　号　ISBN 978-7-5447-9175-5
定　　价　88.00 元

目 录

1

新所罗门王

罗伯特·卡雷爵士从伦敦动身，沿着北方大道怒马疾驰，直奔爱丁堡。他在约克郡住了一夜，在诺森伯兰歇了一晚。长驱 330 英里后，他“带着血迹斑斑的跌伤和擦伤”，终于到达荷里路德宫；此时正是 1603 年 3 月 26 日晚上，他被领到苏格兰国王詹姆士六世御前。卡雷双膝跪地，称其为“英格兰、法兰西和爱尔兰国王”。他奉上一枚蓝戒指；这是一件信物，是卡雷的姐姐斯克鲁普夫人从里士满王宫的窗户边扔给他的，当时伊丽莎白刚刚咽气。他对新王说：“这枚蓝戒指是一位贵妇人的。”

詹姆士六世答道：“行了，由此可知，你就是信使。”这枚戒指是此前国王派人交给斯克鲁普夫人的；两人约定，如果女王去世，就以此为号。

一群高级教士和贵族来到白厅大门口，见过老女王的首辅罗伯特·塞西尔爵士之后，跟着他前往齐普赛市场的十字架前，塞西尔当众宣布詹姆士为王。首都百姓听到新王顺利继位的消息，点起了篝火，撞响了大钟，以示祝贺。塞西尔宣布，他“将詹姆士王这条船引入了正确的港湾，一路
波澜不惊，安然无恙”。伊丽莎白去世前，他就和詹姆士暗通书信；他奉劝 1
这位苏格兰国王，“在这个残酷的世界上，要有一副铁石心肠”。

詹姆士于 4 月 5 日离开爱丁堡，前往他的新王国。自从他母亲苏格兰

女王玛丽被迫逊位之后，他就继承了王位，当时他只有 13 个月大，如今他已经当了 36 年的苏格兰国王了。多年以来，他想方设法约束喜欢论战的教士们和桀骜不驯的贵族们的非分之想，在这个过程中，他的为王之道即便算不上光彩，但也算是成功的。用法国大使的话说，从幼年时代开始，苏格兰领主们的暴躁脾气和好战精神就让他心有余悸。然而，他还是凭借狡诈和妥协保住了王位。如今，正如他对随从们所说的那样，他即将进入“应许之地”。动身之前，他致信威斯敏斯特的枢密院，要求给他拨款；当时他南下的旅费没有着落。

国王也许没有料到，他的新臣民会这么欢呼雀跃、热情洋溢地接待他。他后来回忆说，“各色人等骑马而来——不，是飞奔过来——想要见我一面”。他们之所以过来看他，是因为他们当中谁也没有见过男性国王。英格兰的繁荣，统治者们显而易见的富裕，给他留下了深刻的印象。他后来说，当国王的头三年，仿佛天天过圣诞节。他在路上走了一个月才到达伦敦，这主要是因为，他不想参加伊丽莎白一世的葬礼。他不大喜欢伊丽莎白；伊丽莎白生前在他的继位问题上摇摆不定，或许更为重要的是，此人曾经下令处死了他的母亲。

他在 4 月中旬到了约克郡，塞西尔前来接驾。国王对他说：“你的个头虽然小，但我们肯定委你重任。”在特伦特河畔的纽瓦克，有位扒手抢劫了他侍从的财物，他下令立即绞死此人；他还不了解英格兰普通法的条款。这件事说明，就很多重要方面而言，他还是个外人。在斯坦福德的伯利庄园，他从马上掉了下来，摔断了锁骨。于是他就慢悠悠地前往伦敦。到了赫特福德郡，他在罗伯特·塞西尔的乡下宅邸——西奥波德府——休息了三四天。在此驻跸期间，他册封了许多骑士，并以此为乐。

2 他滥施封赏的行为颇招物议，有人指责他不够慎重。伊丽莎白时期，仅有 878 人受封为骑士；而詹姆士掌国仅 4 个月，就封了 906 名骑士。女王所册封的，都是她眼中的功臣和栋梁；而詹姆士只把骑士勋位当作地位的标签。据说，他甚至册封一块牛肉为骑士：“平身，腰肉爵士。”还有一次，他没听清楚受封者的名字，便随口说道：“平身，你称自己为‘为所欲为’爵士就好了。”有的头衔甚至可以用钱买。国家名器的贬值标志着原有的都铎制度开始发生变化。

但凡有机会见过国王的人，都不可能十分钦佩他。他举止笨拙，态度游移不定；他长着两条罗圈腿，走起路来样子怪怪的，或许这是童年时期的佝偻病所致。安东尼·威尔顿爵士是公认的国王的死对头，此人见过詹姆士本人，也说他总是“摆弄着下体盖片”。

国王能言善辩，说起话来滔滔不绝，总是喋喋不休，但浓重的苏格兰口音让讲话效果在英格兰听众那里大打折扣。纵使他好发言，却也热衷搞笑。他为人诙谐，但总以低沉、严肃的声音发表滑稽可笑的言辞。他的行为举止并非无可挑剔，据说他在吃吃喝喝的时候容易淌口水。他不大重视衣着，但喜欢穿加厚垫的紧身衣，以防刺客用匕首袭击。据说他很害怕出鞘的刀剑。他的眼神总是游移不定、焦躁不安；他尤其留意宫廷中出现的生人。

5月7日，他骑马前往伦敦，市长和无数市民出城四英里前来接驾。他在加尔都西会住了四个晚上，然后去了伦敦塔，在那里住了好几天。他住在御室期间，还“偷偷地溜出来乘车和坐船”，兴高采烈地游览了全城，正如同时代的人所说；藏在白厅的王室珍宝，令他尤为吃惊。这就是他新发现的财富的明证。 3

然而伦敦可不是一个安乐窝。甚至在他走近伦敦之际，瘟疫就已经在大街小巷里暗中肆虐了；到了当年夏天结束的时候，它夺走了三万市民的性命。按照原来的计划，在7月25日加冕的那一天，伦敦要举行一场盛大的入场式，但由于害怕人群聚集传播瘟疫，只好简化仪式，保留了加冕礼，取消了盛大游行。

甚至在他登基不久的几个月里，就有人密谋推翻他的统治。包括沃尔特·雷利、亨利·布鲁克、科伯汉姆勋爵在内的一群绅士，涉嫌密谋废黜詹姆士，拥立他的堂妹阿拉贝拉·斯图亚特；与大多数阴谋一样，它也因流言蜚语、犹豫不决和提前泄露而事败。雷利被捕，囚禁于伦敦塔，两周之后，他在那里自杀，但未遂；在后来的审判中，检察总长爱德华·柯克爵士斥之为“地狱中的蜘蛛”。

雷利：你说话放肆、野蛮、粗俗。

柯克：我的措辞仍不足以体现你恶毒的叛逆行为。

雷利：你理屈词穷，一件事情说了六遍。

这就是所谓的“主要阴谋”的结局。人们还发现了次要阴谋：教士们要绑架国王，强迫他中止反对罗马天主教的法律。当然，除了死掉了几位主谋之外，这个谋反案并未产生严重后果。

国王加冕的日子终于到来了，场面很正式，虽然内容有点缩水；坎特伯雷大主教在现场嘉宾面前迅速地完成了这个仪式。詹姆士的王后丹麦的安妮，同意大主教为自己加冕；不过，作为天主教徒，她拒绝参加新教的领圣餐仪式。此人性情谦恭，爱交友，在詹姆士执政期间，她没有给丈夫惹出什么麻烦。她的牧师经常评论说，“国王本人非常贞洁，王后身上没有狐媚惑主的东西；他们的确像普通夫妻那样相亲相爱，没有让对方改宗”。仪式结束后，王室离开了瘟疫肆虐的伦敦，去乡下呼吸健康的空气去了。在
4 同年8月，詹姆士和安妮首次“巡游”，他们去了温切斯特和南安普敦，然后北上，去了约克郡；在这方面，他们仿效了杰出的前任女王的做法。

不过，詹姆士已经搭好了宫廷和枢密院的班底。他特地犒赏手下的苏格兰贵族，让他们担任自己最显赫的扈从。寝宫成了执政中心，出入的都是他从老家苏格兰带来的扈从。这引起了英格兰廷臣们的不满和非议：按照他们的说法，苏格兰领主们就像大山一样阻挡着王恩普照在他们身上。不过，新的枢密院团队还是建立起来了，成员一半是苏格兰人，一半是英格兰人；国王甘当“调停人”，这种半对半的人事安排显示出他的中立路线。

在英格兰的枢密官中，最得宠的当属罗伯特·塞西尔和两位霍华德。一位是北安普敦伯爵亨利·霍华德，在1604年初被任命为五港监管大臣，一年后，任掌玺大臣；在伊丽莎白执政期间，他给身在爱丁堡的詹姆士出

了很多主意，用詹姆士的话说，多得“不可胜数”。另一位是萨福克伯爵托马斯·霍华德，就任内廷大臣。塞西尔不久被册封为克兰博恩子爵，后来又被册封为索尔兹伯里伯爵。事实上他是个杰出的人物；他身材矮小，还驼背，但在大臣中，他是出类拔萃的人物。国王曾对他说：“在上帝面前，我认为你是我用过的最好的仆人，虽说你只不过是一只小猎犬。”他经常称其为“我的小猎犬”。塞西尔掌控议会和财政；他监管爱尔兰和全部外交事务；此人天生就有耐心，无论别人怎么嘲笑他的长相和体形，他都能忍受。他位居一人之下、万人之上，他的表弟弗朗西斯·培根对他的评价是，他不会把国事搞糟，但也不会把国事弄好。这个评判过于苛刻了；塞西尔有着高超的政治智慧，是称职的政治家。不过，紧随其后的却是亨利·霍华德。

伊丽莎白的枢密院有十三位枢臣。詹姆士将其规模扩充了一倍，但他
极不愿意召开枢臣大会。他更喜欢在寝宫里幽居独处，独自研究对策，然 5
后分派任务。他更喜欢单独接触枢臣，这样一来，他的诙谐与常识就可以弥补他缺乏威严的不足了。他一点也不喜欢伦敦，总爱去乡下打猎；因为这个优势，他曾给枢臣们写了一封沾沾自喜的书信，他在信中想象，他们为了国事“忍受地狱般的煎熬”。然而，当城里急需他的时候，他总能快马加鞭、突如其来地返回；他说自己“来去快如闪电”。

白厅是一个弯弯曲曲的建筑群，里面密布着一千四百多个房间、密室、陈列室和寝室。这里不知隐藏了多少秘密，举行了多少次秘密会议，上演了多少次不期而遇，出现过多少次争执。这里不仅为约翰·邓恩的讽刺诗，也为本·琼森的两部关于野心和腐败本质的罗马剧提供了恰如其分的场景。这里还为假面舞剧的极盛时代提供了环境。这里每隔一天就举行一次舞会，演出一部喜剧。

然而，宫廷也为阿伦德尔伯爵托马斯·霍华德的艺术收藏提供了最重要的背景，他的藏品包括帕拉第恩的建筑草图以及霍尔拜因、拉斐尔和丢勒的作品。大领主和廷臣们还在奥德利庄园、哈特菲尔德以及其他地方修建了精美的宅邸。位于斯特兰德的北安普敦伯爵的府邸里铺着土耳其地毯，

悬挂着布鲁塞尔挂毯，摆放着中国的瓷器；他还有好几架地球仪，收藏了好几个重要国家的地图。这就是詹姆士一世时代欣欣向荣的世界。

在执政之初，当他从爱丁堡向伦敦巡游的途中，他收到了一封请愿书；请愿者是他治下的清教徒，这封请愿书被称为“千人请愿书”，上面有一千名牧师的签名。他们用温和的语气向国王建议，洗礼的时候不用十字架，结婚不用戒指。“教士”和“赦罪”等词应该“予以更正”，坚信礼应该废除，不应“迫切要求”神职人员穿戴法冠、法衣和国教的祭服。

6 国王本人最喜欢干的事情莫过于辩论宗教的教义，因为他可以借此来显示才华。因此，他登基之后第一个重要举动就是，将一小撮神职人员召到汉普顿宫，辩论宗教政策问题以及宗教原理。五位著名的、博学的清教徒牧师对阵王国的重要神职人员，其中包括坎特伯雷大主教和八位主教。

这是一个宗教论战的时代，这种情况或许预示着，在下一代国王任内将爆发内战。主教阵营对于建制派教会的教义和仪式普遍表示满意；他们都是温和派，他们拥护国家与教会合为一体；他们更相信的是集体膜拜而非私人祈祷；他们承认风俗、经验以及理性在精神信仰方面的角色。这可能还不是一种发展充分的信仰，但它有助于将那些模糊的或灵活的信条粘在一起。它也适合那些只想和邻居保持一致的人。

清教徒阵营更加关注个人良知的迫切要求。他们深信人类天生堕落，只有神恩才能救赎罪恶的人。他们痛恨忏悔行为，鼓励人们高度自省、自律。他们不想要一个主持圣餐仪式的教士阶层，他们要的是传播教义的牧师阶层；他们认为《圣经》上的话才是一切神圣真理的来源。他们要按照天道迹象的指引来行动。秉持清教传统的善男信女们完全服从上帝的绝对意志，任何仪式或圣礼都不能让他们改变初衷。这就赋予了他们扫除世界罪恶的热情和精力，或者，正如某位清教神学家所说，赋予了他们“履行一切义务的神圣暴力”。有的时候，他们直言无忌，如同受到神灵触动一样。有一种不太公平的说法认为，他们真心实意地爱上帝，全心全意地痛恨邻人。

然而，在这一阶段，它们还算不上敌对的教义；或许我们最好认为
它们是同一个教会内部相互对立的倾向。在这一年的仲冬时分，他们首次
在汉普顿宫正式对阵。1604 年 1 月 14 日是辩论的第一天，讨论在国王和
手下神职人员当中进行。詹姆士就“千人请愿书”提出的变革建议与神职 7
人员展开了辩论。第二天，清教徒神学家受邀与会。首先被点名发言的是
约翰·雷诺兹，他认为英格兰教会应该接受加尔文派教义。伦敦主教理查
德·班考罗夫特迅速出手干预。他跪在国王面前，提出一个要求：“不要忘
记古老的教会准则。”这句话的意思是，不应该允许“分裂派”出言反对主
教。詹姆士允许就具体问题继续进行讨论。

在接下来的辩论过程中，国王似乎表现得精明和明智。他并没有向清教徒拥护加尔文主义的要求让步，但他的确接受了他们的另一项提议：为《圣经》翻译一部更好的英译本。这个要求在他执政晚期结出了硕果，那就是钦定版《圣经》。与会代表继续讨论培养博学的牧师的问题，以及如何处理个人良知的问题。国王愿意就某些事情向清教徒让步。他显然认为，采取中间路线会促进教会内部的团结。在严寒的天气下，汉普顿宫的炉火熊熊燃烧，国王身穿皮袍坐在那里；主教们，甚至清教徒的代表们，也穿上了皮斗篷。

一切似乎进行顺利，直到雷诺兹提议，王国内的主教们应该和“长老们”磋商。听到这里，国王动怒了。“长老”这个词指的是基督教会中的牧师，对他来说，这个词有着令人不快的内涵。他曾经因苏格兰的长老会牧师而勃然大怒，那些人并非总是给予国王应有的尊重；他们倾向于共和主义，甚至是平均主义。其中有位长老安德鲁·麦尔维尔当面称他是“上帝的傻封臣”。

如今詹姆士正告雷诺兹及其同事，他们似乎想当“通吃君主制、上帝和魔鬼的苏格兰长老”。他还说，这意味着“杰克和汤姆，还有威尔和狄克，他们坐在一起，随心所欲地审查我、我的枢密院以及我们的所有做法”。他给雷诺兹建议的结语是：“直到你发现我变得懒散、束手不管，方才罢手。”他的座右铭“没有主教，就没有国王”便由此而产生。清教徒的代表离场

8 后，他评论道：“如果这就是他们不得不说的全部内容，我会让他们就范，否则我会赶他们出国，或对他们来点更狠的。”

两天之后，国王召集主教们继续开会，接下来，他又召回了清教徒，命令他们奉行正统的《公祷书》所规定的全部内容。这部《公祷书》是五年前重新发行的。会议结束了。即将问世的《圣经》英译本是会议讨论的最大成果，但是，总的来说，这次会议不能算大获成功。如今，统一的国家教会不复存在，至少出现了两个具有不同意义和目的的教会。

与以往一样，国王对自己在汉普顿宫的表现十分满意。“我把他们打惨了。”他说道。主教们曾对他说，他的讲话具有启发力量。“我不知道他们是什么意思，”约翰·哈灵顿爵士致信妻子说，“但其精神相当无耻下流。”有一次国王说道：“这种观点就是一团大粪！我宁可让我的孩子由猿猴施洗，就像由女人施洗那样。”他还责骂清教徒，让他们“拖着鼻涕滚蛋！”

然而，在很多方面，他是博学之士。终其一生，他都与苏格兰教士争辩、论战。他热衷于参与神学论辩，按照早年的一位评论者的说法，“他理解清晰，判断明智，记忆力超强”。国王还自视为写作大师，写了大量的作品，议题涉及恶魔学、君主制、巫术以及吸烟。在登基纪念章上，他头上戴着月桂花环，彰显出他的文学抱负。他甚至亲自动笔写打油诗，反击别人为攻击他而发表的“歪诗”攻击他。1616 年，他把自己的著述汇为一编，出了一个对开本，这在英格兰君主中尚属首例。所以有人称其为“不列颠的所罗门”，这种说法不无嘲讽的意味。

坎特伯雷大主教约翰·惠特吉夫特如今行将就木，他意识到了，汉普
顿宫会议的结束并不意味着宗教纷争告终。他心里很清楚，在即将召开的
议会里，将出现许多信奉清教思想的领主和绅士。议会定于 1604 年 3 月 19
日召开，国王决定提前四天大张旗鼓地骑马穿过伦敦。既然瘟疫的威胁已
9 经解除，官方宣布，各“郡、自治镇、分区、城市、小村庄”的人们应该
群趋主城，颂扬新国王。从伦敦塔到白厅，在游行队伍途经的道路两边按
照帝制时代的罗马的风格建起了七座凯旋门。不过，宏伟壮观的场面不一

定能够赢得人心。

这届议会规模庞大，与会人员急于摸清詹姆士的底。国王在开幕词中就宗教状况发表了意见，同时向清教徒提出警告，因为他们“一直不满当前的政府”。当他看到清教徒更加关心的是各种特权问题并且表达不满的时候，詹姆士像“父亲对待儿女”那样责骂他们。很快，争吵的由头又出现了。

关于白金汉郡一名议员的选举问题引发了辩论，随之而来的争论导致国王反对议会。4 月 5 日，下议院议长宣布了詹姆士一世的意思：“作为绝对君主”，他极想让下议院议员和法官在一起谈一谈。多年以来，还没有哪位君主用这种方式和议会说话。这个霸道要求提出之后，全场一片肃静和惊异。就在此时，有位议员站起来说，“君主的命令就像霹雳一样；他像雄狮怒吼一样命令我们忠诚；他的命令无可反驳”。

实际情况不一定如此。到了 4 月中旬，有人提议，詹姆士应号称大不列颠之王，因为他统一了各个王国；在当时的情况下，这只不过是一个手续问题。但下议院是不容易说服的。到底是哪一种统一？经济上的？宪法上的？“大不列颠”奉行哪种法律？苏格兰人会蜂拥而至，占据所有职位，拿走所有封号。英格兰的普通法怎么和苏格兰的法律传统保持一致，怎么和爱尔兰的风俗保持一致？

国王本人的立场十分坚定，“我就是丈夫，”他说，“整个岛屿就是我的合法妻子；我是首脑，它是我的躯体。”难道他们希望他同时娶两个老婆？这场争论持续到了第二年，用国王的话说，这里面有“许多绊子、漫长的争论、奇怪的质疑，以及无所作为”。在他憧憬的统一王国里，只有一部法律、一种语言和一种信仰；然而，时代的特殊性让这种雄心付诸东流。例 10
如，英格兰人要求苏格兰人按照同等税额纳税；苏格兰人则以贫困为借口拒绝了。下议院议员已经同意，“既然我们无法制定出让不列颠统一的法律……就让我们迈着沉重的步伐继续前进吧”。国王对两国统一计划的热心程度不亚于他对反对派的愤恨。

接下来，议会开始关心宗教问题，尤其关注汉普顿宫的工作成果。正如我们所看到的那样，惠特吉夫特大主教从这次会议中感觉到，下议院中的大量清教徒乡绅会制造麻烦。到了5月末，下议院议员们提出两项法案，其中一项针对的是那些兼任有俸圣职者和在外牧师①的人；这些人同时担任好几个教区的教职，也就是说，他们渴望将自己的牧师职责托付给别人，其中不乏教会建制派中一些最显赫的人物。下议院的成见是显而易见的。第二个法案强烈要求“牧师必须有学问和信仰虔诚”，这相当于要求清教主义。

国王给惹怒了。为了找到正当理由，一个议会委员会起草了一份“辩护与确认书”，于6月20日向下议院议员们宣读，辩护书中捍卫了诸如言论自由和免于被捕等权利。它宣布：“我们享有的特权和自由是我们真正的权利和遗产，它们的重要性不亚于我们的土地和货物。”或许他们是想通过议会让苏格兰国王了解英格兰宪法。其中还有一部分内容宣称：“如果有人对陛下说，英格兰国王具有改变信仰的绝对权力……或者具有制定法律以改变信仰的绝对权力，您听到的肯定是错误信息。”这份辩护书从未呈给国王；由于内容太极端，它很可能被大多数人给否决了。

不过，毫无疑问，詹姆士了解到了具体内容；其内涵令他深恶痛绝，其放肆无礼令他勃然大怒。7月7日，他宣布议会休会，他在讲话过程中痛斥一些议员“做事情不经过脑子，有些人做事鲁莽急躁，有些人爱管闲事”。他说，在苏格兰，人们对他讲话充满敬意，但在英格兰，有些人“什么正事也不干，从早到晚在我的提议中找毛病”。在苏格兰，“我所做的一
11 切都得到认可，可在这里，我所做的一切都饱受怀疑”。他还说，“你们做的很多事情都是鲁莽灭裂之举，我倒不是说你们心怀不忠”。在讲话的结尾部分，他建议道：“我只是希望你们保持较好的样子，我对样子的喜欢一如对内容的喜欢。”

或许他在等理查德·班考罗夫特助一臂之力，此人刚刚就任坎特伯雷大主教，坚决拥护王家的至高权力，不喜欢清教徒。甚至在当时，班考罗

① 不住在工作所在地的牧师。——若无特别注明，本书脚注皆为译注

夫特就正在引导高级教士会议达成一个信仰一致的声明；1604 年的宗教法规没有给清教徒任何东西，只是要求他们遵奉《公祷书》和三十九条信纲。闹派性的牧师要么顺从，要么被免去圣职。事实上，政府极少使用比较残忍的惩罚手段，但这些措施标志着改革后的英格兰教会有史以来首次发生分裂。

于是国王毫无风度地让议会休会，议会几乎一事无成。他后来声称，议会是一具没有首脑的躯体。据说，他的原话是这样的："在他们开会的时候，除了呼喊、叫嚷和喧嚣之外，什么也听不见。我很奇怪，我们的祖先怎么会允许这样一种制度存在。"其他人可能也有同感。1604 年冬天，托马斯·珀西在威斯敏斯特王宫附近转租了一间房子，在盖·福克斯以及其他密谋者的协助下，他开始挖掘地道。 12

2

火药阴谋案

詹姆士在执政之初，被称为恺撒、大卫、诺亚、乔赛亚，甚至被称为荷马。他是奥古斯都第二，是真正的乔赛亚，一位明智而虔诚的君王。但是，这些让人眼花缭乱的大量类比到底想表达什么意思，是令人费解的，但有一项美德很快就变得相当突出了。他是“和平之王”或“和平的詹姆士”。和平的缔造者是受人尊敬的。他的统治时期是无花果树和葡萄枝繁叶茂的时代。

有人对和平之乐并不满意。加冕之后，詹姆士本应该说：“不，不，我们现在不需要天主教徒了。”为了不惹麻烦，他曾经争取过他们，但现在他可以抛弃他们了。1604 年 2 月，效忠罗马的耶稣会教士被驱逐出境。或许这是一个合理的预防措施，但是，对于热忱的天主教徒来说，这可是一个不祥之兆。

在这些人当中，就有一个名字叫托马斯·温德的天主教徒，此人曾经代表天主教信众向西班牙的腓力三世求援，但未能如愿。就在 1604 年 2 月，他去兰贝斯看望他的表亲罗伯特·凯茨比。凯茨比很可能是从新教那里皈依过来的，因此，他的天主教信仰更加狂热。实际上，领导所谓“火药阴谋案”的就是他，而不是盖·福克斯。凯茨比告诉温德，他有一个宏

伟的计划：用火药炸毁议会。当然，干这件事情的话人少了可不行，他们 13
需要盟友。温德在4月去了佛兰德斯，从那里带回了福克斯本人。现在我们可以称他们为密谋者了。托马斯·珀西说：“先生们，难道我们就这样夸夸其谈、无所作为吗？”到了下一个月，他们一起盟誓严守秘密，然后去了圣克莱门特·伊斯特奇普教堂背后的一所房子，在那里与一位名字叫作杰拉德的耶稣会士会面，此人为他们主持了一次领圣餐仪式。

他们一致同意，必须在议会附近找到一所住房，但直到12月初，他们才找到合适的房子。在12月11日那天，他们带着一堆煮鸡蛋和烤肉住进了这所房子。到了圣诞前夕，密谋者已经动手向下挖掘，用托马斯·温德的话说，“在议会大厦墙下挖出了一个小入口，我们一边挖一边在下面打桩子”。他们原以为下一次会期将在1605年2月开始，但直到现在才了解到，它已经推迟到这一年的10月份。这样一来，他们就有了更多的准备时间。火药储存在凯茨比位于兰贝斯的住所，但被偷偷地运到威斯敏斯特的这所房子里。他们的行动已经取得进展，打通了9英尺厚的墙，但由于浸水，他们的工作受到了严重影响。

有一天，火药弄到手不久，他们听到上头传来沙沙的声音。福克斯走出家门，小心翼翼地去探听虚实。他遇到了煤炭商爱伦·布莱特，对方告诉他，她准备搬家。碰巧的是，她的地窖或者说地下室正好位于议会大厦地下。这次交易迅速完成；另一位密谋者托马斯·珀西租下了这个地方。密谋者房屋的地下室与布莱特太太的地窖之间的大铁门打开了，福克斯把36桶炸药偷偷地运到隔壁的地下室中。这些炸药足以炸死几千人。

到了9月份，他们还得新买一些炸药替代受潮的炸药。但这个时候，他们的钱不够花了，他们决定再找三个有钱或有财产的密谋者。如今，已
经有十三个人知道了这个秘密，这样一来，就有十三种泄密的途径。其中 14
有一位新入伙的密谋者名字叫作弗朗西斯·特雷瑟姆，他强烈要求，让他的姐夫蒙蒂格尔勋爵逃过这次劫难。蒙蒂格尔是虔诚的天主教徒，曾经在议会中为天主教徒辩护。不管特雷瑟姆的出发点有多好，其他人反对他的建议。10月26日，蒙蒂格尔正在位于霍克斯顿的家中吃饭，有人送来一封

信。他扫了一眼，便让侍从大声朗读。

“勋爵阁下，出于对您的一些朋友的爱戴，我想保全你们的性命。因此我的建议是，若想逃命，找个借口别去参加这届议会……”这封信就是这么开头的。写信人继续警告说：“在会议期间，他们将遭受重创，但他们不会知道是谁下的手。”蒙蒂格尔拿起这封信，立即前往白厅。他正好碰上了罗伯特·塞西尔，此人刚受封为索尔兹伯里伯爵，他正要和枢密院中的其他枢臣坐下来吃饭。

蒙蒂格尔把索尔兹伯里带到旁边的屋子里，给他看了这封信。索尔兹伯里最初没有把它当回事，以为这只是一份假警报，但是，咨询了同事之后，他们就开始讨论用火药“沉重打击”议会的可能性。内廷大臣萨福克伯爵熟知议会的内部构造，他尤其想到了议会大厦底下潮湿和宽阔的地下室。他和其他枢臣达成共识，在议会召开之前进行大搜索；议会的召开时间继续推迟到 11 月 5 日；但为了避免打草惊蛇，他们不想贸然采取行动。

国王原本在罗伊斯顿打猎，11 月初回到伦敦，他一回来就看了这封信。他立即同意众人的看法，认为信中谋划的是“火药爆炸阴谋”。11 月 4 日星期一下午，萨福克和蒙蒂格尔借口寻找国王的财物，开始了大搜查。盖·福克斯打开了地下室的门。

萨福克：这些煤和柴火是谁的？

福克斯：它们属于托马斯·珀西先生，他是国王陛下的侍从。

托马斯·珀西是有名的天主教徒，而在那个年代，天主教徒都涉嫌叛国不忠。如今国王下令进一步搜查。当天晚上十一点，威斯敏斯特的一位治安官托马斯·尼维特爵士带着若干士兵进入了地下室，开始动手扒煤堆和柴捆，从中发现了成桶成桶的火药。福克斯束手就擒，他既没有想跑，也没有想反抗。他承认，他们准备第二天早晨炸死国王以及两院议员。他准备点着一根燃烧缓慢的火柴，然后动身前往沃平，再从那里逃往法国的格雷里内。后来，在枢密院讯问过程中，有人问他为什么搞这么多炸药，他回答说，他想“把苏格兰乞丐们炸回他们的山地老家”。国王得知福克斯就擒，庆幸自己奇迹般地获救。

也许这根本不是什么奇迹。弗朗西斯·特雷瑟姆和蒙蒂格尔勋爵可能合谋炮制了那封信，以此向国王邀功讨好。还有人指出，索尔兹伯里本人知道这个阴谋，但他欲擒故纵，听之任之；这种情况可能性较小，但并非完全不可能。

有关福克斯被捕以及预谋叛国的消息很快就传开了。罗伯特·凯茨比和其他密谋者逃离了伦敦，准备发动天主教徒起义；但天主教绅士们可不想玩火自焚。几位主犯躲在了斯塔福德郡边境上的霍比克庄园中，结果一块燃煤迸出的零星火花，点燃了他们随身携带的火药。两三个人被炸伤，他们认为这次事故表明上帝很生气。接下来，他们跪在圣母玛利亚的画像前祈祷。其中一个人大声喊道：“今天的这个局面，真该诅咒！”伍斯特郡长蹑踪而至；他的手下人包围了这座房子，朝里面的人开枪。有些人被打死了，伤者被带回了伦敦，而凯茨比被击毙了。

在接下来的几天里，其他密谋者都在藏身之处被人发现了。1606 年 1 月 27 日，盖·福克斯和其他七人被带到威斯敏斯特大厅受审，其中只有一个人申辩无罪。几天之后，他们被处决了。那位耶稣会士虽然没有参与阴 16
谋案，但纵容了他们，他很快也被送上了绞刑架。七年之后，藏书家和古文物收藏家罗伯特·考顿的图书室中收入了某些火药案犯圣徒似的遗物，其中包括一根手指、一根脚趾和一根肋骨。

国王个人虽然奇迹般地逃过了一劫，心里却并不舒坦。威尼斯大使在写给本国政府的报告中说：“国王心里十分恐惧，他不再像以往那样在公共场合露面，也不会在公共场合就餐。他深居简出，身边只有苏格兰人。”詹姆士似乎被震慑住了，他心情抑郁，偶尔拿天主教徒撒气。“我肯定要让他们付出血的代价，”他说道，“尽管我不愿意这样做。”实际情况并非如此。

在密谋者准备行动的那一天，下议院议员继续他们的日常工作；他们设立了一个西班牙贸易委员会，讨论了某位因为痛风而请假的议员所提交的请愿书。然而，到了 1606 年 5 月末，下议院通过了一项法案，要“更为有效地发现和镇压拒不参加国教礼拜仪式的天主教徒”；其中有一条是效忠宣誓，这是班考罗夫特大主教起草的，它认可詹姆士为合法君主，教宗无权废黜他。天主教徒必须参加建制派教会的礼拜仪式，至少每年领一次圣餐；惩罚措施包括罚款和没收财产。拒不参加国教礼拜仪式的天主教徒不得在伦敦 10 英里之内居住。下议院还重新启动了前任女王制定的法令，禁止拒不参加国教礼拜仪式的天主教徒走出家门 5 英里之外。拒不参加国教礼拜仪式的天主教徒没有资格当律师或行医。

这些措施并没有导致旧信仰的灭亡。在詹姆士一世当政时期，天主教徒只不过退出了政治活动而已，他们在很大程度上是寂静无为的。为了个人安全和财产，他们中的大多数人接受了效忠誓言；只有具有耶稣会倾向的天主教徒依旧热心支持教宗的主张。詹姆士本人在说到效忠誓言时提到，他很想把天主教徒区分开来：一种是谨守教条的天主教徒，另一种则是
17 “虽然深受教宗影响，但心中依然存有天生效忠君王印记的天主教徒”。先前针对清教徒制定的法律条款如今只是迟疑不决地或部分地强制执行；同样的预防政策如今对准的是天主教徒。詹姆士不想让某位臣民成为殉道者。在 17 世纪初，不管怎样说，制定法律要比执行法律容易得多。

詹姆士的宫廷乱无纲纪已经众所周知，如今更是因为骄奢淫逸而臭名昭著；纵饮无度、装腔作势、贪污腐化和荒淫无度成为主要特征。不顾礼法成为唯一的通则。据说，彭布鲁克伯爵害怕青蛙，国王便往他的脖领子里放了一只青蛙。国王本人讨厌猪，彭布鲁克便往国王的寝宫里赶进了一头猪。一位廷臣往白厅里赶进了“四头肥猪，一路吹吹打打，还给它们戴上了嚼子，用一串串香肠作为挽具，香肠都拴在一条丑陋的血肠上”。香肠扔得满屋都是，与此同时，宫中的傻子和侏儒开始玩跳马游戏，在彼此的肩上跳来跳去。

在詹姆士一世登基那一年，本·琼森的戏剧《塞拉努斯倒台记》上演。剧作家在字里行间影射了当时的廷臣：

我们不会变换面孔，不会巧舌如簧，

没有轻柔、胶粘的身体，像蜗牛那样粘在
涂了颜料的墙上……

“如果我模仿你们那个共和国的做法，”国王对威尼斯大使说，“着手惩罚受贿者，那么，很快我一个臣民也不剩了。”

1606年夏天，丹麦国王驾临英格兰。约翰·哈灵顿爵士说，白厅的廷臣们“沉湎于野兽般的欢乐中”，而贵妇们“一改端庄持重，四处卖弄风情，陶醉其中”。宫中为两位君主举办了盛大的宴会，席间演出了所罗门王与示巴女王的故事。扮演女王的贵妇拿着各色礼物奉献给两位君王，“但她忘记王驾之前还有台阶，结果弄翻了手里的宝贵礼盒，失手将盒子掉在丹麦国王的大腿部，扑倒在他脚下……丹麦国王站起身准备与示巴女王跳舞，结果摔倒在地，在她面前跌了份，被送到了内室中，安置在一张豪华的床上”。这出历史剧中的其他演员，例如“希望”与“信仰”，“在下面的大 18
厅中干呕、呕吐”。哈灵顿总结说“所有人都忘记了火药案的恐惧”，“我从未见过如此乱无纲纪、肆意放纵和狂欢失态的场面，就像现在所见到的那样”。他缅怀他的教母童贞女王执政的岁月，当年宫中可是一派庄严、朴素的氛围。

毫无疑问，新的宫廷与以往迥然有别。众所周知，国王沉湎于逸乐，不理国事。他每周在白厅观看两场斗鸡比赛，与前任一样，他每天喜欢骑马巡游或者打猎。当他骑马走到死鹿身边的时候，他会下马，非常利索地割断它的喉咙；然后用鹿血喂狗，完事后，在随行人员的脸上抹去双手的血迹。

不久大家就明白了，他不喜欢别人看他打猎。与前任君主不同的是，他不喜欢，甚至讨厌民众。当人们蜂拥而至来到他的身边，他就会破口大骂：“他们想干什么？”有一次，别人告诉他，人们都是怀着爱戴和敬仰之情才来的，他用浓重的苏格兰口音答复说：“天杀的！干脆扒下我的裤子，让他们看看我的屁股好了！”他大声诅咒：“让你倒大霉！”或“真该死！”由于经常像这样发火，用威尼斯大使的话说，他逐渐遭人

“轻视，近乎痛恨”。

他为自己喜欢游猎寻找的理由是，他的体魄和健康是“所有人的健康和福祉”，毫无疑问，在这里，“所有人”既指宫廷，也指国家。且让他手下的官员们在密室或会议桌旁边消耗体力吧，他本人必须保持强壮和孔武有力。不管怎样，据他说，自己用一小时完成的公务要比枢臣们一天干得还多；他花在打猎上的时间少于其他君主花在嫖妓上的时间。有一天，他的爱犬乔勒失踪了。第二天它又回来了，脖子下还系着一张便条。“好心的乔勒先生，请你给国王带个话（因为他每天听你的话，而不听我们的话）：陛下最好回到伦敦去，否则国家就完蛋了。”最后，詹姆士果然返回了白
19 厅，到家之后，他大摆宴席，打牌赌博，输了很多钱。

詹姆士总是欠债，而且负债累累。他本以为自己来到了一个黄金王国，但不久即发现，自己的钱包空了。更确切地说，他花钱太随便。他大量购买靴子、丝袜和海狸皮帽子。由于更多的“不同凡响的绅士们的到来”，宫廷仪式越来越豪奢。宫中赌博成风。国王喜欢假面舞剧和宴会。在他看来，这些东西都是君主地位的真正标志。他想在圣诞之夜举办一场假面舞剧，有人告诉他，这么做不合时尚。“你还和我讲什么时尚？”他说道，“我要让它成为时尚。”

国王还购买金质餐具和珠宝，然后赏赐给侍从。据说，他对一两个人的赏赐超过了伊丽莎白一朝对所有廷臣的赏赐。什鲁斯伯里伯爵评论说：“对于自己赏赐给臣下的东西，哪怕是个鼹鼠洞，伊丽莎白都很在意……而我们现在的君主，哪怕是一座大山，也不珍惜。”无论用哪个时代的标准来衡量，他对宠臣和廷臣的慷慨都是过度的。

1607 年春天，一位特殊的宠臣登场了。罗伯特·卡尔年方二十一岁，为人和蔼可亲，风度翩翩，堪称典范，长相尤其俊美。他参加了比武大会，国王到场观看。他从马上摔了下来，折断了腿。国王深感痛心，命令御医为这位年轻人疗伤；卡尔被送到位于查令十字街的医院中，国王每天都去探视。病人的饮食都是经过精心安排的。在詹姆士的坚持下，医院安排了一群外科大夫环侍在他的周围。廷臣们看明白了，这个人值得巴结。“天

哪！”同时代人安东尼·威尔顿写道，“大人物们群趋拜见，对他奉若神明，贡献丰厚……”詹姆士恋他恋得神魂颠倒，到了年末，卡尔被册封为骑士，被任命为寝宫侍从。国王决定教育和提拔他。他亲自给卡尔讲授拉丁文法和欧洲政治。当然了，他在对方身上也挥霍了黄金和珠宝。有人看到，国王“靠着他的胳膊，捏他的脸蛋，抚平他衣服上的褶子……”。

约翰·哈灵顿爵士为伊丽莎白效力一辈子之后还在宫廷中寻找提拔的
机会。萨福克伯爵托马斯·霍华德把他叫到一边，为他出谋划策。他告诉 20
哈灵顿，国王“极喜欢有学问的谈吐”，“极欣赏衣饰入时”。他应该“弄一件崭新的、精致镶边的紧身皮大衣，大衣不要太短；国王说了，他喜欢松垂的服装；切记不要单色的，务必保持色彩多样，衣领要下垂，你的轮状皱领要硬挺，并且褶皱要密如灌木”。有十八位宫廷侍臣因为着装不符合国王对男装的欣赏品位而被开除。

萨福克建议哈灵顿，与国王谈话时不要就一个主题谈太久，对于宗教问题要轻描淡写。不要说“这个好或不好”，而是要谦逊地表示“这是陛下的高见，我认为言之有理”。不要提出疑问。不要谈论宫廷中其他人的性格或脾气。别忘了，要表扬国王的坐骑，那匹沙毛西班牙小马。你必须说天上的星星配得上罗伯特·卡尔耳朵的明亮首饰，沙毛西班牙小马超过了布塞弗勒斯[①]，可以当亚历山大的坐骑。

萨福克还建议哈灵顿“沉默与审慎密不可分，犹如公狗与母狗”。先前的君主总是说起臣民的“爱戴与好感”，但詹姆士更喜欢谈论他们的恐惧与臣服。首先，哈灵顿为何想来宫廷？“你的年纪不小了，长相也不英俊，举止也不优雅”，所以只能依靠自己的学识，因为国王很钦敬学问。

不久，詹姆士就把哈灵顿带到了私人密室，提出一些问题来考他。其中包括有关亚里士多德以及其他哲学家的一些问题。他让哈灵顿读了一段亚里士多德的作品，表扬了他的演讲术，然后又提出了一系列问题。你认为纯粹的智慧包括哪些内容？难道国王不应该成为本国最博学的人吗？他

① 亚历山大的战马名。

告诉哈灵顿，他母亲苏格兰女王玛丽之死早有预兆，就在她被处决之际，有人看到一颗血淋淋的人头在空中跳动；他详述了预言的力量，还推荐了这方面的几部著作。最后，国王又探讨了“新野草”——烟草，他宣称，
21 “吸烟会把坏东西注入大脑中”。觐见就这么结束了。哈灵顿穿过了“四周侍立着许多侍从和高贵仆从的宫廷”。不过，他通过了测试，被任命为年轻的王子亨利的导师。

国王之所以欠债，原因很多，而不光因为他对宠臣的偏爱。物价逐年上涨，地主不愿意多缴税，这些都是造成宫廷入不敷出的原因。王室大家庭——一个妻子和三个孩子——的开销也很高。王后安妮挥霍成性，追求时尚的伦敦带来的逸乐。她丈夫曾建议，前任女王留下了三千套衣服，她在其中选用即可，但她不喜欢一些样式老旧的服装。她在宫廷中出入的时候，愿意打扮成女神或仙女、东方苏丹的女眷或阿拉伯公主。

詹姆士始终对自己债台高筑感到吃惊，他一再承诺要更加节俭；然而，他天生就不是那种节俭的人。他对索尔兹伯里说，“支撑我的唯一希望是流汗出力为我解围的好仆人”。可是他上哪里找钱呢？某些税种早就开征了，“都记不得从什么时候开始的了”，至少从 14 世纪就开征了。“吨税”是针对每一桶葡萄酒征收的关税，“磅税”是针对那些以英镑论价的进出口商品征收的关税。詹姆士决定修改税率，额外征税，就是所谓“附加税”。

一位名叫约翰·贝特的商人拒绝支付。他没等海关官员有机会征税，就把一车无核小葡萄干从海边拉走了。他被带到了枢密院，他在那里宣称“附加税”不合法。这个案子成了理财法院的判例案件，理财法院裁决国王在这个问题上具有绝对的权力。在外贸的各个领域，他的特权都得到了保证。

尽管如此，议会中还是出现了反对之声，有人说钱都进了无底洞。1607 年 10 月，詹姆士一世在枢密院讲话，讨论迫在眉睫的“这个揪心的
22 缺钱溃疡症”。他承诺接受他们开具的任何药方，接受“你们为治疗疾病提出的这类疗法和解毒剂”。但这个病可不好治。索尔兹伯里采取各种对策去筹款：为很久以前的违法行为开罚单，或者尽可能地为国王勒索封建

“贡金”。

然而，下院议员们对这些措施并不感冒。英格兰君主应当“依靠自己过活”，这是一条古老的原则；他应当用自己的资源去维护他的地产，担负政府的费用。人们普遍认为，征税是一种特殊举措，只有到了战时才能启动。詹姆士一世时代的首届议会总共开了五次会议，从 1604 年 3 月一直开到 1611 年 2 月，在这段漫长的时间里，它逐渐产生了一种团体性特征，这种情况在伊丽莎白时代基本没有出现。议会有了更多的议题，开会时间也比以往更长了。例如，在 1607 年，下议院成立了一个“英国下议院全体委员会”。这个委员会可以选出自己的主席，这与君主指定下议院议长的做法正相反。它可以自由辩论，想辩论多长时间都行。这在当时被视为一项重大创新，也是是宫廷与议会之间冲突的先兆。

一群同床异梦和倾向不同的议员不一定站在国王这一边。弗朗西斯·培根在写给国王的信中说：“上一届议会中的那些反对派与陛下作对，根本不是出于天性纯正，而是出于党派成见，依我之见，他们现在的力量已经不如以往。”然而，这尚未体现出后来政治斗争的派系性质，也没有体现出现代意义的“政党”的诞生，而是表明国家政务发生了变化。有些争执细节已经记录在案。爱德华·赫伯特爵士在下议院议长讲话的时候，不断地吧嗒嘴。约翰·泰伊抱怨说，下议院议长“打断他讲话”，进而威胁他。

国王碰到了另一位强硬的反对派。法律纷争出现了。在詹姆士登上英格兰王位之前出生的苏格兰人与此后出生的苏格兰人有何区别？国王认为，在他继位之后出生的苏格兰人，受普通法的管辖，因此，他们可以在英格兰担任公职。詹姆士求助于法官们，他原以为他们会支持自己。其中有一位不肯支持他。爱德华·柯克爵士自 1605 年以来一直担任普通民事诉讼法庭的首席 23
大法官，他是英格兰普通法的积极拥护者。詹姆士对普通法没有真正的认识，他以前学的是苏格兰法学，它与普通法完全不同。例如，柯克认为，无论是君主，还是臣民，都应该遵守在实践中构想的、通过使用得以阐明的一套古代法律；这套法律代表了远古的普通风俗，但它也是一部有理性的法律。然而，这并不符合国王的看法。他已经斩钉截铁地声明：“国王高于法律，他既是法律的制定者，也赋予法律以力量。”由此可推断，国王具有专制权力。例如，詹姆士提出，他可以亲自断案。柯克表示反对：只有法院才有资格办案。柯克在他本人的报告中讲述了两人交恶的经过。

詹姆士：我认为法律建立在理性的基础上。
我和其他人以及法官均有理性。
柯　克：尽管您有了不起的自然禀赋，然而您精通的是苏格兰法律。
决定案件的不是自然理性而是人工理性以及法律审判。

两人继续争论。

詹姆士：这么说我就得屈居法律之下了？说这话等于叛逆！
柯　克：布雷克顿说过，国王不应该屈居世人之下，但应该屈居上帝和法律之下。

有位观察者注意到，“陛下火冒三丈，义愤填膺，他从来没有生过这么大的气。他怒气冲冲地看着柯克，口吐恶言，屈起拳头，准备揍他。柯克勋爵见势不妙，赶忙趴在地上……”。柯克很可能想表示臣服，请求饶恕，但是，在随后的年月里，王室与法律之间的争执愈演愈烈。

宫廷方面可从未停止玩花招。如今宠臣罗伯特·卡尔爵士需要与其头衔相匹配的土地。非常幸运的是，尚在缧绁中的沃尔特·雷利爵士被罚没了舍伯恩庄园的产权；他原以为这座庄园已经转给了自己的儿子，但国王
24 的枢密院可不这么认为。它被赏给了这位新宠。雷利夫人带着两个儿子去见国王。她跪在国王脚下。“我必须拿到这块土地。”这是他唯一的答复。
25 “我必须为卡尔拿到它。”这才是他真正的心声。

3

灯　塔

1605 年，国王的一位“博学的顾问”进献了一部集新时代精神之大成的著作，这就是弗朗西斯·培根的《关于神与人的学术的进步和演进》，它更为后人所知的名字是《学术的演进》。可以说，这部著作改变了人类理解力的界限以及知识的性质。培根受他的舅父伯利勋爵的荫庇，为王家效力多年。他最初在伊丽莎白的宫廷中做官，但新王朝的降临让他看到，自己可以借机得到更多实实在在的报偿，詹姆士登基不久，培根就献上了很多条陈，内容涉及苏格兰与英格兰统一以及教会体制等内容。

然而，《学术的演进》则属于另一种色调的著作，它催生了构成整个 17 世纪特征的科学理性主义。培根首先清理了杂乱无章的知识遗产。在这本书的前几页，作者谴责了“学术的首要弊病”：“人们研究字眼儿而忽视了实际问题。”千百年来，语言文字而非实际问题，一直是传统学术的基础，无论是文艺复兴时代的修辞学人文主义，还是中世纪的经院神学，莫不如此。然而，培根则宣布，“人们严重偏离了自然研究和经验观测，而是在个 26
人推理和奇思妙想中兜圈子”。现在人们应该观察世界了。

他进一步评论说：

> 这种退化的学术主要在经院哲学家当中居于支配地位，这些人固然有敏锐而深厚的才智，有大量的闲暇，有一定的阅读量，但他们把才智局限于极少数作家（主要是他们的主宰者亚里士多德），正如他们本人的生活局限在修道院和大学中，他们对历史几乎一无所知——无论是自然的历史，还是时间的历史，他们不了解实际问题，没完没了地利用才智进行争论，给我们编织出佶屈聱牙的学术之网，保存在他们的著作中……学术的蜘蛛网因为它漂亮的细丝和活计引人钦敬，但缺乏实质性内容，也没有益处。

他的散文文理清晰，富有说服力，这种风格成为他攻击旧学问讲究辞藻和过度精巧的利器。正因为这个原因，雪莱说，在所有的诗人–哲学家中，柏拉图和培根是最有影响力的两位。

培根抨击先前人类学问中的原则和方法，并倡导实验和观察，他认为后两者才是真正自然科学的核心。他建议当时的学者和实验者，应该一门心思地注重“应用而不要卖弄”，注重“常识性事物和经验”。他警告说：“你越是远离具体的东西，你的错误就越有危险性。”这就是后来所说的科学的倾向。

在培根看来，一切学问的目的在于给人类造福，给人类带来繁荣富裕。若想理解和掌握物质世界，需要“辛勤和冷静地探求真理”，而真理的获得，只能通过如下办法：“由实验上升到寻找原因，再由原因下降到寻找新的实验。”这是一种颇具革命性的意图表述，它把培根以及詹姆士一世时代带到了现代的大门口。

培根渴望出现一种制度性的和认识论的变迁；他建议指导大学、学院
27 以及中学的应当是“丰富回报、正确引导和群策群力”。我们由此可以看到，指引皇家学会的态度正是发源于此。在工业革命初期出现的发明力量也同样发源于此。培根本人具有清教倾向。他认为个体的能动力量高于传统和权威的多重诱惑；他认为观察而非思考是实践理性的唯一工具。功利性与进步的灯塔一直在引导他前进。

培根希望，借助于这些灯塔发出的明亮的光芒，“这个第三个时代的学问将远远超过希腊和罗马时代的文化”。他希望改变新学问的步伐和方向，这是公允之论。他为后来的一部著作取名为 Instauratio Magna，意为“伟大的更新”或“基础”；这本书的卷首插图画的是，一艘船驶过表示知识和探险极限的两根赫拉克勒斯之柱。它象征着挑战“无法超越”这一箴言的一次发现之旅。因此，我们可以认为，詹姆士一世执政时期标志着，人们开始穿越陌生的思想海洋。 28

4

财　神

国库空空如也；政府官员要求发工资，但政府没钱。议会不愿意投票赞成国王征税，各郡的地方官员不是很积极地向他们的邻人征收正常的税款；很多海关收入落入了税务官员的口袋中。

1610年2月，议会重新召开，议员们怒火中烧。索尔兹伯里概述了国家的财政困境，但议员们更关心的是如何抑制宫廷的挥霍浪费而不是投票同意征新税。有位名叫托马斯·温特沃斯的议员认为，如果国王不肯削减开支，那么，给他拨付新款不仅无济于事，反而更为有害。他质问道：“把银子像流水一样注入王室马桶的水箱中，如果它每天都从秘密阀门中流走，这么干是为了什么？”索尔兹伯里不为所动。按照他的理解，下议院有责任先满足国王的需要，而后再处理他们的怨愤。而议员们则要求先解决他们的抗议，再去讨论国王的需求。

在一次大会上，索尔兹伯里提出一个经过深思熟虑的计划，这就是所
29 谓“大契约”。国王放弃他的封建责任和保有权[①]，以换取定期收入；下议院

① 国王放弃对地产所有者未成年继承人的监护权，以及将受监护的未成年继承人之地产的控制权卖给最高竞价者的做法。

出 150000 英镑，这只是詹姆士所需要的一半。议会似乎依旧认为，他能够像前任那样节省或吝啬。

5 月 21 日，国王将两院议员召集到跟前，严厉训斥他们在十四周内无所事事，没有解决他的燃眉之急。他愿意倾听他们讨论如何加税，但不会被他们的看法所左右。他们不得质疑国王在这方面的特殊权力。议员们答复说，如果是这样的话，国王就可以合法地拿走他们的全部财产了。议会的一个代表团带着一份权利请愿书，前往位于格林尼治的王宫面见詹姆士一世。詹姆士一世意识到自己或许太过分了，他向他们表示欢迎，还解释说，自己被人误解了。他总是知道何时从正面冲突中撤退，可是他的两个比较较真的儿子可没有学会这一点。

6 月 11 日，关于大契约的辩论重新启动了。人们同时还讨论了政府开支款项、岁入、申诉和附加税问题。申诉状是一张长长的羊皮卷子，詹姆士一见到它，便评论说，可以用它做一张漂亮的挂毯。双方都做出了让步，但结果并不明朗。7 月 23 日，詹姆士叫停议会，议员们纷纷返回各自的选区，进一步讨论大契约的细节，各城各郡更加关注的是他们蒙受的损失，而不是国王的贫困问题，这再自然不过了。整个争论过程显示出，国王与国家、宫廷与王国之间出现了鸿沟。

税收问题毫无进展，这让詹姆士很恼火。他打定主意，再也不会忍受“他蒙受的这类奚落和羞辱”。如果他们回来让他如愿以偿，他也不会听他们的。不管怎么说，詹姆士一世发表了一通讲话，让政治形势变得无限糟糕。1610 年 3 月，他把上下两院议员召集到白厅开会。他宣称：“王室地产在世上至尊至贵：因为国王是上帝在人间的代理人，他坐的是上帝的位置，不仅如此，借助于上帝本人的关系，国王们甚至被称为上帝。”他继续声称，国王们“行使的是神权或类似的功能”。世上的君主们能够“成全和毁 30
灭他们的臣民；他们有权识拔和抛弃他们的臣民；他们有生杀予夺的权力；他们主宰所有的臣民，支配所有的案件，然而，除了上帝，他们无须对任何人负责”。他告诫他们“你们不能这样剪断伟大的翅膀。如果国王下决心成为暴君，你们所能做的，就是不要阻挡他”。难道他们真的想让他成为威尼斯执政那样的人物吗？

詹姆士一世的思想情操不一定深受议员欢迎。同时代的一位新闻通讯员约翰·张伯伦注意到，这些思想情感“令他们不太满意，我听说已经普遍引起了不安”。如果议会对王座的这番大胆言论听之任之，“我们就不可能将我们从先辈那里继承来的自由传给子孙了”。

从他与柯克的交锋中可以看出，詹姆士不懂普通法，他似乎没有意识到，甚至从很早的时候起，绝对君权的原则就不为英格兰人所接受了。有人指出，“国王总是说法国和西班牙如何如何”，他没有意识到，或者说他有意忽略了，这两个国家君主的地位与他不同。他坚持君权神授思想，但未能搞清楚，它该如何在议会权威和普通法背景下运作。

他之所以采取这个立场，主要不是因为理论上的原因，他痛恨苏格兰长老会的长老们，因为他们直接挑战了他的权威。苏格兰的贵族们往往也轻看他，认为他只是贵族中的一员，与自己的地位不相伯仲。作为苏格兰国王，他身处困境，有时还身处险境，因此，他就自身权力发表的种种声明，在一定程度上是对这种状态的一种反应。他曾经评论道：“王座最难坐。”

他也可能敏锐地意识到，自己的性情和行为并不总是具备无可挑剔的王者风范；他淌口水，走起路来鸭行鹅步；他还亲吻和垂涎英俊的宠臣。为了弥补显而易见的缺陷，他就一个劲儿地坚持君权神授论。

然而，实际上，他的理论理解完全不同于他对政治现实的实际掌握。他从未像一位握有绝对权力的君主那样行事，在绝大多数情况下，他都小
31 心翼翼地在法律框架之内行事；他在行使权力的时候从不独断专行，也没有打破常规。作为回报，议会也没有采取重大措施去颠覆他的权威，也没有质疑他的君权。

国王们的命运也是他直接关心的对象。1610年5月14日，法国国王亨利四世在巴黎被一位狂热的天主教徒刺死，此人认为弑君行为是他的宗教义务。一贯贪生怕死的詹姆士被吓得心惊肉跳。按照法国大使的说法，詹姆士听到这个消息后，脸色“变得比衬衫还白”。

到了6月，国王的长子亨利被正式册封为威尔士亲王。此人英武好战，强烈拥护新教思想。弗朗西斯·培根评论说，他的脸狭长“瘦削……神情凝重，眼神沉着镇定，面部表情不怒自威”。不同于父亲的宫廷，亨利的府邸绝不允许铺张浪费和酗酒作乐，为礼仪和优雅树立了典范。在这里，如果有人骂人，就会被罚款。当宫廷礼乐崩坏的名声变得众所周知之后，许多人认为他才是真正的基督教君主，能够挽救国家，匡扶正义。

亨利的周围尽是些好战派、实干家；他对航海事业饶有兴趣，对于殖民探险兴味盎然。他极为钦佩沃尔特·雷利爵士——此人仍旧被关在伦敦塔里，他曾经大声疾呼：“除了我父亲，还有谁会把这样一只鸟儿关在笼子里？”他同样讨厌他父亲的知心伴侣。关于卡尔本人，据说亨利说过这样的话：如果他是国王，他会灭了那个家族。如果他当了国王，将会发生什么……整个国家都在关心这个问题。亨利九世无疑会效法亨利五世，追求武功。詹姆士注意到王子很得人心，据说他说过这样一句话：“他会把我活埋吗？”当国王的小丑阿奇评论说，詹姆士把亨利当成了恐惧的对象而非自己的慰藉，国王顿时流下了眼泪。

亨利被册封为威尔士亲王之后，宫廷又出现了一个错综复杂的局面，虽说情况并不严重。阿拉贝拉·斯图亚特是国王的表亲。在詹姆士登基后
的六年里，她在宫廷尽享荣华富贵和关心照顾。雷利等人曾经想利用她取 32
代詹姆士，但她本人并未参与密谋。让她有一个明智、圆满的婚姻至关重要。然而，在1610年初，她却和威廉·西摩尔定下了婚约，后者通过间接和曲折的途径，成了排名靠后的王位继承人。这件事成了诸王子的心头大患。

这两人同意放弃他们的婚姻计划，但是到了6月，他们在格林尼治秘密举行了婚礼。国王听到这个消息后，大为震怒。西摩尔立即被关进伦敦塔，而阿拉贝拉被带到了兰贝斯后，国王又决定将她送到北方的达勒姆。走到了半路上，她在巴尼特决定出逃。按照同时代编年史家约翰·莫尔的说法，她乔装打扮了一番：“在女装外套了一双法国式的漂亮长筒袜，穿上了男式紧身上衣，戴上了男式佩鲁基假发，头发留得很长，戴黑帽子，披

黑大氅，穿褐色靴子，着红色上装，侧身佩带一把双刃长剑。”她在利格乘船前往法国，但被多佛港派出的一艘船赶上了，遂被捕，押送伦敦塔，在审判的压迫下，她丧失了理智，四年之后，死于癫痫。这个悲惨的故事说明，任何一位顶层人士都会遇到危险和背信弃义。

当议会在当年秋天启动新会期的时候，大家都看明白了，索尔兹伯里在国王的刚需与国家的慷慨之间设想的“大契约”，无论采取什么手段都达不成了，到了 11 月 8 日，下议院就不再讨论这件事了，议员们谴责“宠臣”和“淫荡的廷臣”。他们大声攻击苏格兰人。国王很愤怒，他对枢密院说，“除了地狱（the house of hell），还没有哪个地方（house）能配得上下议院”。他又说道：“我们的名誉和决定就像网球一样每天被他们抛来抛去。”他倾向于怪罪索尔兹伯里，说他过于相信议会——詹姆士称之为“埃及的这根烂芦苇”；他继续引用《圣经》，告诉索尔兹伯里“你最大的错误在于，
33 你想从胆汁当中提取蜂蜜”。他下令议会休会并在几周之内解散了议会。

国王的经济困境并非全是他自己造成的，英格兰的财政制度在很大程度上还是 14 世纪制定的，它处理不了 17 世纪出现的问题。尤其在战争期间，它根本不起作用，必须采取各种各样的财政对策。就这样，在第二年春天，詹姆士主动提出，向那些想要世袭头衔的骑士和从骑士出卖爵位。从男爵能卖 1080 镑，三年付清，财政署总共收入的款项将近 90000 镑，但这些钱还是不足以平衡国王大量的开销。四年之后，他又开始出卖贵族头衔。1616 年，约翰·罗珀爵士交了 10000 英镑，成了特纳姆勋爵，从而得了一个外号“一万勋爵”。17 世纪的历史学家亚瑟·威尔逊评论说，头衔的激增“让它们变得不值钱，为老百姓所轻视；对于君主制危害最大的莫过于让贵族身价贬值；贵族衰落了，平民地位上升了，乱象也就出现了”。

国王还有一个捞钱的诡计。有人向他提议，他的长子应当迎娶西班牙腓力三世之女玛丽亚·安娜公主；詹姆士立即派遣使节前往西班牙议婚。1612 年主显节的前夕，宫廷中上演本·琼森的《重获爱情》，剧中人物罗宾·古德费洛抱怨说，“正是那个江湖骗子财神普洛托斯，偷走了爱情的标志；假

模假样地在世界上说了算，缔结友谊、签署合同、安排婚姻，几乎制造了宗教”。

就在那一年的春天，詹姆士加入了新教联盟；它是在四年前由德意志诸邦——例如勃兰登堡、乌尔姆、斯特拉斯堡和巴拉丁——组成的联合阵线；在这个问题上，他顺应了民意。与此同时，他正式同意，他的女儿与巴拉丁选帝侯腓特烈五世订婚。巴拉丁领地是莱茵河流域的一片幅员辽阔的国土，辖区内有海德堡和杜塞尔多夫这样的城市；自从16世纪中期以来，它一直是新教的中心，腓特烈本人便是全欧洲首屈一指的加尔文主义者。因此，对于这位笃信自己将成为新教倡导者的英格兰国王而言，这似乎是一个有利的联盟。 34

他还是有足够资格的，就在前一年，钦定版《圣经》问世了；它是1604年汉普顿宫会议的成果，并迅速取代了日内瓦《圣经》和主教《圣经》。直到现在，许多人还认为它是《圣经》的主要译本，是17世纪英语散文的典范。它也成为英语文学文化的试金石：在《论荷马史诗的翻译》中，马修·阿诺德评论说，有一部“英文著作，而且只有这么一本，在这本书中，正如在《伊利亚特》中，极为朴素平易的言辞与极为宏伟壮观的气势结合在一起；这本书就是《圣经》”。它的影响延及弥尔顿和班扬的著作、丁尼生和拜伦的作品以及约翰逊、吉本和萨克雷的著作，它字句铿锵的力量表现在各个方面。钦定版《圣经》激发了民族意识，启发了一些最为雄辩有力地表现了民族意识的作品。

它也大力推动了一大批英文宗教作品的出版，正如罗伯特·伯顿在《忧郁之剖析》前言中所说的那样，神学书籍层出不穷。“这类书出了很多很多，评论、专论、小册子、讲解、布道词也出版了很多很多，可以说是汗牛充栋。”这还不算鼓吹神恩奇迹、上帝恶敌下场悲惨的大量廉价宗教小册子。

詹姆士还采取了一种措施去巩固他的新教思想。1611年，乔治·阿博特被任命为坎特伯雷大主教，接替理查德·班考罗夫特。他之所以能够爬上这个位置，主要是因为，在亨利四世遇刺之后，他持之以恒、坚强有力地反对罗马天主教；他在迫害两位教士的过程中发挥了主要作用，这两个人后来在泰伯恩刑场被处决。

正是因为这个原因，在1612年春天到来之际，上述两人被指控为异端，被判处死刑。爱德华·怀特曼宣扬，基督“只不过是上帝的造物，并非集上帝与凡人于一身的人物”，他本人就是旧约中所说的弥赛亚。马修·勒盖特曾经鼓吹反对英国国教的仪式和信仰，他向国王承认，他有七年没有祷告了。国王一听就向他发飙：“滚开，下流东西！竟然有人敢一连
35 七年不向救世主祈祷，这种人竟然出现在我的面前，成何体统！”1612年3月，勒盖特被带到了史密斯菲尔德处以火刑，一个月后，怀特曼在利奇菲尔德步其后尘。怀特曼享受到了一份殊荣——如果可以用这个词的话——他是英格兰历史上最后一位被烧死的异端分子。

这里也可以提一提国家的另一个敌人，至少是风俗习惯的另一位敌人。约翰·张伯伦叙述说，1612年2月，“扒手”莫尔，“过去经常穿一身男装的臭名昭著的丫头片子”，被带到了圣保罗十字架前，“在那里她哭得很伤心，看起来悔罪深刻；但是，有人怀疑她是否酒后伤心，结果发现，她在来到这里悔罪之前，已经喝掉了三夸脱的萨克葡萄酒”。这段花边文字与詹
36 姆士一世时代的伦敦很合拍。

5

天　使

1612 年夏天，詹姆士王进行了一个月的“巡游”，途中驻跸莱斯特、拉夫伯勒、诺丁汉和纽瓦克。沿途所见，一派国富民安、蒸蒸日上的景象，英格兰已经与西班牙讲和，与法兰西签订通商合约，这鼓励了商业贸易；庄稼连年丰收，带来了安居乐业的局面。埃塞克斯、威尔特郡和约克郡的奶制品源源不断地输入伦敦；威尔特郡和北安普敦郡的羊毛被运到港口，出口到国外；北威尔士和苏格兰的牛、科茨沃尔德的绵羊被成群地驱赶到了史密斯菲尔德的大市场。

其他行业也开始蒸蒸日上。诗人约翰·克利夫兰写道：“改正你的地图吧，纽卡斯尔成了秘鲁。”换句话说，煤炭像白银一样丰富和珍贵；其产量每年都迅速上升，在比灵斯盖特的交易所里，煤炭商人们吵吵嚷嚷地讲价。从 1540 年以来的一百年中，铁的产量增加了四倍。在布里斯托尔港口，谢菲尔德生产的餐具、康沃尔郡开采的锡，在这里装船出口，换取来自美洲和西印度群岛的蔗糖和谷物。诺里奇为法兰西和德意志流亡的纺织工人提供了安全的庇护所，而切斯特主宰了英格兰与爱尔兰的贸易。

在伊丽莎白统治末期开始的反垄断斗争，在国家的经济生活中产生了
一定的影响。1604 年，下议院发表声明：“在其他所有事物中，商品是最有 37

价值和最宝贵的，比起别的东西，它的范围更广，更为重要，让它掌握在极少数人手中，妨碍了英格兰臣民的自然权利和自由。”然而，某些经济活动依然被赐予特许经营权，例如排干沼泽、造纸、海水制盐、造剑和生产无碳铁。垄断经营的种类之多，至少能够证明一件事，新产品和新技术种类繁多。

约曼农的住宅建得越来越大、越来越好，而穷人们则不再用芦苇或木头搭建小屋，开始用砖或石头修造农舍。厨房和独立卧室也出现了，楼梯取代了梯子，椅子取代了长凳；追求舒适生活的风尚在伊丽莎白时代之后继续发酵：陶器取代了木盘子，最后，餐刀和餐叉取代了尖刀和勺子。当然，过度夸大国家的整体繁荣程度是不明智的；赤贫现象依然存在，尤其在无地农民工阶级以及城市的流浪工人阶级当中。但是社会和经济生活的整体状况在持续改善。

有一位重臣没有参加 1612 年的国王巡游，他就是索尔兹伯里伯爵罗伯特·塞西尔。他在 5 月末去世了，病因不明；由于他未能改进国王的财政状况，国王对他很不满，这可能加重了他的病情。他在文件中留下了一封用意大利语写的信，信中将逢迎大人物和权贵的人比作向阳开花的植物：“阳光照过来的时候，它鲜花盛开，生机盎然，但是，当太阳落山之后，则是另一番景象。”从信的末尾可以看出，他渴望早日结束他那“充满烦恼和苦难的生活”。不管怎么说，人们哀悼他的时间都不会很长。伦敦传来的消息说，即使他还活在世上，也已经丧失全部威信和信誉了。他身后没有什么朋友。本·琼森对他不屑一顾，他“只是利用别人，从来不关心别人”。

大凡高官去世，总会有人起来抢班夺位。弗朗西斯·培根就是其中的
38 一员，在他看来，索尔兹伯里过世是自己的福音。至于国王本人，也未尝不为此感到开心，因为他可以摆脱那位枢臣的掣肘、亲自统治了。他可以当自己的首辅了。第二年，他非常愤怒地发现：长期以来索尔兹伯里一直在拿西班牙人的佣金。詹姆士还能相信谁呢？

如今罗伯特·卡尔被册封为罗切斯特子爵，成了国王的心腹；北安普

敦伯爵亨利·霍华德，成为新的执政班子的首席大臣。霍华德在自己的周围纠集了一群同侪和其他贵族，其中一些人是秘密的天主教徒，几乎所有人都亲西班牙。为了与之抗衡，在国王的谋士中，大法官埃尔斯米尔充当一个新教和反西班牙朋党的名义领袖。在这些四分五裂的谋士中间搞好平衡之后，詹姆士就可以引领国家的前进方向了。不同的人被赋予不同的职责。约翰·张伯伦写道：在 1612 年夏天，国王“发现了挫败人们的期待、制造悬念的艺术”。

宫廷中还有一个人物去世了。太子的身体原本看起来非常健康。亨利王子是一位冲劲十足和身强体壮的年轻人，他精通假面舞剧和武艺。但在 1612 年 10 月底，他却病倒了。当时他正在和他的弟弟查理打牌，旁观者康华利斯爵士注意到“殿下满脸苍白，好像生病了，说话不清，眼睛莫名其妙地凹陷失神”。医生赶来了，但是在接下来的十一天中，他束手无策，无法阻止疾病的缓慢发展。据推测，他得的是卟啉症，也有可能是伤寒。

医生在王子的头上放了一只死鸽子，脚下放了一只死鸡，它们都是刚被杀死的，余温尚在，被用来吸走有害的体液。他满嘴谵语地死去了，宫廷人士对此的确感到失望和沮丧。他一直是英格兰前途和命运的象征，很有可能为新教事业开创一个大展宏图的时代。安妮王后独自哭泣，即便在一年之后，别人依然不能向她提起亨利的名字；詹姆士悲哀地叫喊：“亨利死了！亨利死了！”如今王位应该由查理继承了，与长兄不同，他是一个沉默寡言、面带羞怯和拘谨矜持的王子。

不久就出现了一桩怪事，用约翰·张伯伦的话说，“一个非常英俊的年轻人，与亨利年纪相仿，长相也有点相像，浑身赤裸，来到了圣詹姆士宫， 39
当时他们正在用午餐，他说自己是王子的鬼魂，从天堂来给国王带信”。众人向他发问，也问不出一个究竟，便得出结论：他要么是疯子，要么是蠢货。他们抽了他两鞭子，把他轰走了。

就个人的性情而言，国王不喜欢延长丧期，他天生不喜欢宫廷里一片愁云惨雾。1613 年 2 月，他大张旗鼓地为唯一在世的女儿伊丽莎白与巴拉丁选帝侯腓特烈五世举行婚礼。只有男爵以上的人才有资格参加典礼。在婚礼现场，王族成员满身珠玉，挺身肃立。国王的天鹅绒帽子上镶嵌着二十五个闪闪发光的钻石。王室的珠宝也让众人大开眼界。其中有一件红宝石垂饰，唤作“三兄弟”，还有一件“硕大而精致华丽的金首饰”，叫作“不列颠之镜”。公主本人先是没完没了地小声窃笑，最后竟然忘情地放声大笑，破坏了端庄严肃的王家婚礼氛围。或许当时她不知所措。第二天，国王探访这对夫妇，询问他们在华丽的大床上干了什么事情。据认为，莎士比亚在《暴风雨》的第四幕中引入假面舞剧，就是为了祝贺他们的婚配。

一场更为阴险的婚礼即将举行。1613 年 4 月中旬，托马斯·奥弗伯里爵士被关进了伦敦塔。从表面上看，这件事令人很是吃惊，因为奥弗伯里一直是国王的宠臣罗切斯特子爵的密友和心腹。然而，据说奥弗伯里之所以身陷囹圄，是因为国王意识到，“世上疯传一种说法，罗切斯特控制了他，而奥弗伯里控制了罗切斯特，这对他来说是个羞辱”。

然而，事情还不止于此。罗切斯特恋上了年轻的埃塞克斯夫人弗朗西丝·霍华德。但他遇到了一件棘手的事情：这位女士已经结婚七年了，丈夫是第三代埃塞克斯伯爵罗伯特·德弗罗。当年出嫁的时候，她还是一个小孩子，如今对自己的早婚很后悔。这对夫妇是一对冤家，双方感情不睦，互相憎恨；当罗切斯特可能成为入幕之宾的时候，她便抓住了获取自由的
40 机会。她要求宣布婚姻无效，理由是，埃塞克斯阳痿不举，生不出子嗣。她的父亲托马斯·霍华德，第一代萨福克伯爵，热烈支持她；女儿嫁给国王的亲信，只会进一步提高他在朝廷中业已高高在上的地位。

由于自己的男性能力受到了怀疑，埃塞克斯自然感到委屈，尤其是因为，这会影响到他再婚。所以他有必要告诉世人，虽说自己与第一任妻子的婚姻失败了，但这并不意味着他得了不利于再婚的阳痿，于是詹姆士下令成立一个正式的调查委员会去审查这个案子；与大多数正式的委员会一样，它走的是便捷的路径。

国王赞成离婚，就是为了让罗切斯特子爵满意和高兴。当弗朗西丝宣称，她丈夫之所以阳痿，可能是因为中了邪，詹姆士完全支持她；他不是写过一本论巫术的小册子吗？坎特伯雷大主教表示反对。但詹姆士已经安

插好了委员会的成员。为了证明他们是否完婚，一位教士问埃塞克斯“他是否经历过爱慕、勃起、请求、插入、射精全套过程”；用同时代人的话说，听证会上充满了“不体面的言行”。由十二位已婚妇女组成的陪审团负责检查弗朗西丝夫人的身体，以证明她还是处女；这位夫人在这一过程中始终戴着面纱，因此有人怀疑，这中间被人用了调包计，用一个货真价实的处女取代了她。委员会当然按照国王的意思批准离婚。这件事被视为宫廷腐败的一个著名例证，受到了广泛的关注和谴责。

在这个时候，托马斯·奥弗伯里爵士开始卷入这个阴谋案。作为罗切斯特的密友，他鄙视两人成婚的想法，毫无疑问，部分原因在于罗切斯特会因此抛弃他，转而投奔宫廷中的霍华德一党。当国王确信，奥弗伯里了解弗朗西丝·霍华德有不光彩的秘密，便出手干预了，他派奥弗伯里出使俄罗斯，实际上是想将他从英格兰放逐出去。奥弗伯里拒不就职，结果被关进了伦敦塔；尽管他的身体状况很差，他还是被严密看守，准备关押到婚礼结束。至少原计划是这样。

然而，弗朗西丝·霍华德的想法不同，她已经下定决心，绝不会让奥
弗伯里活着走出伦敦塔。她找到了一个同谋——特纳太太，此人善于配制 41
毒药；特纳太太有个仆人，名字叫作理查·韦斯顿。通过关系或贿赂，这位仆人当上了这位犯人的看守。罗切斯特经常前往狱中送葡萄酒、果馅饼和果冻给奥弗伯里；有人提出，这些甜品当中就暗藏毒药，但这种观点并未得到证明。实际情况更有可能是这样：在韦斯顿的默许下，那个不幸的受害者食入大量的硫酸，即“石凡油”。不管用的是什么方法，反正奥弗伯里在 1613 年初秋死了，葬在了伦敦塔。约翰·张伯伦写道：“此人非常不幸，因为几乎没有人同情他，即便是他的朋友，谈起他也是如此漠然。”据记载，宫廷中无人谈及此事，那里的话题是假面舞剧、宴会和即将举行的贵族婚礼。

12 月 26 日，弗朗西丝·霍华德与罗伯特·卡尔——上个月刚受封的萨默塞特伯爵——结婚了，当时没有人怀疑他们有不法之举，他们的婚姻之喜没有受到任何干扰。在婚礼上，新晋的萨默塞特伯爵夫人长发披肩，作

为贞洁处女的象征；用当时的话讲，她“带发结婚”。国王和坎特伯雷大主教驾临王家礼拜堂，与众人一起出席婚礼，向这对新人赠送了大量礼物。然而不久之后，东窗事发，詹姆士一世时代最大的丑闻大白于天下，此时距离奥弗伯里去世已两年了。

召开议会已经刻不容缓。国王的财务处于窘境，这就要求必须召开议会。政府各个部门急需资金；驻外大使们已经发不出工资了。舰队的船员们发出徒劳无益的请求；甚至连国防工事也年久失修、无钱维护了。枢臣们滔滔不绝地提出各种建议和劝告，但他们议而不决、举棋不定。国王周围的贵族和领主们决定，要保证将宫廷确定的候选人送回议会。他们被称为“承办人”，但他们的活动惹人怀疑，这就意味着，几乎没有哪个选区
42 愿意听从他们的建议。他们向各个城镇和地区发出信函，这种行为被称为“掺沙子”。各个选区想要推出新代表——也就是与宫廷没有裙带关系的人，事实上，下议院中有三分之二的议员是首次当选的。这对国王来说可不是一个好兆头。

1614 年 4 月 5 日，詹姆士召开会议，发表了一通表示和解的讲话，承诺进行改革，同时要求提高岁入。下议院议员们故意不理会其中的要旨，反而开始抱怨，“承办人”破坏了选举自由和议会的特殊权力。他们不想投票赞成政府开支款项，与此相反，他们更喜欢去挑战国王征收附加税——进出口税——的权利。三天后，国王又发表了一通讲话，他要求议会充满爱心；他愿意展示他对臣民们的爱意，而下议院议员们也必须表示他们对君主的忠心。然而，下议院里却是一片焦躁不安和坚强不屈的氛围，到处是嘘声和嘲笑声。其中一位下议院议员克里斯托弗·内维尔宣称，廷臣们“在国王面前犹如奴颜婢膝的小走狗，对人民却狠如恶狼”。从来没有见过这么混乱的议院。它被比作斗鸡场和斗熊场；议员们被称为“起哄闹事的恶霸”[①]，街头上的流氓地痞。

① 专指伊丽莎白及詹姆士一世时代在街头起哄恐吓行人的恶棍。

议员们拒不听从詹姆士一世的命令，不肯专门就拨付政府开支款项进行辩论，国王迅速出手，解散了议会，将五位议员关进了伦敦塔。会期持续了不足三个月，没有一项法案得到国王的首肯。因此，它被称为“糊涂”议会。此后一连七年都没有召开议会。

由于议会不肯拨款，国王没有拿到政府开支款项，而他又等着钱用，他便进一步推动与西班牙和法兰西的联姻谈判；他许给双方的奖品就是威尔士亲王查理。然而，这种事情是耗费时日的，不可能一蹴而就。在过渡期间，他想要借款，却遭到拒绝，理由是不容争议的：王室信用不足。如今萨福克伯爵托马斯·霍华德被任命为首席财政大臣，他立即采取一切手段去筹款。例如，在伦敦周围七英里之内的所有新建房屋，都要交罚款。

在议会解散期间，一些主教和大领主将他们最好的金质餐具拿到了伦敦塔的珠宝馆，以便向外出售，国王决定让全国人民效仿他们的行为。于 43
是，他向全国各郡和各个自治镇索要“贡金”。然而，结果并不令人鼓舞。马尔巴罗的一位名字叫作奥利弗·圣约翰的绅士拒不支付，他的理由是，贡金违反了大宪章。他被带到了星室法庭，关进了伦敦塔。到了最后，按照国王的意愿，他被判处罚款五千英镑，还被投入监狱。

由于议会解散了，所有的目光都转向了宫廷，那里才是真正的国事中心。国王的宠臣萨默塞特伯爵依然是众人瞩目的人物。他在1614年就任内廷大臣，经常随侍国王左右；国王与驻外大使以及名流的通信都要经过他的手，他还控制了宫廷的发动机——庞大的官员任命机器。然而，他与霍华德家族的姻亲关系招致了许多廷臣的敌视。有人四处散布流言说，让一个人支配国王，此举既不正确，也不可取。

该给国王介绍一位面目姣好的宠儿了。1614年夏天，有人将一位二十二岁的小伙子引见给了国王。乔治·维利尔斯，一位骑士的儿子，一直被当作廷臣来培养；此人会跳舞，善击剑。他还在法国待过三年，养成了一身翩翩风度，足以为这位“英格兰第一美男”增光添彩。他背后也有势力庞大的盟友，其中包括大主教阿博特和王后。阿博特之所以支持他，为的是打击霍华德家族的势力；霍华德家族是亲近信仰天主教的西班牙的。

王后受到了阿博特的影响，催促她丈夫向这位年轻人施恩，因此，维利尔斯就被任命为尝酒侍臣，经常可以随侍君主，1615 年春天，他被封为骑士，当上了寝宫侍从。

萨默塞特感受到了对手的存在，提出了抗议。他没完没了地抱怨，傲慢无礼地与国王争吵，这进一步疏远了国王，导致詹姆士告诫他：“千万别让我理解成你轻慢我个人，并且低估我的品质（也不要表现出你先前对我
44 的爱已经冷却）。”他指责萨默塞特“莫名其妙地、没完没了地吵闹、发脾气、狂怒和傲慢无礼”，还指责他“好久以来一直偷偷地躲着我，不肯到我的寝宫睡觉，不顾我多次恳求你前来”。君主居然给臣下写这样的信，真是咄咄怪事，它的确反映出二者以前存在着不同寻常的亲密关系。

维利尔斯很可能早就成为第三者了。在 1615 年夏天，詹姆士驾临法恩海姆城堡，温切斯特主教的家，在那里与他的新任寝宫侍从会合。后来维利尔斯质问国王：“你现在是否比当初更爱我……当初在法恩海姆的时光，我永远也不会忘记，就是在那里，主人和狗都神魂颠倒。”这句话的意思不甚明了，容易引发歧义，但它至少可以让人做出有趣的阐释。

弗朗西斯·培根悉心观察詹姆士一世宫廷的种种活动，他曾经写道，“大家都通过一道弯弯曲曲的楼梯往上爬：如果有派系，那么，在向上爬的过程中，最好支持自己的化身”。因此，培根就投到了维利尔斯的门下。他对维利尔斯说，作为国王的宠臣，他应当“切记自己受到的极大信任。作为国王须臾不离的哨兵，总要站在自己的岗位上，为他提供真实的情报”。

就在这一年的夏天，萨默塞特感觉到，有人给他炮制了大量阴谋，于是，他便为自己草拟了一份内容全面的赦免状，在其罗列的犯法行为当中，有的他的确犯过，有的他可能没有犯过。例如，按照他的敌人的说法，他曾经偷过王室的珠宝。在 7 月 20 日举行的枢密院会议上，国王命令大法官培根本人批准这份赦免状：“立即照办，因为这是让我高兴的事情。”培根双膝跪地，祈求他三思而后行。“我已经命令你通过这份赦免状，”詹姆士走出枢密院会议厅时说，“你应当予以通过。”但与往常一样，他的态度有些犹豫，不够坚决；王后及其他枢密官反对这项决定，因为，如果这样

的话，萨默塞特就可以留下他可能偷走的珠宝或其他物品了。这会成为一个恶劣的先例。直到最后，当詹姆士离开白厅的时候，也没有做出明确的决定。这件事只是萨默塞特倒大霉的开始。在1615年初秋，有传闻说，托马斯·奥弗伯里爵士是在伦敦塔中被人毒死的。有一位次要帮凶是药店的 45
一个伙计，他得了重病，在临终忏悔时承认了自己在投毒案中扮演的角色。很快，这个秘密就大白于天下了。伦敦塔守备受到盘问。结果发现，理查·韦斯顿被安排成那位犯人的看守。现在该调查萨默塞特夫人弗朗西丝·卡尔和她的丈夫了。

如今国王很担心事情反转会牵扯上自己，于是，他让王座法庭首席大法官爱德华·柯克发出逮捕令，逮捕萨默塞特。萨默塞特向国王抗议，说这是对他的名字和家族的侮辱。“不，”国王喊道，“如果柯克传我，我也得去。”据说，当枢臣离开后，他又说了一句：“你已经魔鬼附身，我再也不会见你了。”

柯克彻底调查之后，最终向国王报告说，过去弗朗西丝·卡尔使用妖术疏远了前任丈夫，如今又使用妖术诱骗了新的情人。他进一步透露说，她至少弄到了三种不同类型的毒药，投给了奥弗伯里。

1616年5月24日，萨默塞特夫人来到威斯敏斯特，站在大陪审团面前接受审讯；她一袭黑衣，只有细麻布的轮状皱领和袖口是白色的。她的一些信件被当庭宣读，显然内容猥亵不堪；观众挤向前，想看一看她在整个密谋过程中使用的巫蛊咒语和画符是什么样子的，就在这个时候，木头台子上传出咔的一声巨响。众人都以为魔鬼降临法庭，这声巨响表明，他因为自己的诡计被揭穿而发怒了。现场一片混乱，直到一刻钟之后才平静下来。在詹姆士一世时代，巫师和魔鬼依旧充斥着人们的脑海。

伯爵夫人对谋杀指控供认不讳，或许是因为她心里很清楚，国王对于贵族成员总是仁慈宽厚的。第二天，她丈夫出庭了，他宣告自己无罪，但法官对他的话不予采信。夫妻两人均被判处死刑。国王下令，免除了两人的死刑，他们被押送伦敦塔，在那里关了差不多六年。他们的欺诈与背叛、荒淫与虚伪大白于天下，这只会进一步削弱宫廷和国王的地位，他们毕竟 46

曾经是国王的伙伴。特纳太太因为参与投毒而被判处死刑。国王的一位廷臣评论说：“他们中的大部分人没有宗教信仰，只有恶意、傲慢和通奸，一看到别人倒台就诅咒大骂，欢天喜地。这个地方如此邪恶，我就纳闷了：大地为何不开一个口子，把他们全吞下去。”

这一年的初春，在格林尼治王宫的花园中，太子查理在“开玩笑”的时候，将水管对准了维利尔斯，淋了他一身水。宠臣很是生气，于是国王爆发出不同寻常的怒气，打了儿子的耳光，大声斥责他“性情恶毒、冥顽不化”。如今维利尔斯被国王称作“斯蒂尼”，这是对圣斯蒂芬①的昵称；这个称呼表明，那些仰望圣徒面孔的人宣称它就是天使的面容。天使很快就
47 要掌大权、说了算啦。

① 斯蒂芬是基督教第一位圣徒的名字。

6

胡诌乱扯

关于詹姆士一世当政初期的伦敦社会，1607 年出版的《伦敦的七宗致命罪孽》的描述最为有声有色、引人入胜。这本小册子形式的作品是托马斯·德克尔在七天之内奋笔疾书写成的，内容生动活泼，文笔直截了当。德克尔是一位剧作家和小册子作家，生平不详，声名不彰，不过，在这些方面，他无异于那个时代的大部分作家。

他向伦敦宣告："你的子宫孕育了我的生命，你的乳房哺育我长大成人。"就此而论，伦敦堪称一位严厉的奶娘或母亲。他抱怨说，在所有的城市当中，它是"最富裕的，但却是最淫荡的。你拥有最美好的一切，也有最邪恶的一切"。在詹姆士一世登基时期，它曾经是"世界上唯一的豪侠和受人崇拜的偶像"，但"不久之后便百病缠身（病得比妓女还厉害）"。

他描绘了首都在中午时分的景象：

> 在每条街道上，大车和公共马车轰鸣如雷，仿佛整个世界都被装在了轮子上。在每一个角落，都聚集着成群的男男女女，有大人，也有小孩，人数实在太多，为了防止他们互相推搡挤塌了房子，人们竖起了桩子，来加固房屋。此外，敲锤子的，箍水桶的，补锅的，倾斜 48

> 着倒水杯的，各种声音此起彼伏。肩扛重物、大汗淋漓的脚夫，背着钱袋子的商人的伙计，随处可见，流动商贩（如同在做跳背游戏）从一家商店蹦到另一家商店，店主们（仿佛在跳双人舞）两腿不停地倒腾。一切都繁忙如巡回法庭上的乡村律师。

然而，到了晚上，这座城市却呈现出另一副面孔。在德克尔的想象中，到了黄昏，伦敦成了“酒鬼、色鬼和浪子”的天下。这时候，“绸布商卷起了丝绸和天鹅绒，金匠收起了他们的金质餐具，整座城市就像是一座私人剧场，窗户紧闭，仿佛一场阴沉忧郁的悲剧即将在所有的店主面前上演”。破产者和恶棍白天不敢出门，怕被人抓走，可一到了夜间，“就从壳中爬出来，挺胸抬头，在街上趾高气扬地走来走去，就好像要用头上的王冠去撞天上的星星一样”。

在白天“看待穷邻居的眼神比喝了一瓶子醋还要尖酸的”富裕市民，如今溜出了家门，“钻进小酒馆，要么自斟自饮，要么与他人凑钱买酒，一壶接一壶地喝（麦酒）……一直喝到醉眼蒙眬、步履蹒跚”。他们跌跌撞撞地走进了夜色中，一路上，他们见到柱子就去扶，直到最后醉倒在阴沟中。他们手下的学徒们，尽管发誓遵守师徒契约，但还是会“不顾一切地跑出来，然后迅速地（带着许多啤酒）返回”。这座城市的三个夜间爱好是喝酒、跳舞和赌博。

托马斯·德克尔的文笔轻松自如，遒劲有力，简明扼要。他观察到，在圣保罗大教堂庭院中的一个书摊前，伦敦人“埋头看一本新书的封面，就像骡子在嚼蓟草，如果该书没有什么价值，便（因为不喜欢）把它送回原位”。他注意到，伦敦的窑子总是把门前的柱子刷上彩色，老鸨子总是给嫖客炖李子吃。他还记载，麦酒馆的窗格子都刷成红色。他还观察科尔曼
49 街赶马车的车夫、阿尔盖特的屠夫以及豪恩斯蒂奇的掮客。

伦敦人的衣服“就像一个被吊起来、开膛破肚、大卸八块的叛国贼的肢体，来自各个地方：他的（紧身裤的）下体盖片产自丹麦，紧身上衣以及腹部的颜料来自法国；翼章和窄袖子产自意大利；他的同款短马甲也悬

挂在乌特勒支一位荷兰肉贩的肉摊上；他的短腿短裤（齐膝短裤）来自西班牙；波洛尼亚为他提供了靴子”。这是对伦敦多样化时尚的一种典型抱怨。

德克尔观察了其他市民令人讨厌的习惯。他提及形形色色的“烟草商、羽毛球制造商、服装制造商、编织出轻盈透明的上等细麻布的织工、香水商”，他们各个“装模作样”；各个都是“凶猛好斗、衣冠楚楚的家伙，比乐师更加轻浮，像宫廷小丑一样疯狂打扮：言谈任性，举止淫荡；他们与大人物一样快乐：吃喝很讲究，但却如饥似渴地以小曲儿为精神食粮”。

德克尔十分厌恶少女嫁有钱的老头儿这种常见的行为，“尽管他的呼吸比粪还臭，他的身体比木乃伊还枯干，他的头脑比无知本身还拙劣”。他抱怨伦敦的房主“修了一个烟囱，造价不过三十先令，粉刷完经济公寓的墙壁——其实就是马马虎虎地涂抹了一遍，却立即提高了房租（仿佛以前没拿过补贴），要价每年 3 英镑，比往年多了很多”。这里面有作者个人经历的全部辛酸。欢迎来到詹姆士一世时代的伦敦世界。

贪得无厌和贪婪无度也是另一位伦敦人十分关注的问题。本·琼森的《巴托洛缪市集》于 1614 年 10 月底首次在“希望”剧院上演；这部剧很长，大约得演三个小时，演出从下午两点开始。从这座舞台上，可以感受到伦敦的本质。“希望”剧院也被用作斗熊的场所，每到这个时候，就拆掉舞台，琼森在这部剧的引言中将这座剧院比作集市，“这个地方同史密斯菲尔德一样脏，与那个地方一样臭气熏天”。动物尸体或濒死动物发出的恶臭依然没有散尽。榛子壳和苹果核可能还没有打扫干净。《巴托洛缪市集》里面具有詹姆士一世时代伦敦城的灵魂和内容。剧中的人物都是伦敦实际存在的人物，在这座城市里，所有人都只是演员而已。 50

舞台上搭起了帆布棚，这是为了营造集市的逼真效果。一个人物出现了，不久，另一个人物登场了，下一个人也出现了，直到后来一群市民上了场。他们嬉笑怒骂。他们打架。他们淫秽下流。他们小便。他们呕吐。他们互相欺骗。几个人还突然放声歌唱。各式各样的故事与情节都出现了，但到了后来，又都回到了集市不断加强的喧嚣中。妓女与小偷和唱曲的酒吧间招待员摩肩接踵。

有些人物戴着面具，但到最后，他们都暴露出真实身份，他们的种种要求都被否定了或被驳倒了。所有的权威都被痛斥，这便是这座城市的运行之道。除了金钱的力量之外，没有什么东西真正有力量，除了想侵犯他人和满足一己之欲以外，没有什么东西值得考虑。“哎呀，我的天哪！”有人大声喊叫。“救救我，救命！快拦住我！市集！”老鼠夹子和姜饼，钱包和钱袋子，在这里都能买得到。“先生，你缺什么东西？你想买什么？”整个世界就是一座市场。“买一些新的歌谣吗？新歌谣？”这出剧的结尾是一个木偶戏，这部剧显示，伦敦就是一场大戏和一座露天舞台，一座监狱和一场狂欢节。

这座市集的一位守护神是乌尔斯拉，此人是个胖女人，卖麦酒和烤猪，也兼职当老鸨子，拉皮条儿。

> 乌尔斯拉：我现在满怀热情，一身肥膘儿的夜莺，一到晚上，我就变成了世界上的第一个女人夏娃、一根肋骨了。我走到哪里都用姻缘滋润大地，就像浇园子的大壶一样，你可以跟我学，我咋办，你就咋办。

她骂起人来也是一套一套的。

> 乌尔斯拉：一看你就是秋收时候在大车顶上被搞出来的，那个时候，狗崽子们都急得火烧火燎的。去搞你弟弟的婊子“售货”小姐吧。

用剧中的话说，她是个很泼辣的人。

市集上的另一位大人物名叫“爱忙活”，这是对清教徒的戏仿。

> 爱忙活：别朝那些人看，小心点，甭理他们。这个地方是史密斯菲尔德（Smithfield），也就是铁匠（Smiths）待的地方，出产木马和廉

价首饰的地方……他们都是鱼钩和诱饵，不折不扣的诱饵，四处挂着， 51
等着你上钩呢，钩住嘴，钩住鼻孔，就像渔夫钓鱼一样……

当然，后来发现，他是一位四处游荡的色鬼和伪君子，他充分证实了一些人对这一时期那些善男信女们的怀疑。

琼森曾经说过，他想"如实地"表现"人们的事迹和语言"。他了解自己的写作对象。据他自己的说法，他出生在伦敦的"贫寒之家"，他母亲改嫁给一位泥瓦匠之后，这个小家庭搬到了斯特兰德附近的一个小巷子。他在这里念完了小学后，上了威斯敏斯特公学，他本来还想到剑桥深造，然而由于家穷而未能如愿。他继承了继父的泥瓦匠行当，一干就是好多年。后来，他又到了低地国家参军效力，回到伦敦后，进入戏剧界。所以说，他是伦敦之子，《巴托洛缪市集》就是他对这里热闹生活的颂扬。

这里有你们这些"附庸风雅者的好去处！三鹤、主教冠和美人鱼"这三家酒店是那些蹩脚诗人和所谓有品位的人经常光顾的地方。稍后提到的穆尔菲尔兹、皮姆利科路或交易所，是疲惫不堪的伦敦人经常去消遣解乏的地方。在这部剧结尾出现的木偶戏中，海洛与利安德的神话就是以伦敦为背景的：

无智：我把这里的泰晤士河想象成赫勒斯滂；然后，我又把利安德变成了染匠之子，他就住在帕德尔码头附近；把海洛变成岸边区的一个荡妇，有一天早晨她从这里去了老鱼街，利安德偷偷看到她在特里格岸阶（Trig Stairs）下船上岸。

值得注意的是，伦敦的平头百姓应该很熟悉这个老故事，也许他们是从马洛在十六年前发表的诗歌中学到的。

对于今人来说，剧中的许多典故是很生僻的，许多词语都是陌生或不熟悉的。"木马"就是妓女。"乏食"就是分量不足的小吃。"走味儿"就是
撒尿。当某位人物透露说，"昨晚上我们都有点整多了"，意思是昨晚酒喝 52

多了。“想入非非之地”指的是女人屁股。“特种饮料”指的是药。不参加国教礼拜仪式的天主教徒被嘲笑为“神学院”。

逛市集的人经常说“胡诌乱扯”这个词，这个词的含义可以说是无所不包，但又无确定所指。“胡诌乱扯”就是胡说八道或者吹牛；胡诌乱扯就是这座城市一种狂热的或者是短暂的精神状态，或者说是一种别出心裁的疯狂想法。在老百姓“胡诌乱扯的博弈”中，每一位参与者都要否定前面人说的话。伦敦到处都有人在胡诌乱扯。

> 夸鲁斯：费斯，还有凡是胡诌乱扯说我撒谎的，都给我听着，我就胡诌乱扯了，谁能把我咋的?！［打对方］

就某种意义而言，我们现在看当年的伦敦就像看另一个世界，只有在个别的瞬间，才能认出和明白它的模样。这样一来，我们才会再次置身于
53 这座詹姆士一世时代的城市中。

7

有什么消息?

萨默塞特夫妇一案标志着宫廷开始堕落，人们认为国王越来越狡猾，越来越怯懦；以前大家还称颂他的学识，如今背后都说他是书呆子。他对维利尔斯的龙阳之兴招致责难，让人嫉妒，甚至令人愤慨。他本人的健康状况也江河日下。御医后来写道：“到了1616年，（他的）膝盖、肩膀和双手也开始疼痛和虚弱，一连四个月，只好躺在床上或坐在椅子里。”他的心情越来越焦躁，性格越来越孤僻，脾气越来越坏。御医还说：“他极端敏感，忍受不了一丁点儿疼痛；当他疼得躁动不安时，会丧失神智，这也加剧了病情。”

詹姆士经常饮酒，毫无节制。他浑身出大汗，经常感冒；他总打喷嚏。他的脸色变红，身体越来越肥胖，头发也变白了。到了五十岁，他衰老的速度加快了。他依旧讨厌政务，喜欢打猎；但如今他骑马的速度变慢了，让马夫牵着马走。

这样一来，那些想出人头地的家伙就把目光转向了太子。查理时年十五岁，具备了王子应有的许多美德。他是网球能手，也擅长持矛比武；他喜欢骑马和假面舞剧，也是艺术和音乐的鉴赏行家。然而，他为人也很 54
虔诚和矜持；他沉默寡言，甚至可以说是讳莫如深；一听到粗鲁的话，就会脸红。他身高 5 尺 4 寸，说话结结巴巴。

威尼斯大使在报告中写道，查理汲汲于做的事情“便是支持父王，追随父王，讨其欢心，唯父亲马首是瞻，除此之外，别无他图。在父亲面前，他总是压抑自己的情感”。这样一来，查理变得优柔寡断，易于持守自己被灌输的少许格言警句。他过于羞怯，无法显露自己的优点，或许是他父亲的能说会道和维利尔斯的美貌把他给震住了。后来，当他试图采取强势行动的时候，又经常行事鲁莽，不计后果。他的虔诚之心、神圣使命感，也让他失去了幽默感，性格变得严厉起来。

就在同年夏天，国王突然对法官们下手了。王座法庭的首席法官爱德华·柯克经常惹怒詹姆士，因为他经常坚持普通法，压制王权要求。1616 年 6 月，国王把法官们叫到自己面前，指控他们违抗王命；他们双膝跪地，发誓效忠和顺从国王的旨意。于是国王逐个问他们，在宣判与君权问题相关的案件之前，他们是否会和自己商量。所有人都同意，只有一个人例外，显得很扎眼，此人就是柯克，他只是轻描淡写地说，他会按照高级法官应有的方式行使自己的职权。国王攻击他，称其为无赖和诡辩士。几天之后，詹姆士又跑到了星室法庭，发表了一番长长的讲话，表现出他对司法工作有着高度的热情。他对枢臣们说：“实际上国王们都是法官，审判权就是上帝赐予国王的……我记得基督说过，‘我的羊听我的话’，所以我弄清楚了，我的臣民十分愿意听我的话，我就是他们的牧羊人和国王。”在他发表的所有宣言中，这一篇不是最谦虚的。

柯克注定不会继续为国王效力了。他被逐出了枢密院，他还接到了命令：夏季不得巡游全国办案；他还受命修正他的法律报告，“（正如国王陛下听说的那样）其中有许多过分的和放肆的见解”。五个月后，他被撤职。
55 用时人的话说，此人“书生气十足”。国王为自己除掉了一位桀骜不驯的法官，但在这个过程中，他把柯克变成了法治和人民自由的殉道者。

不过，对于“人民”的性质和特征，理解的方式可能不一而足。直到 1620 年之前，人口增长速度很快，这样一来，穷人的数量开始激增。迟至 1688 年，据记载，有一半以上的城市和乡村人口无法维持生计。相对而言，农村劳动者或小手工业者收入的购买力是几代人以来最低的。据记载，在1616年的谢菲尔德，人口方逾2000，其中就有725人“离开邻居的救济，就活不下去”；他们成了“行乞的穷人”。另有160人，“若生病两周，就衣食无着，沦为乞丐了”。为了买得起生活必需品，他们的儿女“从小就得干苦活儿”。

社会不平等现象非常严重，就在这个贫困时期，乡村绅士和富裕市民的财产剧增；这件事本身有助于解释，这一时期为何有人大兴土木，这场兴建运动的高潮便是，出现了装饰繁复、天际线惊人的詹姆士一世时代的乡村府邸。

还可以看出，随着乡绅财富的增长和地位的上升，老派贵族的权威开始下降。相应地，乡绅的崛起极大地影响了下议院议员的力量和声望，因为乡绅在下议院中占有相当大的比例；据说，下议院议员们的财力足以将上议院议员们的财产买上三次。在后来出版的著作《大洋国》中，詹姆士·哈林顿说，政府的公务“尤其仰仗绅士的天才”。旧领主财势衰落，乡绅崛起，引发了各种解释。这种现象的出现与财富和领地的丧失有关，但也是（贵族）军事力量逐渐丧失的必然结果。国王不管不顾，出卖爵位，为了现金而册封新的从男爵，降低了贵族头衔的含金量。

随着乡绅阶级势力的上升，相应地，所谓职业阶层的势力也壮大了。
在1590年至1630年间，律师的数量增长了百分之四十，在同一时期，内 56
外科医生的数量也大大增加了。商人阶级也有了长足发展，与之交往，不再被视为辱没身份了；大乡绅家的小儿子很愿意到商行里当学徒，为的是最终升为合伙人，入股分红。贫富分化日益严重，不过与此同时，社会上的富人们开始拉近彼此的距离。

如今乡绅们把持了地方政府机构。郡最高军事长官及其副职，郡长和治安官，是维护国家秩序和安全不可或缺的人物；国王及枢密院完全依靠他们去征收税款、规范商贸和募集军队，对外作战。相应地，从季审法院中发展出了一种地方政权形式。在季审法院里，郡里或市镇里的头面人物聚集一堂，讨论当地事务。他们被统称为治安委员会，他们的办事员被称为治安员。他们的权力可以渗透到百户邑里的高级警察以及下级警察、教堂执事、教区穷人监督人。

农村乡绅大多不喜欢宫廷。在1614年举行的一次地方选举中，双方候选人都要求代表“农村”，不肯履行“当廷臣”的职责。很快，宫廷党和乡村党就浮出水面了。白厅的所作所为已经招致深深的怀疑。国王的生活奢侈无度，需要提高税收。宫廷在巡游的时候，往往以低价购买王室所需物品，还征用人力、车马，这种特权已经成为一桩罪恶。国王的龙阳之癖也闻名全国。到了1617年初，乔治·维利尔斯子爵又被晋封为白金汉伯爵，并被委任为掌马官。他田产广袤，进项不菲，但他还垄断了官员的铨叙大权。任何人，只要想求个一官半职，都得和这位伯爵交易，白金汉坚持认为，所有求他的这些人只能认他一人为恩主。露西·哈钦森是一位具有清教倾向的回忆录作者，她写道，白金汉之所以爬到这么高的位置上，“不是凭借功劳，全靠色相和当娈童”。

57 官职被视为家庭私产。大官们可以并且应该任命自己的继承者；当然，他们在选人的时候，是要勒索一笔费用的。现任官员、最有希望得到这个位置的人要与雄心勃勃的各式候选人谈判、协商。有些官员就是其他官员的私人雇员。最重要的事情是你认识谁，你有多少钱。1618年，兰开斯特公国大臣一职出缺，引来43个人竞买，后来这个位置大约卖了8000英镑。海军官员尤其腐败，他们收受贿赂，用家仆当官，转移军需，为自己发双份津贴，采购次品，赚差价，中饱私囊，军舰商用，收取运费。

得到王室庇护的一切交易——退休补贴和津贴、外快与年金——都明码标价。塞缪尔·多夫斯写道，“上一次，在2月2日，我到大法官法庭听审，在庭吏的位置上站着一个人；他向我要钱，我给了他8先令……还有两个看门的也要八先令，我都付了。当我出门的时候，又有两个人在此守候，向我要去了两先令”。在市场里占个摊位要花钱，争取卖布或织布的权利要花钱。一伙专卖商拿到了邓杰内斯灯塔的维修权，他们可以向过往的船只收费作为酬庸，但他们只给灯塔提供了一根蜡烛。

国外有什么新闻？“这件事的始末说来话长，”约翰·张伯伦写道，

“在整周之内，它都是保罗堂及全城的话题。”这里所说的“保罗堂”是圣保罗大教堂的中部耳堂，那里是各种流言蜚语盛行的地方，也是所谓“新闻贩子”济济一堂、讨论最新传言的地方。每天的十一点，领主和绅士、廷臣和商人，走入耳堂，一直待到十二点；吃完午饭后，他们再次相聚，从三点一直待到六点。在此期间，他们谈论商业与政治，或者压低嗓音传布城里的流言和秘辛。一位善讲宫廷秘闻的人被称为“保罗堂中的一员新干将，大事小情，此人无所不知”。这座忙乱嘈杂的耳堂也因此被称作“耳 58
朵妓院”，里面充斥了“奇怪的嗡嗡声或叽叽喳喳的声音，混杂着走路声、说话声和脚步声”，当时的一位观察者约翰·厄尔如是说。

据说，当年英格兰的一大恶行就是“搬弄是非之人”，也就是所谓“情报员”的胡诌闲扯。约瑟夫·霍尔在《美德与恶行的特征》（1608）一书中对此类货色有所描述。“到圭亚那航海的所有人的历险经历，还有他们的收获，他知道得一清二楚。他知道荷兰是否讲和了，还知道在什么条件下……如果他在街上看到只有两个人在一起谈话和看信，便跑过去询问可否分享秘辛。”

于是我们会读到这样的东西：“法布里齐奥事件传得满城风雨”或“最糟糕的是，世人都认为，如果他们相争的话，就会两败俱伤”。世人这么说；世人那么认为。“如今看似不可能出现的事情，大都会迅速发生。”“有人说国王要去罗伊斯顿。”“每个人都这么传。”“我们从来没有经历过这么差的新闻低潮，尤其是与公共事务相关的新闻，这让我们干活儿无精打采，强打精神……”“有传闻说官员要变动……你可以感受到有谁想并且有希望成为大法官。”船工用新闻款待自己的顾客；谦卑的市民坐在理发店的椅子上听新闻。有些人的谋生方式是，将新闻信札的稿本卖往乡下。谣言的传播速度是每晚五十英里。

宫廷里有什么新闻呢？1617 年 3 月，国王去了北方。他对苏格兰枢密院说“这么多年来，我们理所当然地非常渴望看一看我们的故土，看一看生我们、养我们的这片土地”；他说这是“大马哈鱼似的本能”，这种说法倒很令人开心。在这次缓慢进行的旅行中，有数以百计的廷臣随侍左右，直到5月中旬才走到爱丁堡，他们走一路吃一路，就像蝗虫一样。没有人知道这次巡游的费用是从哪里来的，他们所经地区的人们心里最为害怕。几百年来，还没有哪位英格兰国王干过这样的事情。当詹姆士到达边境的
59 时候，他下了马，躺在两国交界之处，然后亲自宣布，自己象征着苏格兰和英格兰的统一。

许多枢臣和贵族都不想随他回老家。他们对苏格兰没有任何兴趣，也没有美好的期待。对于他们来说，那就是一片荒凉的，甚至是野蛮的国土。王后本人借口生病，婉拒与丈夫同往。英格兰廷臣安东尼·威尔顿爵士写道，这个异国“对于拥有它的人来说真的是太好了，但是，对于别人来说，实在太糟了……有大量的飞禽——恶臭的房屋……恶臭的亚麻布、恶臭的菜肴和饭锅……这个国家虽然多山，却养不出怪物，但养得起女人”。

国王随身带了蜡烛、唱诗班以及一对风琴；他迫切希望苏格兰教会奉行英格兰教会的礼拜仪式，但他只取得了有限的成功。苏格兰教士很警惕这些“罗马天主教的破玩意儿”。有位加尔文派牧师说“风琴在先，弥撒靠后”。詹姆士还疏远了苏格兰议会的许多议员。他在议会开幕式的讲话中阐述了他的英格兰王国的种种优点；他对苏格兰同胞说，他“心中最挂念的莫过于减少你们身上的野蛮习气，像你们的邻居那样温和文雅”。苏格兰人早已从英格兰人那里学会了驾驭漂亮的马车，为健康干杯，还有吸烟。说这种话怎么可能受到欢迎？

还有其他新闻吧？1617年夏，沃尔特·雷利爵士刚从伦敦塔里释放出来，便率领船队前往圭亚那，到那里寻找黄金。国王明确命令他，无论如何也不能伤害西班牙人；他心里还惦记着为儿子迎娶西班牙公主。雷利最后到达了奥里诺科河的河口，他派遣自己的副手劳伦斯·凯米斯逆流而上，寻找传说中的金矿。然而，凯米斯在路上攻击了占据圣托姆的西班牙人。在一次无关紧要的战斗中，雷利的儿子被打死。在这之后，凯米斯被迫返回主力舰队。雷利已经无望到达金矿了，只好灰头土脸地返回英格兰。凯米斯在船上自杀。国王震怒；有的时候，国王震怒就意味着杀人。詹姆士认为，雷利打着找金矿的幌子欺骗自己，这位倒霉的探险家为他招致西班

牙人的敌意，这不但毫无道理而且毫无必要。 60

西班牙国王当然会发怒，他的怨谤由臭名昭著的驻英大使贡多玛伯爵转达过来。出于和解和补偿，詹姆士把雷利送上了断头台，执行地点就在威斯敏斯特的旧宫庭院。时人普遍认为，他为了给西班牙人面子，牺牲了雷利。雷利对刽子手说，“来个痛快的吧。偏偏在这个时候，我的打摆子病犯了。我可不愿意让我的敌人认为，我因恐惧而发抖”。据说，看到即将为他送终的那把斧子，他还说道：“这剂药有很强的刺激性，但能治好所有一切疾病和痛苦。”当刽子手正在考虑如何下手的时候，他大声喊道：“动手吧，伙计，麻利点儿！”他没来得及写完他的《世界史》一书。这本书是在1607年动笔的，当时他正被关在伦敦塔里。他从创世写起，但直到他去世，才写到公元前188年的第二次马其顿战争结束。

伦敦有什么火爆的消息？1617年11月，国王向兰开夏郡的人们宣布主日运动和娱乐事宜；第二年，《关于体育运动的布告》① 向全国发行，政府允许百姓射箭和跳舞，同时得到允许的还有“跳远、撑竿跳高或其他无害的娱乐”；国王还很大度地允许人们“玩五朔节游戏、圣灵降临周喝啤酒以及跳莫里斯舞蹈、竖起五月柱”。不过，斗熊、斗牛和草地滚木球运动依然得不到许可。比较严格地执行教规的教士们对这一纸宣告并不感冒，不久，它就被称为“舞蹈之书”。它近乎亵渎神明和偶像崇拜。有位名叫布拉姆海姆的威廉·克拉夫的牧师，对教区教民们说：“上天命令你们守安息日和礼敬圣所。如今的英格兰之王是凡夫俗子，他命令你们不守安息日。何去何从，你们自己掂量着办。”不久，很多清教徒就成了反对国王政策的主力。

1618年初，本·琼森的假面舞剧《寓教于乐》在宫中上演。这部剧没有讨得任何人的欢心，有人甚至建议说，剧作家应当重拾他的老本行——当泥瓦匠去。在演出快要结束之际，到了跳舞这一场戏，演员们开始拖沓起来。“他们为什么不肯跳舞呢？”国王大声说道，“他们让我来这里干什

① 星期日本来属于休息、娱乐和消遣的时间，但清教牧师把这一天等同于安息日，禁止常规的消遣活动以维护星期日的神圣性。詹姆士一世发布了这份布告，宣布所有人在星期日做完礼拜之后，均可以从事合法的娱乐活动。

61 么？你们这些该死的东西，跳！”于是，白金汉站起身来，用威尼斯大使馆牧师的话说，“(他) 兴致盎然，步伐紧凑，跳了一阵子，舞姿轻盈优美，博得了众人的欢心”。詹姆士本人表现出“非同寻常的爱意，摸了摸他的脸”。

然而，白金汉的敌人——其中最有名的是霍华德家族——决心找人取代他。他们把一位名叫蒙森的英俊小伙子介绍到宫中。他们为他梳洗打扮，以便充当娈童角色。他们为他化妆，为了保持皮肤光洁，让他每天用炼乳洗脸。但国王并不喜欢这位新来的追求者。内廷大臣把蒙森带到一边告诉他，詹姆士不喜欢他的胡搅蛮缠，不想让他继续待在这里。他命令蒙森远离国王，他还说，如果蒙森还识相的话，就应该离开宫廷。

白金汉坐上了轿子，这在英格兰历史上还是首次。人们对此义愤填膺，抱怨说他用人力取代了畜力。然而，他的地位仍在上升，他在高位上一直
62 待到詹姆士一世执政结束。

8

波希米亚悲剧

1618年4月，有人出版了一本小书，名字叫作《和平的缔造者》，书上还印着王徽，里面颂扬了詹姆士一世作为调解人，如何排忧解难、处理国际纠纷。自从他即位以来，英格兰这座“幸福的圣所”已经享受了十五年的和平生活，所以说，大家现在可以“欢欣鼓舞、兴高采烈地庆祝，共同赞美美好的和平了”。

不过，争端很快就出现在遥远的波希米亚（大致相当于今天的捷克共和国），当时这里的统治者是神圣罗马帝国的皇帝马赛厄斯。就在这本书问世的那个月，波希米亚的一些新教贵族猛烈攻击布拉格的皇宫，还把皇帝的代表扔出窗外；马赛厄斯想让斐迪南大公统治他们，这位大公是一位狂热的天主教徒，出身于哈布斯堡家族。波希米亚的造反派很快就掌控了全国，向哈布斯堡的天主教王朝发起了挑战；当时的西班牙国王腓力三世也出身于哈布斯堡家族。

德意志的加尔文教派信徒当然会加入他们的事业，这就给英格兰国王出了一个难题。加尔文教派事业的代表正是詹姆士一世的女婿巴拉丁选帝侯腓特烈，而詹姆士又想为儿子迎娶西班牙的腓力三世的女儿。怎么办？詹姆士是该支持西班牙的哈布斯堡王室，还是该鼓励他的女婿维持他对波 63

希米亚的统治？他对此采取了模糊策略，含糊其词，他派去一位仲裁人，但交战双方谁也不待见这位特使。西班牙驻英大使贡多玛评论说：“英格兰国王的虚荣心太强了，他总以为应该由他调停讲和，以便提高自己的威信。”但结果并不如他所愿。

1619 年 3 月，马赛厄斯去世，斐迪南大公当选为神圣罗马帝国皇帝，波希米亚人借机正式废黜了他的波希米亚王位，邀请腓特烈取而代之。腓特烈犹豫了一阵，便接受了邀请。詹姆士抱怨说，“他给我写信，问我他是否应该接过波希米亚的王冠；可就在三天之内，还没等我回复，他就戴上了这顶王冠”。

腓特烈接受了他们的吁请后，便于同年 10 月动身前往布拉格，以便继承王位。英格兰的新教徒很开心。他们终于在欧洲大陆找到了新教的旗手。在 1618 年深秋，一枚硕大的彗星穿过欧洲的上空；它的浅红色光芒和长长的尾巴一连七周都看得见，它成了所谓“愤怒之星”。它当然被视为天意的表现，象征或警告人世间将有巨变。难道它预示着哈布斯堡王室，甚至罗马的不信基督者最终失败？

詹姆士的看法与他的新教臣民不尽相同。他认为腓特烈接受波希米亚王位是鲁莽之举，他为此感到生气；这是因为，从某种意义上讲，他的女婿是侵略者，藐视了国王们的神圣权利。他对腓特烈的使节说，“你现在到英格兰，来得正是时候，这等于向我的臣民宣告，他们可以赶走我，扶另一个人上位”。更为重要的是，他不想放弃他精心打造的英格兰—西班牙的关系。然而，他的女儿又是波希米亚王后，这难道不是一种光荣吗？如此一来，他的统治便处于两难之境，一边是他与西班牙的和睦关系，一边是他与欧洲新教徒之间的教友关系，他被夹在了中间，动弹不得，真是要命！他曾经试图调节双方的关系，如今双方都在威胁他，要与他割席绝交。所以他只好支吾其词。法国大使报告说，“他的大脑只会在很短的一段时间
64 内发力，长期来看，他就是一个懦夫”。

他与西班牙的关系处于一种艰难、微妙的平衡状态。查理王子与西班牙公主联姻这件事被无限期地拖延下去，而英格兰的民间舆论又讨厌王子

与天主教国家联姻，因此，国王很可能与臣民产生隔阂；但詹姆士又太想得到西班牙丰厚的嫁妆了，甚至不顾任何警告。西班牙人相应地提出要求：允许英国天主教徒拥有宗教信仰自由。然而，改动法律需要议会的同意，而议会绝不可能向这种请求让步。一切都悬而未决。西班牙使馆的一位外交官在大法官巷骑马撞倒了一个孩子，一群人围了上来想抓住他；他纵马疾驰而去，成群结队的市民逐渐聚集起来，大约有四五千人，追着他来到了大使馆。他们包围了使馆，砸碎了窗户，威胁着要破门而入，直到后来王座法庭的庭长赶过来，带走了案犯，事件才平息下去。

毫不夸张地说，西班牙可能在计划入侵巴拉丁。詹姆士十分痛苦，举棋不定，他一会儿答应派兵帮助女婿，一会儿又说自己没有资格帮助任何人。他无钱打仗，国内也没有做好战争准备。腓特烈被推举为波希米亚国王，这在任何情况下都是合法有效的吗？如果不是的话，代表腓特烈出战既不公正，也没必要。

政治和外交离不开宗教问题；当时欧洲大陆分裂为天主教和新教两大阵营，这些因素在欧洲大陆是紧密相连的，这种分裂是那个时代最重要的事实。1618 年末，荷兰改良教会在多德雷赫特（俗称“多特”）召开了一次全国性的宗教会议，英格兰有六位代表与会。会上的辩论让国王极感兴趣。这场辩论涉及加尔文教派的得救预定论，而后者正是荷兰神学家阿米尼乌及同伙所否定的。阿米尼乌还谴责了对手的宗教狂热。他宣称，宗教将会像普鲁塔克笔下的那位年轻女士那样，经历同样的命运。有好几个人追求她，但她犹豫不决，无法确定嫁给谁，结果这几个人一怒之下，把她撕成 65
了碎片，这样一来，每个人都有份了。当时，加尔文派人士担任荷兰的主教，这些主教们要求阿米尼乌及同伙出来解释。这场争论情绪激昂、热烈，持续了七个月。

英格兰清教徒托马斯·古德温指出，这次会议的报告“开始成为每个人谈论和探索的对象”，另一位英国神学家彼得·黑林声称，这些辩论将英格兰人从沉睡中唤醒。当时，神学家在政治和宗教事务中发挥着举足轻重的作用；在 17 世纪，宗教是核心问题，是判断和解释其他所有问题的依据。到了宗教会议结束之际，加尔文派获胜，而对手要么锒铛入狱，要么被剥夺了牧师职位；七百个信奉阿米尼乌主义的家庭被流放。在詹姆士看来，这是精神净化的一场胜利，英格兰牧师弗朗西斯·劳斯痛斥阿米尼乌主义是“教宗至上主义者的谬种流传”。新教的战线更加稳固了。阿米尼乌主义稍后才会在英格兰出现，它给下一任国王带来了致命的后果。

由于西班牙与巴拉丁事件引发的过劳与紧张，詹姆士生病了。他很不幸，同时得了关节炎和痛风，还有所谓“结石病剧烈发作”。他的妻子丹麦的安妮在1619年早春时节去世，这导致他的健康进一步恶化。御医在记录中写道，他“持续发烧，胆病引起腹泻，双唇和下巴发生溃疡。昏厥、叹气、恐惧、极度悲伤、脉搏紊乱”。国王排出三块结石，痛得厉害，人都吐了。他很可能撒手人寰。查理、白金汉和重臣从伦敦被叫到罗伊斯顿，此时他正驻跸于此，他向他们交代了后事。然而，这件事还是操之过急了。几天之后，他竟然康复了，虽说他的身体依旧虚弱，无法参加5月中旬举行的王后葬礼。有人告诉他，治疗双腿虚弱无力的最好药物就是新杀死的鹿的血液；于是，一连好几周，人们发现，打猎结束后，他的双脚站在刚刚被放倒的鹿的尸体中。

66 他在6月初返回伦敦，衣着华丽，有人说他更像求婚者而非丧偶之人。他自有庆祝的理由。新建的宴会厅即将落成，这是他执政时期完整保存至今的极少数建筑物之一。它是由伊尼戈·琼斯按照新颖的、有争议的新古典主义风格建造的，按照帕拉第恩和意大利文艺复兴精神构思的；按照设计，它表示“恢宏”与“合式”两种概念，而国王作为法官与和平的缔造者，身处装饰华丽、设计精准的内部。宴会厅是王室的统治中心。它也被视为最适合迎娶西班牙公主的地方。16年之后，鲁本斯为天棚顶画完了油画；在画中，詹姆士被绘制成了英国的所罗门，统一了英格兰和苏格兰王国，在充当中央装饰物的这幅椭圆形油画上，他被象征着正义、虔信和宗教等的人物带到了天堂。

这座建筑的造价相当昂贵，约为15000英镑，当时国库几乎告罄。国家本身正处于财政危机当中。欧洲大陆日益倾向于购买更为廉价的国产布匹，而非比较昂贵的英格兰毛料，荷兰商人有了竞争力，这意味着经济活动大幅下降。埃德温·桑兹对下院议员们说，“与贸易日渐糜烂相比，国内的民怨都是无足挂齿的小事”。列昂奈尔·克兰菲尔德于1621年就任财政大臣，他解释说，“贸易如以往一样强大，但境况不妙。进口增长，出口下降”。换句话说，贸易平衡不是英格兰的优选。这就是屡次打击英格兰经济的一次经济灾难，但在17世纪之初，没人真正理解正在发生什么。

克兰菲尔德又说：“资金缺乏是贸易问题造成的，只要贸易出了问题，我们就会缺少资金。”英格兰进口了太多的工业制成品；而在进口货物中，很多商品被视为华而不实和没有必要的，例如葡萄酒和烟草。奢侈品包括天鹅绒和缎子、珍珠和金线织物。然而，在别的部门，经济失败也是常见的现象，与1618年的出口数字相比，伦敦在1622年细平布的出口数量下降了百分之四十；1623年庄稼歉收，进一步恶化了经济状况。林肯郡的绅 67
士威廉·佩勒姆爵士写道，“这一带有好几千人卖掉了家中所有东西，只剩下铺床的干草了。他们找不到工作，挣不着钱，狗肉都成了美味佳肴，在许多人家里，一找就会发现这种东西”。这就是詹姆士一世统治末年社会动荡不安的背景。

这也是英格兰人开始在美洲建立殖民地、开始新生活的一个主要原因。1620年夏天，“五月花号”从朴次茅斯扬帆起航；船上的有些乘客是来自莱顿（荷兰）的宗教分离派，但绝大部分乘客是英格兰人，他们去美洲是为了获取土地和改善物质生活。据估计，在以后的二三十年中，约有六万名英格兰人告别故国，三分之一去了新英格兰。当他们穿越大西洋之后，他们的行迹就不是本书所关注的内容了。

西班牙人要入侵巴拉丁领地，以报复腓特烈继承波希米亚王位，这种可能性越来越大。如果西班牙进军成功，那将严重损害欧洲的新教利益，哈布斯堡的统治很可能借机卷土重来。因此，德意志新教联盟的王公和自由市向英格兰遣使求援。不过，这位使节并未得到国王的热烈欢迎。詹姆士首鼠两端，决定哪边都不站队。坎特伯雷大主教见他抛弃了新教事业，十分惊恐，便请求他允许英格兰教士为了教友自愿出资出力。对此要求，国王勉强同意。

当然，他还想为儿子娶到西班牙公主。他招来西班牙大使贡多玛。他说："作为国王、绅士、基督徒和诚实的人，我要告诉你，除了贵国公主之外，我不想让我的儿子娶任何人，除了西班牙之外，我不想和任何国家结盟。"他脱掉了帽子，擦了擦额头上的汗水。这番话实际上在暗中承认，他不想和腓特烈或德意志王公结盟。波希米亚对他来说有何意义呢？他对这个遥远的国度一无所知，让这个地方出名的，只有九年前上演的莎士比亚
68 戏剧《冬天的故事》中的沉船事件，而令人感到神奇的是，莎士比亚居然让这个国家有了海岸线。

在 1620 年 7 月末，国王开始巡游。威尼斯大使报告说，他好像很愿意把伦敦抛在脑后。他还说："国王似乎极度厌倦此时世界各地发生的事情，他不愿意每天被迫花时间考虑那些烦心的事情，也不愿意每天只会听到有人向他提出四处出击、到处干预的请求和煽动。"詹姆士说过："我不是万能的上帝。"

几天后，有消息传来，一支 24000 人的西班牙部队进军巴拉丁；与此同时，被掀下波希米亚王位的神圣罗马帝国皇帝也开始进军布拉格。有位谋士问他怎么看待当前危险的局势，他反问这位谋士："你知道你有多无知吗？我知道自己该说什么。所有这些麻烦都会自行解决，很快你就会看到这一点。我知道自己该说什么。"

然而，让他难受的是，如今他认识到了西班牙人在玩弄两面手法。贡多玛大谈和解，腓力三世却计划开战。詹姆士把贡多玛叫到汉普顿的宫廷，痛斥他是两面派。贡多玛却彬彬有礼地回答，他从未说过西班牙不会入侵巴拉丁。听到这话，詹姆士泪如雨下。他怎么可以不保护自己的女儿呢？他因为犹豫不决和举棋不定而做出的绥靖政策，彻底破产了。

1620 年 11 月，在布拉格之外的白山战役中，西班牙人获胜，新教军队惨败，腓特烈被赶出他暂时控制的波希米亚王国；第二天，他就跑到旁边的西里西亚地区逃命去了。他甚至沦落到有家难回的地步，因为，就在

转年夏天，西班牙人占领了巴拉丁的一半地盘。他和妻子伊丽莎白实际上 69
成了流亡者。相应地，鼓动波希米亚新教叛乱的领导人也被送上了断头台，一个新的帝国贵族阶层在凯旋中崛起了。这个消息传来，英格兰公众既吃惊，又愤怒，很快，所有的指责都落在了詹姆士身上。

威尼斯大使在报告中写道：“到处可以看到和听到有人在流泪、叹息和大声表达愤怒。”反对国王的信函传得满街都是，信中威胁说，如果他辜负了百姓的期望，人们很快就会表达愤怒。所有人都同情他的女儿伊丽莎白，她被迫逃亡，没有得到父亲的帮助或保护。查理王子对姐姐的不幸处境深感痛苦。据说国王本人极度悲伤，但是，当他从最初的震惊中恢复过来后，有人听到他喃喃自语：“我早就料到这一步了。”

詹姆士很快就充当起自己最喜欢的仲裁者或调解人角色了。他设计了一个方案，可能为各方所接受。腓特烈向皇帝臣服，放弃波希米亚王位，但前提条件是，皇帝把巴拉丁领地原封不动地还给他。接下来便是一连串复杂的外交谈判，结果一事无成。当时有人戏谑说，詹姆士本应给他女婿送去 100000 名大使。

他应该召开议会了；议会于 1621 年 1 月中旬召开。国王被人用椅子抬过来参加开幕式，这是一个不好的兆头。他的双腿和双脚软弱无力，据认为，它们很快就会失去效用了。他无论如何都不愿意和下议院议员们探讨国策。他莅临议会是来提要求的。他命令议员们不要“参与诽谤国王、教会或者国事”。他本人则保证，太子与西班牙公主的联姻不会危及英格兰的新教；他还发表声明，他不会坐视他的女婿在巴拉丁的领地被人瓜分。为此他需要钱。这是他召开议会的唯一原因。他曾经说过，他不得不“像壳类水生物那样，依靠自己的湿气过活，而无须公帑的供应”。这是詹姆士一世最吸引人的比喻之一。

调查委员会已经估计出，为保卫巴拉丁领地派出的一支部队，每年军 70
费为 900000 英镑；詹姆士感觉到这个数字会引起震怒，便向议会要 500000 英镑；议会拨给他 160000 英镑，然后又把注意力转向了国内的民怨，例如无法无天的代理商滥用专卖权。7 年以来，议会首次召开。这次会议成了清算七年来积累的怨气和问题的地方。在第一次全体会议期间，大约有五十二份法案进行了二读。

窗外的天气寒冷刺骨。约翰·张伯伦在2月初写道：“泰晤士河已上冻，上面已经可以走人了，这四五天来……狂风和巨浪在某些地方把冰推得很高，就像岩石和山峰一样，看起来怪怪的，很可怕。”

在冰封的泰晤士河畔，议会最重要的议题是贸易萧条。议会成员齐聚威斯敏斯特，他们中的出口商、地主和牧场主借着这个机会，抱怨价格下跌和羊毛滞销。有人宣称，贫困和匮乏现象到处都是。有位议员对同事说，“我宁愿当农夫，也不愿意当商人”。胡乱干预无法压制激烈的言辞。现代意义上的政党还没有出现，只有表达既得利益或地方上怨言的个人。不过，越来越清楚的是，政治主动权掌握在议会手里，而非掌握在国王和枢密院手里。

就在这次会议上，议会起草了一份请愿书，反对“耶稣会士、教宗至上主义者和拒不参加国教礼拜仪式的天主教徒”。这是他们所了解的唯一能够拆散国王所青睐的英国—西班牙关系的方式。巴斯来的议员罗伯特·菲利普斯火上浇油，他说：如果不限制教宗至上主义者，他们很快就会占据国民的一半人口。所以议会要行动起来。所有拒不参加国教礼拜仪式的天主教徒都被治安官解除了武装。所有不参加国教礼拜仪式的天主教徒都不得在伦敦居住。国王的臣民不得听弥撒曲。詹姆士一世被夹在了议会与西班牙之间，处于无所适从的窘境；据记载，他愿意接受主要建议，但暂时
71 不接受个别建议，以便进一步思考。人们都认为这是在躲避。

人们反对西班牙人的情绪如今很明显了。1621年初，有一幅漫画四处传播，上面画着西班牙国王、教宗和魔鬼正在合谋制造另一场火药阴谋案。

西班牙大使贡多玛一行正走在芬特伦奇大街上，有位学徒冲着他们大骂：“大粪车里有魔鬼。”

贡多玛的一个仆人回敬道：“先生，不久你会到感化院中找乐子。”

“什么！难道我们会去感化院中找你这样的一条狗！”

最后学徒及其同伙被当街鞭打，伦敦市民为此义愤填膺。

议会本身热烈支持腓特烈的事业。有位议员发表讲话，主张向皇帝的军队开战，议院一致投票支持他，他们脱帽欢呼，发誓收复巴拉丁领地。此时詹姆士一世似乎与他们一样热情洋溢，但他过于精明，或者说过于谨慎，他不肯卷入对抗天主教国家的欧洲战争。不管怎么说，他对议会越来越不耐烦。议会已经开了四个月，在大部分时间里，都向他发出请求和怨愤之词。它没有解决国王的急需，也没有同意给他继续拨款的请求。所以说，到了 1621 年 6 月初，他下令休会。

后来，有位著名的议会议员约翰·埃利奥特爵士反思这次会议的失败。国王认为议会的自由侵犯了他的君权，而议会则担心他“试图削减并且阻挡议会自古以来就享有的特权和自由”。所以说，双方都不肯让步，国王在维护他的君权，而议会在坚持它的特权。埃利奥特认为还是有中间路线可走的，但在当时人们忽略了这一点。

这就是宪法将来得以确立的基石。19 世纪著名的法学家约翰·坎贝尔男爵写道：“1621 年 1 月 30 日议会召开的会议，可被视为开启了一场伟大的运动，就在二十年后，这场运动导致了英格兰君主受到臣民的审判，被砍掉了脑袋。”国王的画像，由丹尼尔·密顿斯在这一年完成。画中的詹姆士一世身穿王袍，面部表情很专注或者说很茫然。 72

当议会于 11 月 20 日再次召开的时候，显而易见，议员们的热情与怒气并未明显减少。由于国王不在，议员们在某种意义上得到了解放；詹姆士早已决定离开伦敦。他带着白金汉，前往罗伊斯顿和纽马克特。议会成员因为害怕最近的政策而团结起来。罗伯特·菲利普斯爵士再次发难。欧洲的天主教国家是英格兰的敌人，而在英格兰，天主教徒变得胆大妄为，竟敢说新教徒为“宗派”。除非先消除国内外的危险，否则，不要批准政府的开支款项。爱德华·柯克，如今成了不满现状分子的领袖，站出来提醒他的同事们，西班牙已经派出了它的无敌舰队，害了很多牲畜的羊疥癣就来自这个国家，人类感染的最邪恶的疾病——梅毒——就是从那不勒斯传播开来的，那是西班牙人控制的城市。这个国家是一切污秽的源泉。

约翰·皮姆站起来发言，他猛烈攻击西班牙人，痛斥天主教对英格兰的威胁，他说“煽动的种子”已经埋在了“宗教的托词中”。他很快就成为王室要求的激烈反对者。威尼斯大使在报告中写道，“议员们使劲儿抱怨，因为国王陛下过于纵容他们（天主教徒）了”。君主实际上成了问题；他向议会要政府开支款项，但没有适当透露他的政策。同党们能代表他说什么呢？议会还提出了王子的婚姻问题。如果西班牙公主最终成为英格兰王后，她的子嗣将来会继位；这就意味着英格兰又回到天主教国王的统治之下。下议院议员们起草了一份请愿书，他们要求詹姆士一世向欧洲的各个天主教国家宣战，并迎娶信奉新教的儿媳妇。

国王看过请愿书后，据说他大声疾呼：“上帝啊！赐予我耐心吧！”他致信下议院议长，抱怨说“有些性情暴躁的、蛊惑人心的鬼怪”正在考虑他们无法解决的问题；他要求将来议员们不得讨论“有关我们的政府或国
73 务”的问题。与西班牙的联姻不得公开讨论。他甚至发出威胁说，他觉得自己“有权惩治并且能够惩治任何人在议会召开期间以及之后犯下的轻罪”。他实际上否认下议院有任何权利。菲利普斯称之为“杀死灵魂的一封信”。

于是下议院议员们起草了一份请愿书，他们请国王不要相信污蔑他们行为的那些无稽之谈；他们还请求他保证他们的议会特权。当他们带着这份文件来到纽马克特，詹姆士大声喊叫：“快给使者们拿马桶来！”现在他明白了，他们的确代表了国内的另一股力量。不过，为了回应这份请愿书，他警告他们不要染指他的君权。有位名叫纳撒尼尔·里奇的下议院议员，反对国王的这些命令。例如，“不要干预这件事”或“先做这件事”，这些王命让他很生气，他宣称，“当我说言论自由的时候，我指的不是无法无天和胡作非为，而是发表言论时不带奴性的恐惧，或者说，在某种程度上，不受铁腕统治者钳制的言论”。

1621 年 12 月 18 日晚上，下议院议员们在烛火下发布了一封抗议书，他们声称，自己的议会特权以及人身安全，“是自古以来英格兰臣民与生俱来和世代传承的权利，是不容置疑的”。他们有充分的权利去讨论外交事务。任何涉及国防或宗教方面的问题，都在他们咨询和争论的范围之内。

他们要求言论自由和免于被捕的自由。现在詹姆士被彻底激怒了，他先是下令暂停议会，然后又解散了议会。他要来下议院议员们的议事录，然后亲手撕了“抗议书”；如今议会毫无地位可言。他说，“我执政依据的是公共福祉，而非公意”。“公共福祉”这个词指的是国家的整体利益。接下来，他又把柯克和菲利普斯送进了监狱，将皮姆圈禁在家。贡多玛写道：“可以确定，只要国王活在世上，他再也不会召开议会了。”

议会解散标志着詹姆士在英格兰的威信开始丧失。他在政治上失败透顶，他疏远了支持下议院议员的市民和乡绅。他无钱代表巴拉丁去打仗，他被迫与西班牙继续谈判。人们普遍认为，国王如此决绝，毫不妥协，背 74
后肯定是白金汉的主意；这位宠臣更不招人待见了。这个时代险象环生，不知往何处发展了。

国王的声誉如今经常受到攻击。人们指控他懒惰和挥霍；他的意志过于软弱。他只不过是西班牙总督的国王。在 1622 年 1 月，有人因为说“将要发生叛乱”而上了肢刑架。民间流传着一份名为《汤姆实话实说》的诽谤性手抄本，手抄本里面说，虽说詹姆士号称“信仰的守卫者”，但这里的信仰可是天主教信仰；他是休眠教会的首领，而非战斗教会或凯旋教会的首领。汤姆还说，贡多玛手里有一把金钥匙，可以打开国王的秘密匣子，詹姆士本人犯下了人类可能犯下的最邪恶的罪行。这里指的是国王与白金汉之间的关系。有位布道者，名字叫作奈特的年轻人，在牛津宣布，“当臣民因为宗教原因受到骚扰，他们有权拿起武器反抗君主，进行自卫”。不久，詹姆士就颁发了“关于布道的指示”，禁止牧师“恶毒咒骂和不得体地怒斥”天主教徒，并让他们莫谈“国事”。白金汉对西班牙大使吹嘘道：“现在若有人敢在布道坛上说话，他就会立即被抓走，直接投入监狱。”

出于同样的压制异见的愿望，国王宣布，合格的贵族、骑士和乡绅应该回到他们的乡村宅邸中。据说，这个措施是为了推行乡村的好客之道，但人们普遍认为，这一举措针对的是居住在伦敦的乡绅，他们因为互相交流怨谤之词而加重了不满情绪。

为了庆祝第十二夜，格雷法学院从伦敦塔搬来一尊小型铁炮，在万籁俱寂的夜晚，点燃了引信，结果爆炸声太大，惊醒了白厅中的国王。他从床上一跃而起，惊呼：“反了，反了！”宫里人都大吃一惊，阿伦德尔伯爵手执宝剑跑进了寝宫。国王由于恐惧而误发警报。他似乎既缺乏生理上的
75 勇气，也缺乏道德勇气。威尼斯大使在报告中写道，他“因为多疑而狂躁不安，由于经常担心受害而行为暴虐，他固守自己的权力，反对议会，他还嫉妒自己儿子的威信，他一天到晚神经兮兮，简直无可救药，这种精神状态造成的所有意外事件及其所有成因，都严重伤害了全民的福祉”。

宣布议会解散的那一天，詹姆士正在西奥波德王宫的林苑中骑马，坐骑突然被绊倒，他跌进了林中的新河；他压碎了1月的冰层，落入水中，只露出一双靴子。他获救了，这件事对他虽无大碍，却刻画出这位倒霉君
76 主的狼狈相。

9

西班牙旅人

关于查理王子与西班牙公主玛丽亚·安娜联姻一事，两国之间的谈判进展缓慢，王子逐渐失去了耐心。早在十二年前，这场婚姻就已经开始酝酿了。然而，关于天主教徒在英格兰的地位问题，双方争论起来没完没了，这是一件非常敏感的事情，牵扯到巴拉丁领地的纠纷以及欧洲战争的全局。西班牙是否严肃对待这个联姻，依旧可疑；至于嫁妆的多少，也有很多争议；这些疑虑在1621年腓力四世上台后依然没有平息。实事求是地说，在这件事情上，议会或民众是否会支持君主的意愿，还真不好说。1622年，国王下令，那些拒不奉行国教礼拜仪式的天主教徒，在保证法庭随传随到之后，可以释放出狱。这道命令显然让占据人口大多数的新教徒感到恐惧和愤怒。

有人提议，让现任海军事务大臣白金汉亲自前往西班牙交涉；还有传言说，“他想带着自己的朋友秘密前往，带回那位美丽的天使”。这里所说的朋友，就是查理王子本人。这项计划被放弃了，取而代之的是另一个计划。

1623年2月，查理和白金汉带着他们精心设计的主意觐见国王。如果带一支船队前往马德里，准备时间太长了；如果从陆路前往西班牙，取得 77

法国的旅行证太费劲了。他们打算隐姓埋名、乔装打扮，前往西班牙，娶回世上最让王子中意的女人。对他们来说，这是一场大冒险，一个伟大的欧洲浪漫故事。疾病缠身、疲惫不堪的国王同意了这项计划；他不大可能抵得住宠臣的甜言蜜语和儿子的急切恳求。

然而，就在这场君臣对话之后，到了第二天早晨，国王又放心不下了。虽说小心谨慎，但他仍然预料到，这两个年轻人可能遇到危险。王子将落在外国人手上。倘若查理成了人家的人质，西班牙大臣们可能得寸进尺，提出更过分的要求。他们甚至可能让他皈依天主教。所以，他劝诫两人，给他们描述了可能遇见的危险。白金汉则回应说，如果他不履行前一天的承诺，再也没有人会相信他的话了。

詹姆士随后叫来外交重臣弗朗西斯·科廷顿，此人是亲西班牙、主张两国联姻的。国王对他说："查理这孩子与斯蒂尼都到了，他们有个好主意，经驿站进入西班牙，娶回公主，他们还想找两个同伴，选中了你，你去一趟如何？"科廷顿答复说："此行危险且不明智；西班牙肯定会为这次婚姻提出新的条件。"听到这里，詹姆士倒在了床上。"我以前就和你说过，"他大声叫道，"我完了。我要失去查理这孩子了。"

白金汉怒气冲冲地劝谏科廷顿，后来被国王打断。"不。老天做证，斯蒂尼，你这样说人家就不好了。他直接回答了我的问题，既实在又明智：他说的和我以前告诉你的差不多。"不过，他最后还是心不甘情不愿地同意了这次危险之旅。他们商定，除了三人之外，另找一人同行，此人名叫恩蒂米恩·波特，他是廷臣，在西班牙长大，可以当翻译。

2 月 18 日早晨，查理和白金汉从白金汉在埃塞克斯的府邸出发；他们戴上假胡须，化名为汤姆·史密斯和约翰·史密斯。这一切简直荒谬可笑。
78 在格雷夫森德，他们给船夫一枚金币，便疾驰而去，也没有要对方找零；船夫还以为这两人准备到国外去决斗的，便报告了地方法官。一名官员奉命拦截，但未找到他们。他们到了坎特伯雷后，有人怀疑他们是刺客，便拦住了他们。白金汉只好摘下了假胡子，让市长相信，他是海军事务大臣，此次秘密出行，是为了视察舰队。最后他们到了多佛，波特和科廷顿弄到了一艘船。他们出发不久，满怀忧戚的国王就给他们写信。“我亲爱的孩子们，我亲爱的大胆的骑士们，你们的行为足以谱写出一部新传奇了。谢谢你们给我写信报平安，但我觉得，你们不可能长期不暴露身份，因为国外已经大肆宣扬你们动身了。”在白金汉出门期间，国王封他为公爵，所以说如今他成了显贵中的显贵。

两位隐姓埋名之人从多佛乘船前往布洛涅，骑马疾驰两日后，到了巴黎。两周之后，经过艰难、疲惫的跋涉，他们终于到了马德里，敲开了英国驻西班牙大使的大门。约翰·迪格比，最近被册封为布里斯托尔伯爵，用克拉伦登伯爵爱德华·海德的话说，此人“举止庄重，让人肃然起敬……”。对于这两位大人物的不期而至，他镇定自若，殷勤招待。但查理到了西班牙的消息很快就传到了贡多玛的耳朵里。此人系以前的西班牙驻英大使，一年前回国。他去找西班牙首相奥利瓦尔斯，高兴得简直合不上嘴。奥利瓦尔斯对他说：“有人还以为你把英格兰国王给弄到了马德里。”

“虽说没把国王弄来，至少把王子弄来了。”

奥利瓦尔斯和贡多玛觐见腓力四世，向他报告了这个惊人的消息：威尔士亲王亲自前来向他妹妹求婚了。可是，查理这一路奔波到底是为什么呢？这些大人物得出结论说，如今他准备皈依天主教了。腓力和查理达成协议，他们将在户外见面，这样一来，就可以免去正式会晤所需要的盛大场面了。王子没有带来庞大的扈从队伍，没法郑重其事地露面。所以他被请入国王的马车，几天之后，他被引入王宫中专门为他设置的寓所。 79

如今，人们都以为他要改宗了，而实际上，他对此也没有表示反对。在这个问题上，他继续见风使舵，在娶到新娘之前，他尽量不得罪西班牙人。他和白金汉致信詹姆士：“请您放心，无论在宗教事务上，还是在世俗事务上，除了已有的共识之外，他们没有强迫我们做别的事情，这么说没错儿。”他们大错特错。公主本人则宣布，她绝不会嫁给一个新教徒。有人曾对她说，她会和一位异端分子同床共枕，而此人将被地狱之火烧死。

如今英格兰又和荷兰发生了外交纠纷。1623 年 2 月 27 日，东印度公司的商人头目在安波那岛（今天的印度尼西亚的马鲁古群岛）受到酷刑，后被枭首；当地的荷兰总督下令处死他，理由是他计划进攻荷兰驻军。还有七位英格兰商人遭受了同样的命运。消息传回国内，举国上下，一片愤怒，怒气之深，前所未有。这件事成为戏剧、歌谣、故事书和木刻的题材，点燃了全民心中对北海对岸的荷兰的怒火。

次月，几艘荷兰军舰追逐私掠船，开进了利兹港，还向市内开火。詹姆士认为这是对英格兰主权领土毫无正当理由的侵犯。类似的情况也在怀特岛的考斯发生了。在国王看来，荷兰的行为是不可忍受的。为了报复，他致信身在马德里的太子，让他与西班牙人谈判，约定两国联合出兵尼德兰，瓜分其领土。用这么小的一个借口去发动一场大战，这种事情真是罕见。这件事后来无疾而终。詹姆士的怒气平息了，与尼德兰达成了妥协。然而，从他最初的计划可以看出，他心中多么倚重西班牙的支持；这件事的整个过程也显示出，他是多么冲动和没有眼光。

80 查理还没有机会见到未来的新娘，到了4月初，他应邀觐见西班牙王后及公主。双方的谈话内容应该仅限于正式的问候，但王子失言了，竟然开始表述他对公主的爱慕之情。在谨守行为规范的宫廷当中，此举严重违反了外交礼节。查理意识到了自己的错误，便沉默不语。公主本人甚为不悦。不过，王子对她可是一见倾心；他给国内写信说，她比自己预想的更漂亮。

主人们敦促他，至少应当听一听天主教信条的教诲。于是他就答应与四位加尔默罗修道会的修士举办一次宗教讨论会。一开始，双方均沉默不语，一位修士开口问他，是不是有什么问题拿出来辩论一下，查理回答说，“什么也没有。我什么疑团都没有”。查理进而提出要求，在王宫中为他举行经过改良的英格兰礼拜仪式。奥利瓦尔斯派人找来科廷顿，告诉他说，如果英格兰牧师敢来西班牙，必遭武力抵制。

到了5月份，白金汉和查理终于看明白了，他们的马德里之行是严重失策。如果他们待在英格兰，一切前提和限制性条件均可由经验丰富的外交官来商谈；可如今所有要求都压在了他们身上，结果把他们弄得心乱如麻，怒火中烧。

到了5月末，一个西班牙神学家集团发布教令，要求公主大婚之后必须在故国待上十二个月。在此期间，为了证明自己的善意，英格兰国王应该允许他的天主教臣民有信仰自由；必须中止所有针对他们的刑罚。他们还建议，王子也可以在西班牙待上一年，尽享敦伦之乐。

弗朗西斯·科廷顿爵士把这个消息反馈给国内。詹姆士写道，“我亲爱的孩子们，科廷顿带回来的这封信快把我给害死了。我都担心自己会因此而短寿；我弄不明白的是，我不知道如何满足本国人民的期待，我也不知道如何面对枢密院……天哪！现在我真是后悔，当初为何允许你们去西班牙”。事实上，他更关心的是儿子的安危而非那个神学家“集团”所要求 81
的政策变更。有位观察者指出，“如今国王已经呆若木鸡”。他问一位廷臣：“我还能见到王子吗？”说完便泪如雨下。

王子本人进退维谷，犹豫不决。对方告诉他，他与公主婚后滞留时间可以缩短到六个月。7月7日，查理觐见腓力四世，同意了这些条件。他说：“我已经下定决心，全心全意地接受你们提出的全部要求，无论是与宗教有关的条款，还是所需要的安全措施。”就在几天前，他发表的声明内容还与此完全相反。

詹姆士明白，议会绝不会容忍英格兰天主教徒；然而，他又担心，如果不签署“集团”所要求的协议，他儿子就无法离开马德里。他召来枢密院的枢臣们，请他们发誓赞成西班牙人的条件，为了维护国王的威信，同时也担心太子被西班牙人扣押，枢臣们勉强同意发誓。

国王的决策是在慌乱和焦虑状态下做出的，也许并不明智。这等于告诉英格兰的天主教徒，他们的安全必须依赖外国势力，也等于告诉英格兰人，詹姆士不顾议会明显的反对意见，愿意和西班牙人讨价还价。多年以后，罗马天主教会被等同于轻视法治。许多人都认为，只要查理人在西班牙人手里，腓力就可以狮子大开口，任意敲诈勒索。约翰·张伯伦写道：“天哪！由于我们最宝贵的珠宝不在身边，我们被捆住了手脚。”许多人都注意到，王宫附属教堂再次安装上了过去天主教的象征：十字架。圣詹姆士宫又兴建了一所附属教堂，这是为即将到来的西班牙公主准备的。白金汉的母亲也皈依了罗马天主教。当坎特伯雷大主教对国王说，宽待天主教徒之举不为“王国的法律和特权”所允许时，据记载，国王“怒骂并质问
82 他如何让太子回家”。

在这次对话过了两周之后即 1623 年 7 月 25 日，查理和腓力签订了婚姻协议。詹姆士给儿子送去了昂贵的珠宝，这是送给未来的新娘作为聘礼的。当王子要求国王送给他一些马匹的时候，国王答复说，如今他的金库已空空如也。

然而，在这些诡计和怨恨之后，婚姻却未能结成。王子再次改变了主意。他对公主的爱意逐渐被他对西班牙的恨意所取代；他在西班牙的遭遇，令他产生恨意；国王及廷臣们没完没了地支吾搪塞玛丽亚·安娜的动身日期。他的同伴白金汉一直被冷眼相看。8 月 28 日，他发誓缔结婚姻，但他已经决定撇下公主回国了。三周之后，他与白金汉从桑坦德乘船回国。10 月 5 日，他们在朴次茅斯登陆，消息传出来，举国欢庆；王子蒙神恩，虎口脱险了。他终于逃出罗马婊子的诡计了。西班牙再也无法摆布国王的御前会议了。当查理渡过泰晤士河的时候，钟鼓齐鸣；富人家当街摆酒庆祝；债务人被释放出狱；重罪犯被免除死刑。这一天狂风暴雨交加，但有位同时代人却发现，从白厅到圣殿栅栏，一共点了 335 堆篝火；光是从圣保罗大教堂到伦敦大教堂这一段路程，就点了 108 堆篝火。当时有首民谣写道：

天主教国王的妹子待字在家，
她的名字叫作玛丽亚。
王子去了西班牙，
本想娶她回老家。
老天真作美，
让他竹篮打水。

街上还传唱着一首更短的顺口溜：

10 月 5 日要聚会，
谁要是不喝醉，
那可是叛逆罪。

两人从伦敦骑马走到了罗伊斯顿的王家猎场，国王、太子和宠臣相见之后，泣下沾衣。然而，这幸福的一家人还是心存芥蒂的。白金汉以前是西班牙的支持者，如今却对西班牙人的所作所为怒不可遏；他在马德里遭 83
到白眼，尽人皆知。西班牙的一位廷臣，在谈及白金汉时说道："我们宁可把公主大头朝下扔进井里，也不愿意交给他。"西班牙的摆布同样让查理不满；他们没有让他娶亲成功，还愚弄了他。他对父王说，"如蒙恩准，我愿意出征西班牙"。詹姆士一世二十年来精心策划、却执行不当的外交政策，将毁于一旦。

然而，查理还是从马德里学到了一些有用的东西。西班牙的繁文缛节和外交礼仪突出了国王被赋予的神性；他还学会了欣赏西班牙王室收藏的艺术品。他返英之时随身带了许多名画，其中就有提香和柯勒乔的作品。在他执政期间，宫廷的品位总体上有所提升，虽说其中有些"好看的东西"——时人对绘画的称谓——带有旧宗教的特定迹象。

老百姓对天主教的成见惊人地强烈。1623 年 10 月 26 日，位于黑衣修士区的法国大使馆的顶楼坍塌，当顶楼地板掉下来时，一位牧师正在给四百名信徒布道，这些人都掉进了下面的"忏悔室"。造成九十多人死亡，其中有八位牧师和十五位"名人和显贵"。时人普遍认为，这是上帝对那些教宗至上主义者特意审判的直接后果，伦敦主教不允许任何一位死者埋在伦敦的教堂墓地中。一群暴民聚集在法国大使的住宅之外，尖声咒骂天主教信仰。有些幸存者遭到侮辱谩骂，有的还遭受泥块和石头的袭击。

向西班牙开战的压力越来越大。欧洲新教徒的处境比过去几十年更加糟糕。神圣罗马帝国的军队在强迫波希米亚的老百姓改宗天主教，而在腓特烈的前领地巴拉丁，他的臣民们正在遭受宗教迫害；最后一位依然屹立不倒的新教领袖不伦瑞克的克里斯蒂安吃了败仗，这预示着神圣罗马帝国 84

皇帝斐迪南二世与他的同宗，哈布斯堡家族的腓力将称霸欧洲。英格兰新教神学家托马斯·加塔克尔宣布“最后的时光即将耗尽。世界末日将降临我们的头上”。

国王本人的身体越来越虚弱了。在1623年末起草的关于国王健康的回忆录中记载，他“容易感冒，寒冷潮湿的天气让他很受罪”；他过去喜欢打猎，但“如今他安静多了，不是躺着，就是坐着，不过，这归因于他的膝关节虚弱无力……他喜怒无常。他好发脾气，但怒火去得也快”。如今他遭到了儿子和宠臣的反对；理查和白金汉对西班牙人的愤恨，正如他们鲁莽赞成与西班牙联姻的态度一样激烈。

对白金汉来说，针对异端分子打一场圣战好处多多，这既可以提高自己在国内的声望，又可以扩大私人财富；他身为海军事务大臣，这个职位保证他可以拿到海上征战十分之一的战利品。当时的所谓“锋刃”政策，也可以让年轻的王子获得军功的荣光，如果没有军功的话——他的父亲就是这样——王冠就会黯然失色。因此，查理开始执掌国政。他主持枢密院的工作，而他父亲更喜欢待在乡下，随侍左右的白金汉可以不让国王知道西班牙的任何建议。威尼斯大使告诉本国执政及元老院：“事态的发展偏向于王子这一边，而白金汉一直待在纽马克特，防止有人伤害……”

1624年2月，议会召集议员开会，国王的开幕词是试探性的、游移不定的。他既不声明他与女婿及巴拉丁领地自由的关系，也不催促向西班牙及神圣罗马帝国开战。他不知从何说起。在私下里，他诅咒发誓、装病，避免艰难决策，他要求休养，甚至要求死亡来结束他的痛苦。在议会的公开讲话中，他发出求助。他说，由于太子的西班牙之行徒劳无功，“我就像一个人从梦中醒来……事情没有进展可言，无论是联姻，还是巴拉丁领地
85 问题，虽说条约签订不久，前景不错”。在过去，詹姆士一世十分真诚地认为，处理外交是王权的一部分，是他一个人的职责。但如今，“为了上帝的荣光，为了王国的和平以及我的子孙的福祉，我向诸位雅纳良言”。五天之后，白金汉在宴会厅会见上下两院的议员，大肆煽动议员们的怒火，以反对要两面派手法的西班牙人。

无论在宫廷，还是在枢密院，都有主和派。首席财政大臣米德塞克斯伯爵坚决反对向西班牙人开战。国库没钱打仗。国内给王国政府官员们开支的钱都不够，还要对外战争，真是蠢不可及。因此查理和白金汉发现，必须除掉这个人。到了 4 月初，伯爵被指控犯了好几宗财政腐败罪；他没有机会了。约翰·埃利奥特是这样评论这个人的：“除掉这个怪怪的灾星吧，它就是悬在我们头上的一把利剑。”他受到下议院的弹劾，被上议院判定有罪。与儿子相比，詹姆士本人更为清楚地认识到了这种做法的危险性。他宣称，查理开了一个危险的先例，这个先例届时会削弱王权。换句话说，王子邀请议会协作去搞掉国王本人的大臣。对议会而言，利用自己新得到的权力难道不会有诱惑力吗？詹姆士的预言不久就应验了。

然而，就目前而言，查理和白金汉能够有效地领导共同的事业，他们的一位同党称之为“爱国者的”事业；其特点为：在国外，以反对天主教和西班牙为基本倾向，在国内，自称打击宫廷腐败。在查理的一生中，这是他首次，或许是唯一一次与下议院及全国乡绅们达成广泛的共识。到了 1624 年 2 月末，上议院的贵族们要求停止与西班牙谈判。第二个月，有位代表觐见国王，要求兴建水师，修筑海上要塞；结束巴拉丁被西班牙和巴伐利亚军队占领状态。

为了采取这些措施，詹姆士需要资金，在他的急切恳求下，议会给他拨款 300000 英镑。但问题来了：这一仗该怎么打？应该打谁？是打神圣罗 86
马帝国皇帝，还是打西班牙国王？抑或是攻打目前占据巴拉丁的巴伐利亚大公马克西米利安一世？国王和往常一样，又开始含糊其词地推诿。“我是该派 20000 人还是 100000 人，走海路还是走陆路，是向东还是向西，是采取牵制策略，还是其他什么策略，是攻打巴伐利亚人（马克西米利安一世）还是攻打皇帝？你必须把这个问题说清楚。”议会想和西班牙人开战，但是，只威胁开战而不真打，可能符合英王的利益；届时西班牙人可能同意让腓特烈复位了。宫廷及枢密院中有许多人对直接与西班牙开战持谨慎态度；海战也好，陆战也好，打的都是钱，而只有增收新的税才能筹集到军费。

在此期间，西班牙使节借助于某些廷臣的默许，找到了接触国王的办法。国王很快就听到有人指责白金汉“制造人望”，指控他谋划着在乡村找个合适的府邸，将詹姆士软禁起来，让王子以他的名义统治国家，他们还说，宠臣认为国王已经老迈无能、无法临朝执政了。这些说法真假难辨，但国王却出人意料地采取行动，向枢臣们讯问真伪。所有人都发誓说，白金汉人前背后从未有过谋逆之言。宠臣得救了。

詹姆士表示，他愿意为开战做心理准备，“如果有人助他一臂之力”的话。唯一可能的盟友就是法国的路易十三了；至少这位法国国王有力量与西班牙或德意志的皇帝党相抗衡。议会召开不久，两位特使由伦敦前往巴黎，试图为查理迎娶法王的妹妹亨丽埃塔·玛丽亚。此举正是法方求之不得的。将英格兰与西班牙永远分开，符合法国的利益。路易十三与其说是天主教徒，不如说是一名法国人，他没有理由不参与英格兰与其天主教教友西班牙之间的冲突。然而，谈判一开始，法国宫廷就坚持要求，英格兰的天主教徒应该享有此前西班牙在联姻条件中提出的同等自由。

87 这件事很危险。这是对国王信仰虔诚与否的又一次检验。如果真的娶了天主教公主的话，查理可能疏远了他先前争取的爱国者。因此国王趁着法国人提要求这桩新闻还不为人知的时候，下令议会休会。这次会议并非毫无成果：它通过了三十五项公共法案和三十八项私法法案。仅私法法案即可证明，下议院议员们代表了大幅上扬的地方诉求和怨愤。但议会的成绩还不止于此。它弹劾了首席财政大臣，它与查理王子、白金汉积极合作，这些足以证明，它是政体不可或缺的组成部分。

对西作战的准备开始了。西班牙大使注意到，“城里所有的补鞋匠和狂热盲从之辈都欣喜若狂、欢欣鼓舞”。补鞋匠们激进的新教倾向是有名的。英国耗子——他们的绰号——准备和哈布斯堡“猫”一较高下了。当西班牙代表团离开伦敦的时候，市民们大声喊叫：“地狱中的魔鬼都随你们去吧，剩下的到泰伯恩收尸吧！”现在伦敦及郊区都成了新兵招募场所，所有人都期待战鼓的敲响。

英格兰与七个联合省成立了防御同盟；英格兰的使臣们觐见瑞典和丹

麦的国王，提出向天主教国家发起圣战。这就进一步煽动了百姓们的从军热情。在枢臣当中，比较现实的那一派固然怀疑能否光复巴拉丁全境，或者说能否击败西班牙，但他们至少希望张扬英格兰的国威，挫败西班牙的权利要求。1624 年夏天，托马斯·米德尔顿的戏剧《世事如棋局》在环球剧院上演，它讽刺了贡多玛以及英格兰宫廷中的亲西班牙集团，取得了空前的成功；想看戏的民众把剧院包围了九天，剧院内的笑语和喧闹声隔着泰晤士河都能听见。“大人，你的阴谋露馅了！”贡多玛的一位助手闯进来告诉他。大使便问他，在 20958 件阴谋中，到底是哪一件露馅了？贡多玛解释了自己的方法。 88

> 我甜言蜜语，妩媚逢迎……
> 给许多人下了致命的毒药
> 他们却笑纳不误；
> 我用糖衣包裹砒霜
> 以欢颜掩盖一切灾祸，
> 他们则甘之如饴。

前任西班牙大使在舞台上如是说。

如今英法联盟有了眉目，但不一定能形成。法国方面依旧坚持如下原则：英格兰应当废除惩罚国内天主教徒的举措，赋予他们宗教信仰自由。可是，无论是国王，还是查理，都已经向议会承诺，绝不会考虑有利于天主教徒的任何条款。他们已经想好了，到了最后，哪怕没有法国援助、孤军作战，也要强于政府与议会之间出现危机。

如今国王不得不使用灵活的外交技巧。出使路易十三宫廷的一位英格兰特使建议詹姆士，法国人只是为了维护自己的面子才提出那样的要求，而“至于说是否付诸实施，陛下有权根据自己的喜好来决定”。这本来就是一个虚与委蛇，但效果不变的政策。白金汉同样乐观。他一心想打一场新教徒圣战，立下赫赫战功，于是他敦促国王接受法国人提出的条件。詹姆士不想做出太多的让步，但他准备给路易写一封私人信件，他在信中承诺说，他的天主教臣民“将会享有关于秘密奉行其宗教信仰的全部自由，这是先前与西班牙签订的联姻条约所批准的”。但这还不够。法国人坚持原来的要求，并得到了白金汉的热情支持。国王最终妥协了，附带条件是，他愿意签署一封信函而非合同式婚约。如今至关重要的是议会不要干预；议会原计划在深秋召开，被推迟到了第二年。

1624年12月12日，婚姻契约签订；由于患痛风，国王无法用手签字，
89 只好盖章表示同意。查理在这份文件上又附加了一份秘密保证，大意为：“我向大不列颠王国所有罗马天主教臣民承诺，在他们的宗教信仰方面，赋予最大限度的自由与公民权……”十三天之后，禁止法庭用刑法迫害拒不参加国教礼拜仪式的天主教徒；因为信仰原因而入狱的天主教徒一律释放。

就在这个月，国王给白金汉写了一封凄凄哀哀的信：

> 如果不给你写这张便条，我心里很是过意不去。愿上帝保佑，我能舒心如意地见到你。在这个圣诞节，我们将促成一桩婚姻，能够白头偕老的那种结合；因为，上帝深爱我，正如我只想为了你而活在这个世上。只要和你生活在一起，我宁愿被放逐到世界上的任何地方，而不愿意过着没有你的悲伤的鳏夫生活，所以说，上帝保佑你，我可爱的孩子与妻子，他承认你是你的爹爹和丈夫的慰藉。
>
> 詹姆士王　钦此

这是白金汉从国王那里收到的最后一封信。

战争即将来临。恩斯特·曼斯菲尔德伯爵是腓特烈在德意志的主要盟友，他来到英格兰招兵买马；去年夏天的那伙士兵，头戴漂亮的羽毛，身穿黄牛皮紧身大衣，他们都是自愿参军入伍的。如今，那里的官员只好强行征募当地人参军服役了。当然，他们更喜欢选那些对他们来说最没用的人，有些被迫入伍的人为了避免出征，做出了激烈的反应。有人因为恐惧而上吊自杀，有人跳泰晤士河淹死了；有人砍掉了右手的所有手指，有人

则用盐弄瞎了自己的一只眼睛。有位评论家写道：“这样一群幼稚可怜的百姓是很少见的，他们走得心不甘情不愿，与其说是被领走的，不如说是被赶走的。”

过去有人说，英格兰人打仗离不开三样东西：床、牛肉和啤酒。这次出征，这三样东西都供应不足，少得可怜。他们在多佛买不到这么多东西， 90
只弄到少数几艘船赶来运人马。他们的最终目的地，无论怎样都搞不清楚。詹姆士本想让这支人马在法国登陆，借机把路易十三拉下水，一起对付西班牙和神圣罗马帝国；然而，路易不肯上钩。于是，到了1月份，曼斯菲尔德只好驶向法拉盛，率兵穿过荷兰境内；他带领这支人马去救援丹麦的要塞布雷达，当时西班牙人正在围攻这座城市。

然而，英军缺乏训练，装备很差，给养严重不足，不久，一场霜冻袭来，军中暴发了传染病。军中将领克伦威尔勋爵写道：“整整一天，我们都在四处找吃的，埋死人。”到了3月末，部队由12000人减员到了3000人。这个错误与其说是曼斯菲尔德造成的，不如说是白金汉犯下的，此人空有用兵的热情，却不懂细致谋划。这场灾难预示着，这场大战前景不妙，而国王来日无多，不及亲见其后果了。

詹姆士从年初恼人的痛风病中恢复过来了。然而，在1625年3月5日，他又得了疟疾，症状为打冷战、发高烧和大汗淋漓。他吓得要死，却不听御医的建议。相反，他却依赖上白金汉的母亲推荐的一款牛奶甜酒，但这东西没有产生什么效果。有传言说，她受到儿子的怂恿，想毒死国王。她跪在国王的床前，要求国王主持公道，反击这种指控。“毒死我？”国王害怕地问道。说完这句话，他就昏了过去。

国王大限的日子即将来临。3月25日，他得了中风，嘴歪眼斜，口齿不清。据记载，他的舌头变大，吐字不清楚，别人听不出他在说什么。一阵阵痢疾发作，让他屎尿缠身。两天之后，他离开了人世。全国各地的大领主和高级教士围在他的身边。据后人的回忆录记载，“既没有剧痛，也没有惊厥，所罗门王安然熟睡”。与他的母亲和儿子不同，他是死在自己的床上的，而不是死在断头台上的。大夫们解剖他的尸体后，并没有找到中毒

91 的证据。约瑟夫·米德教士大人在信中写道，他的重要器官都没有问题，“他脑袋里的脑髓也是满满的；但令人惊奇的是，他的血液竟染上了忧郁的特质”。

他的辞世没有让老百姓感到悲伤或者难过。他的对外政策彻底失败，他与议会的关系，就最乐观的一面而言，也是异常紧张的。他的财务状况千疮百孔，他执政时期的性丑闻是人所共知的。举行葬礼的那一天，天气很坏，空气污浊，旁观者看到了蒙得严严实实的马车和燃烧的火把。他的辞世或许还让人有如释重负之感。新任国王可能带着更加旺盛的精力和更加坚决的态度去继续新教的事业。约翰·埃利奥特爵士写道：“所有人都重新焕发活力。”

关于已故国王的统治，还有一种看法。5 月 7 日，在他于威斯敏斯特大教堂举行的葬礼的礼拜仪式上，林肯主教约翰·威廉斯发表布道词，赞颂詹姆士对宗教的指导作用。钦定版《圣经》就是他的成就永恒不灭的证据。主教还提及如下事实：“国内产品每天都有新发明，国外贸易成倍增长，苏格兰边境一片和平……”在詹姆士统治时期，英格兰人到了弗吉尼亚和新英格兰；商人们的足迹遍布非洲、亚洲和美洲的港口。当然，他最主要的成就是和平，和平的环境是这位国王坚持不懈努力维护的。有位名叫安东尼·威尔顿爵士的廷臣对国王的记载不那么谄媚，他说国王为人优柔寡断、胆小怯懦；此人记载了时人的看法：詹姆士是“基督教王国中最聪明的傻瓜”。然而，他在后面又加了一句有利于詹姆士的评论：“他生于和平环境，死于和平环境，让他的王国处于和平环境。”然而，这个墓志铭可不适用于
92 他的儿子。

10

间　歇

1625 年初，在父王因痛风而缠绵病榻之际，查理组织了一场“恢宏壮观的假面舞剧演出，剧中使用了许多机械装置和极为漂亮的布景”，威尼斯大使如是说；午夜之后，王子及同伙又跳了四个小时的舞，或许这是在期待未来王业辉煌。

假面舞剧是宫廷举办的重大庆典仪式，每年举行一到两次，它逐渐成为斯图亚特王朝的特点。一群贵族登上一座特制的舞台，他们身穿华丽和矫揉造作的服装，与精心打造的舞台背景珠联璧合。金色象征着完美，白色象征着信仰虔诚，蓝色代表着广袤无垠的天堂，深红色表示耻辱，猩红色代表色欲。与烛光搭配最精彩的颜色是白色、肉红色以及碧绿色。油灯和白蜡烛被用作背景灯，发出耀眼的光辉。事实上，古老的宴会厅毁于 1619 年的大火，原因是，在娱乐活动中，有人不小心点燃了“油纸”以及其他易燃物质。

伊尼戈·琼斯是宫廷假面舞剧唯一的策划者和设计者，他让自己的全部艺术修养都派上了用场。他用建筑艺术的准则和套路支配舞台艺术；他尤其善于设计机械装置或者说机器，在当年堪称奇观。“如果数学家失去了 93
比例感，”有人在评论他的一部演出作品时说，“他们可以在那里找到它。”

他希望在景观中制造和谐，正如他的建筑让人感受到石头的和谐。

假面舞剧的剧本通常由本·琼森执笔，他特意使用悦耳动听和精心雕琢的诗句进行道德说教、展示情感。然而，这两个人却不是天然的合作者，琼森不久就厌倦了这种视觉表现压倒思想意义的戏剧形式。他写过一首诗，题目是《忠告伊尼戈·琼斯》：

啊，景象！景象！壮观的景象！
假面舞剧的雄辩力！哪里需要散文、
诗词或义理来表现永恒的你？
你是国家的奇观！

伊尼戈·琼斯本人承认，假面舞剧“只不过是溢彩流光的动态图画”。

舞台经过特殊设计，产生了无限广阔的透视幻觉，把国王和群臣从现实世界中转移到万物各安其位、比例协调的理想化世界。这些讲究透视效果的舞台在英格兰是全新的东西，引入了讲究对称和秩序的原则。艺术的力量代表了权力的艺术。假面舞剧的背景通常设在一个正式的场合，在这里，自然规律可以被国王本人抑制和征服，国王的座位视线极佳，放眼四望，周围事物可以一目了然。只有当他在场的时候，季节才发生神奇的变化，树能行走，鲜花变为人形。

这是对詹姆士一世执政之初所宣扬的君权神授教义的完美补充。他坐在专门制造的观众席的中间，这样一来，观众的目光既集中在他的君主地位上，也集中在表演本身。詹姆士曾经给长子写过一本指导手册《王室礼物》，他在手册中写道，国王“就像舞台上的演员，他的一举一动都逃不过观众的眼睛”。伊尼戈·琼斯本人曾经写道：“国王的尊严体现在英勇的美
94 德当中，国王以此凌驾于普通人之上，正如普通人高于动物。”

舞台上有三种聚居地。最顶层是一个形而上的世界，里面住的是神祇或寓言式人物；在它的下面是宫廷世界，住在这里的君主象征着秩序和权威；在这两个世界的下面，是凡人的世界，里面有象征着“邪恶”和“混

乱”的人物以及各式各样的“低等”人物，这个世界为“反假面舞剧”提供了素材。反假面舞剧体现了善变性和变动性；它们体现了乱世对人的威胁；令人称奇的是，这种威胁在理想化的宫廷世界中被清除掉了。国王打败了所有威胁或责难他的人。正如威廉·戴夫南特在他的假面舞剧《莎玛西斯泉的战利品》中所写的那样：

一切不和谐的东西，一切粗俗的东西，
都被你的和谐征服，
它们如此恭顺，
仿佛不是强制使然，而是教导所致。

在假面舞剧中，场景可能会发生突变。一座宫殿可能变成树荫，人们在此制服了巨怪以及其他邪恶的东西；奥博龙乘车上场——拉车的是两只白熊——然后飞上天去；雕像可能呼吸和行走；一套丝绸衣服可以变成一团云烟，周围是几个不断移动的光圈。场景可能设在庭院中，也可能设在地牢、卧室或沙漠中。一切都设置在台口之内；这个台口就是现代戏剧空间的直系祖先。这就是英国戏剧偏爱内景的原因。

廷臣兼外交官达德利·卡尔顿在论及1605年初的一次演出时写道：“屋子底下有一台巨大的机械，能够活动，屋子里画着许多海马以及其他可怕的鱼类，充斥着沼泽……在另一端是扇贝形状的大贝壳，里面有四个座位；最底下坐着王后和贝德福德夫人；其余的地方都安排给贵妇人了……她们的服饰华丽，但是，对于这些大人物来说，显得太轻薄了，很像交际花。”詹姆士从来不参与假面舞剧演出，但他的老婆和孩子却热衷于此；他们排练角色的时间长达两个月之久，这凸显出他们是如何重视假面舞剧的。

剧中说话的角色都是由职业演员来扮演的，音乐和歌曲则是由宫廷乐 95
师演奏和演唱的；而舞者和戴面具者则由王族人员充当，是剧中不说话的角色。到了剧情结束之际，他们会走进国王面前的舞池，邀请那些受邀观剧的观众与其共舞。至此，乐声启奏，结束了表现理性、秩序和善政等美德相结合的一场演出。

就这样，假面舞剧的舞者赞美理想秩序的恢复，精心设计的神奇仪式用于强调斯图亚特王朝的君主制和江山永固。假面舞剧由此而成为所谓的“宫廷的象形文字”。外国使节也是观众中不可或缺的组成部分，因为假面舞剧也是神秘外交的一种形式，它用来表现君主的富裕和慷慨；钱花得越多，就越有面子，就越有人称赏。1618 年，詹姆士一世在一场演出中花了 4000 英镑，这个数额绝对是史无前例的。在另外的一场假面舞剧中，为了制作 14 位贵妇的服装，用掉了 780 码丝绸。然而，假面舞剧吸引的是人的口味而不是眼力。在表演前后，都要举办一场豪华的宴会，会有管弦乐队伴奏。

这是一个音乐盛行的时代。在 1587 年至 1630 年间，出版了 90 多本牧歌、曲子和歌曲集。牧歌是一种无音乐伴奏的主调合唱曲，曲子是有音乐伴奏的独唱曲；牧歌最有人为特征，因此被认为可以娱人。轮唱曲是绅士们在酒店里歌唱的，织工们在织布机前歌唱，白铁匠们在作坊里歌唱。如果一个人不参加合唱，不会吹笛子，就会被视为不健全的人。为了给等待位置的顾客消遣，理发店里都放有笛子和西特琴。晚餐一结束，按照惯例，歌本儿就摆上了餐桌。

在英国音乐史上，还没有哪一个时期出现过这么多的音乐天才。这是道兰德和莫利的时代，布尔和吉本斯的时代，也是歌曲繁荣的时代，涌现了许多名曲，例如《护花使者》、《如果全世界都是纸》、《新的虚无》以及《小阿飞的快乐》。在詹姆士一世时代，岛上处处是流行音乐和甜美的曲
96 子声。

在 1611 年末的那几个月，黑衣修士区的封闭式剧院也呼应着这种和声。莎士比亚的《暴风雨》是一部音乐剧，里面有职业歌手和一组乐器。舞台提示交代了剧情，要求奏出“严肃、不同寻常的音乐”“轻音乐”“奇异的沉闷和混杂的噪音”。“斐迪南与隐形的爱丽儿上场，音乐奏起，歌声响起。”斐迪南问：“这音乐是从哪里来的？天上，还是人间？”它无处不在，是来自舞台各处的“缥缈的”音乐。在这部剧中，斯丹法诺唱起了水

手的劳动号子，而凯列班则低声哼唱酒后的轮唱曲。在幕间演奏音乐，在结尾，所有的演员都跳起了仪式舞蹈。音乐也为奇妙和伤感的场景伴奏，用普罗斯彼罗的话说，“庄严的氛围”是“不安的幻想的最佳安慰剂”。

乐器演奏的音乐是多种多样的。雷高德发出轻柔、悲悼的语调，包括低音提琴、笛子和西特琴在内的一组弦乐器伴奏。风琴适合演奏那种表现超自然变化和觉醒的庄严肃穆的音乐。爱丽儿上场的时候经常伴随着排箫管和单面小鼓，因此凯列班透露说：

> 有时候上千种弦乐器
> 在我耳边铮锹；有时候是歌声……①

这部剧的最后一首歌是由爱丽儿演唱的。歌词是莎士比亚的，稍后依附于宫廷的乐师罗伯特·约翰逊为它们谱上了曲子。显而易见，莎士比亚的旋律感源于当时盛行的民间曲调，也就是歌谣。

> 蜜蜂吸蜜处，我也去饮啜，
> 金钟花儿里，为我高卧处；
> 悠然休憩时，静听恨狐鸣。

这是一首自由之歌，就是在普罗斯彼罗释放爱丽儿之前唱的；或许这个精灵在结束的时候还在手舞足蹈。这个角色的扮演者是个小男孩，或者声音轻柔的歌手，扮演这个角色的演员可能是十七岁的“杰基·威尔逊”，他后来把这首歌曲的曲子传了下来。黑衣修士区的剧院之所以被称为“封闭式”剧院，原因在于它上有屋顶，四周有围墙；在这样的环境下，音乐会产生一种更加强烈、更加亲密怡人的效果。 97

① 本书中《暴风雨》的引文翻译，出自彭镜禧译《暴风雨》，外语教学与研究出版社，2016年版。个别地方有所改动。

《暴风雨》这出戏也于1611年11月1日这一天，于白厅为国王演出。剧中某些仪式化的和甜美的旋律得益于宫廷的假面舞剧；莎士比亚剧团中的一些演员也参加了宫廷中的假面舞剧演出。在17世纪初，存在着一种显著的文化与宫廷风格。

莎士比亚艺术成熟时期的伟大戏剧创作于詹姆士一世执政时期，其中包括《奥赛罗》、《李尔王》、《请君入瓮》、《安东尼和克里奥佩特拉》以及《冬天的故事》。《麦克白》中女巫的故事在一定程度上受到詹姆士一世对这个现象的兴趣的启发。比起过去的伊丽莎白一世，国王更加热衷于赞助戏剧。他从苏格兰到伦敦六天之后，便叫来莎士比亚及内廷大臣剧团的其他成员，为他们颁发了特许状，允许他们作为国王剧团的人演出。就在几个月后，演员们被任命为寝宫侍从。

詹姆士一世时期还鼓励其他形式的戏剧。一位枢机主教，身穿深红色的丝质长袍，披着披肩，也就是紫貂的斗篷，来到舞台上。他正想着一本书。

> 枢机主教：有关地狱的一个问题让我困惑：
> 他说，地狱里有一团大火，
> 然而它不会烧死所有的人。
> 且不管他。内疚的良知有多么乏味！
> 当我往花园里的鱼塘里看时，
> 我想有个东西拿着一个耙子
> 好像要打我。

红衣主教没有想到，鱼塘里的那个东西可能就是他自己的影子。

约翰·韦伯斯特的《马尔菲的公爵夫人》是这个时代的标志性戏剧，也是后人所谓“詹姆士一世时代悲剧”中的一部。由于这是唯一被冠以那个时代名称的文学体裁，因此，理解这部剧有一定的重要性。它表达了忧郁、病态、烦躁不安、弥漫的愤怒、不耐烦、鄙视和憎恨；它再现了人生的恐怖。伊丽莎白时代的生机勃勃和乐观向上的创造性已经一去不复返。欢乐已逝，生机活力走向尽头，言辞用语已经变得令人讨厌。 98

公爵夫人问自己：“我是谁？”回答是：“你就是一盒蛆虫的种子，至多是一具绿色木乃伊的安放地。这具肉体是什么？一点点凝乳，令人感到奇异松软的一团糊状物：我们的身体比监狱里的小孩子用来包苍蝇的纸更软弱——更加可鄙，因为我们的身体是用来保存土里的虫子。你见过笼子里的云雀吗？”或许这就是詹姆士一世时代戏剧风格的典范，而可以媲美于约翰·邓恩在同一时期所写的诗：

这些凝乳，这个可怜的未扔掉的小畜生
我的身体……

《马尔菲的公爵夫人》是为莎士比亚的剧团创作的，在1614年首演，演出地点为黑衣修士区的那家剧院，观众都是很时尚的人，他们能够理解剧中和诗里的大部分典故。在一个充斥着死亡和谋杀、坟墓和神祇的戏剧世界中，音乐再一次成为表现悬念和艺术激情的要素。

这部剧的情节本身很拙劣。公爵夫人守寡后，很想嫁给府里的管家，然而，在旁人看来，这种结合是有辱身份的。她的两个兄长——卡拉布里亚公爵斐迪南与红衣主教（名字不详）——合谋报复她。他们雇了一个暗探鲍瑟伯，让公爵夫人上当受骗，交代了实情，经受了种种精神折磨之后，她最终被逼疯；有人递给她一只被砍下来的手，说这是她的丈夫的，还雇了一批疯子，让她日夜不得安生。他还掀开帘子，让她看到一些死尸造型，说这都是她的丈夫和孩子的尸体。直到眼前的这个场景引起的恐惧已经平息下来，观众们才从旁白那里得知，这些尸体其实是蜡制的。公爵夫人最后被勒死，动手前还给她看了看即将打发她上路的那根绳子。

公爵夫人：倘若用钻石割断我的喉咙，或者用肉桂闷死我，或者用珍珠射死我，该有多么快乐！

看到她的尸体后，斐迪南说出了全剧中的名言：

99 盖上她的脸吧，我眼花缭乱；她这么年轻就死了。

由于内疚和绝望，他后来发疯而死。

午夜时分有人在小巷中遇到公爵
就在圣马可教堂的后身，有个人的腿
踩在他的肩膀上；他惊恐地号叫；
说自己是匹狼……

最后一幕以血腥冲突告终，鲍瑟伯和红衣主教都被杀身亡，剧中死亡的人数多达十人。上文所述内容或许足以传达出当时的感受性和詹姆士一世时代的欣赏品位。

这是一个隐秘和疯狂的世界，人物隐藏在那里，等待时机。公爵夫人从镜子里看到了一位入侵者，吓得浑身发抖，说不出一句完整的话。“是什么东西？”“那是什么？”“噢，可怕！”“你为什么这么干？”“他是谁？”经常惊呼：“啊！”韦伯斯特最喜欢用的词是“恶臭”、“迷雾”和“粪堆”。剧中对话，如果不是惊人的华丽，便是直白和迅疾，几乎就是耳语。“你能想到吗？”“不。”“那就别问了。”

要不是剧中充斥着一股狂野的、近乎疯狂的力量，这部剧可以称得上是病态和怪异，是英国版的“恐怖戏”。那股能量在一定程度上是剧中人物心理绝望的组成部分，他们的生命力和苦难混杂在狂热与死亡的恐怖意象中。掌控他们的似乎是意志和欲望，而非信仰；只有当他们在这个不稳定的世界中追求生存的时候，他们才团结起来。他们向黑暗狂奔。事实上，这是这个时代极为重要的一个意象，正如我们即将看到的那样，霍布斯的《利维坦》就是写给这个世界的。实际上，上帝似乎已经告别人世，让这个世界处于一团“迷雾”之中。在他们脚下徐徐张开的那个黑暗的深渊，似乎没有什么意义。也正是这个时代，在弗朗西斯·培根的作品中，自然界正在被剥夺它与神的存在的联系。

诸如培根这样的人物相信自然科学会取得进步，而有的人则认为，这个世界正处于致命的衰落过程中。1612年，伽利略发现太阳上有黑子，有人认为，这可以证明，甚至天堂也处于解体状态。 100

然而，衰败的证据也与国内的现实有着更为紧密的联系，《马尔菲公爵夫人》中的氛围通过腐败的宫廷形象传达出来。

君主的宫廷
就像是公共喷泉，一般来说
那里流出来的是银色的水珠，但如果
有人往龙头里放了毒药
死亡和疾病就会遍布国土

这很可能是在影射詹姆士一世的宫廷，由于腐败和渎职，他的宫廷已经惹人怀疑。威信的丧失或者缺位是所有人物迷惘和不安的背景。这就是为什么它是一部被悲观主义笼罩的戏剧，怀疑主义、幻灭思想和厌世情绪一起造就了剧中无处不在的悲观主义。

生活的快乐，是什么东西？只有打寒战时
的幸运时刻……

因此，这个忧郁的形象可被剧本用作卷首插图。忧郁是这个时代的乐事，是它的主神。它有着黑色外观和自己的音乐，这体现在约翰·道兰德的作曲中，例如《让我住在黑暗中》和《流下我的眼泪》。詹姆士一世时代问世的罗伯特·伯顿的《忧郁之剖析》，颂扬和阐释了那种令人忧虑、恐惧和悲伤的情绪。伯顿对忧郁的各种情绪和阶段了如指掌。他的皇皇巨著——放在今天出版，足有1200余页——首次于1621年出版，在他生前印行了六版。

伯顿声称“整个世界都忧郁或疯狂，昏聩腐朽，无人例外”。由此我们可以感受到他的散文的奇特性：既简练，又凌乱；这是詹姆士一世时代特有的笔法。忧郁是一种病，既痛苦，又常见，他称之为“一种冷漠昏聩症，对于普通同伴恐惧和悲伤，找不到明显的起因”。

伯顿又给忧郁分门别类，列举它的各种变体，论述它的间隔和枝节；他把全书分为三“部分”，每部分又细分为若干章、节，分别论述各种类型
101 和各种形式的忧郁。有的章节名为“学者的惨状”、“想象的力量”、“贫困与匮乏”、“不幸的婚姻”以及“年老”。他还利用个别段落去探讨“女仆、尼姑和寡妇忧郁的症候”。“爱情的忧郁”和“宗教的忧郁”占了好几百页的篇幅。如果出现了疯狂现象，它有可能是由星象或神灵造成的，由肉或酒的质量造成的，由黏膜炎或便秘引起的，由污浊的空气或过度锻炼引起的，由懒散或孤独引起的，由愤怒或不满引起的，由贫困、奴役或耻辱引起的。

一切都成为他的大磨盘的加工原料，为了生动起见，他往叙事中添加了故事、逸事、枝节、引用、格言和最为丰富多彩的细节。“有位年轻商人去了德意志的诺德灵集市，一连十天没有大便，等到他回来的时候，得了严重的忧郁症，他认为自己被人打劫了，不管别人怎么劝说，他都认为自己的钱不见了……法国的犹太人（据罗多维科斯·维乌斯说）偶然在黑夜中经过一段危途，安然无恙地走过河上的一段木板；结果，到了第二天，当他发现自己昨夜是如何危险的时候，他倒下来死掉了。”

他描述了强迫症多血质的内在运行机制，这种人“在你看来非常专注和忙碌，他们满脑子都是那种玩具，那种恐惧、疑虑、责难、嫉妒、剧痛、烦恼、十字架、空中城堡、怪念头、奇思异想、谎言、愉快的白日梦，诸如此类的东西”。他罗列了一堆辞藻，沉浸于其中无法自拔；他发出不同的声音，奏出不同的基调；他精心发挥自己的思考，然后又修正自己的发挥；他前言不搭后语，甚至自相矛盾。没有哪种看法是稳定的，没有哪项判断是确定无疑的。最后读完全书，你可能会感觉到你无所不知而又一无所知。

他还进行了自我剖析。他承认“我写忧郁，就是为了让自己忙活起来，避免忧郁”。他是牛津大学基督堂的学者，直到去世为止，他承认“我在大学里［为了自己和缪斯］过着一种默默无闻的、久坐不动的、孤独无依而与世无争的生活，就像色诺芬在雅典人当中生活的那么长……”。他是爱书之人，家中收藏了1700卷研究生僻学问的图书，它们不仅为他提供了精神庇护所，也为他提供了灵感。伯顿是那种喜欢杂学的学者，世间学问的集大成者，知识的泰斗，他想把各式参考文献、典故和引文拼凑在一起，织
就斐然篇章，装点自家的门面。他参考了1250余位作者的著作。他的这部 102
书是赞美图书的著作，是颂扬阅读的文学幻想。他想锻造出一套驱走忧郁的魔法。这本书的结尾是一句箴言，“不要孤独，不可懒散”，还有一句墓志铭：失意时要心怀希望，得意时勿忘敬畏。

或许我们接近了那个时代的宗教精神。温切斯特主教兰斯洛特·安德鲁斯多次于王宫附属教堂在詹姆士一世面前布道，当他在白厅登上布道坛的时候，宫廷里的人就已经很了解他了。他个子高高的，身材瘦削，狭长脸，手势意味深长；胡须修剪得很整洁，额头突出。1622年冬天，他依据马太福音中的“因为我们看到了我主的星”发表布道词：

> Vidimus stellam（我们看到了那颗星星）。我们可以想象：任何人只要仰望上空，就可以看到星星，但是，他们是怎样看出它是我主的呢？它要么属于任何人，要么属于我主。这是谁也看不透的：天文学无法向人们证明这一点。星辰在自然中产生的东西，通过人为的观察可以发现。但是这种产生却非自然所能为。三角规也好，三宫一组也好，一群飞翔的云雀也好，都无法产生它。它们只不过为它设置了轮廓。这颗星星本不应该是我主的，可它就是我主的，如果它就那么运行下去的话。从别的角度看，他们看出它就是我主的。

这里的写作风格是生硬晦涩的，表意过程转弯抹角，它依赖于押头韵、排比和对偶。其含义让人困惑费解，听众几乎无法完全听懂。然而，它就

是詹姆士一世时代用于祈祷的文风，是那位以学问和博学自傲的国王掌握精熟的。安德鲁斯围绕着某个词，甚至某个音节做文章，细心地引申其意义；他不断地去质疑、藻饰、重新措辞。他表达的不是某种思想，而是思想本身的过程；他生动地表现了创造性推理的行为或艺术。这就是詹姆士
103 一世时代学术中华丽的词源学。它的那种繁复沉重的基调很像培根的散文：

> 最后让我们思考一下它们到来的时节吧。夏日已经远去。它们就在一年中寒冷的时候来了，在一年中最糟糕的时候上路了，这条路还很漫长。路途远，天气寒，白日短，冬至时节，太阳离我们最远，噢，冬天最寒冷的时刻。

这段散文张弛有度，有条不紊，平铺直叙，朴实无华，显示出思想与表达的清晰明快，分析严整有力。它不具备伊丽莎白时代大布道家的那种宛如神授的雄辩或激情四溢，但它显然具有 T. S. 艾略特所描述的“布局、细致和适当的艺术激情”。安德鲁斯根据光的行进节奏去行文运笔；他停下来重复某个短语，是为了让表达更加清晰；他总是努力争取充分揭示内在的意义。词语的联想引导他前进，抚慰或耐心地摆弄它们的意图，他承认，这样的意义能够“让任何人如醉如痴”。

在约翰·邓恩布道词中体现明显的那种节奏迅疾和富有表现力的情感外露，似乎与安德鲁斯字斟句酌、惜墨如金的风格相距甚远；然而，任何一种文化的各种表述之间，不会相距甚远。1622 年 11 月 13 日，就在温切斯特主教向国王做了关于东方三博士探访耶稣的布道之前的那个月，圣保罗大教堂的教长约翰·邓恩登上了大教堂的布道坛：

> 文中首词最为重要，它是全文的核心所在。首词“but”（但是），就是引领下文的那个 but。首先，这是一个具有排他性质的词汇：使徒们想要但又可能得不到的东西；不是他们想得到的东西；它又是一个具有包容性的词；基督乐于为使徒提供的东西，恰恰是他们未曾想过

的东西；不是那种，不是你极想的那种东西，而是别的东西，它要好过你将要拥有的东西。

快速的联想就像是突如其来的钟声。

在邓恩看来，布道词就是一种博学的演说，就像詹姆士一世时代悲剧
舞台上给观众带来惊喜的戏剧。他必须提醒观众谴责“永远、永远、永远 104
无视上帝的行为”。他必须去打动和指导他们的情感，否则，他就失败了。这就是他竭力使用约翰·韦伯斯特用过的恐怖力量的原因。所以说，邓恩在一篇布道词中提醒观众：“从最初臭皮囊构成你们的身体，到你们的身体最终化解为糊状物，在这中间，自然之中没有如此嘈杂、如此腐臭的东西。”

中世纪信仰中确定不变的真理已经不复存在。目前有必要去争论、去说服他人。在朝着这个方向努力的过程中，兰斯洛特·安德鲁斯和约翰·邓恩是一致的。然而，这就意味着，他们有的时候要经历转弯抹角、突出自我这样的精神煎熬；就很多方面而言，这是一个怀疑的、莫衷一是的和充满矛盾的年代，至少与最近刚过去的那个时代相比是这个样子的，这两位布道者就是在这个动荡的背景下发出抗议和申斥之声的。

这两位神职人员利用句法排比和悖论，试图从有歧义的事物当中筛选出个别的真理和确定性。他们既需要说服也需要启发听众。然而，这些布道词的特点在于言辞刻薄，这是这个时代的重要特征。邓恩在布道词中说道：“异端教派并非主体，他们只不过是腐烂的枝干、生了坏疽的肢体，他们因为自己的傲慢而堕落……”语言上的直截了当和紧迫感，还有它奔腾汹涌的节奏，也是邓恩世俗诗歌的重要组成部分。我们可能指出，本章开头所剖析的悲观情绪和忧郁，也是构成了他在世上存在的基础。在一次沉思默想的过程中，他探索了自己患病的原因。“他们告诉我，那是忧郁症。难道我把忧郁注入、吸入我的自我当中了？那是我勤于思考所致；我不是得思考吗？那是我勤学所致；难道那不是我的使命吗？”这是行将结束的詹
姆士一世时代真正的悦耳之音。 105

11

国王万岁

查理·斯图亚特在1625年3月27日登基，时年二十四岁。这一天正是他父亲的忌日。剑桥的一位同时代人写道："就在当天，一宣布新王继位，就响起了雷鸣般的欢呼声，虽说春寒料峭，但新王继位的喜讯令人欢欣鼓舞，所有的恐惧和悲伤一扫而空。"新任国王会领导英格兰的反西班牙联盟吗？

比起父亲，查理为人更严厉和矜持；他讲究繁文缛节，追求井然秩序。他继位后，宫廷的格调发生了明显的变化。查理宣称，在"至亲和至贵的父王"执政期间，闲散人士和无用之辈混迹于宫廷，让"王室蒙羞"，但将来这里再也见不到娈童和鸨母了。新王在西班牙待过好几个月，他雅好西班牙宫廷的礼仪，欣赏那里的做法：保护王室成员的隐私权，处理宫廷事务时举止端庄。他父亲当政时，英格兰宫廷放荡不端，这让他痛心疾首，于是他就高调突出道德因素。他开始穿黑色服装。他给王室成员下达谕令，开篇伊始就表明了自己的目的："在宫廷确立合乎道德的行为，建立秩序，
106 王国各地将上行下效，秩序分明。"不过，这种治国手腕只是在理论上让人愉快，在实践中则不然。

威尼斯大使注意到，登基几天后，"国王严格执行烦琐的礼仪规定。如

今贵族再也不能像以往那样，乱糟糟地拥入他的房间，各级官员各安其位，不得僭越”。大使还在报告中写道，国王制定了若干条例和规定，把自己的全天时间，从早到晚，分成若干部分；祈祷的时间，锻炼的时间，办公的时间，接见的时间，吃饭的时间和睡觉的时间。没有通知，臣民不得前来觐见；他们只能等着被传唤。仆人上饭时要躬身屈膝，王家用膳的礼仪变得如此烦琐，让他很少能够吃上一顿热乎的饭，饭菜还没有摆好，就已经凉了。无论何时，只要他洗完手，侍从接过他的毛巾，就得把他用过的那部分高举过头。

到了 4 月初，查理开始认真地处理国事。他让白金汉和其他显贵全方位地审查外交政策。查理想帮助妹夫收复巴拉丁领地，有鉴于此，他们就得考虑两个问题：令人忧虑的英格兰—西班牙外交关系；英格兰能否与法兰西结成同盟。几天之后，他设立了一个委员会，目的是指导国防，以备战事。新王又设立了两个小型调查组，调查海关收税人员是否营私舞弊，还检查东印度公司与俄罗斯的贸易情况。刚开始还有条不紊，但与各种委员会及调查组遇到的情况一样，这项措施收效甚微。

白金汉依然是重要枢臣，正如在詹姆士一世时代那样；他每天陪伴国王左右，晚上睡在国王卧室旁边的一个房间。他手头有一把金钥匙，可以打开宫中所有房间。国家大事小事都离不开他。他的地位相当于副王，这在一定程度上弥补了国王拙于言辞和治国乏术的不足。

查理说话结巴，天生讷于言，有一次他干脆直言不讳地说，“我知道
自己不善言辞”。小的时候，大夫为了治好这个毛病，往他嘴里放了几块石 107
头子儿，但于事无补。他在张嘴说话之前，要在脑海中构思出完整的句子，但这解决不了语言障碍问题。他说话总是很害羞，犹豫不决。所以当他和家仆交流的时候，一半靠语言，一半靠手势。

他的一位主要谋士克拉伦登伯爵后来指出，他的那种惶惑不安的心理状态，导致他轻信他人之言，受人摆布，而这些人的能力实际上还不如他。他看不清周围人士的优劣、贤恶，往往青睐那些喜欢吹牛和行险之辈，而忽视了那些有真本事，但不彰显才能之士。他周围的枢臣都是职业廷臣，

其中很多人是他父亲的近臣，有些是他的朋友和心腹仆人。然而，重大决策权由枢臣班子转移到了两个精选出来的小组手里；因此，猜忌和嫉妒无处不在。

4 月他首次在公共场合露面，是在泰晤士河北岸的布莱克瓦尔港，他到这里是为了视察王家舰队。他个子不高，只有 5 英尺多一点，只能说是秀气。他很注意保养和锻炼，所以纤弱的外表会产生一种假象。在青春时代卷曲的栗色头发的衬托下，他的脸色显得很苍白；他的脸很长，眼睛是灰色的，嘴唇丰厚。他气质温和，喜欢喝淡啤酒，不喜欢喝加香料的葡萄酒，他性情恬淡，轻易不动感情。如果他不经意地听到了别人说不得体的话，会自动脸红。然而，如果说他能够控制住自己的激情的话，他也能够控制住王国的激情。他从斯多葛主义者和新斯多葛主义者那里搜集了许多格言警句，这些警句讲的是人如何修身养性，以便临危不乱。他曾经说过，“我们可以通过寂静无为学会掌握自我”。然而，敏锐的观察者——包括肖像画家——能够感觉到，他在掩盖自己的秘密或内心的紧张。他走起路来步伐很快，一副匆匆忙忙的样子。

他与法国公主、天主教徒亨丽埃塔·玛丽亚的婚姻有潜在的风险，这件事很快就成为首都中流言蜚语的主要话题了，无论在宫廷还是在乡下，
108 许多人都悲叹他与罗马天主教徒的联姻；过去人们对教宗统治的种种担心，现在又被勾起来了。不过，查理根本不把警告当一回事。他的父亲是苏格兰人，母亲是丹麦人，祖母苏格兰女王玛丽有一半法国血统；欧洲王室成员的民族血统不一定十分纯粹，他们也不一定属于一个教派，他是这一现象的完美代表。

1625 年 5 月 1 日，婚礼在巴黎圣母院的西门前举行，查理未能出席，由人代行。就在同一天，国王宣布，针对罗马天主教徒的“所有检举行为”应该“中止并且禁止，只要他们表现温和”。在前些年中，这是英格兰与西班牙谈判的绊脚石。同时代人约翰·张伯伦抱怨说，“我们刚离开了油锅，又掉进了火堆”。到了 5 月中旬，白金汉亲赴巴黎，准备陪伴亨丽埃塔·玛丽亚回到英格兰，同时促成英法两国联盟；他希望说服法国国王宽容对待

他的新教臣民——胡格诺派，就像查理一世目前对待本国的天主教徒一样。他还希望拉法国下水，与西班牙人公开战斗。然而，在这两方面，他均未成功。不管怎么说，他的癖好——也就是傲慢——不对路易十三的胃口。据记载，当时他身穿一套白缎子外衣，上面缀满了钻石，他还和法国王后调过情；他打扮成传统喜剧中傻老头儿的样子，给她跳了一段萨拉班德舞。

6 月 12 日，亨丽埃塔·玛丽亚到达多佛，被带到了城堡里，查理骑马赶来与她见面。她的个子看起来比预想的要高，她注意到查理一个劲儿地盯着她的脚，后者可能以为她脚下穿着增高鞋之类的东西。她便说道："先生，我脚下可没有踩着别的东西，我用不着人造的东西帮忙。我该有多高，就有多高。"这女人的勇气可不小，因此英格兰的观察者约瑟夫·米德说她"机灵、麻利……总之，是一位勇敢的女士"。当时她才十五岁。到后不久，由于房间燥热，人又过多，她十分不快，米德在报告中说，她"皱了一下眉……把我们都赶出了房间。我想只有王后才有这么大的脾气"。109

新君刚继位就召集议会，这可是一件大事。查理本来想召回上一届议会成员，因为上届议会曾经支持过他的反西班牙事业，但后来得知，由于詹姆士一世去世，它已经自动解散了。他本应该知道这条规矩的。按照原计划，议会在 5 月召开，但伦敦有十三个教区暴发了瘟疫，只好往后推迟一个月。查理在开幕词中敦促议会拨钱，资助他光复巴拉丁。然而，目前还看不出议员们想卷入欧洲大战，相反，他们似乎渴望解决国内问题。经过一天的斋戒之后，他们向国王呈交了一份"虔诚请愿书"，要求国王立即执行"现行的反对拒不执行国教礼拜仪式的天主教徒和天主教传教士的法律"。国王居然不顾民意，娶了一位天主教公主，还宽待其教友。接着，下议院议员们的怒火就转向了国王的牧师理查·蒙塔古，此人写了一本神学小册子，反对加尔文教派的得救预定论；这本书被宣布藐视王室，这个不幸的牧师被关了起来。

办完了这件事，议员们才开始考虑国王的财政问题。他的军费请求并未得到重视，议会理由很充分：国王还没有制定出正确的作战计划或政策。在先王执政时期，白金汉颟顸无能，选择了错误的时机远征布雷达，结果出师不利，人们对此还记忆犹新；为何给愚蠢的战将拨钱呢？罗伯特·菲利普斯说：“我们还不知道要打仗，也不知道敌人是谁。”议会主张只拨给国王所要求的十分之一，更让国王生气的是，磅税和吨税只给国王一年使用期，而自亨利六世（1421—1471）以来，所有国王执政期间均可使用。非常可能的是，一年期关税使用权只是一个临时措施，只适用于议会就永久性决议展开辩论之前。然而这次会议开了一个先例。抵制日益增加的税收，反对国王的宗教政策，将是后来激发不满情绪的主要原动力。

110 查理未能如愿，十分愤怒，但他对议会反对派无计可施；他只能期待着议会听从自己的命令。还没等到国王接受反对派的意见，瘟疫就不期而至了。有位廷臣对儿子说：“我……真的感到惊奇，有头脑的人现在怎么还待在伦敦。”待在下议院可以清楚地听到附近传来的丧钟声。7 月 2 日，约瑟夫·米德在信中写道：“罗素勋爵要去议会，让鞋匠帮他穿上靴子，结果这人就倒在了他眼前，他死于瘟疫。”7 月 11 日，议会延期，8 月初在牛津再次召开。

改变会议地点，并没有降低议员们对国王和宫廷日益强烈的敌意。在这次会议之初，爱德华·柯克爵士就提出一项动议：彻底调查王室所领的特别津贴，这就暗示说，议会有权任意约束国王的收入。另一位议员站起来挥舞着国王给一位耶稣会士颁发的赦免状，颁发日期就在他承诺捍卫反天主教的“虔诚请愿书”的第二天。全体成员一片沉默，这件事影响了王室的诚信和荣誉。大家一致同意，静等查理的反应。查理向法国国王和议会的承诺是自相矛盾的。最先打破的会是哪个承诺？

三天后，查理从伍德斯托克来到了牛津，他召集议员到基督堂的大厅中见面。他脑子里想的是财政问题而非宗教问题。他需要为白金汉募集的舰队筹款，但财政空空如也。他发现自己的“存款”过于菲薄，不足以启动整装待发的海军。同往常一样，他说话不多。他表示，两天之后答复宗教请愿书。

现在依然搞不清楚需要多少钱，花钱的目的是什么。是想和西班牙打一场海战吗？还是派兵援助巴拉丁？政府中没有人给出明确的答案。议员们为何要支持一项自己根本不理解而且也没有征求他们意见的政策呢？有人宣布，议会最好一心关注自己明白的国内和财政问题，而不要关注国外 111
的纷争。

如今白金汉受到了攻击。根据反对派的攻击之词可以推断，他没有能力控制政府，也没有能力组织有效的作战。所以说，他现在也成顺风草了。有消息说，他和查理从来没有相信宗教宽容这种东西；它只不过是争取西班牙人或法国人的手段。白金汉理应认为，与路易十三签订的宗教条约纯属形式，就是绥靖教宗的一张纸。国王默许此事，是准备通过突袭天主教徒来磨炼下议院议员们。

法国宫廷的特使贝吕勒神父对他说，“你们要是想施行这些法律，不管往里加什么调料，我都不能也不愿意忍受”。

“滚开，”据说白金汉是这样答复他的，“我知道，除了懂得祈祷书和弥撒之外，你还知道啥？”

但公爵显然缺少原则，或者说首鼠两端。议会无法对他产生亲近感。他已经募集了一支舰队，准备顺应民心，向西班牙开战，提高他在民众心目中的地位，但军费不足。许多人都认为他太年轻、鲁莽，且缺乏经验。在随后进行的辩论中，弗朗西斯·西摩尔爵士大声叫道：“让我们来看一看，问题到底出在哪里？”接下来，他点了白金汉的名字。爱德华·柯克爵士感觉到国家治理不当、秉政者自私自利，宣布“这条船有大漏洞”。这相当于指责国王了。8月11日，查理和枢密院决定，这届议会不适合继续存在了。瘟疫逐渐逼近牛津。他可以利用瘟疫为借口，让白金汉躲过议会的弹劾。查理认为自己在保卫一位公忠体国的大臣，议员们则认为，自己是为了国家才反对一位自私无能的宠臣。牛津议会仅存在十一天。查理责怪少数捣乱者和“煽动家”制造混乱，若干年后，他再次做出了这样的误判。

写到这里，我们可以对国王的性格揣测一二了。他真的以为王权至关重要，议会只不过是驯服工具，帮他解决在战时和承平时期的财政需要。 112
他只需说出自己的想法，别人就会服从。在公文上，他草草地签上了“办理此事”这几个字。查理王的主意很正，不容争论，也固执己见；如果你赞同他的意见，你就是他的朋友；可如果你质疑他的判断，那么，从这一刻起，你就成了他的敌人。他一旦制定了某项政策，就会坚持到底。他只会从自己的角度去看待问题，而不顾其他人的看法，如此一意孤行，早晚会失去王位。

他坚信自己的事业是正当的，从来没有像他的父亲或自己的儿子那样学会随和待人、与人友善。他对大多数臣民冷淡矜持。威尼斯大使写道，“这位国王秉持天性，他从未强迫过任何人，无论是言语上的强迫，还是行为上的强迫”。在以后的数年当中，由于他治国无谋，必将麻烦缠身。他曾对一位神职人员说，他永远也当不了律师，因为他不可能为坏人坏事辩护，也不可能在正义事业中屈服。换句话说，他过于耿直了，这既不利于他个人，也不利于王国。

1625 年初秋，英格兰正式向西班牙宣战，在此期间，英格兰与荷兰共和国签订了一项条约。然而军费无着落这个老大难问题依然没有解决，计出无奈，有人甚至提议，卖掉王室的珠宝。士兵们是被强征入伍的，但拿不到军饷；他们在朴次茅斯周边游荡，南德文郡的人们不可能也不愿意为他们提供粮食。所以，这群饿鬼见羊杀羊，见牛杀牛。其中有三位船长的名字分别叫作 Bag（袋子）、Cook（厨师）和 Love（慈爱）；不久就传出了一句笑话，说他们是没有钱的 Bag（袋子），没有肉的 Cook（厨师）和没人赈济的 Love（慈爱）。这是一个谣言四起的时代，甚至有人谣传，国王得了瘟疫。这个消息虽然是假的，但它体现了这个时代动荡的氛围。

英格兰舰队由爱德华·塞西尔爵士统领，此人从伊丽莎白时代起就从军服役了。最后，在 10 月 8 日这一天，历经风雨波折后，舰队终于离港启航了。它要进攻西班牙沿海，除此之外，主要目的还不明确。舰队在海上
113 成立了国防委员会，委员会决定，袭击加的斯。英格兰人一进攻，西班牙船只望风而逃，英格兰人士气大振。加的斯港的门户——蓬塔尔要塞——被占领；但是这次进攻让西班牙人产生了警觉，注意到加的斯面临的危险。

英军正准备封锁加的斯的时候，塞西尔和手下战将得到消息说，一支西班牙大军正前来救援；英军登陆，匆忙迎敌，结果这个消息是假的，敌

人踪影皆无。但他们在西班牙灼热的阳光下的急行军已经消耗掉了给养。他们从邻近的乡村和住宅搬来了成桶成桶的葡萄酒，开怀畅饮，酩酊大醉。据说，每个人都放开了酒量，大喝一气。加的斯的西班牙守军发起袭击，开始疯狂地屠杀。就在这令人尴尬的失败中，加的斯之围已解除，英军对蓬塔尔的占领结束了。

英格兰舰队还有一个任务，那就是拦截西班牙人从墨西哥运回的白银，但他们的船只状况不佳，无力作战。这些船只的船体都腐烂了，装备也损坏了。无论是由于腐败，还是因为玩忽职守，它们的供应从一开始就严重不足。士兵们喝的是掺水的葡萄酒，味道难闻极了；食物恶臭，“即便是巴黎花园的狗也不肯吃”——巴黎花园位于人声鼎沸的瑟瓦克教区。到了11月中旬，塞西尔下令返航。这是一场可耻的惨败。调查开始了，但证据自相矛盾，证词多有偏见，最后还是大事化小，小事化了，不必大肆声张了。

这时候，又该想办法转移全国人民的怒气了。11月初，反天主教刑法再次启动；罚款和没收财产所得将用于国防。据说，在白厅，“他们带着奇怪的目光望着一位天主教徒”。然而，最强大的天主教徒非王后莫属了。由于路易十三未能出手相助，查理对他失去了幻想。他的姐姐，尤其是她的
嘉布遣修道会的修士扈从，让他感到幻灭，他们的仪式和祈祷在英格兰宫 114
廷中不受待见。在宫廷中，白金汉仍希望领导新教徒抗击西班牙和皇帝党。

国王与王后一起用餐，这时候，王后的天主教告解神父试图抢在新教牧师之前，念谢恩祷告。他开始用拉丁文高声祈祷，用约瑟夫·米德的话说，这“引起一片混乱，国王大怒，立即从饭桌旁站了起来，拉着王后的手，进了卧室。这难道不是教士般的谨慎吗”？有人听查理说过这样一句
话：男人必须成为自己家中的主人。但是他也得证明他是自己王国的主人。 115

12

堕　落

查理正式加冕的日子定在了圣烛节，1626 年 2 月 2 日这一天，此时他登基快到一周年了。亨丽埃塔·玛丽亚不肯随丈夫出席加冕礼，在她看来，这个礼拜仪式有异端性质，所以国王只好单身前往。王后站在王宫大院门楼内的一个房间里看热闹。查理没有像以往那样，在伦敦街头举办游行活动，既没有举办宴会，仪式结束后，也没有演出假面舞剧；瘟疫仍然让人心有余悸。人们对礼拜仪式本身也没有太多的喜悦可言。典礼官阿伦德尔伯爵命令他们高呼“上帝保佑查理王”，在这个场合，只有寥寥几声问好致意。

查理穿了一件白色的大氅，而不是猩红色的王袍；在很多人看来，这在古老的仪式中是一个不祥的创新。加冕誓词也被大主教威廉·劳德精心改过，祈祷词中有国王可以有“圣彼得的戒律调子，圣保罗的教义”。这在当时并没有被视为不祥之兆，但到了后来，劳德被指控赋予国王绝对的权力，伤害人民。不过，当时人们的全部厌恶或憎恨，在很大程度上都是冲
116 着白金汉去的，而不是针对国王的。

四天之后议会召开，群情激愤，声讨白金汉在加的斯之役治军无能。为了躲避责难，他申辩说，当时他不在军中，而是在海牙进行外交谈判，

但这并没有平息议员们的怒气。约翰·埃利奥特爵士是康沃尔郡圣日耳曼推选的议员，曾经目睹舰队惨败后返回朴次茅斯的情况。他看到一伙人又病又饿，步履蹒跚地下了船。他还看到一些战士死在了街头，把致命的疾病传染给了城里的人们。这些苦难的景象令他无法忘怀，他把造成这一惨状的罪责归咎于国王宠臣的愚蠢和傲慢。

国王用他惯常的简短而生硬的讲话开启了会议的议程。“我想用行动证明我要说的内容。”他如是说。他没有为所发生的事情做出任何辩护或解释，只是想要更多的钱。埃利奥特起立发言，他提出一个要求：除非解释一下先前的拨款和账目，否则就不会再拨付政府开支款项。他要求查一查海军军部的账本，作为会德文的海军中将，他非常适合去查账。

但他向国王提出了一个更大的要求。“先生，我哀求你四处看一看！看一看我们现在都处于什么状态了！想一想我们蒙受了多大的损失！算一算我国的荣誉被毁掉了多少！”埃利奥特是英国史上最早的一批伟大的资深议员，他愿意限制滥用王权。他继续讲道：“我们的荣誉被毁掉了，我们的船只沉没了，我们的人马死掉了；这不是死于战斗，不是死于敌人之手，不是死于运气不好，而是死于我们信任的那些人！关于这一点，早有最强烈的预言，事先就已经讲清楚了。”国际方面的情况也不容乐观。神圣罗马帝国皇帝麾下的天主教军队正在波希米亚和德意志进军；法国的新教徒正在饱受法国国王的威胁或者说摧残。

为了调查国家的财政问题，成立了一个委员会，但没有得出定论。于是，3 月 10 日，查理放出话来，他希望议会立即拨付政府开支款项，以满足国家之必需，而不要再去质疑他过去以及将来的行为。这份声明引发了更加激烈的争论。巴勒布里奇推选的议员费迪南多·费尔法克斯在写给父 117
亲的信中说：“如果我们一点钱也不批，不仅会惹怒国王——此人不善变通——也会危及公共利益，就像眼下的情况那样；如果我们批准了，这笔钱可能用不到正地方。我们舍弃的越多，我们就越需要利用下一次机会。”

如今大家一致认为，白金汉公爵是所有民怨的原因。是他任命了无能的将领，他应该为加的斯惨败负责。他为朋友和家人谋取王室的土地。他卖官鬻爵，为了谋取财势，他还收买人心。他的母亲和岳父都是拒不采取新教礼拜仪式的天主教徒。他就应该被点名批评。

五天之后，国王在白厅答复议员，他在讲话中宣布，“我不允许议会质疑我的仆人，更何况他是我亲近的人”。他又说道，“你们应该尽快批准政府开支款项，否则，情况对你们更加不利，万一有个三长两短，我想我受的伤害还是最小的”。两天后，约翰·埃利奥特向同事们发表讲话，劝他们坚定自己的立场。“我们已经陈述了可怖之处，但我希望那不会让我们的默契因此变得黯淡。”国王在命令他们就此罢手。查理对他们说，“记住，议会的召集和解散，都是我说了算；因此，我根据它结的是硕果还是恶果，来决定它存在与否”。

如今，下议院议员们不想收手了。他们对公爵穷追猛打；他们就像解开锁链的猎狗，信心大增，因为他们知道，贵族议员们支持他们；贵族们早已受够了这位自负的宠臣。老贵族对他把持封赏大权和挟持国王怒火中烧。布里斯托尔伯爵曾任英格兰驻西班牙大使，他目睹了白金汉在马德里的所作所为，他亲自出来做证，反对这位宠臣。他指控说，白金汉试图改变王子的宗教信仰；他指责他躬奉圣礼，“让西班牙人感觉有望改变王子的信仰”。他实际上是在痛斥白金汉犯下了叛逆罪。

国王很生气，在他看来，议员们的这些言行都是炫耀卖弄，但他又无
118 法改变他们。5月10日，成立了一个委员会，准备弹劾白金汉的条款，其中一位委员达德利·迪格斯爵士说的一番话，是史无前例的，“英格兰的法律教导我们，国王们不能做坏事或不法的事情。无论出现了什么样的坏事，执行方案的人必须为此负责”。迪格斯还把白金汉比作扫帚星，说他喷的是“拙劣的、腐败的东西”。然而，当代表团的成员见到白金汉时，据记载，白金汉当面大笑，公爵知道国王对朋友的忠诚可以说是冥顽不化，查理不可能抛弃他。

到了弹劾那一天，议会辩论充满了火药味和激烈的对抗。当有位名叫约翰·格兰维尔的议员发表了支持议会的开场白，白金汉对他加以嘲讽。格兰维尔答复说，“大人，你在嘲笑我吗？这些东西能嘲笑吗？大人，我现

在告诉你一个人，他的血统比你高贵，权势地位也不输于你，国王对他的宠爱与你同样深，可他被绞死了，而他犯下的罪过在这些条款当中是最轻微的”。

约翰·埃利奥特站起身来猛烈抨击这位宠臣。“他搞了多少财富！收了多少钱，得了多少田产！宴会、屋宇、服饰、金钱，这些东西都是他贪婪无度的明证；他的财富耽误了君主、国家、穷人。”接下来，埃利奥特还透露出当时盛行的传言：白金汉和他的母亲毒死了詹姆士一世。他把公爵比作传说中的怪兽斯泰利奥纳图斯，“浑身肮脏，处处污渍”，臭气熏天。这番不同凡响的讲话，当然让国王很不高兴。

第二天，也就是5月11日，国王驾临上议院。此行是为了证明白金汉没有犯下下议院所指控的那些罪名。他说，“我可以做证，每一条指控都是不实之词，他是清白的”。就在同一天，有人发现约翰·埃利奥特爵士和达德利·迪格斯爵士被带到了伦敦塔，下议院顿时炸了锅。5月12日，当下议院议长站起身来着手去办公事的时候，有人让他坐下来。“除非恢复我们的自由权，否则，无事可办。”法国大使警告国王，如果他的势力不在议会中占据上风，他就会像威尼斯执政那样无能为力：没有元老院的批准，他什么也做不成。 119

议会坚持立场，绝不退缩，最后取得了胜利。在一个月之内，迪格斯和埃利奥特都恢复了自由之身。对于国王来说，这可不是一个很好的先例，他貌似坚决果断，实则首鼠两端。接下来他任命白金汉为剑桥大学校长，这更让人生气。下议院议员们十分不满，他们起草了一份大抗议书，要求解除白金汉的公职。

口水战升级了。查理的回应是，他要求议会立即通过补助法案，为他提供更多的资金，否则，他将不得不采取其他的解决之道。下议院就此事展开辩论，做出了决议：先呈交抗议书，再讨论补助法案。事实上，他们并没有证实白金汉贪污腐败的指控，但他们如今逼他辞职，唯一的理由是下议院议员们不信任他。如果他们达到了目的，他们的威信就会凌驾于国王之上。

另一方面，如果议会被迫让步，在没有革除弊端的情况下拨付给查理政府开支款项，这就开了一个不幸的先例：国王永远是胜利者；用现在的一句话说，议员们不想背负骂名。宫廷与议会，二者的目的正好相反，这样就进入了死胡同。国王和白金汉的对话被人偷听到了，被广为传播。据说，查理对白金汉说："在某种意义上，我失去了臣民的爱戴。你说我该怎么办？"6月14日，国王决定解散议会。上议院的贵族们请求国王再给两天时间来化解这一局面。国王的答复很痛快："一分钟也不多给。"

就在所谓"这个伟大的、温馨的、波纹阵阵的议会"解散的前一天，一阵雷电冰雹降落在威斯敏斯特附近的泰晤士河上，产生了一种"水旋风"或"水柱"现象。水被分解成雾气，形成了30码宽、10英尺高的巨大的旋转漏斗；内部是空的白色泡沫。这个自然奇观穿过了泰晤士河，开始击打约克府花园的围墙，这里正是白金汉公爵的府邸；当它吹打到砖墙上的时
120 候，又化作一阵浓烟，仿佛刚刚从烟囱里冒出来，升入高空。接下来它消失得无影无踪，留下两声响雷。它被视为一种征兆，或许是对白金汉的一种警告。

地下印刷厂印了许多传单，在伦敦的大街上小巷中张贴。

谁在统治王国？国王。
谁控制了国王？公爵。
谁控制了公爵？魔鬼。

议会解散三天之后，国王下令销毁议会起草的所有反白金汉的抗议书副本。由于他继续向白金汉施恩，查理惹怒了议会里一位意志坚决、言辞激烈的反对派；这种反对意见目前尚未直接针对国王本人，但有些人眼望未来寻找公共事件的解决之道。伟大的宪政史学家利奥波德·冯·兰克曾经表示说，国王和议会之间即将到来的冲突是"历史的必然性的产物"。无论我们是否接受这句话，至少可以看清，有些不容易遏制或者转移的力量

在发挥作用。

议会召开期间，正是国内事务纷乱如麻之际，主教们也在考虑宗教问题。他们争论得尤其激烈的是教会中的清教徒与前文所说的“阿米尼乌派”之间的分歧。后者笃信秩序和仪式在庆典习俗中的首要地位，他们反对加尔文主义的得救预定论，并且赞成圣餐。早在七年前，他们就在多特举行的教会会议上遭到了加尔文主义者的谴责。他们中的一些人被当作教宗至上主义者而被撤销了圣职，但实际上，他们与天主教之间的距离，相当于他们和清教之间的距离。他们最重要的支持者是著名主教威廉·劳德，如今在国王那里很得宠。相应地，英格兰的阿米尼乌派也被称为劳德派，其 121
核心信条之一是崇尚“神圣性之美”，他们用这种观念表示礼拜时屈膝下跪和鞠躬致意以及彩绘的人物形象。他们甚至专门设置了放香炉的房间。

在詹姆士一世在位期间，阿米尼乌派的地位模棱两可，因为詹姆士对加尔文主义多少还有些同情，而且他不愿意支持宗教纷争。他的儿子性情死板，或者说坚定不移。詹姆士去世数周后，劳德主教为他提供了一个高级教士的名单，每个名字后面都标注一个字母，O 表示此人是正统派，P 表示此人是清教徒。

强烈的“礼拜”倾向，暗示着重视仪式和礼节，很投年轻国王的心思，他已经为宫廷带来了秩序和仪式；正如他喜欢假面舞剧那样，他渴望壮观和神秘的宗教。不管从哪方面讲，查理都是厌恶各种新教思想的，他把新教思想同违抗命令以及可怕的“百姓”观念联系在一起；他想到了补鞋匠和裁缝以及说话犀利的教条主义者。他最想要的是秩序井然、遵规守纪的教会，奉行正道和统一的习俗，以主教为代表，它应当成为他捍卫国家稳定的支柱。劳德本人过去经常引用一句话：stare super antiquas vias（祖宗之法不可变）。

在 1626 年夏天发表的一篇布道词中，劳德直接攻击清教徒。他说加尔文主义者本质上是反对威权主义的，因此他们反对君主制。第二年，乔治·阿博特被剥夺了坎特伯雷大主教的权力，取而代之的是一个反加尔文主义主教们组成的委员会。加尔文教派的一位主教——索尔兹伯里的戴夫南特——发表了一篇布道词，捍卫得救预定论教义，结果他被传唤到枢密院。这位高级教士吻完国王的手之后，查理告诉他，他不应该让人们干预或辩论这么高深的东西，无论采取哪种方式都不行，因为它超出了人们的
122 理解力。在1628年之后，加尔文主义传教士不得站在伦敦的布道中心圣保罗十字这个地方。不久就传出一个笑话，取笑阿米尼乌派的信仰：

> “阿米尼乌派的高见都有啥？”
> “能把全国最高的俸金拿。”

然而，加尔文主义者，还有清教徒，是不会善罢甘休的。劳德派事业在国王谋臣中获得的胜利，最能引发对立教派之间的敌意，而这种敌意正是他统治后期的特征。不过，还应交代一句，这些教义上的不满萦绕在大多数教区牧师以及一些信众的心头。那些信众习惯于上教堂，对福音书和摩西十诫持有简单的态度。

在议会解散后的数周之内，查理最后决定将王后的牧师及女官从宫中驱逐出去。在议会开会期间，王后的宗教顾问建议她赤脚去泰伯恩刑场朝圣，为死在那里的天主教徒祈祷。不久就有传言说，她之所以做祷告，为的是死去的反贼而不是圣徒。

丈夫和妻子之间已经有了嫌隙，甚至可以说是怒气。当她和自己的法国随从在一起的时候，她笑逐颜开，但在国王面前，她总是闷闷不乐。显而易见，她不喜欢和他在一起。她想把自己的一些土地和房产分给自己的扈从，两人为此吵了一架。“把你的土地收回去，”查理本人记下了她的话，“如果我没有权力把我的人安放在这些地方，我就既不要你的土地，也不要你的房产了。给我年金吧，你认为多少合适，就给多少。”

“别忘了你是在和谁说话，”国王回敬道，“你不该这么利用我。”

两人继续争论，按照国王本人对当时情景的回忆，“接下来，我让她既听清楚我的话，又结束对话”。宫廷也是隔墙有耳的。

到了8月初，枢密院会议结束后，查理派人请王后。她婉拒了邀请，理由是牙疼。于是，他便由枢臣们随侍，来到王后的私人房间，结果发现， 123
她的那些法国随从们，用那个时代的书信作家波利先生的话说，“毫无敬意地在她面前手舞足蹈，欢蹦乱跳”。他立即叫停了这场欢聚，把亨丽埃塔叫进了自己的房间，告诉对方，他准备把这些法国随从送回巴黎，这样做既是“为了她本人好，也是为了国家好”。王后一听，不知所措，接下来，她大发脾气，赤手空拳打碎了房间的窗户，以便向站在下面庭院中的随从们讲话。随后，那些女人“连哭带号，仿佛要上刑场”。

她们的大声抗议敌不过国王的愤怒意志。一连好几天，这些法国人都不肯离开王后的宫廷。查理失去了耐心。他命令白金汉“明天就把这些法国人送出城；尽量好说好商量——但不要多费口舌——否则就强制驱走，就像赶野兽那样，再把她们装上船，让她们见鬼去吧！我想听到的不是对我的命令的回复，而是执行”。

最后，在王室警卫的护送下，这批法国人登上了船，踏上了归程。她们的坐船驶过泰晤士河，经过丹麦大厦所在的这段河堤，一群伦敦人冲着她们大声起哄，嘲笑她们；其中有人还扔了一块石头，砸掉了圣乔治夫人的帽子。这件事让法国国王很恼火，他对英格兰使节说，他妹妹受到了凌虐。此时疏远路易十三可不是时候。

例如，议会解散之后，国王只能采取紧急手段筹集对西班牙作战的军费。他以王室珠宝做抵押，向伦敦城借款100000英镑，但遭到了拒绝。第二个月，他又提议，让各郡的“不动产终身保有者”（地主和富农）向王国政府缴纳“赠礼”；教士们受命“鼓动各类人等表达他们对上帝的虔敬、对国王的义务”。查理还决定，他必须继续征收“吨税”和“磅税”。当威斯敏斯特大厦准备收集“捐纳的赠礼”之时，有人大喊：“议会，议会！”在 124
整个8月和9月，反对向国王的国库捐钱捐物的声音此起彼伏。接下来王室下令卖掉王室的金盘银盏。

8月中旬，200名穷困的军人和水手拖着疲惫的身躯从朴次茅斯来到伦敦，讨要欠饷。不知是出于巧合，还是有意安排，他们遇上了白金汉的马车；他们拦住了马车，要求他补发欠饷。白金汉答应他们，当天就处理这件事，但他借道泰晤士河逃走了，回到了约克府躲了起来。不管怎么说，这都是让广大百姓极其痛苦的时代。19世纪杰出的物价史学家索罗尔德·罗杰斯说，“比较工资、租金和物价之后，我认为这是广大平民百姓和佃农极为悲惨的时代，极少数人变得富有了，但很多人被压榨到绝望境地，几乎可以说是永远也无法翻身的赤贫状态”。如今在某些人看来英格兰的状
125 况已经回天乏术了。同时代的一个人问道：“难道不应该祈祷上帝保佑吗？”

13

为民除害，势在必行

国王与西班牙及神圣罗马帝国军队的战争并不顺利。丹麦的克里斯蒂安过去一直仰仗着外甥查理的资助，可如今他也要不来钱了；1626 年 8 月 27 日，士气低落的丹麦军队在下萨克森的卢特河被天主教联军击败。这样一来，西北欧的新教徒就成为神圣罗马帝国军队的牺牲品了。听到这次战役失利的消息后，查理立即停止夏季巡游，赶回伦敦。他告诉丹麦大使，他愿意保护克里斯蒂安国王，“哪怕给自己的王国政府带来风险，哪怕自己个人的生命”。国王的枢臣们想派四个团的人马前往丹麦，每个团 1000 人，可是到哪里去找军饷呢？

捐“赠礼”运动已经失败，国王卖金盘银盏所获不多，在这之后，他应该采取更加严厉、更有攻击性的措施了。1626 年秋，国王强力推行一种强制性贷款，要求各郡上缴相当于议会补助五倍的款项。他之所以采取这个决策，部分原因在于，他极其不愿意再次召集议会。他不想让某些心怀叵测的议员插手财政问题。他致信各郡的治安长官，命令他们提供各地显贵的名单，再详细地报上他们能够拿出多少钱。他还致信贵族，请他们不 126
吝钱财，大力支持。他谴责那些强烈反对国债的人，称其为“某些恶意之辈”；他宣布，他必须拿到钱来资助自身，资助他的武装部队；在没有征得议会同意的情况下，一切真正的臣民的义务“就是遵守他们的法律”。或许他还应该补充一句，用当时的话说，“需要他们不懂法”。

全国的总体反应一度是赞同的。国家的当务之急，以及新教事业可能失败，促使大部分人交了钱。在紧急状态下，国王有权要求特别援助，这被视为理所当然。例如，诺福克郡的塞特福特镇的人们“很乐意听命”。到了 11 月，强制性税收已经征收了大约 250000 英镑，足以供国王应付急需了。查理本人也承认，“这笔钱已经超过了我在目前这个急需时期的期待了”。

然而，司法部门还拿不准强制性贷款是否具有合法性，因而不肯签署文件同意施行。国王召来最高法院首席法官，将其免职，以此来警告和激励他人。他威胁要撤销所有负隅顽抗的治安法官，但这种行为既损害了法官们的威信，也损害了他本人的威信。据记载，就是从这个时候开始，他们不再被视为不偏不倚、不带功利性的了。多年以后，人们依然记得，那些不肯向国王的要求让步的人，国王会要求他们辞职。如果他们坚持自己的看法，就会遭到轻视。

但还是有些人不愿意缴纳强制性的贷款。在这些顽抗到底的人当中，比较富裕的人被传唤到枢密院，他们要么被送进监狱，要么被囚禁在别人的私宅，与其家人隔离；而那些比较贫困的，则被迫参加陆军或海军，用身体而不是金钱效力。在拒不付款的人当中，有五位是骑士，他们决定在法庭上挑战借款的合法性，后来，他们都被投入自己所在郡的监狱。后来他们都成为国王招致民怨的原因。

127 后来，另一位反对派赢得了人望。约翰·汉普顿是白金汉郡的乡绅，以前当过下议院议员，1627 年 1 月末，他被传唤过来解释为何拒不缴纳强制性贷款。他答复说：“我倒是愿意借钱，但我害怕招致大宪章的诅咒，大宪章应该一年读两次，让那些违背它的人好好听一听。”换句话说，他是在指斥国王挑战了人民的基本权利和自由，他被发往威斯敏斯特的城楼监狱关了一年，在里面受到严密看管，按照同时代人的记载，“他与从前判若两人”。十五年后，就在同一座监狱，理查·洛夫莱斯写道：

石头墙变不了监狱，
铁栅栏构不成牢笼……

汉普顿的思想依旧是自由的。在后来的内战中，他成了议会军的著名战将。

查理的怒气开始严重影响他的判断力。在白金汉公爵的迫切请求下，如今有人提议派遣海军出征法国，以便帮助胡格诺教徒反抗路易十三。在过去的几个月中，英法两国已经发生了一场非正式海战，双方都在变本加厉地夺取对方的货物和船只。三周之后，有人发现，路易曾经从低地国家购买了六到八艘战船，如今正停泊在勒阿弗尔，准备进攻英格兰；对于这些船，要么夺过来，要么毁掉它们。

此时，查理正在考虑向法国和西班牙同时开战。与一个强国交手，已经很吃力了，同时打两个强国，无异于愚蠢。1627 年春天，一些刚刚入伍的新兵被派往朴次茅斯。又是老一套戏码。其中很多人被称为“卑鄙的恶棍”；他们衣食无着，军医们还未拿到工资。枢密院的老爷们只顾发号施令，而没有进一步采取行动加强效果；他们无法估算军事成本，经常不了解当地的地理情况。他们派出去的部队是要面临膳食问题的，而他们又不预先通知相关的各郡当局。他们准备向征法部队提供小麦，但又没有提供 128
磨小麦的工具，事实证明，缺少有效运行的行政机构是致命伤。只有地方上的自治与全国性征兵协调好关系，才能防止混乱，可是，仅仅凭借各教区和各郡的人力与行政机器怎么可能支撑得起一场欧洲大战呢？只有让某个中央机构去统筹，才能管理好一支出征海外的全国性部队。斯图亚特时代的英格兰不具备这样的条件，于是乱象丛生。被强征入伍的人们出现在朴次茅斯：

身穿各色补丁的旧大衣，酒糟鼻子，
身穿无袖无领短上衣，肘部露在外，
脚蹬一双旧靴子，脚上没袜子，
靴子里填充的是破布，而不是脚指头。

说起用兵法兰西，那就意味着，伦敦——按照克拉伦登伯爵爱德华·海德的话说——“到处是军人，到处是想从军的年轻绅士，或者想尽可能成为绅士的年轻人；各种放纵行为都出现了，有服饰方面的，有饮食方面的，也有赌博方面的”。伦敦已经成为赌博盛行、妓女遍地的城市。

6 月 11 日，国王本人驾临朴次茅斯检阅舰队，并在海军司令的座舰上用膳，众人很开心。据说，国王的小丑阿奇在席间的插科打诨和滑稽动作令人难以忘怀。虽说在加的斯吃了败仗，但是，英格兰在海上占优势这种观念依旧存在。1627 年 6 月 27 日，舰队启航，它有两个目的。第一个目的是，挫败路易十三炙手可热的权臣黎塞留的雄心：让法国成为海上霸主。这个角色是英格兰的。第二个目的是，将部队开到拉罗谢尔，这是法国在大西洋沿岸的港口，那里的胡格诺教徒已经夺取了当地政权，他们正在为宗教自由而与法王斗争。附近的雷岛已被王家海军控制。白金汉的策略是占领该岛部分地区，控制通往拉罗谢尔的要道。

7 月 12 日下午，英军在炮火的掩护下，跳下战船，登陆作战。白金汉
129 本人也身在其中，他鼓励和敦促英军冲锋。然而，光虚张声势还是不够的。这些士兵训练不足，有些人还无心作战；有些人留在船上，还有些人没有进入自己的战斗岗位。上岸的那些人不慌不忙地向敌人进攻。白金汉就在他们当中，他挥舞着短棍，驱赶他们前进，但这一切均无济于事。

法军抓住机会，动用骑兵发起冲锋，想把英军赶下大海。然而，鬼使神差的是，英军居然建立起防线，法军反而深陷泥沼，处于不利的地势；法军决定退守圣马丁城堡，撤进安全的防御工事中。于是白金汉下令攻克这个要塞。

围攻变成了封锁，但双方的苦难成倍增长。要塞里的妇女和儿童哭喊着要求怜悯与同情，可是，到哪里找这些东西呢？白金汉的人马也因为疾病和缺粮而精疲力竭。白金汉不断地派人前往伦敦求援，要求查理继续增兵、送给养，但财政部与以往一样空空如也。随着冬天的临近，英军的力量越来越弱；实际上他们目前已经无粮、无钱、无弹药。据记载，到了 10 月中旬，雷岛的英军军官每天都用望远镜扫视海上，搜寻英格兰派来的船

只，“简直是望眼欲穿”。

英军孤注一掷向要塞发起最后一次冲锋，结果却发现，云梯造得不够长。英军无计可施，只好撤兵。在 10 月 30 日那一天，英军搭了一座木桥，撤退到了一个小岛上，再从那里登船；但是他们的防护做得不到位。由于敌军长时间扫射，骑兵和步兵乱成一团。许多人被射倒，还有人溺水而亡。据统计，有 4000 名英军战死，而剩下的残兵败将最后疲惫不堪地返回了朴次茅斯。拉罗谢尔之围没有解除。同时代人邓齐尔·霍尔斯评论说：“每个人都知道，作为强国，英格兰还没有受过这么窝囊的打击。”有人这么评论白金汉：

> 公正的上帝，求求您
> 赶快为民除害吧。 130

这是两年之内白金汉公爵指挥下的第二次惨败。他的军旗如今挂在巴黎圣母院，成了国耻的标志。不久，人们就开始称其为“操蛋汉公爵”了。然而，国王却对他笑脸相迎，实际上，他把责任都揽了下来。“在这次行动中，你是有功的，”查理对他说，“所有责任必须由我们这些待在家里的人来承担。”实际上，白金汉不应负全责。他是一个勇敢的人，但他不是战略家，由于他为人疏阔，加剧了失败。不过，大部分过错确实出在了国内政府身上，它未能向在海外作战的部队提供必要的金钱和补给，这的确是严重的败笔。

国王召开军事会议，催征款项，准备再次出兵拉罗谢尔，他感觉自己在道义上有责任捍卫他们的事业。他的谋士们劝他再次召开议会，唯有靠这个办法才能筹到钱，而又不必面临无数抱怨和法律挑战。尽管他预料到了，从议员那里听到的，只会是抗议、争论和请愿，但他还是听从了这个劝告。

1628 年这届议会召开时，氛围并不令人感到乐观。在 2 月初，就在议会召开前的那个月，国王向各地发信，解释为何有必要征收“造船费”，以便再装备一支舰队。造船费本来是中世纪采取的举措，每到危急时刻，海军征用沿海城镇的船只；如今查理想向全国各地征收这笔钱，而且征收的是硬通货而不是船只。他命令各郡相关的官员应该“根据人们的土地和财产的价值，着手征收”。从法理上讲，这种新税是很可疑的，引起了民愤。许多郡和城镇都拒缴。林肯郡拒绝“太不正常和突如其来的收费”；萨默塞特郡拒不缴税的理由是，它“将开创一个收费先例，对此，无论是他们本人，还是他们的先人都无法忍受”。查理意识到，他的意愿只会遭到公开藐视，别人也不会听命，于是，几天之后，他就此事做了让步。他决定“完全仰仗议会中人的热爱”。

他在自欺欺人。在威斯敏斯特，爱是稀缺的东西。他和他的宠臣并没
131 有为进一步调动全国资源做好准备，宫廷也没有在危急时刻想方设法往议会里塞进自己的人。1628 年 3 月 17 日，议会开幕。在参会者当中，来自地方上的人数量最多，他们都是带着地方上的怨愤来参会的；例如，那些拒绝强制性贷款的人们，差不多保住了席位。白金汉的一位侍从罗伯特·派伊爵士被提名为某一选区的代表，群众集会上响起了“派伊（Pye）！派伊！派伊！”[①]这样的口号，而他的对手则高喊口号回敬：“布丁（pudding）！布丁！布丁！”还有人跟着起哄，高喊：“撒谎（lie），撒谎，撒谎！”据认为，爱国者将打败宫廷党。会议开了不到八天。有人甚至产生怀疑，这是查理和白金汉故意操纵的结果。如果议会不肯投票为国王拨款，国王就可以解散议会，并指责它在国难之际软弱无能。

国王启动了会议议程，他宣布“该采取行动了”，他想要钱，但他对“单调乏味的磋商”不感兴趣。接下来，他不断地发出侮辱之词，他说自己不想威胁他们，因为“我鄙视威胁任何人，除了能和我相提并论的人”。情况越来越明朗，议会的主要对抗对象不再是白金汉——他是上届议会对抗的对象——而是国王本人。

就在前一年，五位骑士由于拒绝向国王上缴强制性贷款而锒铛入狱，

① Pye 的谐音 pie（馅饼），与 lie（撒谎）的尾音相同。

他们被捕无助于议员们情绪的改善。有人代表他们申辩说，拒绝非法贷款不算犯罪，既然不算犯罪，就不应该囚禁他们。骑士们出示了人身保护令，要求释放他们。他们宣布，根据大宪章的规定，“除非经过贵族同侪的法律审判或者按照王国的法律，任何人都不应被捕入狱”。

国王的捍卫者则回应说，骑士被捕入狱，是君主的特殊命令；这道命令是非常必要的。这让审理该案的法官相应地产生了困惑。他们判决道，他们不会让犯人交保释放，但王国政府的检察当局应当在某一阶段给出继续拘押他们的理由。这个判决模棱两可，但同时代的观察者则解释说，这是国王的胜利。他不需要正当理由，就可以让臣民入狱。他的君主意志是 132
不可矫正的。

因此，爱德华·柯克爵士提出一份议案：任何人未经审判，不得拘押两个月以上；但这并不足以平息下议院议员们日益高涨的怒火。如果国王因为臣民不肯交钱而囚禁他们，正像他对待持有异议的骑士们那样，那么，他的统治权岂不是无边无沿了？埃利奥特宣称“不光我们的土地和货物与这场争端密切相关，我们自身也与之密切相关。让我们的父辈们成为自由人的这些权利和特权，如今遭到了质疑”。不久即成为这个时代名人之一的托马斯·温特沃斯站出来大声疾呼：不应该再有非法拘禁。不应该再强迫人们出国参战，不应该强制借款，不应该强制住户为士兵提供膳宿。

到了 4 月初，下议院的一个委员会达成了三项决议送交国王：不得无故将自由人投入监狱；任何人都有权享用人身保护令；如果没有拘押理由，每位囚徒都得释放或保释。国王对此很不耐烦。他希望议会投票为他供应款项，不得延误。他不理解他们为什么如此坚持所谓的自由。他说道：“看在上帝的分上，有人会阻碍他们的自由？”议会不为他的言辞所动。议员们决定，在考虑拨款问题之前，要起草一项关于个人自由及财产的法案。

查理似乎认为，这不再是可以用古老的方式消除的民怨，他们是想限制王权。下议院得到消息说，国王已经注意到，“该议院不是攻击权力滥用，而是攻击权力本身”。“权力”是一个大词，但在这里表示什么意思

呢？争论还在继续，国王表示，只要财务供应得到批准，一切都好办。这
是一个取决于“他的金口玉言”的问题。5 月 5 日，议会针对争论问题写了
一封抗议书，呈送给查理。国王的答复是，他愿意承诺不再像以往那样行
133 事，但他不肯允许他未来的任何行动均由议会来决定，换句话说，“权力”
的用途可以减少，但权力本身依然掌握在他的手中，在他认为合适的时候
使用。

这并不是一个令人满意的结局。国王的承诺太模糊了。双方没有就基本原则达成一致。目前依旧没有搞清楚，到底是国王高于法律，还是法律高于国王。下议院成立了一个委员会，准备拟定一份“权利请愿书”，这个请愿书本身就成为体制原则的一个重要说明；著名历史学家托马斯·巴宾顿·麦考莱称之为“英格兰的第二部自由大宪章”。它援引了爱德华一世和爱德华三世统治时期通过的各种法规；它哀叹道，“陛下在各地的人民被召集到这里，被要求将一定数量的金钱借给陛下”，并要求，“不走相应的法律程序，不得逮捕或者关押任何自由人”。它还抱怨说，“大批士兵和水手流落到全国各郡”。这份请愿书真的没有什么新的或者激进的内容，尽管国王有着独裁专断的敏感性，对他而言，这份请愿书最好被解释成一份保守主义文献，它所重申的内容，在许多人看来，就是英格兰的古老法令。不过，由此可以总结说，国王不再像他的一些前任那样受人信任了。

到了 5 月末，经过激烈的辩论，这份请愿书被上下两院采纳；为了让查理的这剂苦药变得甜一点，请愿书中还同意为国王提供五份津贴。在其他情况下，国王肯定会拒绝这份权利请愿书，认为它完全忽略了自己的权利和义务，但如今他的外交政策已经乱了套。拉罗谢尔依然得不到英格兰的援助，虽说国王已经承诺救援，另外，德意志的关键城镇落入神圣罗马帝国军队之手，这就意味着，英格兰对于西北欧局势的干预，就其全部实际目的而言，已经可耻地失败了。

所以说，如果国王还想在外交上保留一点颜面，他急需议会拨款。然而，他开始含糊其词。他向法官咨询了有关请愿书的一些关键问题，他们的回答很谨慎。在答复他们的请愿书之前，他对济济一堂的议员们说：“先

生们！我在这里是为了履行我的职责。我想没有人认为我答复得比较晚，134
因为我回复这份请愿书，并没有用好多天时间，不像你们用了好几周时间去设计构思它……”他显然很不耐烦。就在他的财政状况危急、外交手段搁浅之际，这些人还没完没了地争论人民的“权利”。接下来国王宣布他对权利请愿书的答复。他只不过宣告“应当依据国家的法律和风俗行使权利”。他的话一点也不让人感到欣慰，因为，判断这些“法律”和“风俗”实际上为何物，依旧是国王的特权。

议员们既没有好印象，也没有消除疑虑。当他们聚到一起讨论该如何答复国王时，他们坐在那里，好一阵子一言不发，面带忧戚之色。有些议员最后站起来，他们的发言经常被泪水打断。约翰·埃利奥特爵士严肃地宣布，国内外的情况一团糟糕。前途未卜，鼓起了他们的精神。我们国外的朋友已经被打败，我们的敌人势力高涨。由于国王热衷于对抗法国国王，德意志的新教事业以及巴拉丁领地的光复，已经被牺牲掉了。有位名叫汉弗莱·梅的议员准备打断他；但其余的议员则冲着埃利奥特大喊：“说下去！说下去！”

“如果他说下去，”梅说道，“我想我就得走了。”

“滚！滚！”

但梅还是留下来倾听埃利奥特慷慨激昂的发言。“看一看加的斯之征！看看下一个！看一看雷岛远征！看一看最近的这一次！我向上帝祈祷，不要让我们再一次看到这样的景象！……看一看这一切！我们承受了多么大的损失！我们损失了多少军火、船只、人力！”在他激情四溢的长篇大论行将结束之际，他提出一个要求，向国王讲一讲民怨或者说是“抗议”。

看起来他准备点白金汉的名字，说他是王国一切问题的根源，但是下议院议长阻止了他。接下来，国王递了一张条子，绝对禁止议会成员讨论国事，否则立即解散议会。这道命令触及议会的自由。面对这条命令，一位又一位议员站起来发言，有些人坐在议席上哭泣。当时的新闻通讯员约
瑟夫·米德报道说：“出现了这样一种激情四射的场面，这样的场面在会 135
场上很少出现，有些人在哭泣，有些人在反驳，有些人在预测我国最终毁

灭……有位议员告诉我，有一百多双眼睛在哭泣；许多主动要求发言的人因自己情绪激动而中断演说，说不出话来。”这是一个敏感的和催人泪下的时代，在这个时代，政治和宗教纷争无法和个人激情区分开来。最后爱德华·柯克爵士站起来问：“我们为什么不说出那个万恶之源的名字呢？白金汉公爵——**那个人可是千夫所指、万人所恨！**”听到这句话，下议院议员们一片喝彩。据说，当一条出色的猎犬嗅到猎物气味的时候，其余的猎犬会一路吠叫赶过来。

6月7日，查理现在明白了他的宠臣正面临着危险，他还敏锐地意识到，他的财务需求必须满足，于是他驾临上议院。面对着贵族议员以及挤在非议员区的下议院议员，他发布命令，他先前对“权利请愿书”的泛泛答复应当撤销，代之以新的说法：“顺从人意，行使权利。”这是承认议会措施具有合法性的一句套话。接下来，他又补充说，“如今我已经履行完我的职责。如果这届议会不欢而散，那就是你们的罪过了。责任不在我”。这个结果让议会十分欢喜，在议会大楼外面，街上开始庆祝活动，钟敲起来了，篝火点起来了。

然而，这种皆大欢喜的局面并没有阻止议会向国王继续施压。针对白金汉的抗议书在6月17日呈交国王，查理仅回复了寥寥数语，他会给予这些民怨以“应有的”考虑。白金汉本人并不在乎这些指控，据说他还扬言：“下议院或议会算什么，只要我当权在位，他们休想动一只狗的毫毛。”

下议院议员对国王接受抗议书的态度很不满，他们组织委员会讨论国王的财政问题。国王决定议会下周休会。随后下议院又拿出第二份抗议书，文中宣称，如果国王没有经过议会的同意，擅自征收关税及其他税赋，就
136 是“侵犯这个王国的基本自由”。还没等辩论开始，国王就下令议会休会。

议会的会期就这样结束了。有的时候，它被视为议会史上最重要的一个事件。下议院议员们提醒国王：他不得侵犯臣民的自由；这是他们心目中最重要的权利，已经得到国王的认可。街上的庆祝还为时过早。会议结束三天之后，国王下令撤回他对权利请愿书的第二次答复，使之成为“废纸一张”。他还下令印刷令人不满的首次答复，并附上了他对第二次答复的

种种修正。他在议会的闭幕词中说，“我的意思……不是赋予你们新的特权，而是重新修订你们的旧特权”，这句话既可以说是内涵无比丰富，也可以说是啥也没说。

因此，他又像往常那样支吾搪塞，结果降低了人们对他应有的尊重。如今人们很难相信他是否虔诚。同时代的一位日记作家约翰·劳斯指出，“国王的做法让人怒火中烧、狂骂咆哮和暗中谋划了”。从国王的角度出发，当然也可以说，他只是在保卫君主的权力与威信。值得注意的是，年轻的奥利弗·克伦威尔，亨廷顿镇推选的议员，也是这届议会的议员。

6 月 13 日晚，距离休会还有十三天，白金汉的医生兼占星师离开了伦敦北郊的吉祥剧院；此人名叫兰博医生。一群学徒认出了他，冲他大喊大叫：“公爵的魔鬼！公爵的魔鬼！”他们追逐他，一直追赶到位于穆尔盖特街的海军伙房，他在那里雇了一群水兵保护自己。等他离开伙房的时候，那群暴民的数量增加了；他威胁说，他“会把他们（吊起来），让他们光腚跳舞”，也就是说要绞死他们。这群人依旧跟着他走，但走到了老犹太聚居区，保镖将暴民打退了。如今聚集成群的暴民想对他动武了，强迫他前往洛特伯里的温德米尔酒店，他们用石头和木棍将他打昏过去，趁着他倒在鹅卵石地上，他们挖出了他的一只眼睛。他被带到了位于波尔垂的一座小型监狱，第二天早晨死在了那里。 137

不久就有一句顺口溜到处传唱：

> 且让查理、乔治（白金汉）使劲跳
> 乔治会像兰博医生一样死掉。

这句顺口溜是在抄写员的文件中被人发现的，他承认这是从一位名叫丹尼尔·沃特金斯的人那里听来的，后者听不识字的面包店帮工说的。萨福克郡的一位牧师回忆说，“大约在 9 月 3 日，我才听人说起这个愚蠢、凶险的顺口溜，真是后知后觉”。所以说，通常被称为“诽谤之词”的诗与歌谣，在全国各地四处流传；它们经常被写在楼梯上，或被钉在房门上，或别在大门上。有些甚至被顺手放在雕像的空手中，首席检察官起诉了一群吟游诗人，因为他们吟唱了诽谤白金汉的歌谣，他称这些诽谤之词为“当今的流行病”。它们清楚地表明了整个民族以及“下层人等”的政治意识，若非如此，哪有那么多人知道它们。即便是面包店帮工也对国王和“乔治”有看法。

时事通讯的大量出版也推高了全国政治空气的热度。这些东西都是定期出版的新闻信札或者说新闻小册子，它们行销于酒馆和市场当中。与之并行的还有各种造谣诽谤之词，后者是随着政事的大变动应运而生的。许多新闻是印刷出版的，而有些则以手写本的形式问世。手写本被认为更加可靠，或许是因为它们似乎来得更快，或许是因为通讯员有权威性。在这些写手当中，有一位自称“你忠实的小道消息传播者”（your faithful Novellante），即新闻贩子；这个词当然派生于“小说”（novel）。

通过类似的信息运动，郡里发生的轰动性事件也会传到首都。新闻信札经常故意引发争议或者分裂，例如，“宫廷党”和“乡村党”——“廷臣”和“爱国者”——之间的两极分化，只会因为它们带有倾向性的报道而升级。本·琼森的假面舞剧《来自新世界的消息》中有一位新闻通讯员，他宣称“我在各级官员、各个教派当中都有朋友，这样一来，我搞了一个
138 相应的通讯目录，里面有清教新闻、新教新闻以及天主教方面的新闻”。

1628 年议会的议程和辩论的手稿本，也在这时印刷发行了，或许这就是首例议会报道。约翰·埃利奥特爵士等人的伟大讲话就是这样为公众所熟知的，从而强化了人们的结论：议会的确代表了人民的意志和声音。这些文件经常可见于乡绅们的书房中，这种情况或许很有意义。

就在议会休会之后，国王下令，伦敦的所有火药，均由王家控制。到了下一个月，他任命威廉·劳德为伦敦主教，这件事进一步加深了人们的印象：他傲慢地行使权力，近乎独断专行。劳德赞扬国王的权威，要求人们绝对服从，招来了“爱国者”们的厌恶，后者迫切想遏制王家特权。

国王还册封托马斯·温特沃斯爵士为贵族。温特沃斯以前是支持议会的，但是，在发布“权利请愿书”之后，他逐渐改变了立场，转而认为：

国王应该享有国家最高控制权；他已经得出结论，下议院不适合管理国家大事。他因放弃原则而遭到谴责，但他相信，是议会变了，他本人没变。不久他就发言说："国王的权威是为秩序和政府这座拱门封顶的拱顶石。"有了劳德和温特沃斯这样的人在自己的周围，君王还有什么顾忌呢？伦敦人惶惑不安。据记载，市民们心怀恐惧，为了自卫，都随身带着家伙。有传言说，国王与公爵要准备与他们的敌人对着干。谁也不知道接下来会发生什么。 139

14

我就是

英军被迫撤退之后，路易十三的军队继续围攻拉罗谢尔，这里的形势已经危如累卵。城中居民只能靠挖草根、煮皮带充饥。据说，为了活命，他们甚至挖出教堂墓地的尸体，割下死者屁股上的肉吃掉。国王和白金汉为了维持脸面，决定再次派兵援助。于是，在1628年春夏，一支舰队在朴次茅斯整装待发。与往常一样，又出现了延误。白金汉写道：“比起以往，这次出兵拉罗谢尔，战备工作最为艰难，变数也最多。”他在国内不得人心，有人建议他穿上护甲，以防备刺客。他答复道：“以锁子甲防民愤是愚蠢之举。至于单打独斗，我自己还能对付得了。罗马妖怪已不复存在了。”

8月23日早晨，公爵来到朴次茅斯高街（High Street）的梅森舰长的家中；梅森既是一名海军行政人员，也是一名军官。白金汉与同事及拉罗谢尔派来的代表共进早餐；饭后，他移步楼下大厅。他停下脚步与一位军
140 官交谈，这时候，原来站在走廊里的一个人，快步走上前来，拔刀插入他的前胸，嘴里还念叨着：“愿上帝宽恕你的灵魂！”白金汉踉跚着后退两步，大声喊道：“有歹徒！”他把刀从伤口拔了出来。他想去追袭击者，但被桌子挡住了，他就倒在了地上。

周围人齐声高喊。外国人都成了嫌疑犯，有人大喊：“法国人！法国

人！”还有人大喊：“歹徒何在？凶手何在？”

“我就是。本人在此。”约翰·费尔顿手执宝剑，走上前来，若不是白金汉手下的军官将他团团围定，他可能被当场杀死。死者的妻子和嫂子赶到了尸体旁边。达德利·卡尔顿告诉王后：“唉！可怜的女士们发出刺耳的尖叫声，泪如泉涌，人都快疯了。我活了这么多年都没听过这种事情，希望将来也不会听到。”

国王得到这个消息的时候，正在王家礼拜堂里祈祷。报信人与他耳语此事，他面不改色，几乎看不出情绪变化。直到礼拜仪式结束，他才离开那里。接着，他匆匆步入自己的房间，闭门痛哭。据记载，国王习惯于称白金汉为“我的殉道者”。换句话说，查理认为，他的宠臣是因为执行他的命令而被谋杀的。

调查结果显示，约翰·费尔顿参加过那场灾难性的雷岛远征，白金汉没有提拔他，让他深以为耻，除此之外，他还没有拿到军饷，他质问白金汉，不发军饷该如何过活，据说公爵答复道：如果他无以为生，干脆吊死自己算了。费尔顿回到伦敦之后，暗自思忖着自己的倒霉命运；他读了最近新出的小册子，这些小册子指责白金汉毒死了先王，还说他是千夫所指的罪人。就在暗杀行动四天之前，他在塔山的一家刀具店买了一把便宜的小刀；然后他去了弗利特街的一家教堂，“就像一个心怀不满的人那样”，去找牧师祈祷。在这之后，他主要靠步行，去了朴次茅斯，杀了白金汉。他在帽子里缝了许多信息，其中有一条是，他说自己是行刑人而非刺客：“他配不上绅士或军人的称号，依我之见，如果非要这么称呼他，那么，为 141
了挽回上帝、国王和国家的面子，他会折寿的。”他是正义的杀手，为国王和国家除掉了一大祸害。

在当时的舆论氛围下，他得到了人们的普遍支持。白金汉之死让人皆大欢喜，高兴了好长一段时间。在伦敦的酒馆里，人们为费尔顿的健康而干杯，庆贺的诗句人人传颂。当他经由金斯顿被押往伦敦时，一位老妇人高声喊叫：“上帝保佑你，小大卫！”当他到了伦敦塔，一群人早已聚集在那里，向他欢呼致意，他们高喊：“让我主慰抚你！让我主保佑你！”老百姓的这种心情让查理十分不快，他把掩护冷冰冰的权力的披风裹得更紧了。

就在费尔顿到达伦敦塔的前一天，白金汉的葬礼在威斯敏斯特大教堂内举行，只有一百人左右到场吊唁，葬礼举行得很仓促，显然比较寒碜。但即便这么简单的仪式也只是虚应故事。为了避免伦敦民众示威游行，尸体在前一天就下葬了。诗人和剧作家詹姆士·雪利写了一段恰如其分的墓志铭：

福气最好，命运最糟，
两朝王恩，全民仇寇。

至于费尔顿本人，走过审判程序后，在泰伯恩被执行死刑。他身戴锁链，在朴次茅斯被陈尸示众，身上穿的还是杀死公爵时穿的那套衣服。

如今国王独自秉政了。据他的秘书讲，他在两周之内处理的事情比白金汉在三个月内干的事情还多。他告诉枢密院，他将议会召开的日期推迟到了明年。他留用的还是以前的大臣，不过，他当然不会像过去信任公爵那样信任他们。或许除了亨丽埃塔·玛丽亚之外，国王再也没有宠臣了，白金汉死后，她与丈夫的关系更加亲密了；不久人们就发现，王室经过初
142 期的不和之后，最后成了幸福之家。诗人兼廷臣托马斯·卡鲁声称，查理“全心全意地爱自己的妻子，他可以大胆地说，任何其他宠臣都不可能夺走这种爱”。卡鲁的朋友威廉·戴夫南特在当时的一部剧中编了一段对话；这部剧的名字叫作《伦巴底国王阿尔伯韦的悲剧》：

“国王恋爱了。”
“爱上了谁？”
“爱上了王后。”
“爱上了自己的老婆！那可是在宫中乱伦哪！”

在这次和解之后，两人生了六个孩子。

白金汉至死也未能去成拉罗谢尔。然而，到了这一年初秋，英军第三次出征，救援该城。比起前两次，这次出征也谈不上胜利。舰队不敢先发制人，它的火攻船被法军的大炮给击沉了。英军最后登陆的时候，被严阵以待的法国围城部队给打退了。国王的援助承诺成了泡影。所以说，到了 1628 年 10 月，城市当局向法王签约投降，他们的雄伟城墙被拆除了。随后路易十三发布政策，对新教臣民采取宽容政策，他们在全国各地享有信仰自由。新教徒的恐惧源于一个错误的认识：他们信奉的新教将被连根铲除，可以说，查理一世的外交政策体现了对路易十三政策的彻底误解。

少了白金汉，国王比以往更加优柔寡断了。他应该与法国签约对付西班牙，还是应该和西班牙签约对付法国呢？与其中任何一个国家全盘开战都是不可能的事情。国王没有大打特打的本钱，也没有其他手段可以筹集军费；除了议会，其他手段都不现实。不管怎么说，战争的热情在英格兰迅速退潮。虽说签订相关的和约可能需要一段时间，但和平年代不可避免地来临了。

白金汉遇刺一天后，著名廷臣弗朗西斯·内瑟索尔评论道："那块令人讨厌的石头被上帝之手搬走了，如今国王和人民有望团结如一人。"然而，
1629 年 1 月召开的议会并没有显示出君臣团结的好兆头。宗教问题依旧悬 143
而未解。国王在议会休会期间下令："教会有权裁定仪式，有权解决宗教争端。"然而，这是什么样的教会呢？现任伦敦主教威廉·劳德参与起草了这份宣告，就在同一时期，他的一些同党被提拔了，填补一些空出来的主教位置。这些人都是阿米尼乌派，即高教会派，他们坚决反对加尔文主义的戒律和风俗。

在议会看来，这就是径直挑战人所熟知的、旧有的教义。约翰·埃利奥特爵士对议会里的同事们说，高级教士凭借国王的威信，可以"随心所欲地发号施令，据我所知，甚至会引入罗马天主教和阿米尼乌主义，然后让我们奉行如仪"。另一位下议院议员克里斯托弗·谢兰德对阿米尼乌主义派的描述是："他们向国王进谗言，说反对他们的人实际上是在反对国王陛下……"

这样一来，原有教会中的加尔文派与现有教会中的阿米尼乌派主教势如水火。新获圣职的高级教士们宣布，他们的信条才是英格兰教会的真经，他们谴责对手是新教徒——也就是宗教狂热分子和不从国教者。例如，有人宣称，加尔文主义者准备继续从事个体良知的事业，反对国教信仰的戒律和君主的特权。相应地，阿米尼乌派主教们也受到了指责，反对者们指责他们鼓吹消极服从君权神圣。加尔文主义者笃信得救预定论、神恩和福音书；阿米尼乌派则信仰自由意志、信奉圣礼、遵守仪式秩序。当时谁都不会想到，这些争端居然会引发内战，可就是从这时候起，议员和宫廷党开始选边站队。

下议院议员们受到了埃利奥特等人讲话的鼓舞，坚称只有他们才有权决定这个国家的宗教。曾经惹怒国王的皮姆，公然声明“确定真正的宗教，惩罚虚假的宗教，是议会的责任”。议员们得出结论说，他们所拥护的信仰
144 是在伊丽莎白时代达成共识的信仰，“我们坚决反对耶稣会士和阿米尼乌派的思想”。国王则认为，这侵犯了他在宗教事务上的特权，这种观点或许是有道理的，他毕竟是英格兰教会的最高首脑。下议院议员们还搁置了“吨税和磅税”问题，从而剥夺了国王的传统收入，而这些关税本来是属于国王的。查理在 2 月 25 日下令议会休会一周。实际上双方都在争夺主导权。

面对明显的威胁，埃利奥特决定求助于乡村党，就发生在这个节骨眼上。如果国王决定进一步采取措施，解散议会，议会的未来就很不确定了。如果他能够在别的地方拿到这笔收入，他就根本没有理由再次召开议会了。不管怎么说，他都受够了议会的气；他称之为“嘈杂之音”。阿米尼乌派也急于避开议会，原因很简单，他们认为自己可能受到议会的迫害；他们的怀疑完全有道理。埃利奥特就说过，“他们着手抨击议会，以防议会攻击他们”。

所以说，凡此种种，都为最终的争吵做了铺垫。3 月 2 日，下议院议长约翰·芬奇爵士向下议院议员们宣布，国王想让他们继续休会八天。在过去，这样一种请求会得到接受。如今议员们却大喊着站了起来：“不可以，不可以！”芬奇变了坐姿，想从椅子上站起来，果断地结束这次会期，但是

一些议员却拦住了他，把他按回椅子上。丹泽尔·霍尔斯对他说，“你且坐在这里，等我们站起来再走也不迟”。接着，埃利奥特宣布：在他读完议员们的声明后，议员们有权自行决定休会。

芬奇质问道：“如果你们处在我的位置上，你们该怎么办？不要让我替你们忠心效劳的愿望毁了我。”此时他处于两难之境，无法同时效忠于国王和议会。有些议员意识到即将发生严重的对抗，起身离开。但有人命令警卫将门关上。正当警卫犹豫不决的时候，有人锁上了门，拿走了钥匙。

埃利奥特再次要求议长宣读他准备好的文告。议长答复说：“我既为国
王效劳，也为诸位效劳。宣读文件这件事，我不想说我不会质疑，但我得 145
说我不敢。”接下来，埃利奥特猛烈攻击国王身边的奸臣，他还攻击阿米尼乌派引狼入室，勾结罗马天主教。

外面传来了敲门声。国王已经命令警卫官拿走下议院议长的权标，从而剥夺了会议议程的权威性。彼得·海曼爵士接下来开口攻击议长：“对不住，”他说，“你肯定已经成为连根斩断臣民自由的工具……下议院议长是我们的嘴巴，如果我们的嘴被禁言了，让我们有话说不出，它就会被牙咬住，不可能做出榜样；在我看来，如果下议院不给你点惩罚，让你跑掉，是不合适的。”这就是某些议会党人专断独裁冲动的最初迹象之一。

然而，空谈惩罚是没有用的。据传，国王已经派一名警卫准备强行闯入会议室，结束议程。于是丹泽尔·霍尔斯飞速提出三点决议。任何人如果试图将罗马天主教或者阿米尼乌主义引入王国，将被视为死敌。任何人如果不经议会批准就征收关税，同样可被视为敌人。如果有商人自愿交付“吨税和磅税”，他就是背叛英格兰的自由，也是敌人。决议立马被采纳。向全国发布信息后，霍尔斯请求，议会现在可以自行休会了，一片赞成之声立即响起。门被撞开了，得意扬扬的议会党人鱼贯而出，宣布这个消息。他们再次相聚是一年之后。

两天之后，国王宣布议会解散，与此同时，九位下议院议员被捕。约翰·埃利奥特让国王尤为痛恨；查理认为，他措辞激烈的反白金汉的长篇演说导致了后者遇刺身亡。国王在上议院的讲话中并没有责备大部分下议

146 院议员，但他愤恨“其中少数心如蛇蝎之人，他们的不臣之心迷惑了大多数人”。据记载，他后来心情非常好。

几天之后，他发布了《国王陛下解散上一届议会缘由书》，正告世人，那几位囚徒还有隐秘图谋，它们只会将国事弄得不可收拾，削弱王国政府的权力，刁难政府，最终闹得鸡犬不宁，乱象丛生。持有这种看法的可不止他一人。许多人都认为，议员们在反对国王的时候做得太过分了。甚至激烈的新教徒下议院议员西蒙兹·德埃夫斯也认为，3 月 2 日的那一幕体现了“在过去五百年中英格兰历史上最为晦暗、悲伤和令人压抑的一天”；他也认为造成这场混乱的责任在“下议院中形形色色的暴躁人物”。

解散议会的一个直接后果便是，人们感到沮丧和困惑。大部分商人拒不支付关税，他们的理由是，将来的议会可能谴责他们是叛徒；所以他们干脆罢市。他们一直顽抗了两个月，直到后来看到，再闹下去自己都快破产了，他们的决心才有所动摇。

在离开会议现场后被捕的九个人依然囚禁在监狱中。他们再也不可能向上议院或下议院申诉了，但他们可以把他们的案子送到法院审理；他们可以诉诸法治，从根本上质疑国王的权力。他们声称享有议员的特权，尤其是“辩论中的言论自由”，那可是自 16 世纪以来下议院议长一直维护的言论自由；其中的四个人，包括埃利奥特，拒绝回答与议会事务相关的任何问题。国王想用谋反罪来审判他们，但法官们不愿意这么干。特权问题着实令人恼火，查理最终请他们停止打哑谜。

在 5 月初，这几位被捕人士搬出人身保护令，依据“权利请愿书”中的规定，他们要求获释。经过激烈的争执和辩论，法官裁决，这些犯人的
147 确有权取保释放；国王则要求法官在判决之前必须咨询司法界同事。实质上这是要求拖延，这样一来，在判决之前，就会出现漫长的休庭期；这些人也就会因此而在狱中煎熬遭罪，度过整个夏天。到了 10 月初，犯人们从伦敦塔被带到了高级律师公会，他们在那里得到了获释承诺，但前提条件是：他们必须签订一个保证行为良好的契约；他们大多拒绝签字，因为，如果签字同意，就等于暗中证明，他们在过去八个月中被任意拘押就是合

法之举了。他们一心想给国王以及官员带来最大限度的尴尬。

威尼斯大使在报告中写道："情况日益恶化，通过这些纷争，人民已经看到，国王的所作所为超出了他们的想象。"这几位囚徒正在一点一滴地考验，查理将来会走到哪一步。当理财法院的首席法官表明，他倾向于支持议会的特权，国王让他停职察看。显而易见，这几位犯人将被定罪。国王的行为似乎已经净化了其余法官的看法，他们宣布，被告的确应该受到法律制裁。

这几位议员走完了全部司法程序。其中三人，包括埃利奥特，按照国王的意思，再次被关押入狱；其余人等经过短期羁押，被释放还家。国王在理论上取得了胜利，但这件事严重损害了他的威信和名声。从这件事上可以看出，为了维护自己的君权，他不惜采取专断的，甚至是非法的手段；别人眼中的合法性异议，在他看来就是背叛和阴谋；他一意孤行，甚至可以说是毫无宽容。然而，他的同党对他的行为却给出了不同的阐释。查理的所作所为的确符合真正君主的标准：他不容敌人或不满分子的干预，坚定不移地统治国家。他受到了上帝的引导。这可以说是他下一个统治时期的基调或原则。 148

15

世界末日

1629年3月，议会解散，国王开始了长达十一年之久的个人统治。实际上，他已经开始尝试绝对君主制，想让全国上下俯首帖耳、听命于他，但他不具备绝对君主的条件。名律师罗伯特·霍尔本评论说“比起那些枢臣，国王更能把事情说得清楚明白”。然而事实上，他把大部分本职工作都分派给了形形色色的官吏；他最喜欢的是打猎而非处理国务。

就某些方面而言，这是一个太平无事的时代。没有议会的争论，不用发布精雕细琢、字斟句酌的王家宣言或文告。正如在假面舞剧中，国王无须讲话；他的存在本身就足以保证尊贵与和谐。也正如在假面舞剧中，他能够支配现实世界这个大舞台的运转。查理很看重自己至高无上的职责，这种看法不无道德伪善。

没有议会，司法机构相对驯服，臣民的自由在一定程度上依赖于君主的决断和善意。英格兰人只需要相信君王的良好意图就可以了。就许多方面而言，他是一个温和的君主，在他统治期间，没有政治迫害。然而，有
149 些人依旧认为他是暴君，践踏了国家和议会的自由。约翰·埃利奥特及两位同事继续被拘押便是明证。

没有议会的统治并非没有成果。在这一时期，交通有所改进，政府新

修了马路，新开凿了运河；全国邮政服务有所提高，政府在主要线路上建起了正规邮政，取代了不正规的送信系统；没有发生全国性的紧急事件，地方政府的施政行为得以加强和延伸。不过，国内的和平取决于外部的安宁。国王无钱打仗。他只要能够通过罚款和税收来维持政府开支，就没有必要召开议会。

因此，就某种意义而言，国家的外交政策是自动形成的。1629年春，英格兰与法国缔结和约，十九个月后，它又和西班牙安排了停战协定。根据它与法国签订的和约，查理被迫放弃胡格诺派的新教事业，前提条件是，他与路易十三签订的联姻条约的原则无须严格执行；例如，他无须赐予天主教徒信仰自由。

与西班牙签订的和约没有提到把巴拉丁领地还给他的姐姐和姐夫；这一地区的命运如今成为承诺和表达善意的主题。条约中另有一款约定，西班牙的白银可以在英格兰铸造，再运往安特卫普，西班牙人正在那里同新教国家荷兰打仗。英格兰与这些天主教强国结盟，是否会导致英格兰出现不同政见？这已经成为允许讨论的问题，有人认为百姓开心、顺从；有人则暗示，百姓对国王心怀怒火和敌意，只不过隐忍不发而已。

不过，公众对这两份协约的反应已经缓和了。人们对这样的事情几乎不感兴趣。查理没有制定过欧洲政策，他只想把他姐姐和姐夫送回巴拉丁领地；但是，他无兵也无钱去实现他的愿望，他只能无所作为了。钱是关键。据说亨丽埃塔·玛丽亚本人被迫关上她私人卧室的百叶窗，以防来访者看到她床上的破被罩。有的时候，欧洲的新教徒派人求援，国王问枢密 150
院该怎么办，枢臣们告诉他，为了筹钱，就得召开新的一届议会。这是不可想象的。所以什么也做不成。法国大使评论说，由于缺少岁入，英格兰政府处于这样一种状态："朋友们指望不上它能帮忙，而敌人无须担心其危害。"

让国王更加不安的是，欧洲出现了一位新的新教捍卫者，反击神圣罗马帝国军队在波兰和波希米亚、奥地利和巴伐利亚、佛兰德斯以及莱茵兰地区的胜利。1629年，瑞典国王古斯塔夫·阿多尔夫斯进军德意志，史无前例、突如其来地展开了一场征服行动。他的首相写道：“波罗的海沿岸的所有港口，从卡尔曼到但泽，整个利沃尼亚和普鲁士，都掌握在陛下手中。”古斯塔夫·阿多尔夫斯创建了一个瑞典帝国，从而披上了一位新的弥赛亚的披风——北方之狮。

英格兰国王该如何对待这样的人物？古斯塔夫·阿多尔夫斯要求同为新教国王的查理出钱、出物资。可问题在于，如果查理与瑞典国王结为盟友，他就失去了与西班牙的重要友谊；英格兰与西班牙的贸易可是十分重要的。如果拒绝与古斯塔夫·阿多尔夫斯结盟，万一瑞典最后取胜，他就会失去面子和影响力。

所以查理只好支吾搪塞，采取折中方案，去维护他在两边的信誉。他同意派遣一支六千苏格兰军人的私人武装，由汉密尔顿侯爵指挥，帮助瑞典军队；但这次出征惨败，由于疫病流行和违抗命令，情况变得更加糟糕。接着国王派了一个代表团去见瑞典国王，与之“结成同盟……应对突发情况”。此举既可以说是意味深长，也可以说是毫无意义。实际上它毫无意义。查理一度禁止时事新闻报道瑞典获胜的消息，因为这会凸显出他的无能，让他不快。

在莱比锡城外的一场战役中，瑞典国王气数已尽，他最终暴尸疆场。英格兰国王无所作为，既没有为他出谋划策，也没有出手帮忙，英格兰的
151 无所作为或者说是惰性，造就了一种“西班牙化、法兰西化、罗马化或中立化的”政策，这是一位匿名的小册子作者在《君主们的套路》中的说法。然而，这样做并非没有好处。一周的战争可以毁掉十年的建设成果。英格兰没有像中欧那样惨遭蹂躏。

他还得想方设法筹措资金。针对非法圈占公地的罚款变得更加繁重了。国王还搞了一个宏伟的计划，排干了东英格兰的沼泽，筹集到了许多钱。很多日常用品的专卖权被卖给专卖人，专卖人可以自定价格；这些日常消费品包括铁和盐、笔和纸牌、淀粉和烟草、海菜和眼镜、梳子和火药、帽子和啤酒花。专卖权的购买范围还包括，例如皮革制造、干草称量、稻草称量、“测量红鲱鱼（的长度）”以及捡废品。在当时的一些反假面舞剧中，

有位演员头顶一捆胡萝卜，走上了舞台，此人代表的是一个投机者，“作为首位发明利用胡萝卜养肥阉鸡的人，他祈求获得专卖权”。国王要求温特斯公司每吨葡萄酒缴纳 4 英镑；对方不肯支付这笔新税，星室法庭就禁止他们为客户做饭和提供肉类。由于担心贸易损失，他们与宫廷达成谅解，每年交 30000 英镑了事。

还发生过一桩离奇古怪的肥皂案。肥皂制造商行在 1631 年获得垄断权，用本土原料——例如植物油，而非进口的鲸油或鱼油——制造肥皂。相应地，公司方同意每年向国王纳税 20000 英镑。

先前的肥皂制造商因为售卖旧款产品而被星室法庭起诉；许多人被罚款，一些人进了监狱，他们用来生产肥皂的平底锅和大桶均被销毁。他们当然会因为生计损失而愤怒，但很多家庭主妇也抱怨，新肥皂的洗涤效果还不如旧肥皂。在 17 世纪的英格兰，即便是本土化最强的纠纷也会染上新教色彩。据认为，肥皂制造公司实际上是由亨丽埃塔·玛丽亚的天主教朋
友控制的；据传，有些新的垄断商得到了耶稣会士的资助。因此，许多新 152
教家庭从神学立场去反对新肥皂。它被称为天主教肥皂。

于是当局就搞了一次公开展览，证明新肥皂有效。在市政厅当中，在市长大人、高级市政官以及伦敦塔守备等人的注视下，两位洗衣妇用新旧两种肥皂，在两个并排摆放的木桶中洗起了衣服。此举意在证明，新肥皂的洗涤效果和起泡效果更好。但这次展览似乎没有说服伦敦公众。八十位有身份的女士在证明书上签字，证明家中的女仆更喜欢新肥皂。这么做并没有产生显著的效果。旧肥皂依旧偷着卖。布里斯托尔也组织了洗衣妇，举办了一次展览，意在证明，新产品洗东西“同样雪白，味道同样香甜，甚至（比旧肥皂）更香甜”。这可以说是现代广告业的先驱了。这次活动也收效甚微。旧肥皂依旧在制造，由于紧缺，它的价格还升高了。

国王还大肆敲诈勒索个人。许多人接到传唤，必须交付他们从未想过需要缴纳的税款。例如，1630 年设立的一个王家委员会，对那些在国王加冕之时没有接受骑士封号的人罚款。由于长期不用，这条法律要求早已为人遗忘。那些被传唤的人对这项不期而至的要求感到委屈，大部分人试图

为自己辩解，但都未成功。国王就用这些手段募集到了他想要的钱款，但失去了一些臣民的爱戴和忠诚。

他还采取了其他对策。王室恢复了林地权利。那些侵用林地的人被罚以巨款，那些在伦敦的“新地基上”建房子的人也被罚款了。例如，穆尔先生在菲尔兹的圣马丁附近建造了四十二座房子，被罚 1000 英镑，还被勒令全部拆除。由于他拒不执行，治安官便把他的房子拆了，卖掉建材，充当罚款。

那么，国王对臣民的财产持有什么样的基本态度呢？如果他不经过法
153 庭或议会便可以向臣民征收新税，那么，他难道就不能使王国政府摆脱它的传统义务？许多人认为，国王的确可以不经过臣民赞同便征税，公共福祉先于私人权利。还有人则认为，英格兰人对自己的货物和地产的财产权是绝对的，任何法庭或君主无权取消。国内的太平局面被 1630 年的庄稼歉收给搅乱了，谷物的价格从每蒲式耳 4 先令涨到了 14 先令；一想到将来可能挨饿，许多团体就感到恐慌。

当时烦躁的氛围也体现在，宫廷整治了著名的收藏家罗伯特·考顿。他的图书室被封了，据认为，里面收藏了支持议会、反对国王的论文和小册子。历史必须清理。按照约克大主教的说法，有篇论文“在设想，君主如何让自己成为独裁暴君”。考顿被拘押，受星室法庭的讯问，后来被释放。然而，他的研究生涯实际上也就结束了。他不得步入自己的图书室，有学问的人也不得登门造访。他对一位朋友说，“我心已死”。他心中十分痛苦、忧伤，按照西蒙兹·德埃夫斯的说法，“他过去一直红光满面，模样非常好看，我手头上还有他的一幅肖像画，就是这个样子的，如今他的面目全变了，阴森、晦暗，面如死灰”。他不久就去世了，成为一个惶惑不安、动荡不已的时代的牺牲品。

1629 年末，威廉·劳德在征得国王的同意后，起草了一篇《教规宣言》。它是用来规范英格兰国教的，规定了礼拜的形式、祈祷的言辞，甚至规定了神职人员的姿势。按照规定，所有的牧师必须不折不扣地接受三十九条教规，这项要求实际上禁止了加尔文派探讨诸如得救预定论这样

的问题。这部宣言是完全按照王室的精神构思的。王室认为秩序高于一切。某些评论家由此得出结论：教会和国家将被迫步调一致。 154

在伦敦人眼里，劳德几乎就是一位喜欢繁文缛节的典礼和仪式的天主教徒。有人在伦敦街头发宣传单，上面写着“劳德，管好你自己吧，当心有人要你的小命！你是万恶之源，临死之前，你还是为自己的滔天大罪忏悔吧”。劳德不为所动。他在日记中写道：“主啊，我是极恶的罪人；但我祈求您，从那些无缘无故地恨我的人手里拯救我的灵魂。”有个反对劳德的人，名叫亚历山大·莱顿，他给议会写了一封吁请书，提名为《反主教制的天国申请书》，结果被判终身监禁，投入弗利特监狱；他还被带到了威斯敏斯特，戴枷示众，受鞭刑，然后被割掉了一个耳朵，撕裂了一边的鼻子，脸上被烙上了“SS”，代表“散布煽动言论的人”（Sower of Sedition）。然后他被带回监狱休养了一段时期，接着又受鞭刑，被切掉了另一只耳朵。他后来“被关进了一间严密监禁的监狱”，在那里度过了余生。为了显示宽容，这份判决的部分内容被撤销了，但直到1641年，他才被释放，此时他已经眼瞎、耳聋，无法走路了。

他的妻子也因为“胡言乱语”而一度入狱，按照1630年3月一位新闻通讯员的说法，“一位纽扣制造商用嘴对着当地监狱门上的钥匙孔，大声喊叫：‘坚持住，医生，别退缩’以及类似的话”。一个月后，有位燕麦粉制造商因为发表非正统言论而被带到一个宗教委员会面前，接受讯问。劳德的盟友温切斯特主教骂他是“疯狂、愚蠢的家伙”，这位燕麦粉制造商回敬道：“闭嘴！你这卑下的摇尾走狗！”

然而，国王对劳德的工作表示欣赏，于1630年春任命他为牛津大学校长。劳德立即着手在这个古老的大学恢复秩序和礼仪。以前学生们尊崇的是酒精和维纳斯，劳德则认为，他们是“教会和国家所有弊病的根源”。纪律将恢复，从而推动秩序与和谐；不准穿戴华丽的和奢侈的衣服，不准留长发，麦酒馆要严格管理。在劳德掌校期间，牛津建起了新的楼房，设置 155
了新的课程，由学识渊博的神职人员讲授。城市的面目在某种程度上焕然一新。

查理一世的荣耀也受到了赞美。1630 年财政大臣定做了一尊国王骑马雕像；摆放在位于罗汉普顿的乡村宅邸的花园中，为这里增添了宏伟的气息。它很快就成为查理统治的永恒形象。1633 年凡·戴克画了一幅古典主义风格的绘画，表现国王骑马经过凯旋门的情景；国王成了罗马征服者。两年后，这位艺术家又构思了一幅《查理一世马上图》，在画中，国王端坐马上，揽辔缓行。豪侠之士、基督教骑士的形象与秩序再现合为一体。

这是一幅君主驾驭野兽天性的形象，他让马的意志和能量服从于他本人的意志和愿望。西班牙大使本着同样的精神奉承查理一世，他说这匹坐骑“在他面前，野性全失”。因此，这些骑马画像体现出如下态度：理性必须能够控制激情。这幅画也体现了查理本人的治国理念和他显而易见的信念：他必须利用节制和礼节控制自己的天性，这样才能治理好整个王国。对于国王来说，艺术就是权力的一个伟大象征。然而，它不仅如此。

露西·哈钦森评论说：“各门艺术领域的学识渊博和心灵手巧之士均受国王礼遇和鼓励，在绘画、雕塑、雕刻以及其他灵巧艺术领域，国王本人就是最出色的鉴赏家和了不起的爱好者……”查理曾经在马德里王宫中见过大量艺术精品。他想让这种盛况重现于英格兰。他还是绘画和雕塑内行和本能的鉴赏家；如果他不是国王，他就是鉴赏家。他一眼就能看出某个作品出自何人之手；这就是所谓“手艺方面的知识”。他知道到哪里能够找到“趣味”、激情或品位。他向鲁本斯、迈藤斯、伊尼戈·琼斯以及凡·戴
156 克订购作品；到了他统治的末期，他已经搜集到了大约五百幅绘画和画毯，其中有九幅柯勒乔的作品，十三幅拉斐尔的作品，四十三幅提香的作品。荷兰曾经送给他五幅画，劝说他解决关于鲱鱼渔场的纠纷；纽伦堡市送给他两幅丢勒的作品。他还搜集硬币和奖章；他喜欢谱写乐曲。他对秩序的爱好体现在方方面面。当古罗马的一批元老及皇帝的半身像从罗马运到白厅的时候，他本人不辞劳苦地将它们按照年代进行排序。

教宗派往英格兰的使者回忆说，有一次，国王与伊尼戈·琼斯在一起，这时候，有人前来报告，从梵蒂冈运来的一批绘画到了；国王“冲出去看画，把琼斯也叫上了……琼斯一看到这些画，便赞不绝口，为了仔细端详，

他脱下了外衣，戴上了眼镜，擎着蜡烛，与国王在一起，细细地观赏，对它们赞赏不已……”，在这批礼物当中有列奥纳多和安德烈·萨托的作品。这股兴奋劲儿显示，他完全不同于冷漠和矜持的传统形象。后来鲁本斯对查理的宫廷的评价是，它之所以不同凡响，“不仅仅是因为外在文化的流光溢彩”，而且因为，“宫中收藏的优秀绘画、雕像以及古代碑铭具有令人难以置信的品质……我承认自己在世上从未见过比它们更珍稀的东西了”。

国王的形象的威力也被他的繁殖力放大了。1630 年春，亨丽埃塔·玛丽亚生了太子，同样取名为查理。她给法国的一位朋友写信说，这孩子“无论做什么都是一本正经，我禁不住认为，他比我还明智”。这个婴儿从来不会紧握拳头，所以有人预言说，他会成为一名心胸开阔的国王。这个小孩儿健康强壮，刚出生四个月，就好像长到了一岁。所以他的出生是一个好兆头。婴儿查理一出生就是三个王国继承人，这在英格兰历史上尚属首次。

王宫的寝务官托马斯·卡鲁对卡莱尔伯爵说，国王与王后“琴瑟和谐，他愿意重做追求者，比起乐于做出爱抚动作的国王，她更高兴接受他的爱抚”。查理在写给岳母——美第奇的玛丽——的信中说：“我们两人之间唯
一的争执就是，争论如何用爱来征服对方。”或许更为重要的是，儿子的出 157
生似乎表明，斯图亚特王朝江山永固，直到世界末日来临。 158

16

个头矮小，心雄万夫

一切似乎安然无恙。这种平静的外表都是假象，但是，比起未来的动荡岁月，这已经算是天下太平了。第一代克拉伦登伯爵爱德华·海德在其著作《英格兰叛乱与内战史》中声称，在查理的个人统治期间，“刀兵不兴、民众富足、天下承平，这样的十年是任何国家都未曾经历过的”。另一位史学家菲利普·沃里克爵士在《查理一世时代回忆录》中写道：“从 1628 年到 1638 年，我认为英格兰史无前例的太平、富裕，或者说，它从未如此明显地表现出神恩的力量和形式。”

1631 年 1 月 9 日，由伊尼戈·琼斯和本·琼森设计的假面舞剧《爱的凯旋》，把亨丽埃塔·玛丽亚引入了剧中，让她成为“美与善之城”的王后。一开场就是“大海的景象”，在这个布景当中，国王本人打扮成海神尼普顿的样子，带着一连串的海神和丘比特走了上来。接下来，他被称为“均衡、甜蜜和优雅”的中心。到了表演结束之际，“王座消失了，取而代之的是一棵亭亭玉立的棕榈树，上面挂着一顶王冠”。

就在本月，国王下令颁发《秩序之书》，其中规定，应当有两位治安法
159 官每月共同出席小型治安法庭，以维持地方政府的运作。教会执事济贫助理要保证穷孩子都被安排当学徒；教区的警察和堂区俗人委员受命惩罚罪

犯，驱赶流浪汉。两位治安法官还应确保道路状况良好、法令实施基本到位。他们还得向伦敦报告“各郡的治理情况”。

虽说国王本人没有起草这些规定，但它们都反映出他的家长式权威以及他对秩序井然的偏好。查理还规定，地方上的乡绅和贵族应当在家乡治理方面发挥积极作用；他还颁发了一篇公告，让目前依然居住在伦敦的贵族乡绅返回各自的家乡。后来，他又发布了一篇王家告示，命令城里的酒商不得贩卖烟草，客栈老板不得将猎鸟加工成食材；据认为，这样做是为了降低城市对乡村绅士的吸引力。

王室的仆从着手履行自己的职责。在 3 月初，威廉·劳德在圣保罗十字讲道，庆祝国王继位六周年。他评论说：“有人如此恶毒地想制造伤害，他们最爱听的就是那些让他们锋芒毕露、反对权威的东西。”他还说了一句格言警句：“我希望我不会因为替国王祈祷而得罪任何人。”

国王的另一位重要枢臣托马斯·温特沃斯爵士已经被派往约克，担任北方事务大臣，以便控制骚乱。1632 年初，他又被提升为爱尔兰总督。在那里，他倡导的“施行善政、无为而治”的事业可以得到检验。此人意志坚强、颐指气使，喜欢说一不二，他内心中笃信王室权威和公共责任。他曾经对一位亲戚说，“一生操劳”是他的实际命运。凡·戴克为他画的画像显示，这个人做事极其有热情，或者说有眼光。

劳德与温特沃斯奉行相似的戒律，持有相似的成见，他们欣然接受这些被称为“全面专横政策”（Thorough）的东西。在他们看来，这就意味着，处理王国的问题，要训练有素和干劲十足。他们不会回避他们给自己规定 160
的任务，对于那些在他们看来懒散怯懦、只顾捞钱的大臣们，他们只有鄙视。国王和枢臣的政府——且不谈议会，它被放到了一边——应该能够推行有利于公共利益的政策。教会与王室在王国兴利除弊的过程中应该结成联盟，这是至关重要的事情。

首席财政大臣波特兰伯爵被他们称为“莫拉太太”或“延误太太”；劳德也称财政署长科廷顿为“莫拉太太的侍女”，此人的“步伐比女主人快，但做法同样令人恶心”。这代表了恭顺的枢臣与坚定的改革者之间的区别。

温特沃斯与劳德一样，认为只有君权至上才可以平乱求治，天下太平。因此，作为爱尔兰总督，他倾向于拼命地对付各种反抗力量，巩固国王的威信，引导人民——尤其是新到的英格兰定居者——温顺服从，拱手称臣。他一心想恢复国王的权力，至于用何方法，用他的话说，“利用一点暴力和不寻常的手段”。按照他自己的标准，他成功了，却付出了遭人鄙视甚至憎恨的代价。他做事情的态度既严厉又固执，不太讨人喜欢，据《名人与逸事集》记载，“他易怒、高傲”，这就意味着，他期待“别人尊敬他多于他对别人的尊敬”。

比起受直觉支配的温特沃斯，劳德更加务实。他致信这位爱尔兰总督，“为了国家，实际上，我的大人，我是赞成全面专横行动的，单凭我一个人是不可能完成（go thorough）全面专横工作的”。在 17 世纪，through 和 thorough 这两个词的拼写方式相同，实际上，它们是同义词。劳德又补充说，“此外，个人目的是实现公共利益的严重障碍，这个障碍很厉害，你想怎么承诺都可以，而我必须尽我所能，仅此而已”。不过，温特沃斯不屈不挠，后来他在受审的时候称自己“追求完美，从不满足于自己的所作所为，
161 一直想做得更好”。

同样在这一时期，枢密院的公告也取得了法律的权威性：枢臣们可以就法院忽视或回避的问题立法。王国的其他地方长官坚持强调法律与秩序。据新闻通讯员约翰·波利的报道，“每到星期天，在下午及晚饭后，直到深夜，市长大人都尽可能多地走访酒馆，并警告酒商，不得允许别人在他们家中饮酒，无论是白天还是晚上，都不行；就在周日下午，他还经过摩尔菲尔兹，平息伦敦西边和北部的人在这里的斗殴事件，他们经常在周日下午到这里约架”。星室法庭也有了新的权力，那就是执行枢密院发布的文告以及追捕违反者。

在这些公然违法的人们当中，最著名的一位叫威廉·普林，他持有浓厚的清教观点，已经引起了争议。他没完没了地写传单和小册子，他的仆人每隔三个小时给他送一份面包卷和一壶麦酒；他被称为写作狂人。约翰·奥布里写道，此人“面色乖戾、冷漠”；克里斯托弗·雷恩说他长着一

副巫师面孔。

1632 年深秋，普林写了一本小册子，题名为《演员的悲剧：优伶之害》，向伦敦的戏剧和演员发起总攻，他尤其攻击男孩子扮演女性以及使用女演员的做法。他写道，女演员是“臭名昭著的婊子”，他还发出质问：“基督教女性能如此放荡不羁、肆无忌惮地——可能还穿着男性服装、剪短头发——公然在形色各异的男女面前登台表演吗？”

不幸的是，就在这本小册子出版几周之后，亨丽埃塔·玛丽亚参演了一部田园剧，名字叫作《牧羊人的乐园》。这部剧很对观众胃口，据当时观众的记载，“宫务大臣①说，谁也进不去（剧院），除非盘腿坐在众人头上”。这是一件大事，剧情十分复杂，演出持续了七八个小时。

不过，普林攻击女性演员之举被当成攻击王后个人；他还诋毁说跳舞 162
是可耻、邪恶的事情，而众所周知的是，王后喜欢跳舞。普林被关进了伦敦塔，将被星室法庭和宗教事务高级调查委员会起诉。他被判处终身监禁，罚款 5000 英镑，被林肯法学院开除——他本来是从事律师业务的。这个判决已经很严厉了，但还不止于此，他还得戴枷示众，被割去双耳。这个判决如期执行。他的一只耳朵在威斯敏斯特被割掉，另一只在齐普赛被割掉。

宫廷的另一位反对者约翰·埃利奥特爵士于 1632 年末瘐死狱中。国王对他敌意甚浓，全然不理会他以健康为由申请出狱的请求，在押期间，他始终未能得到出狱休养的允许。他曾向国王递交了权利请愿书，他在其中宣称，“由于空气质量不好，我已经患上了重病”；他还说，“我非常抱歉，惹陛下生气了”。国王答复说，这份权利请愿书还不够谦卑。埃利奥特死后还遭到羞辱。他儿子上书国王，请允许他把父亲的遗体运到康沃尔郡下葬。查理在请愿书的末尾草草地批复道：“着约翰·埃利奥特尸首葬于去世之地所属教区教堂。”换句话说，他只能葬在伦敦塔内。

巴林顿家族成员之间在 1632 年头几个月书信往还不断，这些书信可

① 旧时负责审批英国的戏剧演出。

以让人领略到那个时代的社会状况。托马斯·巴林顿在霍尔本给母亲写信："今年女人们凶残得很，简直是撒旦在世：有个妻子给丈夫喝下了熔化的铅，只是因为他醉酒回家。"他的妻子朱迪斯·巴林顿致信婆母："我的朋友们要么病了，要么奄奄一息，空气太糟糕了……这里几乎没有什么激动人心的消息，虽说这个周末大家对此很是期待……就在今天，有个可怜的女人在史密斯菲尔德被烧死了，因为她毒死了自己的丈夫，这桩酷刑令人惊奇，因为她有许多理由令人同情。"大约一周之后，她又写道："这里的天花很严重，我们希望与你们待在一起。"在5月，托马斯·巴林顿又写道："伦敦的潮流自相矛盾而且变动不居，有些事情真伪难定。"伦敦这座
163 城市不仅疫病流行、残忍成性，还是个假消息满天飞的地方。

1633年春，国王返回故乡苏格兰，他一路北上，轻松闲适，6月中旬，抵达爱丁堡。过去，他与苏格兰的关系并不融洽；在执政之初，他要求苏格兰的教会土地归还国王。虽说这项措施最终没有推动，但已引起众怒。一些苏格兰领主前来为现有的土地拥有者说情，国王说了一句话，体现了他的典型风格。他对代表团的首领说，"大人，让臣民们受点苦总比天下大乱要好吧"。查理本人不是特别喜欢苏格兰人，尤其不喜欢高地人，他称之为"先前制造出那么多麻烦的那伙人"。然而。他对苏格兰人的情感主要是漠视而非敌视。

6月18日，他在霍利伍德教堂加冕为苏格兰国王，这份殊荣他等了八年，据说，这件事让他很开心。他迟迟不肯加冕为苏格兰国王，这说明，他并不是十分迫切地想亲近他的苏格兰臣民。加冕礼之中当然包含让当地人不快的仪式和烦琐的礼仪；大部分苏格兰人是在长老会的宗教氛围下长大的，在他们看来，这种仪式有主教制和罗马天主教的味道。

苏格兰人的一个抱怨是，英格兰礼仪被引进礼拜仪式中。然而，这种礼仪的主要倡导者却将升任为最高主教。从苏格兰返回英格兰之后，劳德觐见查理，他听到了闻所未闻的话："坎特伯雷大主教大人，欢迎你。"查理刚刚收到前任大主教乔治·阿博特的死讯。

作为伦敦主教，劳德一直是国王的主要宗教顾问，但他的权力范围还

不明确。如今，作为坎特伯雷大主教，他成了英格兰宗教的源泉，他的精力和意图是国王不具备的。他在写给托马斯·温特沃斯的信中说道："世人对我期待之高，而这个病态时代又让我无法放开手脚，满足期待。"然而，与西绪福斯一样，他还是愿意迎难而上，推石不已。

他脾气急躁，个头矮小，遇到矛盾，容易发火，丧失耐心。他因无 164
情和严苛而树敌颇多，尤其是在他痛斥的清教徒当中。他被称为"矮子"、"小淘气"和"捣乱的小鬼头"。国王的小丑阿奇曾经在王家宴会上使用一个双关语："盛赞上帝，鄙视魔鬼"（Give great praise to God, and little laud to the Peril），就是在拿他的名字"劳德"（Laud）开涮。然而，无人敢于质疑这位新任坎特伯雷大主教的真诚和个人忠厚。英国外交官托马斯·罗爵士对波希米亚王后说，劳德非常"公正、廉洁……是罕见的正直枢臣"。

托马斯·卡莱尔说他"是说话狂躁、激烈的人物，对自己的刚直十分自信，就像心胸最为狭窄的人物那样。这个人并非没有温情，但由于他在教士周围长大，没有发展温情的空间：他激烈、颤抖的声音中，部分带有女性特质，他动不动就发作，歇斯底里地固执，仿佛带有女性的天性"。他是介于牛津学究和文官之间的人物。凡·戴克为他绘制了一幅画像，他在画中显得很严厉和傲慢。这说明他不太信任这位艺术家。他称凡·戴克的绘画作品为"虚荣的影子"。

他十分迷信，还记录下他做过的噩梦。他梦见自己给国王呈上了用银杯装的饮料，但查理拒绝了，要用玻璃杯。他梦见伦敦主教跳上了一匹马，绝尘而去。有天晚上，"我梦见自己得了坏血病；我所有的牙齿都松动了。尤其是一颗下牙，就要掉下来。我用手指头都按不住，只好找人来帮忙"。

不久，他的影响力就显现出来。1633 年 10 月，他和国王重新颁布了詹姆士一世制定的《关于体育运动的布告》，允许人们在安息日搞点娱乐活动。国王的"良民们"可以跳舞和射箭，也可以跳远和撑竿跳高；当局可以接受五朔节运动、圣灵降临节喝麦酒以及莫里斯舞蹈，还有竖起五月柱等活动。这就好像重新拾起了以前奉行了数百年的别具一格的宗教信仰。

对于加尔文主义者和比较讲究的新教徒而言，《关于体育运动的布告》就是一剂毒药，是用来毁掉宗教信仰的。当然，它没有预见到后果。17 世纪的
165 历史学家托马斯·富勒写道，他的许多同时代人都认为“这种滥用主日行为，是引发上帝发怒的主要原因，漫长和血腥的内战就是上帝发怒后送给这个国家的”。萨默塞特郡的恩莫尔的牧师在讲道坛上宣布，“无论国王喜欢做什么，上天之王都命令我们守护安息日”。

这一时期还有一个决定，把简朴的圣餐台从教堂中部转移至东边，再用栅栏隔开；这样一来，它就很像旧教的祭坛了。如今牧师们向它鞠躬，有些牧师还画十字为它祝圣。威廉·普林讽刺过这种圣餐仪式，在这个仪式上，主持圣餐的教士……

> 走近面包，把面包切好，放在漂亮的餐巾里，然后轻轻地拿起餐巾的一角，窥视里面（就像林中窥视鸟巢的小孩子一样），然后啪的一声将它放下来，迅速后退一两步，向它深深地三鞠躬……然后把手放在了镀金杯子上……把杯子朝自己稍微拉近一点，便飞速后退，再次向它三鞠躬。

这就是对劳德强制推行的礼拜仪式的尖刻的滑稽模仿。

大主教一心想为教会仪式增添美感和神圣性，从而引发人们的尊重，即便不是敬畏。他以前抱怨过，“如今，如果有人在进入教堂时心怀的敬意，多于补锅匠和他的婊子在进入酒馆时心怀的敬意，就被当成迷信行为”。不久，如果牧师在提到耶稣的名字时不低头，便是大不敬。唱诗班的儿童两两成双地进入教堂，他们不能背对着祭坛。主教座堂恢复了音乐演奏。

不过，劳德主义并非天主教。大主教对罗马天主教的反感的确是诚实不欺的。他一门心思想创建一个货真价实的国家教会，既没有清教徒的狂热与不宽容，也没有天主教徒的圣母玛利亚崇拜和迷信。他不是特别喜欢神学论战，关于自由意志和得救预定论之间旷日持久的论战，他只是说

“这些争议中的一些东西，人在此生是无法掌握的”。他漠视日内瓦和罗马，只指望国王。 166

劳德还试图塑造宗教的组织结构；他只任命那些坚决反对加尔文主义的人士当主教。查理本人则认为，主教是他的主权的支柱；正如他父亲所说，没有主教，就没有国王。扩大教士的权力至关重要。他要求带有主教座堂的城镇当局应当任命更多的教士充当治安法官，他还进一步要求，市镇当局人士要穿上礼服参加安息日的礼拜仪式。在相当短的时间之内，劳德所在的枢密院中又多了两位主教枢臣；两年前，伦敦的尤克斯顿主教只不过是国王的牧师，如今被任命为首席财政大臣。上一次教士被提拔到这个高位还是在亨利七世统治时期（1485—1509）。可以说，英格兰又重新进入了中世纪政体的世界。

在这之后便是一系列的“巡视”各教区的行动，这种巡视是为了调查教士违令和抗命行为。例如，在曼彻斯特，有二十七位牧师受到指控，在领圣餐仪式上没有下跪。在利物浦附近的托克斯泰斯，有位名叫理查·马瑟的牧师，承认自己从未穿过白色法衣。巡视员惊呼：“什么？讲道十五年，却从未穿过白色法衣？他若养了七个私生子，岂不是更好！”

古老的列队行进赞美诗和节日也恢复了。随着《关于体育运动的布告》的颁布，社会风俗习惯总体上放松了。不久，伦敦各教区举行“击界碑列队游行”；诸如万圣节这样的神圣节日再次出现。节日狂欢的习俗恢复了，如影随形的群体性游戏、跳舞和喝加香料的麦酒也恢复了。这些宴饮欢聚从未灭绝，但是，在新的反清教主义氛围下，它们兴盛起来了。

国王准备进一步检验国民的忠诚度。1634 年秋，他再次颁发敕令，征收造船费，这在和平年代尚属首次。以前他曾在 1626 年和 1627 年两次征收造船费，可当时的情况是，英格兰受到法国和西班牙的威胁。这笔钱缴 167
得很勉强，但还是缴了；所以说，国王故技重施，可能还会得逞。重征这笔税的理由大致是，欧洲可能出现新的力量组合。法国与荷兰结成了不太可靠的同盟，准备支配欧洲，另外，据认为，英格兰有必要与西班牙签订一份秘密条约。

然而，如果让英格兰军队替西班牙军队攻打荷兰，不可能得到枢臣们的支持。国王怎么可能与天主教强国西班牙联手对付一个新教共和国呢？查理只好再次与可能支持他的那派人马秘密谋划。他不得不掩盖自己与西班牙结盟的真相，他对外伪称，修船只是为了对付来自各地的攻击。据称英格兰必须保护它的商贸活动不受突尼斯和土耳其的破坏，正如它防范法国或西班牙破坏它的商贸一样。于是英王宣称，他对周围海域享有主权，其中包括英吉利海峡和北海在内。

首批征收造船费的敕令只下达给港口和沿海城镇；按照命令，这些地方必须提供一定数额的金钱，能够建造和维修一定数量的船只，给水手开六个月的工资。这笔钱要缴给国王政府任命的收税员。只有伦敦试图抗税，它应缴的税款占总数的五分之一，但很快它就被各种威胁和叛国指责给制服了。威尼斯大使对造船费的评价是，“即便它没有完全违背国家的法律，就像某些人所认为的那样，它肯定违反了人们一直奉行的风俗与惯例”。

然而，兴建船队的目的是什么呢？国王要用这支新建的船队干什么？它足以捍卫王国的海上主权，确保过往的船只降半旗、放下中桅杆吗？1635 年春，利用造船费建造的第一支船队启航了。它们总共有 42 艘船，50 吨以上的有 19 艘。它们接到的命令是打击海盗，保护英格兰商人，防止荷兰人到英格兰海域捕鱼，按照新闻通讯员爱德华·罗西海姆的说法，
168 “维护（英格兰）对狭窄海域的主权，防范法国；法国国王对此觊觎已久，他还为此建了一支强大的海军”。换句话说，这些船可以无所不能，但也可说是一无所能。

所以说，造船费之所以能够收上来，是人们的恐惧或忠诚所致，税收的成功让它得以继续存在；第二年，它就被扩大到全国了。有人认为，既然各个郡和城市的市政当局都很在意自己的“荣誉、安全和利益”，“它们全部都应该伸出援助之手”。这条呼吁奏效了。1635 年的税为后五年树立了榜样；在那五年中，实际收到的数量为应收税款的 80%。

1. 英格兰国王詹姆士一世、苏格兰国王詹姆士六世，手叉腰间，一副王者姿态

2. 丹麦的安妮，詹姆士的王后，“詹姆士一世时代”的重要艺术赞助人

3. 詹姆士在世俗和教会领主面前

THE NEWE Testament of our Lord and Sauiour IESVS CHRIST.

Newly Translated out of the Originall Greeke: and with the former Translations diligently compared and reuised, by his Maiesties speciall Commandement.

IMPRINTED at London by Robert Barker, Printer to the Kings most Excellent Maiestie.

ANNO DOM. 1611.

4. 钦定版《圣经》的扉页，这部《圣经》译本是他执政期间的一座永久性丰碑

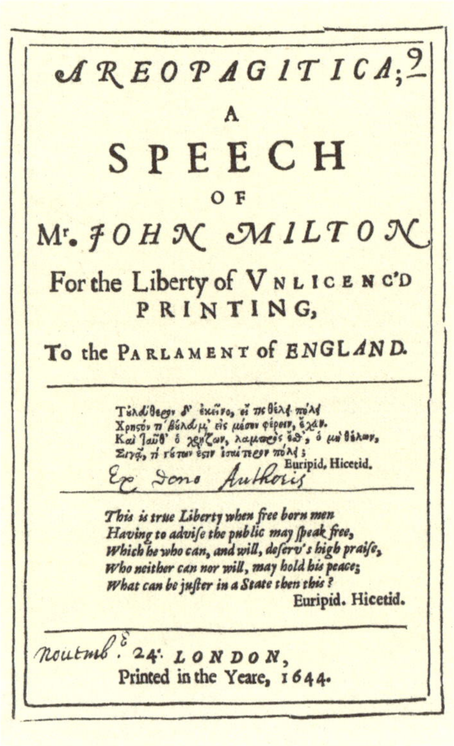
AREOPAGITICA;

A SPEECH OF Mr. JOHN MILTON

For the Liberty of VNLICENC'D PRINTING,

To the PARLAMENT of ENGLAND.

Euripid. Hicetid.

Ex Dono Authoris

This is true Liberty when free born men
Having to advise the public may speak free,
Which he who can, and will, deserv's high praise,
Who neither can nor will, may hold his peace;
What can be juster in a State then this?

Euripid. Hicetid.

Noutmb: 24. LONDON,
Printed in the Yeare, 1644.

5. 约翰·弥尔顿《论出版自由》的扉页，书中雄辩有力地反对书刊审查

6. 乔治·维利尔斯，第一代白金汉公爵，两代君主的宠臣，全国百姓的寇仇

7. 威尔士亲王亨利，被认为是新教欧洲的救星，但天不假年，他英年早逝，未能履行使命

8. 威尔士亲王查理（未来的查理一世）披甲图

9. 伊丽莎白，詹姆士一世之女，一度为波希米亚王后，有“冬后”之称

10. 不开心的查理与妻子亨丽埃塔·玛丽亚的双人画像

11. 查理一世七个子女中的三个。安东尼·凡戴克绘

12. 在 1648 年 12 月清洗长期议会之后，“残缺议会”的可厌景象

13. 据说，这是骑士党对清教徒的所作所为

CRUELTIES OF THE CAVALIERS, 1644.

14. 托马斯·温特沃斯，第一代斯特拉福伯爵，绝对君主制的抑郁的支持者

16. 莱茵的鲁珀特亲王，查理一世麾下的高级指挥官，有勇无谋

15. 1645 年夏的纳西比战役示意图，经此一战，国王再无翻盘机会

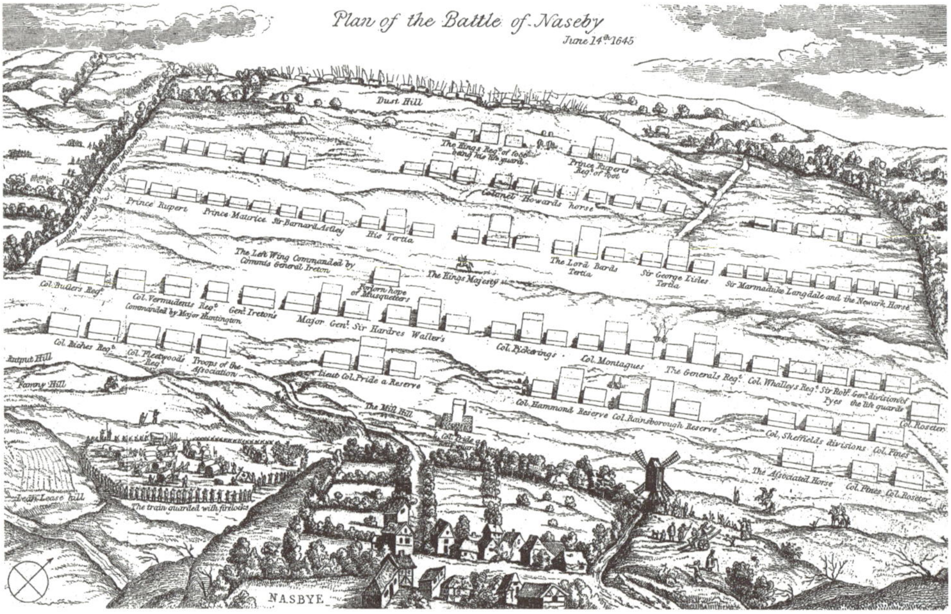

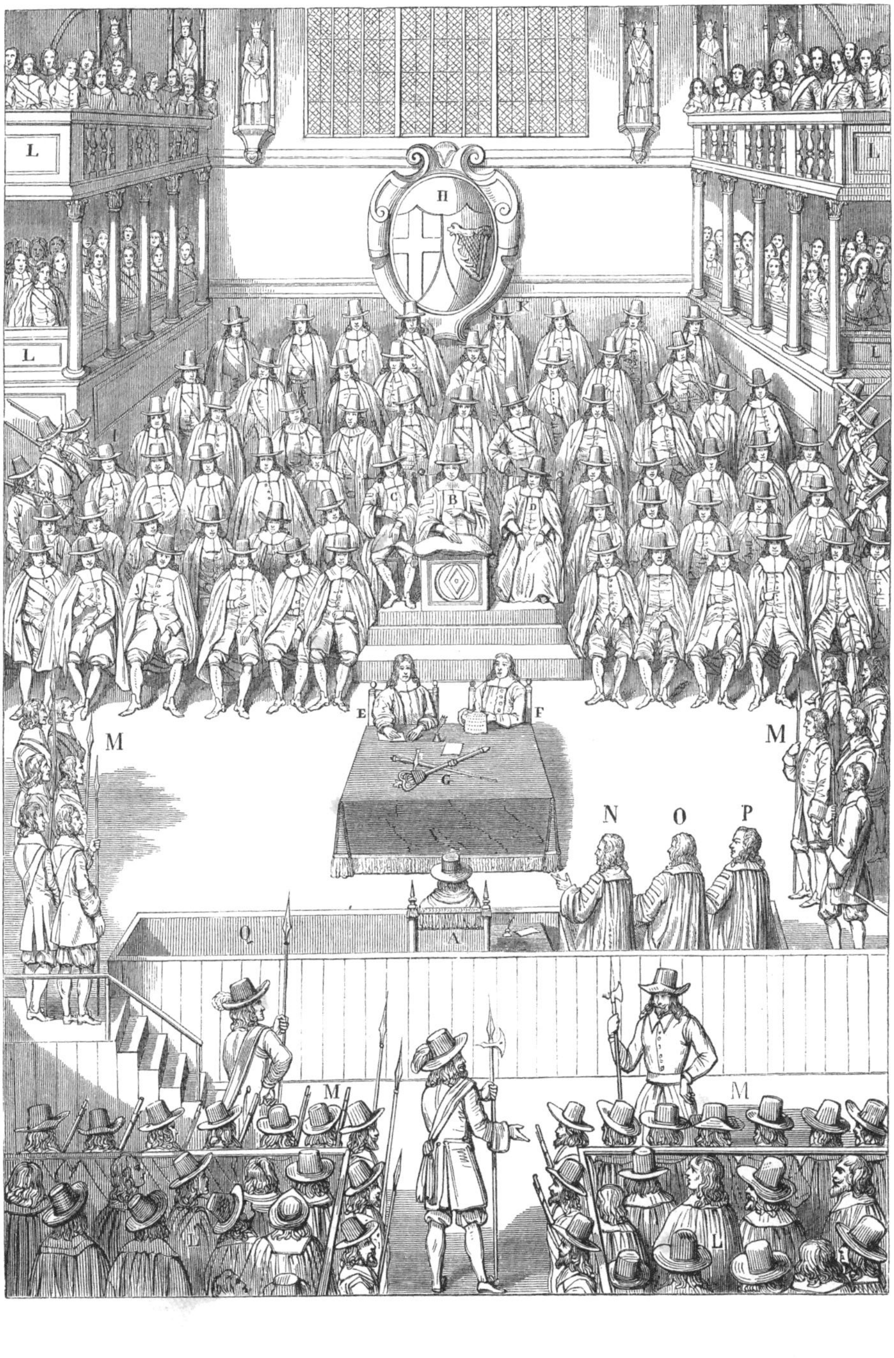

17. 在威斯敏斯特大厦审判查理一世

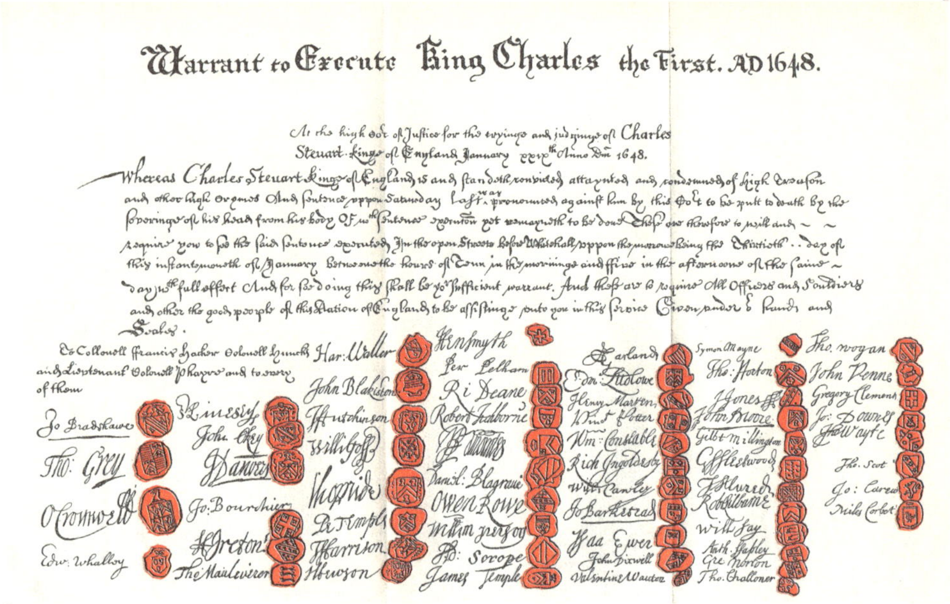

Warrant to Execute King Charles the First. AD 1648.

At the high Cort of Justice for the tryinge and judginge of Charles Steuart Kinge of England January xxix[th] Anno Dni 1648.

Whereas Charles Steuart Kinge of England is and standeth convicted attaynted and condemned of High Treason and other high Crymes And sentence uppon Saturday last was pronounced against him by this Co[rt] to be putt to death by the severinge of his head from his body Of w[ch] sentence execucon yet remayneth to be done These are therefore to will and require you to see the said sentence executed In the open Streete before Whitehall uppon the morrowe being the Thirtieth day of this instante moneth of January betweene the houres of Tenn in the morninge and Five in the afternoone of the same day wth full effect And for soe doing this shall be yo[r] sufficient warrant And these are to require All Officers and Souldiers and other the good people of this Nation of England to be assistinge unto you in this service Given under o[r] hands and Seales.

To Collonell Francis Hacker Collonell Huncks and Lieutenant Collonell Phayre and to every of them

Jo Bradshawe, Tho: Grey, O Cromwell, Edw: Whalley, M. Livesey, John Okey, J Danvers, Jo: Bourchier, H Ireton, Tho Mauleverer, Har: Waller, John Blakiston, J Hutchinson, Willi Goffe, Tho Pride, Pe Temple, T Harrison, J Hewson, Hen Smyth, Per Pelham, Ri Deane, Robert Tichborne, H Edwardes, Daniel Blagrave, Owen Rowe, William Purefoy, Ad: Scrope, James Temple, A Garland, Edm Ludlowe, Henry Marten, Vinct Potter, Wm Constable, Rich Ingoldesby, Willi Cawley, Jo Barkstead, Isaa Ewer, John Dixwell, Valentine Wauton, Symon Mayne, Tho Horton, J Jones, John Moore, Gilbt Millington, G Fleetwood, J Alured, Robt Lilburne, Will Say, Anth Stapley, Gre Norton, Tho Challoner, Tho Wogan, John Venne, Gregory Clement, Jo Downes, Tho Wayte, Tho Scot, Jo Carew, Miles Corbet

18. 审判结果：死刑令

19. 克伦威尔，直到1658年去世，一直担任元首

1634 年，首批出租马车现身伦敦街头。与以往一样，这项创新让一些人感到恐惧和气愤。有人提议，如果路程不足 3 英里，不得雇用出租马车。这项建议被采纳了，理由是跑短途的出租马车太多会造成街上交通拥挤，破坏人行道，还抬高了干草的价格。当时还有人建议说，单身男士必须由父母陪伴才能乘坐出租马车。 169

17

风云突变

1636年夏，查理和亨丽埃塔驾临牛津；如今这里成了劳德的大学。然而，只有学校里的官员向国王夫妇致敬。当他们骑马穿过街道的时候，没有人高喊："上帝保佑吾王。"学者和市民们都沉默不语。这可不是什么好兆头，这等于忠告查理：他的民怨越来越大了。

例如，查理设立的各种各样勒索钱财的法庭，已经把贵族和大乡绅敲诈得怒火中烧。王室监护法庭和森林法庭就是其中的两个主要法庭。关于前者，有人说，甚至那些忠于王室的人也看到了，法律是在摧毁他们而不是保护他们。关于后者，对蚕食王家林地的行为施行罚款，用克拉伦登的话说，这条法律"比起源于国王个人意志和爱好的任何举措，让英格兰众多贵族和乡绅对法庭产生了更多的成见，对国王产生了更多的不满"。

查理还在别的地方疏远他的臣民。他单方面出台了一套"教规"，让苏格兰教会采纳，而苏格兰人则认为，这些要求是陌生人强加给自己的新
170 法律。在领圣餐时，任何人都得下跪。在举行圣礼的过程中，任何人不得把头盖起来。任何人不得自发地祈祷。神职人员不得允许私人集会宣讲《圣经》。这都是新的戒条，它们导致社会忧虑不安，很快这种忧虑就爆发为骚乱。

在英格兰，清教徒对劳德派正统思想的反应也不算弱，虽说掩饰得比较用心。例如，伦敦就出现了一连串的秘密集会和讨论小组；他们彼此联络，借助的是小册子手稿、布道笔记，还有会议和私下“交谈”。这是一个斋戒的世界、祈祷集会的世界、《圣经》讨论的世界，讨论地点就在宗派主义的中心，例如首都中的科尔曼街以及弗赖迪街。

埃莱诺·戴维斯夫人是一位女预言家，在利奇菲尔德的信徒中饶有名气。在1636年末一个领圣餐的日子，她手拿一把刷子和一只水壶，闯进了利奇菲尔德的主教座堂。她宣称，她是来给挂饰物和装饰一新的圣餐台喷圣水的；她用刷子到处涂抹所谓的圣水，也就是焦油、沥青和污水的混合物。大家认为她犯了精神病，把她送进了伯利恒医院。这里还出现了一个莫名其妙的巧合，就在几个月之前，查理和亨丽埃塔还访问过这家医院——用爱德华·罗西海姆的话说——“去看望疯子们，他们在此大开眼界。那里的每个人都心情不佳。两个疯女人说起蠢话来，差点把国王、王后及扈从房子里吓走。”

埃莱诺·戴维斯夫人不是唯一憎恨劳德派创新的人。清教作家约翰·巴斯特维克抱怨说，“如今教会到处是仪式，如同狗的身上到处是虱子”。奥利弗·克伦威尔晚年说，他向议会讲过，劳德及其同党“想在我们身上搞宗教创新，这种创新引进一批有毒的天主教仪式，消耗掉所有宗教的核心、力量、心灵和声明……”。用当时的话说，这种状况“过于危险而不可能长久”。

1637年夏天，三位宗教宗派分子被带到了星室法庭，他们被指控诽谤
英格兰主教。威廉·普林是法官们的老熟人，四年之前，他就被割掉了耳 171
朵，关进了伦敦塔；然而，不知怎的，他居然在牢房里写上了小册子，写完之后，再交给探监的亲友偷偷地带出去。

与他同时出庭的两外两个人是亨利·伯顿和约翰·巴斯特维克。后者在《约翰·巴斯特维克的祈祷文》中写道：“善良的主啊，把我们从鼠疫、瘟疫、饥荒当中拯救出来吧，也把我们从主教、牧师和会吏总手里拯救出来吧！”首席法官一看到普林，便让法警向后撩起他的头发，查看耳朵被割

掉后留下的伤痕。“我原以为普林先生没有耳朵了，”他说，“但目前看来他还是有耳朵的。”先前的那位刽子手在行刑的时候还不够野蛮，没有把他的耳朵切尽，还得再来一刀才能斩草除根。判决和预测的一样残酷。法庭对这三个人的判决结果是，割掉耳朵、终身监禁。

当时有许多人并不同情这几位罪犯。新闻通讯员约翰·伯格评论说，“他们都是极为疯狂的宗派分子，觊觎着清教圣徒的称号，或者起码想赢得因宗教信仰而受惩罚的名声”。他们的期待得到了满足。先前执行对普林的判决，没有让公众表现出明显的不快。如今，三人一戴上枷，就出现了欢声雷动的场面。他们脚下的道路都铺上了鲜花和芳草。他们戴枷示众两个小时。没有人用烂泥或者石头攻击他们。他们自由自在、兴高采烈地与周围人群说话。伯顿的妻子托人给他带信说：“这一天比结婚那一天还让她开心。”

两个小时后，刽子手该施行更加严厉的惩罚了。他开始割伯顿的两只耳朵，每割下一只，围观的人群就爆发出痛苦的叫喊声，他们十分同情受难者。当鲜血喷洒到绞刑台时，人群中有人拿出手帕去蘸鲜血。耳部残存的根茎被刽子手轻蔑、残酷地割掉了。巴斯特维克也得到了同样的待遇。在受刑过程中，他们不肯退缩的态度赢得了许多人的敬佩。

接下来，犯人被带出了伦敦，分别关在了卡那封、朗塞斯顿和兰开斯
172 特城堡的地牢中。当普林和狱卒沿着北方大道前行时，听到的是同情的欢呼声。当伯顿沿着西路离开伦敦的时候，他周围回响着“上帝保佑你”的呐喊声。巴斯特维克身后仿佛跟着一支庆祝凯旋的游行队伍。这可不是劳德大主教的胜利。严厉的惩罚并没有吓到人们，温特沃斯对大主教说，“如果君王失去了惩罚力量和范例，那么，他也就失去了他的大部分领地”。这三个人的命运只发挥了一个作用：让国王进一步疏远了一些人，这些人认为劳德和国王正在成为国家的负担。大主教本人的牧师彼得·黑林后来写道，整个事件“严重扰乱了许多温和派和心怀善意的人们的思想”。有句谚语在当时很流行：“用斧头敲鸡蛋。”

爱丁堡传来的消息更令人忧心。1637 年春，国王为苏格兰颁布了一

套新的礼拜仪式书。它采用了英格兰《公祷书》中的许多内容，废除了约翰·诺克斯的《公共礼拜仪式书》(*Book of Common Order*)的大部分内容。它实际上是英格兰强加给苏格兰的又一项措施，带有劳德大主教干预的全部印记。它最初是在圣吉尔斯教堂当众宣读的，这座教堂刚刚成为爱丁堡的主教座堂。教长登上了布道坛，但是，他刚刚开始背诵新的祈祷书，会众当中的妇女们就开始怒骂。“弥撒居然弄到我们这里了！”“太阳神进了教堂！”爱丁堡主教走上前去安抚发火的妇女，祈求她们停止亵渎这个“神圣的场所”。这种说法是不能在一群清教徒面前使用的，于是又引来一阵尖声怒骂；他被骂作“狐狸、狼、狼獾”。有个女人扯过一个凳子，朝他扔了过去，险些砸中他的脑袋。

于是他叫来治安法官清场，但是，那些妇女刚被赶出去，便将教堂团团围住；就在这个悲惨的仪式继续进行期间，她们用拳头连击大门，朝窗户扔石头。有人大喊：“一个教宗派，一个教宗派，反基督的人，用石头砸他，把他拉下来！”当主教出来后，这些女人大喊：“割断他的喉咙”或割掉他的气管；他差点丢掉性命。然而，这并不是愤怒的敬神者自发的联合行动，而是针对礼拜仪式新规定精心准备的一次袭击；某些不从国教的乡 173
绅和教士用了将近三个月时间来策划这个事件，虽然骚乱的程度也许不是他们所能预料的。这一事件被称为“石头横飞的星期天”。

听到爱丁堡发生骚乱的消息，国王下令立即镇压叛乱分子。在一座城市中，如果大部分人都力挺叛乱分子，这样的命令是不可行的。劳德问苏格兰的主教们，他们是否愿意“扔掉他们给出去的牛奶，因为少数挤奶女工指责了他们。我希望她们多听听建议”。然而，大主教本人却是需要听人建议的人。爱丁堡的治安官说，没有哪一位教士能够宣读那份新的礼拜仪式规定。大部分牧师都害怕其中的内容，他们所有人都担心再次发生骚乱。

如今苏格兰各地都发来请愿书，强烈反对新的祈祷书中的天主教意图，认为它严重偏离了苏格兰长老会的原有惯例和敬神方式。苏格兰枢密院致信国王，说创新引起的“抱怨和不满”是史无前例的。在爱丁堡发生第二次骚乱之后，他们的抗议益发急迫了；有消息四处传播说，爱丁堡市长试图阻止那些反对礼拜仪式新规定的请愿书送达伦敦。请愿者们——这是他们的新称呼——如今已经成为城市人口中的多数派。

温和的长老会牧师罗伯特·贝利在日记中吐露说，“情况会怎么发展，只有上帝才知道……所有人都知道罗马天主教已经到了门口；每天从英格兰运来的那些造谣中伤的小册子正在火上浇油；没有人当众替国王这一方说话，除非他想被人当牺牲品杀掉从而一举成名”。

查理不知如何是好，他没有料到会出现这么强烈的蔑视和反对之声。据记载，他说的第一句话就是“我想让他们服从来着”。可是他该如何贯彻执行自己的意志呢？他手头没有军队，只有他在苏格兰的代表们心不甘情不愿的支持。如何解决眼前的僵局？苏格兰枢密院的一些成员提出了一个办法。请愿者们离开爱丁堡，各回各家，留下一群（苏格兰国教会全体大会）代表替他们发言和行动。显而易见，这些代表实际上将成为苏格兰的
174 声音。

现在看来，爱丁堡事件就是前奏，在它之后，出现了一些更加致命的反抗行动，导致了英国内战的爆发，然而，当时没有人会预料到这种后果。事情一件接一件地发生，表面上看都是偶然、随意发生的，或者说至少彼此没有什么联系，只是到了最后，才能看出其中的模式，例如，时隔不久，亨丽埃塔·玛丽亚说，国王为苏格兰规定的那套新的仪式执行方式就是“致命之书”。可谁会相信，一个妇人掷凳子这件事会成为一场大战爆发的标志？

苏格兰树立了一个反抗的榜样，赢得了一些英格兰人的钦佩。查理统治了三个王国，它们就像网中的细丝一样，彼此之间有着重要的关联；其中一部分出了乱子，必然会影响到整体的平衡。如今伦敦又发生了一件极有争议的事件，影响了国王的威信。1637 年夏，国王决定将约翰·汉普顿传唤到理财法院，因为他拒缴造船费。十年前，汉普顿曾因为拒缴强制性贷款而入狱，但这段经历似乎没有遏制他的独立精神。

在这一年的年初，十二名高级法官宣布，当国家面临危险之际，国王完全有权命令臣民出资兴建舰队；此外，他们还宣布，一旦有人拒缴，国

王有权使用强制手段。利奥波德·冯·兰克认为，“法官们做出了最为重要的决定；它是英格兰历史上的一件大事”。国王特权成为政府的基础和基石。西蒙兹·德埃夫斯写道，如果勒索合法的话，“国王就会搬出类似的借口，十次、十二次或者一百次翻倍征收这笔钱，完全超出了任何一个郡所能承受的比例，只要他乐意，就可以经常这么干；如此一来，到最后大家都一文不名了”。这个观点很有说服力，将在约翰·汉普顿庭审案中得到检验。

庭审从1637年11月开始，一直延续到第二年夏天，政治观察家们带着极大的兴趣关注着它，它是对君主和臣民之间权力关系的检验，被视为有史以来最重要的审判之一。起诉主要基于两点。王室声称，自从盎格鲁- 175
撒克逊时代以来，所有先例都允许国王征税建立海军，汉普顿则认为，先前的征税办法完全不同于最近的敕令，这次居然到内陆诸郡征集造船费。王室还辩护说，国家在面临外部危险之时，有理由获得财政资助；如果召集议会辩论此事，那么，在此期间，国家就可能遭受攻击或者侵略。汉普顿则认为，敕令颁发六个月之后才开始造船，有大量的时间在威斯敏斯特开会；不管怎么说，敕令都违背了法规：不经过议会同意，不得征税。

法庭里挤满了旁观者。有位乡绅从诺福克来到了伦敦，就是为了参观庭审。当他到达法庭的时候，天刚亮，但这里已经是人挤人了，他只好站在距离法庭大门两三码的地方。那些能够进入法庭的人们，似乎大部分都是支持汉普顿的。当他的一位律师奥利弗·圣约翰开始辩护的时候——按照一位清教观察者罗伯特·伍德福德的说法——“旁观者（冲着他）鼓掌，发出嗯嗯的称赞声，虽说（首席法官）芬奇大人明显对此不悦”；当圣约翰的论证结束的时候，“他们再次大胆地向他发出嗯嗯的称赞声”。辩论的声音一直传到法庭的墙外，法庭上控辩双方的争论可能变得越来越激烈了。北安普敦吉尔斯比的牧师曾经告诫他的教民“交给陛下他应得的税款”；而教区警察回敬说，国王的税比法老强加给以色列人的还凶猛。类似的交谈处处可闻。

法官们商量了一阵子，最终以七比五给出了有利于宫廷的判决。国王以微弱的多数获胜。然而，首席法官支持国王的那番话在全国各地流传开来。芬奇宣布“议会夺走保卫王国的王权的法条是无效的”。或者正如另一位法官所说的那样，国王就是法律。英格兰人的古老权利是微不足道的，大宪章中的宣言或者权利请愿书是微不足道的。无论是法律还是议会，都
176 不能约束国王的权力。克拉伦登在《英格兰叛乱与内战史》中说，“毫无疑问，芬奇大人的讲话让造船费变得更加令人害怕，更加令人生畏了，它的威力之大，超过枢密院发布的所有命令以及英格兰各郡郡长扣押的所有财物”。

当一位法官在梅德斯通的巡回法庭上宣读伦敦的审判结果时，按照同时代人罗杰·特怀斯登的说法，人们“细心倾听，宣告读完之后，在我看来，周围都是垂头丧气的表情……”。肯特的一位治安法官在一份备忘录中写道：“根据议会之外听到的民间舆论来判断，这是英格兰最重要的一个案子。普通人不太关心自由的丧失，他们更关心的是与之相关的金钱损失。”反对造船费的声音比以前更加强烈了。有些拒绝缴钱的人援引支持约翰·汉普顿的法官的观点。

在审判进行一半的时候，1638 年 2 月 9 日，国王向苏格兰发布了一份公告，他在其中声明：“我们发现王室的权威受到严重破坏”，他还宣布，所有反对新祈祷书的行为将被视为叛国行为。国王的反应很有典型性。任何约束他的权力的行为当然具有叛国性质，他认为，如果他做出任何妥协或者让步，他的权力都会被致命地弱化；他不想像威尼斯执政那样无权无势，他通知他在苏格兰的代表汉密尔顿侯爵，他“决心宁可冒着生命危险，也不愿意忍受权力被取消”。他不仅提到了自己的权威，还提到了“权威”自身的观念。然而，与此同时，他也是诡计多端和讳莫如深的，他告诉汉密尔顿“我允许你用各种希望来奉承他们，你想用什么希望，就用什么希望。既然领导祈祷书叛乱的领袖们都是叛国逆贼，你就可以放心大胆地欺骗和出卖他们，不用担心受到惩罚”。

作为回应，代表请愿者的爱丁堡的苏格兰国教会全体大会代表，起草了一份国民誓约，重新确立了苏格兰国教会的信条。在全部声明当中，有

一条指出，新的祈祷书所做的创新，“的确明显倾向于恢复天主教和暴政，倾向于颠覆和毁灭经过改良的真正宗教和我们的自由、法律和财产”。人们 177
实际上反叛的不是国王本人，而是他逐渐开始代表的世俗权威和宗教权威的联盟。如今上帝的选民注定要和上帝签订一份严肃的契约，正如当年的以色列人那样，带着清晰的道德义务去奉行上帝的命令。“你当在我面前作完全人……我就与你立约。”[①]（《创世记》，17：1—2）国民誓约被欢天喜地地带到了大街上，后面跟着成群的妇女儿童，他们一会儿痛哭流涕，一会儿高兴欢呼。

苏格兰人以爱丁堡居民为榜样，成百上千地在誓约上签字，宣称他们宁死也不肯接受新的祈祷书。他们在拿笔之前高举右手。许多正统派的苏格兰主教随着圣安德鲁斯大主教约翰·斯波蒂斯伍德逃到了英格兰，后者哀叹道：“三十年来的苦心经营如今毁于一旦。”这都是国王造的孽，他一心想像驾驭坐骑一样驾驭自己的臣民。

其他人等的反应则比较复杂。法国的红衣大主教黎塞留倾向于支持，甚至援助苏格兰的反叛者，其理由是，给英国国王制造麻烦毕竟是好事。相应地，查理则不想让世人以为，他的威信已经被一些臣民唾弃；他一生中很害怕的一件事就是示弱。英格兰的不从国教派，早就因为约翰·汉普顿审判案而兴奋不已、狂躁不安了，他们欢迎苏格兰人的反对行动；许多人还希望英格兰人也效法苏格兰人的做法。在伦敦街头散布的诗词和歌谣中，可以听到作者对国王政策无比愤激的谴责。

劳德致信温特沃斯，他在信中说：“我心中忐忑不安，十分担心大难降临。”温特沃斯本人则敦促国王采取更加严格的措施。他坚信，如果苏格兰人的傲慢和虚张声势不“彻底改正”，就无法知道罪恶的纷争会发展到什么程度。有些人已经担心未来会发生冲突了。1638 年，威尔特郡的霍尔特村，有人发现门口有个乞丐，他不肯向这人施舍，理由是“很快你就会被强征入伍了，到了那个时候，你会与我们为敌的”。 178

① 本书中所引《圣经》的译文，皆出自中国基督教协会印发的《新旧约全书》。

到了11月末，当苏格兰教会大会在格拉斯哥大教堂召开的时候，这些主教们被指控超越了正常的权力界限。汉密尔顿侯爵以国王的名义参加了大会，他向国王报告说，“见到眼前的情景，我的心情万分悲痛，在所有与会者当中，没有穿长袍的，没有多少人佩剑，但有很多人带着匕首——他们中的大多数人把火器和手枪放在了下榻之所”。投票的结果当然与国王的命令和愿望截然相反。于是汉密尔顿宣布大会解散，但是，就在他离开教堂之后，代表们投票继续辩论，他们还通过了一项决议，宣布苏格兰长老会不受世俗权力的统辖，实际上这相当于剥夺了查理先前自称拥有的宗教支配权。

在接下来的三周当中，代表们修订了查理最近强加给苏格兰教会的全部信仰形式。新的祈祷书被废除了。主教们被开除了教籍。国王的敕令在苏格兰不再生效。

如今战备开始升级。国王命人将一批辎重从伦敦运到赫尔城，与此同时，汉密尔顿侯爵建议国王着手加强贝里克、卡莱尔和纽卡斯尔的防御。各郡最高军事长官受命组织和训练当地的民兵，准备参战。苏格兰人的领导人相应地将全境划分为七个军区，开始招兵买马；苏格兰国教会全体大会代表也要求那些在德意志为新教事业作战的苏格兰雇佣军返回祖国，参加更为重要的战争。他们的主将亚历山大·莱斯利清楚得很，他们将会带回荷兰和瑞典指挥官传授的军事训练和作战的新式方法。据认为，他们比起英格兰的对手更具职业军人素养。

有人注意并且记录下了种种征兆。约克郡的乡绅亨利·斯林斯比爵士在日记中透露一个古老的预言。在撒克逊人、诺曼人之后，苏格兰人将掌控英格兰。有人看到了风云突变，电闪雷鸣；亨利·黑斯廷斯报告父亲说，
179 某天晚上八点钟，乌云四散，鬼影憧憧，“就像有人拿着长矛和火枪，但突
然之间，情景大变，鬼影出现在两支交战部队当中，接下来噪声四起，突
180 然划过道道闪电，从乌云当中发出烟一样的光线”。作战部队开始集结了。

18

四处冒险

1639年初，查理召集全国各地的军人前往约克与他会合。按照他的命令，国内各地的贵族不仅本人必须到场，还要带上与他们身份相匹配的扈从。民团——由当地市民组成的民兵——按照要求，在各郡最高军事长官的带领下前来会师。其余人员是应征入伍的，主要来自中部；入伍之前，他们都是种地的、赶车的或者茅屋顶工，他们根本没有战斗的意志。他们既没有经过训练，也没有组织，他们就这样被送到了一个陌生的地区，为自己几乎一无所知的事业战斗。

从赫特福德郡招募来的那伙人攻击并且打伤了他们的长官，然后就返回老家了。其他应征入伍的士兵则劫掠了途经的村屯。他们拆除了令人痛恨的围栏，因为它们将先前的公地圈了起来；他们放火焚烧监狱，释放犯人，许多犯人都是因为拒绝缴纳国王税收而被监禁的；他们袭击牛津大学的学生；在他们当中心思比较细密的人则破坏了教堂中的祭坛和圣餐台的围栏。用保王党将军康韦的话说，他们更加适合去疯人院或者感化院，而不是为国王当兵打仗。

因为古老的封建义务关系而依附于国王的王公贵族们，也不愿意为了国王利益而搭上自己的身家性命。其中有许多人称病不去，但大部分人还 181

是心不甘情不愿地去了约克。如果国王失败了，苏格兰誓约派会夺取他们的土地，甚至还会要他们的命；如果国王获胜，大权独揽，会进一步威胁他们的自由。例如，议会的再次召开可能会遥遥无期，尤其是清教派，他们更是没有理由，也没有意愿去对付他们的苏格兰教友。这种不忠行为，可是前所未有地严重。许多人都认为，这场战争是为了主教而战的。所以这场战争也被称为主教战争。正是由于这个缘故，它更加为人所痛恨。

然而，这场战争之所以让人感到恐怖，主要还是因为，国内已经很不熟悉，而且非常讨厌战争了。英格兰已经好久没有经历对外战争了，国内承平日久，多年未闻枪鸣炮响和鼙鼓之声了。然而，这种平静将被打破。亨利·斯林斯比爵士写道，“最令人恐惧的是我们自相残杀，用我们自己的毒汁，去谋害自己”。国家承平日久，武备废弛；宝剑、火枪和长矛都上锈了，或破损了。马匹也是奇缺。

到了 1639 年 3 月末，国王骑马来到约克，与部队会合。查理和主要军官都住在北方事务大臣的府邸“国王之家”，而其他军官和乡绅们都住在城里的各家客栈，例如塔尔博特客栈和德拉贡客栈。国王还亲切地观看了“保王党人”在所谓“演武场”的草地上进行的操练。如今“保王党人”是一伙辨识度很高、勤于王事的军官；其中一些人是职业军人，曾经在欧洲战争中服役，而有些人则是想立军功的乡绅子弟。然而，其中的许多人都有吹牛大王和反清教恶霸的坏名声，喜欢喝酒和赌博。按照当时的小册子《旧闻新说》上的说法，任何人，只要他“头上斜插着一根羽毛，带着炫耀似的佩鲁基假发，穿着黄牛皮紧身上衣，穿着鲜红色的长筒袜，佩戴板条长的一把宝剑”，都会被误认为保王党人，而他们的对手，则被国王手
182 下的弗朗西斯·温德班克痛斥为“那些下贱的、肮脏的、污秽的、龌龊的、令人作呕、满身疥疮、瘢痕斑斑、浑身恶臭、邋遢、自以为是、呆头呆脑、十分愚蠢、狂妄自大、荒唐的、蠢笨如猪、流氓似的、野蛮的、禽兽般的、虚妄的、好撒谎的、调皮捣蛋的、穷凶极恶的……可恶至极的、不信神的、那伙苏格兰清教誓约派”。

正如克拉伦登在他的《英格兰叛乱与内战史》中记载的那样，国王似

乎一厢情愿地认为，只要他把全国贵族及其扈从召集在一起，那就意味着“全部贵族集体亮相的赫赫声威会立即吓到苏格兰人，让他们望而却步”。这个猜想是错误的。他就连贵族也指望不上。国王听到一些流言蜚语说，有人与誓约派暗中勾结，于是他就要求身在约克的领主与乡绅向他宣誓效忠，结果遭到了两个人的婉拒。布鲁克勋爵和塞伊子爵拒绝宣誓的理由是，这种誓言未曾得到议会的批准，因此国王让他们宣誓是违规的。塞伊还说，由于英格兰王室与苏格兰王室合二为一，因此，他不能以杀死苏格兰人为己任。查理愤怒地告诫他：“大人，希望像你们这样拒绝宣誓的人都是好人，但我发现，不管我做什么，你都反对。”他下令逮捕两人。

城中的传闻后来得到了证实，这两位贵族已经如国王所愿，成了受难者。很快就有人对查理说，拒绝效忠并不是违法的事情；让他恼怒的是，他不得不释放他们。他的威信再次遭到沉重打击。不久他便得知，塞伊子爵的确与誓约派领导人暗中商谈。他们遵奉共同的清教信条，他们的秘密协作对于几个月后的事态发展意义重大。

5 月 1 日，查理前往达勒姆。他派往苏格兰的使节、现为舰队司令的汉密尔顿侯爵，写信告诉他“陛下的事情要出大麻烦了。这里的人们都怒不可遏，掀起了叛乱的高潮，他们盲从叛贼首领的命令……以武力制止他们
极其困难，成本极高，他们的势力比想象的要大，他们比我们想象的更加 183
团结”。汉密尔顿本人就是苏格兰人，他宣称，“除了地狱之外，我最为痛恨的就是这片土地”。更让他心神不安的是，他母亲威胁他，如果他带兵回国，她就开枪杀了他。

查理负担不起任何“费用”。按照最乐观的情况进行估计，他手中的军费可以支撑到夏天结束，但这之后可就难以为继了。然而，到了 5 月份，首席财政大臣便告诉他，国库已经枯竭。军需官爱德蒙·弗尼在写给儿子的信中说，“我们的士兵未经过训练，我们的各式武器质量低劣，粮食短缺，战马的草料情况更加糟糕”。

苏格兰人迅速采取行动。他们一早一晚都要击鼓，召唤士兵举行神圣的礼拜仪式；他们每天听两次支持他们事业的布道。不参加军事训练的时

候，他们就研究《圣经》，或者高唱赞美诗，或者大声祈祷。这是一支令人生畏的力量。6 月初，他们在苏格兰边境的凯尔索安营扎寨。国王命令霍兰德伯爵带领 3000 人马北上，驱逐他们。于是伯爵带领骑兵去探查一下敌人的意图。英格兰军队爬上斜坡，从那里可以俯视下面敌人的举动。霍兰德正准备发起冲锋，只见一团尘土在天上飞扬，迅速逼近，这说明一支苏格兰大军即将来临。英格兰人慌忙撤退；正如常见的情况那样，谨慎压倒了勇敢。据说，他们之所以能够逃得一命，还是因为誓约派的长老们不想屠杀他们，长老们只想保境安民。

这次惨败给英格兰军队带来了双重打击。他们不仅受到苏格兰人的羞辱，而且苏格兰军队的主将亚历山大 · 莱斯利好像预先知道英格兰军队的动向。很有可能是内部出了叛徒或者混入了细作。爱德蒙 · 韦尼在写给儿子的信中说，“我认为国王不敢离开战壕半步。他采取了什么建议，或者说他将做什么，我无法猜测”。大家都已经看明白了，这桩事业是一个巨大的错误。

6 月 5 日，亚历山大 · 莱斯利带领 120000 人马赶到，在距离国王驻地约 11 英里远的小山上扎营。查理并不感到害怕，此时，或许除了好奇之
184 外，他并无其他情感；他用望远镜远眺苏格兰军队。他说：“且让我们去吃饭吧，人数没有那么多。”不过，他还是无力与之抗衡。苏格兰军队训练有素，并且乐于为“基督的王国和誓约派而战”，而他手里只有一支组织涣散的军队，由于痛苦地意识到了粮草不足，军心开始涣散。

国王不得不争取时间，以便为武装斗争做好充分的准备。而苏格兰人又不愿意侵入英格兰；一个民族一旦群情激昂，就会为取得胜利而不惜一切代价。议会如能召开，国王物资短缺的问题也就解决了。这很可能成为一场恶战。所以双方罢兵议和的条件成熟了。6 月 11 日，苏格兰人的六位特派员与国王的六位特派员坐下来谈判，地点就设在贝里克郡阿伦德尔伯爵的帐篷之内；后来查理本人也到场了。

用一位苏格兰史学家的话说，誓约派“不安于尘世，但离天堂又太远”。不过，这一次，他至少还是愿意与国王相互磋商。到头来，贝里克谈

判没有取得任何实质性的意义。双方谈话当中充满了歧义、混乱和解释，用克拉伦登的话说，“关于先前的言行，现场众人的说法各不相同……”。没有人说话算数，也没有人言为心声。这份和约只不过是一纸空文，六个月后，对立双方准备来一场更大的冲突。第一次主教战争，在没有打一场决定性战役的情况下就宣告结束了。

查理一世本想带领一支盔明甲亮的部队，耀武扬威一番取得胜利，结果却被迫与苏格兰人讲和，经此事变，苏格兰也就与英格兰分裂，从它那里脱辐而去。苏格兰人得到的，正是他所失去的声誉。对于他来说，丧失了威信比失去命根子还痛苦。他已经意识到，许多贵族和乡绅与他离心离德，与他失和了。于是，他解散了王军，而没有向其中任何一位将领表示感谢，而这些人带兵勤王，都是付出了牺牲的。他也没有给忠于他的同党加官晋爵。不受国王信任的大贵族之一埃塞克斯伯爵，被他一言不发地打发走了。不久，这个人便成为国王的一个主要对头。 185

查理内心焦虑，十分不满。苏格兰人公布了一份文件，说文件中包含条约的内容，这份文件在伦敦被刽子手当众烧毁。然而，誓约派宣称，他们不仅为自己维权，也为英格兰的自由而战；他们含沙射影地说，排斥他们的宗教信仰，绝对会导致英格兰清教主义的毁灭。

国内很多人都认同他们的看法，皮姆和汉普顿就是其中的两位；在这些英格兰人看来，苏格兰人反抗一位固执的、专断的国王，此举具有启发意义。两国的“叛乱分子”，或者用国王的话说——“不满分子”——互递书信，希望制定共同的战略，以便保存他们的宗教。诺森伯兰伯爵写道：“如今北方成为我们所有消息的发生地”；三个国家演义的大舞台设在了爱丁堡。如今英格兰政治与苏格兰事务彻底混合在一起了。

国王在公海上也失去了威信。1639 年秋，一支西班牙船队在英吉利海峡被一个荷兰海军中队发现，经过一番激烈的追逐，西班牙舰队跑到了东肯特沿海的唐斯寻求庇护。查理贪图西班牙人送上来的大笔金钱，就把西班牙人置于自己的保护之下，将他们护送到佛兰德斯沿海。然而，荷兰人不甘心失去到手的猎物，他们在后继舰队的支援下，向西班牙舰队发起了进攻，击沉了很多船只。海军中将彭宁顿带领的英格兰舰队，眼睁睁地看着自己的领海安全遭到破坏。通往多佛的这条海路被称为“英格兰寝宫的钥匙”，但国王却未能尽其首要职责，保其安全无恙。

查理之所以无所作为，在一定程度上是因为，他要通盘考虑外交政策问题。他手里无钱，又被苏格兰问题缠身，在这种情况下，他只好拉一派打一派，以期将来出现转机。对于法国、荷兰和西班牙，他都得同样安抚绥靖。

7 月 27 日，离开贝里克之前，查理召见托马斯·温特沃斯从爱尔兰派
186 来的密使；两人进行了长时间的密谈，谈话内容是查理不愿意诉诸笔墨的。温特沃斯告诉国王，应当与苏格兰达成停战协议，推迟出征苏格兰的行动，直到胜券在握。查理只是对这位爱尔兰总督说，“何时来都欢迎”。国王已经开始谋划了。

同年秋天，温特沃斯自爱尔兰返回伦敦，立刻成为国王的心腹重臣。此人具备国王所缺乏的全部自信和精力。据廷臣菲利普·沃里克的记载，“他面色阴沉，坐起之际，心事重重；但一张口说话，无论是说正事，还是讲笑话，都轻松自如，满面春风”。

温特沃斯敦促查理将苏格兰事务抓在自己的手里，此外，他还建议召开议会，以便筹款。国王当然不信任，甚至鄙视威斯敏斯特的议员们，但温特沃斯则相信，他可以组织宫廷党，足以对付诸如皮姆和汉普顿等人的势力。这样一来，国王就不用担心有人指控他踢开议会自行统治、大搞专制主义了，他可能再次取得国人的认可。如果下议院不乐意批准他的请求，那么，在苏格兰人的威胁面前，世人就知道该指责谁了。几个月之内，温特沃斯便被晋封为斯特拉福伯爵。

于是，议会在 1639 年末召开。这个消息传出后，有人松了一口气，因为他们一直担心，这种惯用的治国方式被彻底抛弃。然而，有些人却没有这么乐观，威尼斯大使在报告中写道，“打开长期生锈的议会大门，不可能没有困难”。国王的枢臣们声称，他们相信新选出的这届议会，会因为苏格

兰人的傲慢无礼而感到震惊，从而团结在国王的周围。

大选进展迅速，各方面、各派别都采取非正规手段，组织支持力量。只有六十二个席位是选出来的，而候选人则是由全国的大地主以及城镇的市政当局推选上来的。其他议员则是由那些拥有提名权的后台老板个人推 187
选的。在时人眼中，竞选是无奈之举，它说明地方精英无法令人满意地解决问题。

各方角逐的席位实际成为展现重大分歧的地方；这样一种竞争状态已经有十一年未见了。敕令一发出，宫廷便推出了自己相中的候选人的名单，地方上的牧师向教民鼓吹的内容，主要是倾向于清教徒候选人的，而支持宫廷的贵族经常贿赂或胁迫当地的选举人。新闻信札大量流布，演讲一场又一场，正如云翳不清的流言蜚语四处散播一样。暴力行为以及暴力威胁已经成为家常便饭。有一首反对宫廷党的诗歌，四处流传：

> 不要选收造船费的郡长，也不要选宫廷的无神论者，
> 不要选沼泽排干者，也不要选教会里的教宗至上论者。

当然了，此时尚不存在现代意义上的政党，只有带着各种利益或原则诉求的个人，他们或许会和那些观点大体相同的人们结成同伙。其中有些人自称“致力于公共福祉的好人”或“爱国者”，他们利用了人们对税收和罗马天主教的恐惧。还有的候选人则试图将选民拉到国王和国家事业中。大趋势不利于他们。肯特绅士罗杰·特怀斯登说，“老百姓对造船费恨之入骨，非常反感廷臣”；在莱斯利郡，构成选民的自由地产保有人，反对一位候选人，因为“他是廷臣，还当过郡长，收过造船费”。

据统计，在宫廷所支持的六十个左右的候选人当中，只有十四人成功当选。不过，公平地讲，绝大多数当选者都不具备明显的党派成见，他们只是作为了解当地民怨的个人来参加议会的，当他们聚在一起，可能发现，他们怨愤的对象是一致的。

国王正准备与苏格兰再打一仗。他要从亨伯河以南各郡强征 30000 步

兵，亨伯河以北各郡已经参加过上次战争了。苏格兰的誓约派同样活跃起
188 来，招兵买马的号召发出来了。战争似乎不可避免。一群誓约派成员来到了伦敦，与他们的英格兰盟友秘密磋商。

新一届议会于1640年4月13日在一片欢天喜地的氛围中召开了。有人建议布里奇沃特夫人在早晨六点之前在窗户边找一个位置，以便观看威斯敏斯特的场场大戏；在这个时间之后，街上的人群拥挤，她就无法到达那所房子了。约翰·芬奇刚刚被任命为掌玺大臣，代表国王致开幕词，他详述了苏格兰人对国家的威胁；国王不得不募兵卫国，他需要资金。芬奇透露说，他已经备好一份法案，相关措施均已就位，只等议会通过了。这个时候，也只有在这个时候，才讨论议员们的诽谤之词。他声称，“国王不是征求他们的意见，而是要求他们立即投票支持拨款”。值得注意的是，芬奇始终没有提及造成不满的主要缘由：再次开征造船费。

议员们很快就答复了掌玺大臣的讲话。在开会的首日，诺森伯兰伯爵写道：“他们的猜忌无处不在，我担心他们不乐意接受劝告，相信国王对他们的承诺是公平和体恤的。”在这一点上，他的看法是正确的。由科尔切斯特选送的议员哈博特尔·格里姆斯顿在发言中说，国内个体自由受到的侵害，要比国外的任何敌人都更有危害性。第二天，来自各地的、抱怨不公正的强征税赋的请愿书被呈交下议院。

4月17日，约翰·皮姆起来发言，论述议会权力的本质。他宣称，议会权力之于国家，犹如灵魂中的理性能力之于人。他的这些说法突破了议会特权通常的范围；他所勾画的内容相当于一种新的政治理论，没有提到
189 君权神授。接下来他又转向宗教问题，谴责劳德等人搞的宗教创新；他们只不过在想方设法寻找“新的时机继续制造分裂”，并且恐吓“真理的忠诚的传授者”。埋藏在胸中长达十一年的怨愤奔涌而出，他使劲攻击造船费、垄断制度、森林法以及国王强加的其他措施。当他讲完坐下来的时候，周围一片喝彩声：“讲得好！”

这一届议会当中有一个团体或者派别，严重影响了这次会议。天命岛公司建立的初衷是，帮助“信徒”移居到现在的尼加拉瓜沿海的一座岛

屿上；当时人们想在那里建立一个共和国，依靠烟草和棉花维持生存。在这项计划的创始人当中，有当时国内最著名的一些清教徒，其中包括奥利弗·圣约翰、约翰·普林、约翰·汉普顿、塞伊子爵以及布鲁克勋爵；这些人当中，声望最高的是沃里克伯爵。如今这些人在议会中均有席位，分布在上下两院，他们可以在这里相互配合共谋大计。他们不但彼此之间有姻亲关系，也是教友。这就让他们在实现自身目的的过程中，几乎史无前例地团结和强大，相比之下，宫廷党因为个人政见原因而处处发生冲突。

4 月 21 日，国王召集上下两院的议员到白厅，要求他们给他拨付财政补助，两天之后，下议院议员们组建了一个委员会，要求与上议院议员们一起开会，他们给出的理由是，“除非议会及王国的自由被解释清楚，否则，他们不知道他们是否有什么东西可以给予或不给予国王”。对于这种藐视行为，查理极为生气。5 月 1 日，绝大多数下议院议员做出决定，传唤一名牧师，因为他以前说过，国王有权不通过议会而立法；议会此举被宫廷视为抗命行为。第二天，国王要求议会立即答复他的拨款请求。结果议会对此支吾搪塞。5 月 4 日，查理再次捎信给议会，表示他同意放弃征收造船费，用总值约为 850000 英镑的十二项补助取而代之，议会的委员会再次破裂，未达成明确的结论。王党的一位枢臣亨利·范内爵士对国王说，如今别指望他们“愿意给一便士”。 190

情况已经明朗，至少对宫廷党来说是这样，下议院议员真的不想支持国王对苏格兰的战争；甚至有人还认为，他们倾向于苏格兰誓约派。国王曾经五次要求议会支付政府开支，但五次被断然拒绝。他又两次亲自出面，但没有产生明显效果。他曾经试图与议会谈判，但他的提议被对方默然拒绝。他曾经催促他们加快决策速度，以应对即将到来的苏格兰人南侵行动，但议会对此拖延和回避。如今又有流言传到国王那里：在皮姆的影响下，有人正在起草请愿书，要求他与苏格兰人讲和。他叫来下议院议长，禁止他第二天去议院履职，这样就可以避免出现辩论不休的情况。然后，他又匆匆忙忙地前往上议院。5 月 5 日，他又一下子解散了议会。这届议会只存在了三个星期，因此它被称为“夭折的议会”，后人又给它取了一个绰号

“短期议会”。此次议会一无所获，但它改变了一切。它让全国人民发出了对国王行为的失望和愤怒之声；它成为史无前例的全国性论坛。

有位新当选的下议院议员，名叫爱德华·海德，也就是后来大名鼎鼎的克拉伦登勋爵。他郁郁寡欢。他支持国王，但不知道自己的前途如何。他后来写道：“议会中的造反派首领之一奥利弗·圣约翰看到我满脸愁云，劝我放下心来；一切都会向好的；因为大乱之后必有大治。圣约翰还说，‘我们不仅要把房子的下面打扫干净，还要清除挂在屋顶和角落里的蜘蛛网’。他希望来一场危机或者灾难，换句话说，来一场能够推翻既定秩序的危机或灾难。”

这里得说一说另一位下议院议员。就在这一年，菲利普·沃里克爵士进了议会之后，

> 看到了一位素不相识的绅士，衣着打扮十分普通；因为他的外衣是朴素的，好像出自蹩脚的乡村裁缝之手；他的衬衣也很朴素，还不
> 191 太干净，我记得他小小的领圈上还有一两点血迹，这个领圈的大小和他的领子差不多；他的帽子上不带帽檐；他身材高大；宝剑贴身；面庞浮肿，脸色红润；声音尖厉刺耳，说话滔滔不绝，激情四溢。

此人便是年轻的奥利弗·克伦威尔，他不声不响地参加了1628年和1629年议会的两个会期。如今他发出了自己的声音。

在解散议会的那个下午，国王的枢密院召开会议。在会上，新册封的斯特拉福伯爵，按照时人笔记的记载，建议国王“就像您当初设计的那样，打一场猛仗，都到这种程度了，就不要再顾及治国理政的各种条条框框了”。他还说“您在爱尔兰有部队，可以用在这里，征服这个王国”。或许，这句话没有表述清楚，需要征服的是哪个王国；这种歧义将让他付出惨重的代价。

解散议会引起了相当大的不满，十一年以来，首次召开议会本来被视为一场胜利，是摆脱束缚；结果却以失败告终。克拉伦登回忆说，“全

国人民的精神从未如此沮丧”。国王指责“极少数被煽动者的诡计”；例如，他真的相信天命岛公司的人与他的苏格兰敌人有过直接接触，企图打败他。

不过，在伦敦以及别的地方，许多人却愿意谴责国王及其枢臣，首当其冲的便是斯特拉福伯爵和劳德大主教。斯特拉福如今有了一个绰号“黑色的汤姆暴君”，他更招人怨恨的原因是，有人怀疑他正在策划引入爱尔兰军队，镇压英格兰的不从国教者。然而，劳德大主教依然是主要目标。按照许多人的判断，他是国王背后的那股神秘力量。

5 月 7 日，议会被解散两天后，伦敦市长和他的高级政务官被叫到了枢密院，受命为国王提供 200000 英镑的贷款。如果他们不肯，那么，三天之后，他们就得交上伦敦富豪的名单，由这些人提供必备之需。5 月 10 日，
他们回来了，但没有带名单。斯特拉福对国王说，“先生，你先惩戒一些高 192
级市政官以儆效尤吧，否则，你永远也无法对这些伦敦市民施恩了。除非你绞死一些高级市政官，否则你就无法向他们行善了”。国王并没有处决他们，但把其中的四人投入了监狱。这种做法无异于火上浇油，刺激了街头暴乱。

有人在皇家交易所等地方张贴布告，号召学徒们到萨瑟克的圣乔治原野集合，“围猎议会的破坏者老狐狸威廉”。5 月 11 日夜，一支 500 人的队伍试图猛攻位于兰贝斯宫的大主教府；抗议者们被民团用火器赶走了。三个月后，囚禁骚乱者的几所监狱被打开，囚犯获得释放。埃塞克斯、肯特和赫特福德郡的民团被召集到首都，成功地恢复了和平的假象。然而，有人成了牺牲品。有位被捕的学徒，按照国王的命令，被送上了肢刑架，受尽了折磨，当局让他交代同谋者的名字，未果；他的罪名是为骚乱者的先头队伍打鼓。在英国历史上，这是最后一个由司法机关执行这种酷刑的案例。有位水手被判了叛逆罪，因为他企图用一根铁撬棍打开兰贝斯宫的大门；他被吊上了绞架，吊个半死后放下来挖出内脏，再大卸八块，以惩罚他的重罪。

教士会议的商议结果进一步激发了人们对大主教的愤怒。这伙高级教

士总是在议会召开期间举行会议，但是这一次，在议会突然结束之后，这个教士会议却没有解散，它还继续开会，要为国王提供补助，并且宣布了颂扬国王权力的十七条教规。其中规定，牧师们应当每四年以君权神授为主题向教民讲道。它进一步规定，所有神职人员必须宣誓，维护教义和教会纪律，不容改变“大主教、主教、教长和会吏总等等”的管理权力。这种说法被人戏称为“等等誓言”。神职人员该如何遵守内容如此不明确的规定呢？不管怎么说，不经议会的同意，这道教令就是非法的。当伦敦副主
193 教进了一所教堂强迫牧师宣誓，有人拿了一根大权杖走在前面，为他开路，这所教堂的司事拦住了他，对他说：“我无须替你担心，也无须替你的洋姜①担心。”新教规同样遭到了嘲笑。温塞斯洛斯·霍拉画了一幅画，画面上的内容是：一些牧师站在一尊有故障的大炮②的周围，劳德正在点火。画的下面有首诗：

> 这尊大炮已经盖了检验印，造得好，不是铅制的。
> 点火！啊，不，它会裂膛，把我们都炸死。

英格兰的情况让苏格兰人深感鼓舞。6月初，苏格兰议会在爱丁堡召开。虽说国王想方设法使之休会。如今苏格兰议员们都认为，英格兰人不再支持他们的国王了；他们不经过国王同意，便通过多条法律，以各种法案将主教从苏格兰教会中剔除出去，从而大大降低了国王的威信。这就是暗中宣战。

国王能做些什么呢？他的新军尚未建成，上次冲突之后留驻在纽卡斯尔的军队未经训练，不堪一战。国王再次向伦敦征收造船费。郡长们挨家挨户去征税，但在整个伦敦城，只有一个人同意缴税。向法国和热那亚贷款的计划也泡了汤。

① “洋姜”的英文 Artichoke 的发音近似“会吏总”的英文 archdeacon 的发音。

② “大炮”的英文 cannon 的发音与“教规”的英文 canon 发音相同。

英格兰的劳工和工匠再次被迫应征入伍，参加国王的军队，为他们知之甚少或一无所知的事业而战。南部大部分郡都传来骚乱的消息，第一起公开的哗变在沃里克郡爆发了。德文郡的一些人，走到了萨默塞特郡的威灵顿停了下来，谋杀了一位信奉罗马天主教的陆军中尉，因为他不肯陪他们去教堂。当所有这些不大可靠和不愿意参战的新兵到了北约克郡的塞尔比，他们的长官称他们为“本国的大恶棍”。第二次主教战争就这么开
始了。 194

19

严重叛国

1640 年 7 月，苏格兰军主将亚历山大·莱斯利开始打造部队的班底，准备再次进军英格兰。他准备首先夺取纽卡斯尔，一旦控制了这里的煤矿，他就可以向伦敦施加压力了，因为伦敦依赖“海煤”做燃料。他相信，英格兰北部诸郡不会与他作对；议会被解散了，还有，人们普遍认为劳德炮制了“教廷阴谋”，凡此种种，都让人都没有心思对抗苏格兰人。事实上，莱斯利在英格兰的情报来源向他保证，如果下一届议会召开的话，它肯定求和，如果国王不同意召开议会，国王就得不到财政援助。双方的接触很可能更加密切。现在看来，苏格兰人兴兵入寇，实际上是英格兰“虔诚派”领导人邀请的，他们想以此来遏制或摧毁专制君主的权力。因此，莱斯利兴兵南下，有些人是欢迎的，其余人漠然视之。

8 月 20 日早晨，国王从伦敦动身，前往北方与军队汇合。就在当天晚上，25000 名苏格兰军队渡过了特威德河。一进入英格兰境内，他们的牧师们便手拿《圣经》走在队伍前面，充当先锋。他们发布文告，其大意为，他
195 们此行不是来攻打英格兰人的，而是讨伐教宗至上主义者、阿米尼乌派和高级教士。他们要一直待在英格兰，直到新一届议会能够听到他们的怨愤之词。

他们还通知诺森伯兰郡的人民，他们在英格兰不会白吃白喝，一切都

会付钱的；他们军纪严明，值得尊敬。斯特拉福伯爵托马斯·温特沃斯原本希望，只要一看到敌军入侵，英格兰的良民百姓都会火冒三丈，奋起抵抗，但实际情况根本不是这样。英格兰军队在北方的指挥官康韦子爵指出，“乡下人反倒尽其所能地协助他们（苏格兰人），许多乡绅迎接他们，招待他们，请他们吃吃喝喝”。在伦敦，国王走后，一切都乱了套。廷臣尼古拉斯·拜伦爵士写道：“我们在这里也好，在任何地方也好，心里都是惴惴不安，仿佛末日审判随时到来。”伦敦塔的看守接到命令，要严加防守，以备围攻。与此同时，苏格兰人继续南下。

康韦子爵奉命加强泰恩河两岸的防务，守卫纽卡斯尔；他把三分之一的兵力留在了城里，用于守城，自己带了其余人马离开纽卡斯尔，来到纽伯恩渡口。苏格兰人在北岸占据了一个阵地，他们居高临下，从那里向英军开枪射击；英格兰士兵还不习惯于听到枪声，看到一些人阵亡回头便逃。骑兵部队也乱了阵脚，仓皇撤退。这是三百年来苏格兰人首次大胜英格兰人。查理一世输掉了这次战役，这简直是奇耻大辱，严重玷污了国王的荣誉。纽伯恩之战被视为内战的首战，因为双方交战的地点在英格兰境内。

英军惨败之后，后撤到了约克郡的边境上，达勒姆和诺森伯兰就此沦陷。纽卡斯尔这座重镇已经开城投降。斯特拉福伯爵在北约克郡首府诺斯阿勒尔顿致信友人乔治·拉德克里夫爵士；他来这里是为了接应战败逃跑的军队：

> 可怜可怜我吧，因为谁都没有输得这么惨。军队一贫如洗，缺少一切必备用品……我们的骑兵部队胆小如鼠；从贝里克到约克，这片国土均落入苏格兰人之手；处处是恐慌，无人例外；众人不喜为国王 196
> 而战，无人觉得这是个人的耻辱。换句话说，只有这里还在与这些邪恶势力战斗，但孤立无援，无人出手相助。善良的上帝啊，让我摆脱这种局面吧，这是我一生中最大的厄运。

得知王室军队在纽伯恩战败的消息，伦敦竟然出现了庆祝活动。有十二位清教贵族，其中包括沃里克伯爵和贝德福德伯爵，以传统的方式向王室发表了一封请愿书，要求召开议会，解除民怨，除掉奸臣。他们说，“举国上下一片恐慌，民怨沸腾”。他们在奉行一种精心准备的策略。如果国王拒绝按照他们的建议行事，他们就自行召开议会，就像四百年前亨利三世的贵族们那样威胁国王。

查理的回应完全是中世纪式的。他在约克接受了请愿书，便召集全体贵族开了个大会。他原本希望，即便没有议会出手相助，他们也可能募集大笔款项，但这个希望注定破灭。大主教劳德更为现实，他认为这次大会一定会导致召开下一届议会，而下一届议会的前景不妙。

于是，到了9月24日这一天，英格兰的贵族齐聚约克郡教长的宅邸大厅。这些人代表了庞大的社会力量；他们在地方上能够对佃户及家臣行使支配权，但他们也通过自己在郡里及市镇选举中的影响力，来行使政治权力。国王在开幕词中宣布，他将在11月初召开议会；希望有了这个承诺，伦敦城会借钱给他。他进而说道，一支“叛军”就驻在国内，他想听一听贵族的建议，这样一来，“我们可以正大光明地惩戒这些狂悖之举”。

在随后展开的辩论中，贵族们最终决定派遣专使与侵略者谈判，苏格
197 兰人已经向他们所驻扎的北方各郡要钱了；如今他们坚持认为，钱应该由乡绅们出，而且查理应当召集议会，由议会同意缔结和约。换句话说，他们相信的是议会，而不是国王。如果这些条件能得到满足，他们就会原地不动，不会再深入一个不幸和分裂的王国一步。

双方的谈判代表在里彭会面，谈判结果是，在和约签字之前，国王应当每月付给苏格兰人25000英镑。看起来只有议会才能拿出这么一大笔钱。国王征求待在约克的那些贵族们的意见：接受还是不接受这个协议。结果当然是没有异议。国王毫无选择，只好屈从于侵略者的要求，并且召开议会。绝对君主制的实验结束了。

约翰·伊夫林在10月30日的日记中写道，“陛下北伐归来，马队壮观，举办了小型凯旋式，一片喜气祥和，重新赢得了民众的爱戴，由一队最为壮丽辉煌的车驾为先导，国王一行人穿过了伦敦”。爱德华·罗西海姆

致信康韦子爵，他在信中说，“我们这里都乐疯了，陛下果然召集议会了，他把苏格兰事务交给贵族们处理了，我们希望，贵族们会在任何条件下缔结和约”。北安普敦伯爵认为，“‘议会’这个四音节词就像天上降临的甘霖一样”。

其他人则没有这么乐观，在国王到达伦敦之前的几天，大主教劳德进书房去找某份手稿，结果发现，凡·戴克为他绘制的画像脸朝下掉在了地上。他是个迷信的人。“我几乎每天都受到议会毁掉我的威胁，”他在日记中透露说，“上帝的这个举动可不是好兆头。”

“虔诚的”议会党人已经做好了准备。他们聚集在格雷法学院附近的约翰·皮姆家中开会，详细商讨他们的计划。他们被称为“阴谋集团”，在下议院中以皮姆为首领，在上议院中以贝德福德为代表。他们知道苏格兰人的性情，反过来，誓约派依赖于议会中英格兰朋友的帮助，以便启动必要的宗教改革。这就是“新教事业”。

议会选举的投票活动不同寻常地激烈，在这个非经严格挑选不轻易接 198
受新成员的议会圈子里，只有一人未经选战便入围了，其余人等都要经过八十六场竞选。王党再次处于下风，地方上的利益集团，以及宗教利益集团，与廷臣及其随从发生了冲突。在国王推举的十二名律师当中，只有三人得到任命。11 月 3 日，国王乘船来到新议会，这是为了回避公众的注意力。威尼斯大使指出，没有搞任何仪式这件事“最为清楚地让臣民看到，他是被迫同意召集议会的，这不是他自愿自觉讨人们欢心之举”。有谁能够想到，这次议会断断续续地居然持续了二十一年。

他们刚刚坐下来辩论，下议院议员便公布了一份民怨清单，这是针对国王的枢臣们的，主要是针对斯特拉福和劳德。“短期议会”在没有达成任何改良措施之前便解散了，它的解散并没有改进下议院议员们的脾气。他们当中 60% 的人都是上一届议会的议员，如今他们比以往更加好战了。然而，下议院中的最大集团是土地乡绅，他们本质上是保守的，不想革新。他们不想摧毁国王，也不想摧毁正统的政体。他们想根据旧模式恢复体制。然而，他们也是牢骚满腹、失望透顶。他们曾经目睹国王战败。他们看到国王如何疏远了自己的天然支持者。他们看到陪伴他的都是王后周围的天主教廷臣。他们在各自的家乡目睹了法律和秩序遭到破坏。

如今所有议会党人都知道了自己的力量该有多大。他们心里很清楚，国王得依靠他们才能摆脱窘境；如果议会不为他提供资金，他就无法如约向苏格兰军队纳款。这样一来，亚历山大·莱斯利就会挥师南下，直取白厅，英格兰军队根本挡不住他的进军。只要苏格兰人留在英格兰，议会的地位就是至高无上的。

在开幕式结束后举行的辩论中，有位下议院议员发言说，众所周知，
199 法官推翻了法律，主教推翻了福音书。另一位议员则暗示说，国王周围的一些人正在酝酿天主教阴谋。不过，另一人则站起身来抱怨说，目前的政府是好几代人以来最为软弱的，除了国耻之外，它什么也没有带来；可以推测，那些高声宣扬王权的人也是那些浪费国王钱财的人。

当约翰·皮姆起身发言的时候，议员们已经群情激昂了，皮姆张口便说“如今的骚乱已经是众所周知的了”。他的许多怨恨都是冲着斯特拉福本人的，他认为斯特拉福“想改变法律和宗教”。许多同时代人和议会中的同事都站在皮姆这一边。苏格兰人认为，斯特拉福是导致两国开战的原因。清教徒痛恨他。伦敦城如今势力大于以往，还记得他是如何用绞刑来威胁市政官的。他在爱尔兰当总督期间，创设了一种专制制度，据认为，他想在英格兰复制这个实验。

斯特拉福明白自己处境凶险。他本可以待在约克，躲过议会的迫害，但国王催促他前往白厅与自己会合；他向斯特拉福保证，“他的人身、荣誉或财富的安全不会受到损失”。最终证明，国王的承诺一文不值。斯特拉福写道：“我明天就要达到伦敦了，身边将险象环生，我认为，我面临的风险要比任何离开约克的人面临的风险都大……”

反过来，约翰·皮姆也有理由害怕斯特拉福。当伯爵于 11 月 9 日到达伦敦的时候，他就建议国王拿出证据，证明皮姆及同事勾结苏格兰人，涉嫌叛国。这条证据或许来自被截获的书信，此后再也没有出现过。威斯敏斯特接到消息说，斯特拉福准备用“叛逆罪指控议会两院中的多位成员”；

毫无疑问，他们包括上议院中的沃里克、塞伊和布鲁克，下议院中的皮姆、汉普顿等人。

国王和枢臣们都认为，应当立即加强伦敦塔的防御；这种设防举措是对伦敦城的一个警告。伦敦塔也可能用于关押将被逮捕的人士。有人引用斯特拉福的话说，“他希望伦敦城不久即被征服”。11 月 11 日，国王如期驾 200
临伦敦塔，视察这里的守卫部队。

就在这一天，流言传到威斯敏斯特，有人想发动政变。下议院议员们下令，把所有陌生人清出走廊。斯特拉福坐在上议院中，但一言不发；他正等待时机。然而，皮姆却了解到了斯特拉福对自己和同事的指控。在斯特拉福干掉他之前，他必须除掉斯特拉福。用当时的话说，“不是你死，就是我亡”。

在下议院的演说中，皮姆攻击斯特拉福最有名的一位盟友弗朗西斯·温德班克，说他掩盖了一桩天主教阴谋。这种做法可以说是对斯特拉福本人的攻击，也可以说不是，但皮姆就是利用这种方法去检验，他的同事是否已经准备好采取行动攻击敌人。另一位下议院议员约翰·克洛特沃西暗示或者影射说，斯特拉福会动用爱尔兰军队，“准备进军我不知道的地方”，以便遏制英格兰的异己之见。

有人提出动议，建立委员会，与上议院议员们磋商指控斯特拉福一事；这个委员会的成员都是斯特拉福的敌人。针对伯爵的指控立即准备好了，并呈交下议院。有些议员提出，要谨慎行事，延缓对斯特拉福的攻击，皮姆则回答说，任何拖延“都可能炸掉他们的全部希望”。

皮姆在一群人的前呼后拥之下，去了上议院，目的是指控斯特拉福犯下了叛逆罪，并且建议将他“与议会隔离”。如果上议院议员们想了解这一严重指控的理由，他们很快就会把针对他的“特殊条款和指控”拿过来。当这件事正在发酵的时候，有人便把它告诉了斯特拉福。斯特拉福说，“我要去一趟，当面见控告人”。必须承认，上议院议员们本身就对国王的这位性情傲慢、不易相处的谋臣多有怨言。所以，他一进门，上议院议员们就命令他退下。接下来，有人传令，将斯特拉福交给引见官看管。他被带到了会议室，跪下来听人向他宣读命令。他要求发言，但被拒绝；他身上的佩剑也被摘下，然后他被带走了。

克拉伦登在《英格兰叛乱与内战史》中写道：人们冷眼看着伯爵，“那
201 天早晨，英格兰的这位最伟大的人物发现，没有人向他脱帽”。

“出了什么事？”有人问他。

“小事一桩，跟你保证。”他回答说。

另一个人则大叫：“说的也是，叛逆罪是小事一桩。”

斯特拉福实际上被解除了公职。查理失去了首席枢臣。人们普遍认为大功告成了。国王被迫遣散他在伦敦塔的守卫部队，拆除了刚刚架好的枪炮。他强制和恐吓对手的企图，在又一次不光彩的逆转中失败了。这类不光彩的逆转在他的统治下屡屡出现。

如今政变的威胁被解除了，议会开始进行所谓的全面整顿工作。11月17日举办了公共斋戒活动，以此来争取上帝帮助他们完成这项任务。议会大约成立了六十五个委员会来调查各种滥用职权和腐败案件。其中有一个委员会全力搜查和清除“从事迫害、创新或有丑闻的”大臣、治安法官以及其他王家官员；当委员们要求获得“各方面的消息”时，数以百计的人带着自己的怨愤来到威斯敏斯特投诉。

议会成立了一个请愿委员会来处理他们的投诉。沃里克、布鲁克、埃塞克斯、贝德福德以及塞伊及同事指挥其行动。该委员会设在威斯敏斯特大厦的彩绘厅，成了另一个法庭，调查政府各方面的工作。过去，召开议会只是为了处理国王的事务。如今，议会却忙于处理国务而无须征求国王的意见。

1640年11月24日，反对斯特拉福的证据已经呈送，在第一款弹劾中得到了详尽的阐述。下议院议员们应约宣布“斯特拉福伯爵托马斯阴谋叛国，妄图颠覆英格兰及爱尔兰王国的根本法律和政府，违法建立专制独裁政府”。在下议院的演讲中，皮姆认为，这些指控等于说，斯特拉福犯下了
202 重大的、危险的叛逆罪，他的罪行出自恶意，是恶意胡闹所致。他指控伯爵试图挑拨国王与人民之间的不和。显然，他们已经不想让斯特拉福活在

世上了；如果他能够躲过叛逆罪的指控，他可能会成为保王党寄予厚望的人物，甚至可能宣告非议会统治将卷土重来。

11 月末，三位被大主教劳德下令处以肉刑的和被囚禁的不从国教分子普林、伯顿和巴斯特维克得意扬扬地返回首都；他们的帽子上插着迷迭香叶和月桂，脚下鲜花铺地。迷迭香代表铭记不忘，而月桂则代表着胜利。这一天对于清教牧师亨利·伯顿来说，“是甜蜜和光荣的一天或时刻，正义的阳光在英格兰上空冉冉升起，如今即将降临在我们头上”。这个闪亮的黎明依旧依靠北方誓约派的存在，在 12 月初，议会投票为英格兰军队拨款。

宗教论争成为所谓的“长期议会”第一次会议讨论的核心，压倒了人们对世俗政权统治无道的担忧。虔诚的教徒已经开始全力追捕阿米尼乌派了。一群伦敦人闯入圣保罗大教堂，摧毁了祭坛，撕碎了新颁布的礼拜仪式手册。在斯陶尔布里奇集市，一位布道者煽动民众，针对当局推行的迷信和偶像崇拜，他故意说反话，高呼“宽容、宽容、宽容”。在萨默塞特郡的布里斯灵顿，一位不从国教派牧师曾被停职，如今在街上的树荫下向教民讲道，于是教民们把他领回了教堂，把教堂的钥匙交给了他。

12 月 11 日，伦敦市民向议会呈交请愿书，要求“改革教会的管理”。它宣告“大主教和主教、会吏和会吏总等等的管理……已经证明，无论对于教会，还是对于全体国民来说，都是偏颇的、危险的”；它敦促说，对于这种教会管理，应当“连根带枝，悉数加以摧毁”。有 1500 名支持者齐聚威斯敏斯特的庭院中，他们衣冠楚楚，井然有序，脾气随和，递交请愿书后，他们平静地回到家中。这份所谓的“连根带枝”请愿书被皮姆转送一 203
个存在数月之久的委员会。

更为直接的补救办法就在身边。12 月 16 日，教士会议在同年春天通过的教规（其中含有“等等”誓言）经议会投票，被宣布为非法。接下来，他们应该攻击大主教本人了。12 月 18 日，劳德被弹劾，遭拘押。他被指控的罪名是，鼓励那些支持国王专制措施的教义，利用宫廷实行礼拜仪式创新，压制宗教的真正传播者。下议院议员哈博特尔·格里姆斯顿称他是“我们所有苦难和灾难的根源”。很快，其他主教也随他被关进了伦敦塔。

伊利主教马修·雷恩将被关押十七年，议会可能像国王那样喜欢报复、行事专断，这或许是因为，双方都认为自己在履行神的意志。

有人在威斯敏斯特的圣斯蒂芬礼拜堂的大门上草草写下了几个字，“不要忘了那几位法官”。他们遭罪的时候很快就到了。那些在审判中支持国王的法官都受到了讯问或逮捕。国王的许多廷臣在风暴来临之前开始外逃。弗朗西斯·温德班克爵士——皮姆曾经指控他掩盖了一桩天主教阴谋案——连夜乘船渡过英吉利海峡，逃亡欧洲大陆。掌玺大臣芬奇在被弹劾的那一天，逃到了荷兰。

如今议员们决心巩固自己的力量。12 月 24 日，议会建议，由“英格兰领主委员会”负责向苏格兰人支付款项，这些人实际上就是在夏天发起请愿要求召开议会的那些清教领主。五天之后，皮姆建议海关官员——他们是国王的主要财务代理人——应当“暂缓向财政部支付任何款项”，直到“议会商定”批准；他的这个提议被毫无争议地执行了。现在国王就连自己的家庭生活费也没有了着落。

在 12 月份的最后一个星期，议会进一步达成协议：议会应该每三年在固定的时间召开一次，无论有没有国王的配合，都要召开。“三年法案”通
204 过之后，议会每三年就得召开一次。威尼斯大使在报告中写道，“如果引入这项创新，政府就彻底交给议会来掌控了，国王手里头什么都没有了，只剩下纯粹的表演和现实的影子。他被剥夺了荣誉，丧失了全部威信”。至于
205 查理是否愿意放弃他的全部权力，还有待于观察。斗争刚刚开始。

20

疯狂与愤怒

在虔诚的教徒看来，1641 年新年是令人欢欣鼓舞的一年，就在这一年，用当时矫揉造作的话来讲，就是“痛苦至极的”时期被“及时的神佑”时代所取代。有些人在信上注明日期的地方写上 annus mirabilis（“奇迹之年”）或 anno renovationis（“更新之年”）的字样。这是上帝的恩典和慈悲赐予全国人民的一个黄金岁月。小册子作家约翰·邦德乐见“英格兰喜迎议会回归”，“天主教徒瑟瑟发抖……阿米尼乌派跌跌撞撞……邪神的牧师们悲叹自己的命运”。然而，对于保王党来说，在这一年，自纽伯恩战役以来，他们的痛苦臻于顶点。

国王的威信和岁入受到了严重威胁，处于绝境当中，而他的主要枢臣正在伦敦塔中受罪。亨丽埃塔·玛丽亚对于王室的状况十分恼火，她不断要求查理采取更加坚决的手段对付政敌。她甚至致信教宗，要求对方给予大笔贷款，或许她想用这笔钱来养兵。

查理本人并没有向眼前的灾难低头。他身体状况良好，心里不急不慌；每天按时祈祷和锻炼；他的胃口极佳。他暗中相信，天命君主的敌人必然失败，所有的逆贼最终都得上法庭受审。 206

1 月 23 日，查理召集两院议员到白厅的宴会厅开会，他在讲话中抱怨说，有人给他设置障碍，这些人“分不清改良和改变政府”。然而，他似乎愿意妥协，承诺说，让宗教体制的法律回到“伊丽莎白时代的最纯正时期”，他进而说道，“无论我的哪一笔收入，如果被发现是非法的，或者说对臣民来说负担太重，我都愿意放弃”。实际上，他取消了征收造船费，并且约束其他提高财政收入的可疑办法。

他的忠仆的下场仍未可知。宫廷之中已经有传言说，斯特拉福必须依靠自己证明清白，如果做不到这一点，他只好依靠议会的宽大开恩了。查理不愿意为这位昔日的谋士而战斗；他似乎已经意识到，只有斯特拉福的死亡才能开启他所向往的君臣和解。到了月末，针对伯爵的指控已经拟定出来；总共二十八款，涵盖了他最后十四年的仕宦生涯，写了二百多张纸。

2月初，下议院以“兄弟协助”的名义投票拨给苏格兰人300000英镑；两国不应再分裂了。为了对抗国王，他们彼此需要，至少目前如此。他们还需要“三年法案”，确保议会定期召开。这项法案是对王室特权极其严重的打击，查理极不愿意同意；他的权力将受到限制，他的威信将受到损害。然而，在2月16日这一天，他经人劝说，就此事做出了让步，部分原因是，如果他拒绝，就拿不到钱。所以他以古老的诺曼人的方式宣告“王意如此”。在私下里，他却十分恼火。事实上，这项法案使他依赖于议会，并且让议会成为一个常设机构，这可是前所未有的。伦敦敲响了钟声。莱斯特伯爵在札记簿中写道，如今“作为一个团体，议会获得了永生，即使国王驾崩，它也会生存于世，也就是说，它不会随着国王的驾崩而死亡，它
207 不可能厌倦自己的永生”。

早有流言说，新的枢密院即将出炉，它既反映议会的意愿，也反映了国王的意愿。贝德福德伯爵将出任首席财政大臣，而他在下议院中的助理约翰·皮姆将出任财政署长；布里斯托尔伯爵将被任命为掌玺大臣。2月19日，清教徒集团中的七名其他成员被任命为枢臣，其中就有塞伊子爵、埃塞克斯伯爵和贝德福德伯爵。克拉伦登在《英格兰叛乱与内战史》中写道，他们“当时这些人对百姓或对苏格兰人都很慈爱……宫廷对这些人很生气，对其中大部分人持有明显的反对态度”。

国王间接地宣布自己是温和派，因此，他同样愿意原谅先前的敌人，改变自己的政策。然而，与此同时，他还千方百计地分化对手。议会中有许多人并不支持苏格兰誓约派的宗教狂热，他们不想见到英格兰教会按照誓约派的要求重新塑造自身；还有人开始怨恨议会为了维护北方的苏格兰军队而大笔花钱。如果查理能够获得上述人物的支持，议会就会帮助他反对那个清教徒集团。

国王最终没有与议会中的清教徒达成妥协。国王坚持认为，如果议员想当政府官员，当然可以，但他们必须同意上议院为主教保留位置，还有，必须保住斯特拉福的性命。反过来，这些人要求国王先给他们官做，再谈别的事情。大和解是不可能的。

2 月 24 日，斯特拉福被人从伦敦塔带到了上议院的会议室，以便回复议会对他的指控。有人吃惊地注意到，国王早已坐在了王位上，这一举动表明，国王是支持伯爵的。然而，当国王最后离开之后，上议院决定，诉讼程序必须重新再来一遍。斯特拉福口若悬河、妙语连珠地为自己辩护，他严重质疑审判的结果。据记载，一连好几天，议会领袖们都拿不准这个案子该怎么审下去。宣布斯特拉福是叛徒很容易，但比较麻烦的是，如何
在公审中证明这一点。 208

审判于 3 月 22 日开始，他被人用驳船从伦敦塔带到了威斯敏斯特大厦。他一身黑衣，这在戏剧中象征着忧郁，大厦本身也成了参与者的“剧院”。这是一个决定国家命运的场面，因为囚犯在为自己的命运而斗争，为国王的事业而斗争。谈判当然是在幕后进行的。例如，如果国王让清教大佬们当上政府高官的话，他们准备饶了斯特拉福的性命。

第一天，王国的贵族们鱼贯而入，坐在大厅两边的座位上；在贵族的两厢，是一排排梯形座位，这是下议院议员们的位子。上议院中的一个委员会已经决定，国王本人不宜出席；所以，在临时法庭的最北边，放了一个空荡荡的王座，实际上，国王和王后就躲在王座后面，好像坐在剧院里的包厢。斯特拉福本人将站在南端的一个台子上，正对着两院议员。这种以一人对阵全国代表的视觉效果实际上是伊尼戈·琼斯设计的。大厅里挤

满了观众，他们吵吵闹闹，“大声喧哗”；据现场的目击者罗伯特·贝利所说，许多人“当众大吃大喝，不仅吃甜食，还吃肉和面包，一瓶瓶啤酒和葡萄酒互传着喝，直接嘴对嘴喝，也不用杯子，越喝越浑浊”。

当指控方向他大声宣读二十八款弹劾罪名的时候，有人看到斯特拉福微微一笑；他已经看出指控者面临司法困境。他们想把几项互不相干的指控捏合在一起，证明他犯了叛逆罪。当时有句话很盛行：既然你一眼就能看出一个人是高还是矮，那你就不必一寸一寸地去量了。对于斯特拉福的所谓叛国案，还真得一寸一寸地衡量。在庭审过程中，斯特拉福说：“舆论可能制造出一个异端分子，但我可没听说过它们能够制造出一个叛徒。”一天天过去了，举证、讯问与争论，天天都是这些东西，在此期间，斯特拉福似乎以智胜公诉律师为乐；反过来，公诉律师被认为夸夸其谈、虚张声势。

议会小集团的成员很快就明白过来了，他们的事业可能要输掉，他们
209 开始怀疑大部分贵族实际上或明或暗地支持斯特拉福的事业。4 月 10 日，上议院议员们允许囚犯在发表最后陈述之前休庭，允许他查阅笔记，下议院议员们奋起抗议。他们惊恐地站起身来。按照西蒙兹·德埃夫斯在议会笔记上的记录，有人大声喊道：“退下，退下，退下！”结果被一些人听成了“拔剑，拔剑！”，这些人便手执剑柄，准备大打出手。这个混乱场面让斯特拉福十分开心，“他无法掩饰自己的喜悦之情”；有人看到，坐在王座背后包厢里的国王开心地笑了。两院议员发生了争执。

当天下午，下议院议员们返回他们的会议室，就在这个时候，控方不失时机地披露先前枢密院的一份会议记录。就是在那次会议上，斯特拉福对国王说，“你在爱尔兰有支军队，可以用在这里，来征服这个王国”。伯爵的指控人将“这个王国”解释成英格兰而非苏格兰。这当然属于叛逆罪了。下议院立即表示同意。于是他们就起草了一份褫夺公民权法案；这是中世纪的做法，按照它的规定，上下两院可以不经过正式审判就审理和宣告国家公敌的死刑。这也是劝说上议院投票赞成处死斯特拉福而又不必提供司法证据的一种办法。

4月19日，国王命令所有的军官立即回到自己的部队。两天后，苏格兰的人派谈判代表觐见国王。他在报告中写道："他的心思似乎全都放在这里即将爆发的某个事件上了。"还有传言说，法国人受到了英格兰王后的唆使，准备入侵。小集团领导人最担心的事情是解散议会，这种办法会导致直接取消审判，取消议会提出的褫夺公民权法案。他们向支持者发出号召，数千人聚集在威斯敏斯特，他们认为对手可能要铤而走险。4月19日这一天，议会通过了针对斯特拉福的褫夺公民权法案。那些不肯支持这项决议的下议院议员们被嘲讽为"斯塔拉福的同党或国家的敌人"；他们的名字被挑了出来，写在了柱子上或者城中其他显眼的地方。这伙虔诚党不会因为自视甚高而不屑于威胁他人，也不会不屑于违背豁免权。 210

当下议院通过了褫夺公民权法案的时候，国王致信斯特拉福，再次向他保证，承诺他的生命、荣誉和财产不受伤害。在威斯敏斯特大厦举行的这次会议的最后一天，也就是4月29日，斯特拉福看上去还很快活，就在这个时候，奥利弗·圣约翰起身发表了长达三个小时的激烈演说，抨击囚犯，他十分雄辩，对贵族们的意图产生了深刻影响；他讲完之后，大厅里的观众一片喝彩。两天后，国王坐在王座上向两院发表讲话。他在讲话中强调，他绝不会昧着自己的良心行事；这就意味着，他会否决任何褫夺他的谋臣公民权的法令。哪怕他们只为斯特拉福定下一条轻罪，他都是在昧着良心行事。国王还拒绝解散他的爱尔兰军队，这就激起了人们对军事行动的担心。

他讲完后，又停了一会儿，寻找支持者，但西蒙兹·德埃夫斯写道，"对于他的演讲，没有一个人表示赞赏，哪怕说一声'嗯嗯'，他等了一会儿后，断然离去"。时人普遍认为，他触及了议会正在争论的一个议题，在下议院议员们看来，此举"最为严重地破坏了议会特权"。国王与议会之间的对峙似乎不可避免。

很快，阴谋和反阴谋的传言到处都是。一连好几周，斯特拉福的秘书租赁的一艘船一直停泊在泰晤士河。这艘船可以轻而易举地将逃犯送到法国。有些传闻被证明属实。5月2日星期天，廷臣和军队指挥官、诗人与赌徒约翰·萨克林爵士，将六十个人召集到面包街的白马客栈；他们身穿暗黄色的作战服，拿着宝剑和火枪。据说他们将装扮成援军，进入伦敦塔，制服守卫，救出斯特拉福。这是一个极为疯狂的计谋，由于这六十名武装人员在伦敦中部转悠的情况已被发现，他们的计划不可能施行。他们的行踪很快就被人掌握了。这个消息立刻传到了议会领导人那里。一群狂暴的伦敦人聚集在伦敦塔的周围，保卫它，防止任何人劫狱。

211 军事叛乱的传闻，斯特拉福出逃的计划，让伦敦人彻底警醒，到了星期天，又有一群人聚集在上议院的门外，吼叫着要求处决斯特拉福；其中一些人喊道，如果要不了他的命，就要国王的命。当天的议会日志写到了小集团成员："他们动员了一大群狂暴之徒前往威斯敏斯特，手里拿着棍棒和刀枪，遍布王宫的庭院和通往两院的道路上，满脸愤怒，大声喧哗，要求正义，立即采取正义措施，反对伯爵。"显而易见，斯特拉福死定了。议会首领之一奥利弗·圣约翰曾经说过，如果想打狼和狐狸，就要先打脑袋。还有一句话表达了同样的意思，那就是"蛇无头不行"。

当下议院议员们聚在一起开会的时候，约翰·彭宁顿说到萨克林的阴谋未能得逞。托马斯·汤姆金斯补充说，"最近有许多天主教徒来到了伦敦"。国王被不忠不义的谋臣给误导了，正如约翰·皮姆所说的那样，"他被严重蒙蔽，自己没有看清情况"。议会必须打开国王的双眼。

有人提议，应该发表一个宗教宣言。下议院设计的"大抗议书"，在某种意义上说，就是英格兰版的苏格兰誓约，它要求那些在上面签字画押的人发誓，他将忠于"真正经过改良的新教"，反对"天主教及天主教创新"。抗议书中宣称，在目前议会会期之内，议会成员在奋力抗击巨大的危险与恐惧、临头的苦难和灾祸、各种动乱和失序，这些东西不仅袭击甚至会战胜并灭绝本国的自由、和平与繁荣。这份抗议书在全国各地印行，它针对和启发的对象是所谓的议会党。

5 月 5 日，由于担心天主教徒起义，下议院命令英格兰的各个城镇确保武装和军火准备就绪。在这个背景下，天主教阴谋案相当于王室阴谋案。就在同一天，议会还通过一项法案，允许议会继续召开，直到它投票

决定解散为止，据说，就在这一时刻，改良变成了革命；它剥夺了国王的统治权。 212

上议院的贵族们本身就发出指示，应该让武装部队控制伦敦塔，这样一来，国王的兵权就被剥夺了。这件事再次打击了他的威望。斯坦福德伯爵提出一项动议“感谢上帝拯救我们，这件事要比破获 1605 年 11 月 5 日的火药阴谋案更有意义。因为，要不是这个阴谋败露，火药已被运入议会这所房子里，安放在我们的耳朵边，我们全部都会成为奴隶”。武力威胁既让贵族感到恐惧，也让下议院议员感到惊恐；5 月 8 日，针对斯特拉福的褫夺公民权法案由上议院通过。

两院代表带着这份文件来到了宴会厅，找国王签字；代表的周围有一群人，约有 12000 名，他们大声高喊：“正义，正义！”可以理解，国王十分沮丧，斗志全无，他说周一上午做出答复；这种拖延让众人十分不快。他们立即再次聚集在王宫大门之外。如果国王拒绝签字，可以预测，王宫就会被攻破，国王和王后将成阶下囚。

查理与主教和枢臣们商量此事，大部分人敦促他签署这个宣判斯特拉福死刑的法案。约克大主教对他说，“良心分两种，一种是个人良心，另一种是公共良心；公共良心不仅要求国王摒弃个人良心，还强迫他去做有违个人良心的事情”。慢慢地，他勉强同意了。他曾经承诺要保全伯爵的生命和财产，可如今为了国事，他不得不食言。在这个过程中，他的威信受到了无法弥补的羞辱和削弱。皮姆听到国王投降认输的消息后，兴高采烈地举起双手，大声宣布：“他把斯特拉福的头颅送给我们了？那以后他对我们可就有求必应了。”

5 月 12 日这一天，斯特拉福前往塔山赴义，到现场看热闹的人数之多，据说在英格兰历史上还没有先例。有 200000 人在一片狂欢节式的、欢天喜地的氛围下观看他前往刑场。从监狱到刑场这段路程很短，但伦敦塔守备请他坐马车，以回避公众的怒火；据说，斯特拉福回复说，“我敢直面死 213
亡，希望人们也有这个胆量。承蒙费心，我不会逃走，我不在意我的死法，无论是死于刽子手之手，还是死于民众的愤怒与疯狂”。就在他步行就义之际，他抬眼望了望劳德的牢房的窗户，看到了大主教正在那里等着他。他向大主教请求“你的祈祷和祝福”，但大主教昏死过去了。

伯爵在刑场上宣称，“我希望每个人都把手放在自己的胸口，严肃地思考一个问题：人民幸福的开篇是否应该用血字来书写”。他跪下来祈祷了半个小时，然后引颈就戮，刽子手出手利落，一斧毙命。观众在伦敦街头狂奔，挥舞着帽子，大声呼喊：“他的脑袋搬家了！他的脑袋搬家了！”几天之后，大主教劳德在监狱中评论说，斯特拉福侍奉了“一位温和而慈悲的
214 君主，他既不知道如何才能伟大，也无法变得伟大”。

21

变迁的世界

在斯特拉福案审理期间，下议院似乎拿不准其他公共事务的发展方向。议会无所作为，用当时的话说，它只会敲打空气。有一次，念完祈祷词之后，下议院议员们一片沉默，彼此大眼瞪小眼；他们不知道从何说起。还有一次，按照时人的说法，下议院议长站起身来问，他可以向他们提出什么样的问题；众人没有回答。缺少改良事业的提案是 4 月这场犹如公共斋节的静默的一个原因。

然而，伯爵之死似乎最终刺激了议会的议程。流血的景象激起了议员们的兴致，在 7 月，他们就一系列新的提案展开辩论，达成一致。国王本人在整顿王国的过程中似乎变得无足轻重。议会友好地同意他征收吨税和磅税，但前提条件是，他先前的强征行为被认定为违法；不经过议会的允许，不能给王室发钱。当然议会自身也需要收入，去应付国内开销，以及付给苏格兰人的款项。议会给各郡强加了一种新的补贴。为了提高额外收入，议会还开始征收人头税。议会这么干无法获得众人的好感。

王权的中心被废止了。北方事务委员会、宗教事务高等法庭以及星 215
室法庭均被裁撤。造船费被斥为违法。王家森林被限制在詹姆士一世执政二十年内获得的林地范围之内。特别是星室法庭的裁撤，扫除了公开发表言论的最终障碍。四年前，该机构下令，不经许可，不得出版任何书籍；如今这道命令已经成为废纸。即便在星室法庭被裁撤之前，人们对新闻的兴趣已经被争相传阅的小册子和传单满足了。大部分小册子和传单都预测到，教会和国家会进行重大创新。这样的出版物在 1640 年发行了 900 种，1641 年发行了 2000 种，1642 年发行了 4000 种。

在这十年当中，印刷所的数量翻了一番，但是，同时发展起来的还有“暴发户书商、快步报信的人以及沿街叫卖的小贩”。书贩子和民谣贩子大声叫卖：“过来买本新书！崭新的，刚刚出版的。”带有“诉诸议会”、“一场梦，或来自地狱的消息”以及“见风使舵的诗人的倒台”这类标题的小册子大量存在。人们再也没有必要到圣保罗大教堂或交易中心附近的书摊买新闻信札了。它们在伦敦大街上随处可以买到。大报卖一便士，八页的小册子卖一两便士。有位评论者嘲笑汤姆的“两便士演讲”。埃塞克斯郡拉德温特的一位教友曾将一本宗教小册子扔给堂区牧师：“这是你的读物，念！”在信息和舆论的混合物之外，出现了戏剧、游行、歌谣、打牌、涂鸦、请愿和印刷品。

下议院中的重要人物出版他们的讲话。按照新教徒理查·巴克斯特在自传中的说法，这些讲话“在各地被如饥似渴地追捧，让人们越发害怕自己身处险境”。国王本人也受到了触动，动笔写作，反击这些“毒害软弱臣民心灵的人；那些人不管看到什么、听到什么，都兴味盎然”。然而写小册子的人可不限于议会中的虔诚派。重量级传道士的布道词也以小册子的形式出版发行。布道坛上产生了大量的声明和谴责声；但布道坛也是传播新
216 闻的地方。牧师很可能会去解释当天或本周发生的事件，向那些兴味盎然的教民发表自己对这些事件的评论。长老会派牧师罗伯特·贝利说，“许多刺痛人心的要点吸引了男男女女，他们蜂拥而至，听我们布道”。接下来，教会里传出来的只言片语会在酒店、商店、街道和市场上被人议论。

然而，小册子不仅仅针对当时得势的某派系。它们还热火朝天地辩论宗教和政治生活的思想和理想。一个正义的君主制的存在依据是什么？真的存在一种古老的体制吗？国王、议会和人民是唯一的组合吗？这些概念

的发布和传播非常有助于拓展和引导全体国民的政治思想。激进派利用印刷品传播他们对教会和国家的见解，这让弥尔顿宣称，伦敦已经成为“自由之家”，这里的市民们“坐在书房的灯下，思索、探寻、斟酌新观念和新思想，并且恭恭敬敬、诚心诚意地用它们来描述正在来临的改革运动”。

然而，保王党也用他们的小册子进行反击。理查·卡特在《万夫所指的教会分裂派》中攻击当时威斯敏斯特及周围的不从国教派牧师。“他们不是正统的牧师，而是各种各样的手艺人，有制鞋匠、补鞋匠、裁缝和手套商……这些传道的手艺人和无法无天的半大小子在布道坛上尽出怪相：摇头晃脑，夸夸其谈，大口喘气，使劲擤鼻涕，龇牙咧嘴，做鬼脸。”当时大街上流传着一首打油诗：

老娘儿们布道，补鞋匠祈祷，
地狱里的恶魔出来休假养老。

伦敦的各个教区确实遍布着各种各样的不从国教派。一群分裂派教民到十字街附近的山羊巷的一所房子里聚会；他们三三两两地到来，有个人站在门口警告靠近的陌生人，不要走进去。被指定的传道者站在屋子中央，其余人等站在四周，听他讲道。按照当时街上卖的一篇政治讽刺文，在这
些世俗的传道者当中有“制毡工格林、马具工斯宾塞、酿酒商的帮工夸特 217
曼，还有其他几个人，他们都是这个新兴的卖嘴皮子行当中固执己见的要员，而许多无知识但自以为是的蠢货管这种行当叫布道”。

教会里传统的神职人员则在大街上遭到嘲讽，有的时候，他们的白色法衣还会被人扯下来。喊声四起，“来了个耶稣会士，一个伪神的牧师、坎特伯雷的一个狗崽子……”在老犹太人街的圣奥拉夫教堂，主教刚登上布道坛，近百名“粗俗的无赖”大喊大叫：“来了个教宗！来了个教宗！来了个教宗！”

在这种白热化的氛围下，各种流言满天飞。据说，萨里群岛的山洞里藏着一支天主教的骑兵部队；有人报告说，有人正在酝酿一个计划，利用

火药炸毁泰晤士河大坝，水淹伦敦。皮姆的同事瓦尔特·厄尔爵士对下议院议员们说，他发现了一个阴谋，有人想炸毁议会；议员们听了非常兴奋，为了听得更加清楚，就把座位往前挪，结果把长廊的地板压塌了一角。有位议员大声喊叫，说他闻到了火药味，另一位离开座位大呼小叫“里面发热，着了大火”。这个消息迅速传开了，一群暴民飞奔前往威斯敏斯特。这当然是一场虚惊，但突如其来的惊慌失措确实反映出当时首都狂躁不安的状态。

这是一个不断变化的世界：正如国王在年初对议员们所说的那样，“你们已经把政府全盘打碎了”。1641 年发行的一本对话录《花花公子兄弟》思考了“在世界末日之时各国的变化无常和革命”。就传统意义而言，“革命”这个词表示时代轮回，可如今它与更为现实的动乱联系在一起。人们普遍认为，这个时代走上了邪路；许多人感到焦虑，甚至绝望。保王党的书信作家布里利亚娜表达了她的信念：“事情已经弄成这个样子了。如果上帝不施以援手的话，他可怜的孩子们就长不大了。”

在斯特拉福死后数周，国王好像对自己的失势已经认命。他签署了废除吨税和磅税的法案，他对两院议员们说：“我别无所求，唯求赢得人民的爱戴而已。”他任命了一位重要的清教徒埃塞克斯伯爵当内廷大臣。然而，
218 他实际上是在争取时间。

有些人愤慨于议会在施政过程中使用的种种借口，他们形成了保王党；还有一些人对清教徒的国家教会理念很不满，这种国家教会由取代了主教的议会俗人委员来控制。支持这种变化的“连根带枝”（root and branch）党依然属于少数派。就在这一年，威斯敏斯特收到了很多请愿书，请愿人想维持教会现状，防止《公祷书》进一步改变。有些人支持保留主教制，理由是，这个职位没有问题，即便当主教的人对宗教事务没有兴趣。例如，在奥利弗·克伦威尔的家乡亨廷顿郡，有人为《公祷书》辩护，“《公祷书》中表达和包含的礼拜仪式”才是最好的东西。这些请愿者希望彻底消灭那些极端的和激烈的改良者，他们只会在各地教堂挑起事端和动乱。

因此，让人毫不吃惊的是，那些宗教观点温和或正统的人开始站在国

王这一边。他们开始认为，议会所强加的政治解决方式过于极端了。它不但没有带来缓和与自由，反而带来了焦虑和分化。征税并未改进国民的性格。约克郡的一位贵妇人玛格丽特·厄尔写道：“我对议会简直怒火中烧，什么东西也无法平息这股怒火，因为他们曾经向我们承诺，如果处死我的斯特拉福大人，我们所有人都会好起来，可是，处死他之后，也没见到情况变好。我想，我们将被税收给毁掉。”许多人都同意，国王应当启用明智的谋臣，但几乎没有人认为，议会有权选择由谁来当谋臣。还有一种可能性是，国王能够分化上议院中的议员和下议院中的议员；1641 年 6 月，贵族们否决了将主教从上议院中清除出去的法案。他们不准备考虑“进一步改革了”。

同样是在这个 6 月，约翰·皮姆提出了所谓“十点建议”，这里面包含的措施是用来加强议会对国王的宫廷及枢密院的控制力度的。所有的牧师和耶稣会士都将被从宫廷中，尤其从王后的扈从中清理出去。亨丽埃塔对此表示不服，她说，她应当服从的是自己的丈夫，而不是他的 400 名臣子。另一条建议则要求，国王应当除掉“奸邪”的枢臣，它坚持认为，将来任 219
命谋臣的时候，除非“他的人民和议会有正当的理由信任”这个人，否则，国王不得用他。苏格兰与英格兰的军队应当尽快解散。这条没有提到国王，然而无论如何利用忠君的言辞打掩护，它都可被视为走向共和制政府的一个步骤。

“十点建议”之所以出炉，部分原因是，国王最近经过深思熟虑决定去苏格兰旅行。皮姆等人担心，如果他的目的地不是爱丁堡，届时该如何是好？例如，他可能征集故国的臣民，袭击威斯敏斯特。如果他允许苏格兰人信奉他们所要求的“纯正”宗教，并且允许他们重新获得应得的自由，他们很可能重新忠于斯图亚特家族。查理已经致信坎贝尔家族的首领阿盖尔伯爵，信中誓言“要全力赢得人民对我的爱戴”。如果苏格兰军队和英格兰军队兵合一处，在国王的指挥之下，那就是一支战无不胜的力量。

约翰·皮姆和同党十分焦虑，惊恐万分。在 8 月初的一个周日的上午，他们甚至召开会议去辩论这种威胁的性质。他们请国王推迟行程，国王答应晚走一天。在这个间歇，国王与苏格兰派来的特派员们多次交谈，据威尼斯大使报告，苏格兰人吹嘘说，“他们将尽其所能让国王再次掌权。当他到了苏格兰之后，所有的政治分歧都会结束，他们将会团结如一人，一心一意地侍奉他们天经地义的君主”。

正当国王准备动身的时候，一群人齐聚在威斯敏斯特，请求他不要离开。这或许是因为，在大动荡时代，他若留在伦敦，让人安心；或许是因为，人群中有人怀疑他别有用心。在动身的这天早晨，他驾临议会，掩饰不住心中的敌意和不耐烦，他任命了一个二十二人委员会，在他离开期间，
220 由他们来主持国事；在这些人当中有纽卡斯尔伯爵，此人是议会事业的敌人。

下议院议员们立即返回他们的会议室，辩论如何“保护王国”。他们通过了一道破天荒的“条例”，任命了七位议会党成员随国王前往苏格兰；当然他们是监视国王，而不是给国王做伴的，他们试图监控国王的一举一动。在中世纪时期，“条例”本来是国王不经过议会同意而发布宣言的一种手段，如今上下两院居然不经过国王的同意而发布条例。另一场对峙似乎不可避免。

查理在爱丁堡受到了热烈欢迎，无论从哪个角度来看都是如此。他立即着手赢得苏格兰人的拥戴。他参加了苏格兰教会的礼拜仪式，摆出十分虔诚的样子，他还同意誓约派的要求，将主教逐出改革后的教会。他参加了苏格兰议会举行的会议，并且同意了英格兰与苏格兰合并的条款。根据这些条款，他对议会和军队的权力遭到了严重限制。威斯敏斯特的一些人认为，他们也可以获得类似的好处，但在另一些人看来，查理只是想让苏格兰人在未来的冲突中保持中立。

在这几个月里，议会开始治国理政；它支付军饷，向王家军官——例如伦敦塔的守备——发号施令。它颁布关于祈祷书以及宗教礼仪的敕令。劳德已经被弹劾和囚禁，而斯特拉福已经被处决；各式所谓“奸邪的谋臣”，包括掌玺大臣芬奇，已经逃走，曾经支持查理征收苛捐杂税的法官和郡长被传唤到议会，解释他们的所作所为。星室法庭、北方事务委员会以

及宗教事务高级法庭，这些查理统治的中心，均已经被撤销。劳德的司法牺牲品，例如普林和巴斯特维克，已经获得解放，得意扬扬地回到了伦敦。或许，更为重要的是，议会还下令，这届议会不经它的同意，不能宣布休会。

然而，还可以从另一个角度看待这些发展。议会行事专断、傲慢。它 221
错误地阐释了本国的政体和不成文宪法，并且僭取了以前从未有过的权力。它采用非法手段置斯特拉福于死地。它与国王的敌人及外国军队勾结。它提出了一种新的宗教体系，强行施加给一个心不甘情不愿的民族。它通过了一个确保自己永久存在的法案。在这个过程中，国王被剥夺了王室特权；在所有与他密切相关的问题上，他都遭遇了惨败。他过去一直说，敌人想
把他降低到威尼斯执政的地位。他还真没说错。 222

22

越来越坏的消息

英格兰议会在1641年10月20日重新召开，它已经做出决定，要迫使国王对自己做出同样的让步，就像他对苏格兰议会那样。就在这一时期，“皮姆王”这个称号开始大行其道。约翰·皮姆竟然是王室领地的司库出身，这一点或许有些令人吃惊；总体上说，他是个实干家。他善于组织协调议会事务，能够团结各路人士和派系，让他们为实现一个目标而努力；他在辩论中颇能打动人心，虽说口才并不雄辩，不过，他的实际精力和力量都用于操控议会的各个委员会。事实上，通过利用这些委员会，他证明了一点：议会可以像国王那样治国理政。在下议院中，他与其他议会领导人坐在一起，他的座位紧挨着下议院议长。据记载，“议长一个劲儿地看着皮姆的脸色行事”。

他做事谨慎，不知疲倦，强烈憎恨天主教，真心实意地热爱他心目中的真正宗教；他在首次议会发言中就攻击一位同事，因为那人把安息日法案称为“清教”法案。在另一次演讲中，他宣布，“世上最邪恶的东西莫过于强加给灵魂的措施了”。他长着一张圆脸，厚嘴唇，大下巴；嘴巴上蓄着
223 卷曲的小胡子，下巴上留着短短的、尖尖的山羊胡子。然而，他倒不一定是一位性情严厉的人；他以兴致欢快和好吃好喝而著称。

在这次会议之初，他在议会里收到了一封信。这封信不知是谁从鱼街山雇人送来的，花了一先令的邮资。皮姆打开信，里面掉出一块破布，用克拉伦登的话来说，它“散发出污物的恶臭”；这是一块破布，曾被用来遮盖瘟疫造成的伤口。写信人谴责皮姆叛国，还发出威胁：如果瘟疫杀不死他，匕首会刺死他。信的结尾写道，“悔悟吧，叛徒”。

皮姆及同事如今一心想剥夺查理的一项君权，即不经议会同意任命官员及枢臣的权利。然而，若想做到这一点，他们首先得把拥护国王的多数派从上议院里驱逐出去，于是，他们就动手赶走上议院里的十三位主教。下议院通过了一项法案，取消了神职人员担任世俗职务的资格，但上议院议员们对这项法案搁置不议，这个反应也很自然。

为了让议会辩论更激烈，皮姆搞来了一些新消息，有些与军事阴谋有关，有些涉及爱丁堡发生的一个轰动性事件。在爱丁堡，有三位誓约派领主担心性命不保，从国王的宫廷里逃走了；这件事被称为“事变”。接下来，国王在苏格兰议会前措辞激烈地宣布：他根本没有参与刺杀他们的阴谋，并要求“公道”。但谋杀案的主要谋划者威尔·穆瑞是国王的寝宫侍从，这就让人怀疑，国王是否真的像他自己所说的那么清白。无论是真还是假，这类传言只会让议会益发担心国王的意图；这件事只能证实一个众所周知的事实：国王是不可信的。不过，反过来说，他为何要相信那些密谋反对他的人呢？事态发展可能是这样的：在议会开会之初，任何激烈改革的企图都不会产生结果。议会中有许多人都认为：尤其是宗教方面的改革，步子迈得太大了。王党就这样形成了。

就在此时，也就是 11 月初，议会得到消息说，爱尔兰爆发了叛乱。 224
这个消息是由十七位枢臣带到下议院的；克拉伦登写道，当时“全场鸦雀无声……一片惊愕”。这件事让英格兰的新教徒十分恐慌。查理一世去爱丁堡之前，在威斯敏斯特留下一位廷臣，负责向他汇报议会的情况，此人名叫爱德华·尼古拉。他致信在爱丁堡的查理，写道：“最让这里的人吃惊和害怕的是天主教徒阴谋的警讯。”据称，天主教徒正在储存武器和火药。当时流行的一本小册子中写道：“你们这些嗜血如狂的天主教徒，到底想干什么？”这场叛乱让人震惊不已，但产生它的条件却是逐渐积累而成的。

爱尔兰社会主要由三种人组成。首先是新迁入的英格兰人，他们是在宗教改革之后迁来的新教徒；他们控制了爱尔兰议会，一门心思将英格兰的“标准”强加给土著居民。其次是宗教改革之前的老英格兰人；有些人早在 12 世纪就定居于此，他们已经完全适应了这里的风土人情，他们更加认同的是爱尔兰而非英格兰；在这些人当中，有很多是天主教徒，只不过在公共场合听命于爱尔兰的新教教会而已。他们占有最肥沃的土地中的三分之一。第三类人，被他们的主人称为“纯粹的爱尔兰人”或“土著”，占了爱尔兰人口的绝大多数，但是，正如世界上的大部分被压迫者一样，他们对英格兰的忠诚度和信仰是最差的。

但爱尔兰人和老英格兰人之所以怨愤，是有充分理由的。前些年，英格兰王室没收了英格兰—爱尔兰乡绅及爱尔兰土著四分之一的土地；在詹姆士一世时期，就有如下规定：只有当地主能够证明他拥有正当的封建占有权，他才有资格占有自己的土地。如果他拿不出这些证明书，他的土地可能被没收，被用来安置新来的英格兰和苏格兰定居者。这样一来，詹姆士将德里郡 40000 英亩的土地送给了伦敦市民，这片土地被称为伦敦德里。乌尔斯特六个郡的土地落入了苏格兰长老会教徒之手。爱尔兰教会的凄凉状况，以及耶稣会传教士的狂热鼓动，不管怎么说，都激发了天主教事业。
225 天主教徒有充分的理由怨恨英格兰，他们的孩子被剥夺了受教育的机会，他们的牧师领不到俸禄，只能依靠教区居民的施舍过活。那些不参加新教礼拜仪式的人会被罚款。

因此，这次叛乱是由多种力量促成的。包括老英格兰人在内的天主教领导人，起草了一份协议书，声称自己起义是为了保存宗教，是为了保护生命及财产安全。他们了解英格兰议会的各种议项，清楚国王对苏格兰长老会的让步。所以他们越发觉得自己的宗教受到了不公正的待遇；他们还担心，英格兰的宗教改革者，也就是“清教派”，深恨天主教，会向他们施加严厉的限制，或者从他们那里征收更多的税赋。不仅如此，他们还在一份声讨书中声明，苏格兰人与英格兰人合伙“来到爱尔兰，一手拿《圣经》，一手拿宝剑，让我们信奉他们乱七八糟的清教信仰，如若不然，便彻底消灭我们”。爱尔兰人为何不趁早起来保护自己呢？这是那个时代的巨大讽刺。英格兰与苏格兰的谈判逼反了爱尔兰。查理发现，他事实上不可能统治三个王国，因为每个王国效忠于不同的信仰。

1641 年 10 月 23 日，他们揭竿而起，反抗英格兰主人。此前的一天，都柏林人已经起事了；这次起义在一定程度上是被发现并平息了，但是这次起义遍及全国。各种武装分子劫掠英格兰人的庄园，然后撤回自己的地盘；还有人积极赶走英格兰地主，然后取而代之，英格兰逃亡者向离他们最近的驻军寻求庇护，胆战心惊地躲在那里。

一些更为激进的下议院议员早已准备向国王递交抗议书，目的是取得更多百姓的支持，就在这个时候，传来了爱尔兰“大屠杀”的消息，这让他们的行动显得更加迫在眉睫。他们收到了令人毛骨悚然的报告，据说有数以千计的新教徒遭到杀害，妇女被强奸和肢解，婴儿被烧死。有一张传 226
单，标题是“爱尔兰噩耗”，披露了种种战争罪行。有封信在下议院被当众宣读，信中指控说，芒斯特的爱尔兰反叛者参与了

> 各种各样的暴行，他们想方设法用最野蛮的手段折磨可怜的新教徒——不论他们是从哪里来的——割掉他们的生殖器、耳朵、手指和手，挖出他们的眼睛，当着母亲的面煮小孩子的头颅，把女人扒光，站在一边看着她们裸体干活，小孩子一出生就杀掉，在产妇还在生产时就刺穿她们的肚子……

比较符合实际的情况是，有将近 5000 名英格兰新教徒被杀，在英格兰人反击的过程中，有相同数量的爱尔兰人死去。

11 月 5 日，皮姆在议会中站起来发言，他说宁可舍去自己的生命和财产，也要镇压这场反叛行动，他还说，“除非国王撤掉奸邪的谋臣，任用议会认可的谋臣，否则，我们认为自己不必为此作战”。于是，议会通过一项

法案，“恳求”国王只能任用议会接受的人。11月8日，皮姆告诉上议院议员们，如果国王不同意他们的请求，他和同仁们将“不得不采取某种类似于自卫的措施来保卫爱尔兰，镇压叛乱分子”。换句话说，议会将组织和指挥自己的新教军队，来捍卫新教事业。如此一来，国王就成了傀儡或者说护身符。

这就给了议会一个机会，就一份文件展开辩论；这份文件就是后来所谓的《大抗议书》，这个文件包括204条内容，详细地剖析了国王身边的“奸党”长期以来不断为非作歹的历史。这些奸臣“心怀叵测、肆意胡为，精心谋划着要颠覆政府的根本法律和原则，从而动摇王国宗教和正义的根
227 基”。罗列这份错误和劣迹的清单，是为了点燃国民的怒火，从而遏制国民当中新兴的忠君思想。

这篇准宣言引起了激烈的反对；有些人认为，这是背叛国王的谋逆之举，还有些人认为，没有征得上议院的同意，下议院无权抛出这样一部抗议书。来自肯特郡的保王党议员爱德华·迪林说，“当我首次听说抗议书的时候，我立即想到，就像忠诚的枢臣们那样，我们应当让陛下以史为镜鉴……我做梦都没有想到，我们会自下而上地提出抗议，对人民讲故事，就像对待第三者那样谈论国王”。

皮姆感觉到保王党人得到了更多的支持。他同意修正和删减抗议书中的某些条款，但是，“现在该使用明白晓畅的英文了，以防后人说，英格兰已经沦落到没有人敢说真话的地步了”。最终的辩论出现在11月22日，整个下午都在进行，一直延续到第二天凌晨一点钟。议会意见最后发生分裂，皮姆因为多得了十一票而获胜。据说，决议很像“饥饿陪审委员会”的决议，即不给陪审委员提供肉食和饮料，直到他们做出裁定为止。但是这个结果不具备广泛的代表性，这就意味着保王党的数量已经相当可观了。

分组表决结果一公布，有些保王党人就开始抗议了。有位名叫杰弗里·帕尔默的保王党人指责多数派为“乱七八糟的一群乌合之众，受到一个玩杂耍的集团的煽动”。当有人提出动议，要求立即公布抗议书的内容，反对派顿时气炸了。有些人气得在空中挥舞帽子，按照西蒙兹·德埃夫斯

的说法，还有些人“从腰间取下带鞘的佩剑，手握着圆头，仗剑而立”。菲利普·沃里克爵士写道，“我想我们已经身处死亡的阴影之下；我们就像约押和押尼珥手下的年轻人那样，互相抓着对方的头发，将宝剑刺入对方的肚子”。这件事的意义有多大，从奥利弗·克伦威尔的一番话可以看出来，他在离开会议室的时候说：“如果抗议书被拒绝，我明天上午就会变卖所有的财产，永远告别英格兰。” 228

*

11 月 8 日是辩论的第一天，爱德华·尼古拉致信查理一世：“上面讲了罪臣们（他们的说法）种种治国不当以及令人不快之事……如果陛下不马上（从爱丁堡）返回（伦敦），很难想象这件事的后果。”就这样，十七天之后，查理从爱丁堡返回了伦敦。他一进城，就有一队人马前来迎接，他告诉前来欢迎致敬的人群，他愿意维持良好的旧法和新教。“如果必要的话，哪怕会危及自己的性命及宝贵的东西”，他也要这样做。

伦敦城可能是真心实意地欢迎他回来。“先前的动荡和失序”——查理的说法——给商业造成的危害，不见得小于议会新近对商人和实业家征收的税款。那些发家致富的人士已经对国王有了忠诚感。他们反感国王对手的激进思想；他们见不得那些学徒和小商人动不动在他们面前引用《圣经》。他们担心民众起来造反。威尼斯大使已经在报告中写道，城中街道上出现了匿名的告示，称清教集团的首领为国贼和煽动家。

查理册封伦敦市长为骑士，周围人群高呼着“上帝保佑国王查理和王后玛丽，愿他们长命百岁”（玛丽是王后在这里的常用名）。然后，国王骑着马带着一行人，在 1000 名士兵的护卫下，前往市政厅，参加盛大的宴会。钟声响起来了，篝火点了起来，这时候，康希尔和齐普赛的喷泉流出了红酒。这是源于古代的仪式，它突出了传统秩序的优点。在下议院议员当中，没有人受邀参加市政厅的宴会。

然而，令国王感到欢欣鼓舞的是，伦敦城是欢迎他的，因为抗议令遭到了许多下议院议员的抵制。国王决心不再做出任何让步，他要依照法律的形式根除对手。议会曾经巧妙地利用剥夺权利的法律手段毁掉了斯特拉福，如今他可以如法炮制，加以回敬。

229 国王离开苏格兰之前，他也得到消息说，爱尔兰的臣民造反了。他刚刚平息了一个王国的事端，结果另一个王国又动起了刀兵。他的第一个反应只是希望：这次反叛“可能会妨碍英格兰的一些傻瓜”，这句话的意思可能是，糟糕的消息也许会让议会恢复理智。难道爱尔兰人不应该被当作清教徒的威胁吗？

皮姆和同事干脆直言不讳地指责查理应为这次叛乱负责。有些爱尔兰叛乱分子声称，他们收到了盖有御玺的委托书，让他们“逮捕英格兰新教徒，夺走他们的货物和土地”。这种说法是无稽之谈，但在当时，它让皮姆等人相信，国王故意挑起这次叛乱，以便建立一支部队对付议会；查理乐于宽容爱尔兰的天主教，以换取“老英格兰人”的支持，帮助他对付议会。据说，对于爱尔兰人来说，英格兰“就是他们觊觎已久、让他们口水直流的小碟珍馐甜品”。

到底应该往爱尔兰派去多少兵力，由谁指挥作战，这两个问题在议会中引起了激烈的争吵。国王说，最好由一个人而不是由400人来指挥作战；下议院小集团自然不同意，他们说，如果没有议会的明确同意，查理不可以募集部队。在当年的最后两个月，沃里克伯爵着手创建一支议会武装。查理想要的是清一色的志愿军，由其同党组成，而议会小集团则坚持征兵入伍。在这个过程中的每一个阶段，以微弱的多数优势对抗国王的下议院，都遭到了上议院的反对。

最后，到了年末，只有一个兵团被派往爱尔兰。五个月后，又有5000人的援军赶到。在爱尔兰的英格兰守军基本上是孤军作战。也许可以公平
230 地讲，皮姆及其同党想调集他们的资源，用来对付家门口的冲突。

23

胡闹一气的世界

1641年末，议会中的保王党人亨利·斯林斯比写道：“我不能说我们过了一个快乐的圣诞节，我只能说，我们见识了一个最疯狂的圣诞节。”他还写道，“我从未见过有这么多人出入宫廷，来到这里的人都佩带着宝剑……两派人马吵得很厉害，但没有发生流血事件；如果看到双方的态度有多严肃，人们一定会觉得这是桩奇事”市民们来到了威斯敏斯特，随身佩剑，为的是保护清教徒议员。伦敦的一位议员约翰·维恩在齐普赛附近的一家商店中说：“你们必须佩带着剑去参加议会，因为，最能造福国家的那伙人很可能会被人家用超限额投票给搞掉。”议会本身也多次收到警告，有人要威胁它的活动，甚至威胁它的生存。

12月21日，伦敦举行议会选举，选举结果有利于清教徒的事业。就在那一天，国王撤了伦敦塔守备威廉·贝尔福的职务，让托马斯·伦斯福德接替他；伦斯福德是狂热的（有时候甚至可以说是暴躁的）国王拥护者，因此，议会很不信任他。如果国王命令他去逮捕某位议会领导人，他肯定照办不误。西蒙兹·德埃夫斯写道：“一切都迅速走向混乱和灾难，在这当中，几乎看不到用人类理性拯救这个可怜的教会和王国的可能性。” 231

闪电和雷霆为上议院中的十三位主教留着呢。他们是上议院中的多数派，正因为有了他们，上议院才能撤销下议院的法案和宣言。12月末，上议院议员齐聚威斯敏斯特，一群学徒带着一帮人在外面开始大喊：“不要主教！不要天主教的上议院议员！”约克大主教扑向喊得最凶的一个人，结果他被人推推搡搡，袍子都被扯破了。上议院议员们请下议院议员们联手发表一篇声明，反对聚众闹事，皮姆则答复说，“上帝绝对不允许下议院议员采取任何行动，让人们不敢以这种方式去追求公平正义”。他力挺那些威胁主教的暴民。

由志愿军和雇佣兵组成的一股反议会力量也聚在城中；他们是国王用于爱尔兰和其他地方的武装力量，但他们可被用来攻击支持议会的民众。如果国王想发动一场政变，他们可能会派上用场。伦敦的新闻撰稿人约翰·迪林海姆报道说，这些军人“向国王提议，要解开目前的结”，之后他又补充了一句，“这句话是啥意思，你自己判断”。

就在这一时期，“圆颅党”和“骑士党”两个词开始流行起来，它们源于市民留的短发和保王党军人蓄的长发。后者也源于“caballeros”一词（西班牙骑士），原本是粗话，但不久就和荣誉与豪侠联系在一起了。应当注意的是，议会上下两院的领袖们也留着与他们的社会等级相匹配的长发。

随着两股对立势力逐渐形成，已经出现了内战要爆发的流言蜚语。争论与异见在各地纷纷出现。圣诞节刚刚过去了两天，又有一伙人再次包围了威斯敏斯特，他们要求上议院回应另一次反主教请愿。一群士兵攻击了他们，而市民们出于恐怖，也凶狠地予以还击。他们用手杖、石头和棍棒攻击士兵；有些水手也拿着棍子前来助战，到了后来，那些士兵要么被打倒在地，要么四散奔逃。许多学徒被逮捕，关在了美人鱼酒店；他们的同
232 伙猛攻酒店，救出了他们。第二天早晨，士兵们从威斯敏斯特大教堂里冲出来，用剑和手枪攻击市民；那天下午，他们砍倒了一群学徒。出于报复，市民们发出威胁，要关掉商店，准备罢市。

在上议院里，主教们在火把下挤成一团，听着人群的怒吼和威胁声。他们不得不使用花招儿才离开会议室，有的依靠大领主的保护，有的依靠

秘密通道，这才走出议会大楼。亨廷顿伯爵写道，“在约克府和查令十字街之间，有上万名学徒，手里拿着戟和桶板，有的还拿着剑。他们站得密密麻麻，我们的马车费了好大劲才穿过去，虽说天色已晚，但他们手里拿的火把不可胜数，让天色恍如白日。他们高声叫喊：‘不要主教，不要天主教上议院议员！’朝我们的车里探头探脑，看一看里面是否藏着主教，当时情况真是危险极了”。

第二天早晨，市民与学徒回到威斯敏斯特，他们公开表明心迹：如有主教胆敢造次，杀无赦。每当看到主教的船只穿过泰晤士河，他们便大声疾呼：“主教！主教！”并阻止他们登陆。非常有可能的是，这些愤怒的人群是由议会党策划组织的，目的是向国王额外施压。

12 月 29 日，十二名主教抱怨说，他们受到了“众人的暴力威胁、冒犯和袭击”；他们还说，在他们被迫离开期间，上议院的议程是无效的。这就等于说，如果没有主教，议会就是非法的了。下议院议员们认为主教们的这个说法太傲慢了，他们为此感到十分生气。第二天，他们指控主教们犯下了叛逆罪，并在一个风雪交加的寒夜将他们送入了伦敦塔。教会的高级教士们，包括两大主教，都锒铛入狱。主教们一旦离开议会，清教小集团至少能够利用上议院，通过他们的激进措施；看样子，施行强制和阴谋政策的，绝不仅仅是国王一人。

第二天，一大群国王的旧军官，用西蒙兹·德埃夫斯的话说，“亡命之徒和浪荡子”，在宫廷及威斯敏斯特周围漫无目的地转来转去。约翰·皮姆 233
下令，锁上会议室的大门。接下来，他宣布，他发现了一个阴谋，有人要在夜幕降临之前毁掉下议院，然而，这又是一个火上浇油的传言。

1642 年元旦，事情发展到了紧要关头。下议院中的各个委员会和剩余的上议院议员在市政厅开会，探讨他们的策略。众人达成了一致意见，由议会下令召集民团；在这次会议上，他们还计划弹劾王后，因为她与爱尔兰的天主教叛乱分子交结。他们发出这种威胁，或许是为了刺激国王，让他采取更为激烈的行动。招募民团实际上是为了议会的事业，为的是有效地将伦敦控制在议会手里；不经过国王允许召集武装部队是叛国行为，但好像不再有人对此在意。

不管怎么说，查理已经制订好计划要弹劾某些议会成员了；他此前说过，“不要忘记”这伙人在战时曾与苏格兰人互通声气。1月3日，上议院议员们聆听了针对曼德维尔、约翰·皮姆、约翰·汉普顿、亚瑟·哈塞尔里格、丹泽尔·霍尔斯以及威廉·斯特罗德的指控。第二天，皮姆派了一个代表团前往伦敦市议会，请求帮忙，而这个市议会是刚刚选举出来的，代表清教徒利益；就在同一天，市议会选出了一个保护城市的“安全委员会”。

这个时机选得正好，因为国王已经准备在当天晚些时候出手了。皮姆对国王的袭击一直很警惕，或许是通过宫中的细作，他对此早有耳闻，便做出了一个显著的戏剧性动作。那天午后不久，几位被指控者在下议院内就座。他们心里很清楚，有人会告诉国王他们就在这里。下午三点钟的时候，查理带了300名全副武装的卫兵，前往威斯敏斯特。这个消息一传到下议院，这几位被告就从座位上溜走，进了王座法庭，藏了起来，然后乘坐小船进了城；甚至就在他们离开之际，还能听到国王一行爬上楼梯、走进走廊的脚步声。国王独自进入了下议院的会议室，但由于门是开着的，
234 议员们依然能够看到等候在外面的全副武装的士兵。

查理说道：“绅士们，对不住，在这个时候来打扰你们。”他要求那几位被告向他投降自首。接下来，他就意识到自己被看穿了底牌。他环顾四周，发现他们已经跑掉了，他喃喃自语：“一个都不见了，我想我该认识认识他们，”他又说了一句，“我来这里是为了告诉各位，我必须得到他们，无论我到哪里去找他们。皮姆先生在否？”没有回答。“好了，好了！没关系。我想我的眼力不比别人的差！”接下来，他让下议院议长帮助他找到那几位犯罪的议员。

议长伦塔尔答复说，“愿陛下顺心如意，我是个目不聪、言不敏的人，可是议会乐于栽培我，让我为之效力；在下祈求陛下原谅，对于陛下的垂询，我所能回答的也仅限于此了”。

接下来便是同时代人所说的“长时间的冷场”或“可怕的沉默”。“好

吧，”国王最后说，“既然我已经看到鸟儿都飞了，我也不会指望他们一回来，你们就会交人。如果你们不交的话，我自己去找他们，因为他们犯下的叛逆罪太可耻了，你们得感谢我发现了它。但我以国王的名义向你们保证，我从未想过动用武力，而是要依法公正地起诉他们，因为我没有的别的意思。”他离开的时候感到非常窘迫，因为周围响起了一片呼喊声：“特权！特权！”

下议院里的王党成员立即意识到，国王犯了一个巨大的或许还是致命的错误；他的威信瞬间全部丧失。在一片可以理解的沮丧氛围中，他们只好温顺地听从议会的决定，暂时休会，并转移到伦敦行会的一间会堂里继续开会，因为那里更安全。就在国王突袭失败的那个晚上，整座城市都有一种兵营的氛围。街垒竖了起来，主要的街道都拉起了铁链；郊区人和城里人都主动支持议会，以防查理的军队攻打议会。妇女们烧开了水，准备泼向骑士派（保王党）的身上。那几位逃走的议员如今安然无恙地躲在科尔曼街的一所房子里，这里是激进的宗派分子的活动中心。某些人发出了越来越高的呼声：国王不配活在世上。查理实际上已经失去了首都。 235

然而，不止伦敦一个地方表示不满。在随后的几天里，有数千人骑马或步行，从肯特和白金汉郡、从北安普敦和莱斯特郡、从埃塞克斯和萨塞克斯，前往威斯敏斯特，向议会请愿。他们普遍抱怨的是，由于国家的分裂和动荡，商贸活动出现了衰败现象。危机导致国家面临突发性经济衰落；信心不足限制了商贸，伦敦的店主与商人把钱都藏起来了，等待着更好的年头。大多数人渴望天下太平，然而有必要指出的是，来自肯特及其他地方的请愿者都说，议会才是国家的权力中心。

1 月 10 日，国王离开伦敦前往汉普顿宫，他走得太快，过于突然，这里尚未替他和家人准备好床铺。他对荷兰大使说，他很担心王后在首都的安危；经此一别，他再次回伦敦，将是在九年之后，那时，他将作为囚犯而被押解回京。第二天，被国王指控犯下叛逆罪的议员们乘船回到了威斯敏斯特，他们在那里受到了欢欣鼓舞的人群的欢迎。

国家兵工厂设在赫尔城，那里储存了 20000 件武器和 7000 桶火药。

国王任命纽卡斯尔伯爵为海港和兵工厂的总管，但一位年轻的议会党人迅速行动，挫败了国王的企图，此人名叫约翰·霍瑟姆。他说服了赫尔市长让他的人马入境。接下来，他的父亲约翰·霍瑟姆爵士被任命为该城的总管。

下议院议员们起草了一份宣言，发送给全国各地的官员，督促他们“准备自卫”，一两天后，下议院议员们又请他们任命各地最高军事长官，以取代那些只效忠于国王的军官。接下来，国王致信威斯敏斯特，他在信中提出，他愿意保留议员们的议会特权，保护真正的宗教的利益，以换取议会保留他的权力和岁入。上议院想简单地回复一个谢谢，而下议院则提
236 出要求，要把全国的要塞和民团交给他们的同党。

1月末，查理将所有忠于他的上议院议员们召集到了温莎，如今他就退守在这个城堡当中；有十四位贵族前来与他会合。这样一来，留在威斯敏斯特的多数贵族便倒向了清教小集团那一边。参与清教大联合的上议院议员们如今可以依靠自己在上议院中的多数派优势，通过所有的必要立法了。于是，在2月5日这一天，下议院呈交上议院一份法案，内容是将主教排除在议会之外。步伐加快了。到了本月中旬，查理和亨丽埃塔到了坎特伯雷，他们准备前往多佛，王后要从那里乘船前往荷兰。此次旅行，她表面上是陪同女儿到欧洲大陆，安排她和奥兰治亲王的婚事，其实她还有更为隐蔽的目的；她试图出钱雇人和购买军用物资，正如她告诉威尼斯大使的那样，“为了平息事端，有必要搞乱事态”。

排除主教的议案被送到了国王手里。有人劝谏说，如果他不肯赞同这份文件的话，王后的行程可能被议会给搅黄；王后本人也发话了，敦促他同意，毕竟就她而言，主教是可有可无的。所以查理同意了，虽说他在加冕词中承诺，他要维护教士们的特权。然而，他心里可能在盘算，以后在一个更有利的环境下，他可以撤销这个决定。

当查理返回他在格林尼治的王宫时，他派人将长子带来。他决定把威尔士亲王留在身边，这样就可以保全王族子嗣；在接下来的三年当中，父子一直待在一起，度过了变幻无常的战争时期。如今议员们请他待在威斯

敏斯特附近；他若待在别的地方可能会挑起冲突和制造危险。他答复说：“说到让我住得离你们近一些，如果我觉得安全和体面，我就不会离开白厅了；你们扪心自问，我到底有没有理由离开白厅。”换句话说，他觉得距离议会和伦敦市民太近不够安全。

第二天他动身前往保王党盘踞的约克，而不是首都。走到纽马克特的
时候，议会派代表团见他；他们宣读了议会的一份声明，声明中列举了国 237
王的所作所为，包括他最近试图逮捕五位议员的行为。国王很不安。他一度说出这样的话：“一派胡言！谎话连篇！”第二天他答复道：“你们想干什么？我犯了你们的法了？我否决过有利于臣民安乐与安全的法案吗？”他又说了一句，“我还没说你们都对我做了什么呢。”

清教小集团的成员彭布鲁克伯爵敦促国王返回伦敦，陈述他的要求和想法。查理答复说：“就连威斯敏斯特公学的小学生都能从我的答复中看出端倪。否则，他真该挨棍子了。”彭布鲁克又请他将兵权交给议会。国王说道：“老天做证！一个小时也不行！”他又补充说，“你刚才向我要的那个东西，可不是该向国王要的。”国王绝对不会将军队交给自己真正的敌人。

3 月 16 日，下议院发表一份公告，声称议会执掌国家的最高权力。当下议院和上议院“颁布了国家的法律，如果有人质疑、反驳，而且还违背，并下令不要遵守国家法律，那就是严重侵害议会的特权”。与此同时，议会还发布了一条法规，要求各地的民团领导人物由议会任命；这些人可以代表议会召集武装力量。为此他们又通过了一项新的法案去征收新税，这让各地非常害怕。

议员们变得越来越让人讨厌了，克拉伦登写道，他们的统治臭名昭著，极其可怕，反对他们的人的所有谈话，哪怕是私人的、无足轻重的和不经意的谈话，都受到特务的严密监视和严格调查。在许多人看来，他们与其说是人民的代表，不如说是宗教法庭的审判官。作为王室的支持者，克拉伦登或许是一个有偏见的证人，但他提到了这样一件事，有位下议院议员，因为说过这样一句话：“不经过国王同意，议会不能为自己提供警卫”，因此就被逐出议会，关进大牢。

不过，双方还没有必要开战。全国各地都还算太平；市镇法庭还可以
238 开庭，民事法庭还可以开庭，季审法庭还能开庭。面包还可以论斤卖，麦酒还可以论质量卖。放眼全国局面，政治解决可能依然可行。无论是谁都没有力量或资源召集和指挥一支军队。没有人想承担发动内战的罪责。两边的贵族都急于达成某种妥协。

国王在儿子的陪同下，缓缓前往约克。查理在剑桥听了一场演讲，学者们高呼“国王万岁”；然而郡长并没有出面接待他。威尔士亲王向姐姐报告说，父亲“郁郁寡欢、忧虑不安”。约克郡接待了国王，但这可不是为了安慰他。他此次前来约克，只带了 39 位侍从和 17 名卫兵，但乡绅们并没有麇集到他这一边；约克的刑事法庭法官在致欢迎词的时候，敦促他对议会里的对手们“开诚布公和降尊纡贵”。上文提到的约克郡贵妇人玛格丽特·厄尔，表达了她的愿望：“噢，那个可爱的议会将口含橄榄枝到来。我们这么多人都给吓坏了，就拿我来说吧，一听到门嘎吱作响，我就以为敲响了战鼓。世道不好，事情难做，我们也指望不上煤炭赚钱了。”可以说，这番话总结了国家的基本氛围，即恐惧与沮丧交加，没有人清楚将要发生什么。果真能找到解决方案吗？局内人好像在梦游中走向灾难。

国王本人倒是显得有些乐观，他说他可以轻而易举地聚集 16000 人。他宣布将在柴郡招兵，袭击爱尔兰的叛乱分子。他致信议会解释说，他“下定决心要以适当的速度进军爱尔兰，惩罚那些奸邪、可鄙的叛乱分子”；他还说，为了这个目的，他打算招一支有 2000 名步兵、200 名骑兵的队伍，这支军队要用“我在赫尔的军火库”武装起来。当然，他脑子里的敌人可不是爱尔兰叛乱分子。

问题就出在这里。赫尔正由议会控制，议会的代表就是这里的总管霍瑟姆爵士。与其他人一样，霍瑟姆知道，国王要武装讨伐的是家中的而非爱尔兰的“奸邪、可鄙的叛乱分子”。他心里也很清楚，国王很快就会熬出
239 头来，并且要求别人听命于他。议员们还预料到这次行动，他们告诉霍瑟姆，没有他们的命令，不要打开赫尔城的大门。议员们后来还说：“国王至高无上的意愿和王室的意志是由这座高级法庭和顾问委员会［他们自身］

来施行和公布的，是通过更为明显和更具强制性的方式来施行和宣布的，而不是依靠个人的行为或他本人的决心。”他们最为清晰无误地宣布，如今他们就是主人。

在4月的最后一周，查理带领300名骑兵来到了赫尔，他先派人进城报信，说他要和总管一起吃饭。约翰·霍瑟姆与市领导人决定，不让他大张旗鼓地入城；国王来到了城下，发现城门紧闭，吊桥拉起，城墙上只有一名卫兵。他要求对方放合法的君主入内。但霍瑟姆告诉他，“我不敢开城门，因为议会将城镇的安全托付给了我”。查理答复说，“我相信议会并没有命令你关上城门，不让我入内”，而霍瑟姆答复说，“国王手下人数过多，如果允许这么多人进城，我无法向城中百姓交代”。霍瑟姆告诉他，他可以带上12人入城。查理以为这是对他个人的冒犯，便拒绝了这个条件，他宣布霍瑟姆是叛徒。他的尊严以及个人的自尊心受到了深深的伤害。

回到约克后，他派人带信给议会，说霍瑟姆侮辱了他，“此人胆大妄为，坚称议会命令他不让国王陛下入城”。两院郑重其事地答复说：“约翰·霍瑟姆爵士只是奉上下两院的命令行事而已，”并且说，“他是下议院议员，如果宣布他为叛徒，就是严重侵犯了议会特权。”他们还命令约克郡的郡长“镇压”国王后来召集的任何武装。各方都预感到，一个苦难的
世界即将来临。 240

24

观 望

1642年春，上下两院已明确认定："国王受奸臣蛊惑，图谋向议会宣战。"因此，议会开始积极备战。时至5月，16000名士兵已征召待命。伦敦的民团集结于芬伯里菲尔茨，整装待命。同时，赫尔的武器被转运至伦敦塔。以百分之八的利息拿到的强制性贷款——体现为金属货币或金质餐具——充实了议会的金库。在这个春天，议会委任沃里克伯爵为英格兰海军事务大臣。他不负众望，很快获得士兵的信任，迅速掌控了过去支持国王的海军舰队。克拉伦登后来评论道："失去整支海军之后，国王就大势已去了。"一旦失去了海军，英格兰国王就难膺国王之名了。

人力和财力也源源不断地涌向人在约克的国王。贵族、教士、乡绅以及两所大学的学者们为国王献上珠宝、金质餐具以及现金。当然，一些支援未能成功。王后从荷兰派来一艘装载弹药和16门大炮的军火船，但在雅茅斯海岸被拦截。议会发出了"招募令"来招募队伍，国王也发出了"（英
241 格兰古法）征兵令"，组织志愿军。这些法令都是用拉丁文书写的，上面盖着国玺的正式文件，它们被送往国内的各城、各郡；国王在文件中还给各地一些很有势力的保王党发了委任状；这些人愿意为国王效力，保卫自己的地盘，也愿意为勤王大业募兵筹款。不过，双方的士兵此时还没有必要

进入战斗状态，他们的主要作用可能是防止对方武力相向，或者支持随后可能进行的谈判。

议会的“招募令”和国王的“征兵令”相互冲突，引发了混乱。5月的一个清晨，当性情温和的老兵托马斯·尼维特爵士在威斯敏斯特漫步，迎面走来的两位议会人员带来了议会的命令。“根据招募令，我必须重回部队，指挥作战。”他告诉妻子，“我非常吃惊，不知该拒绝还是接受”。不过他还是接受了命令，因为此事“无处说理”。几个小时后，“我又收到国王的命令，内容与议会的命令完全相反”。他与处境同样尴尬的人们一起商讨此事，最后他们达成共识，如何抉择需听从自己内心的良知。同时，尼维特爵士写道：“我认为，在此危急时刻，我要尽可能和同伴待在一起，远离那些新主人，直到他们的第一次征兵活动结束，这才是明智和安全之策。”这便是夹在两派之间的一个温和与相对公正之士的言论。然而，他的声音和其他相同的声音一样，很快便被淹没在那些强硬派越发令人讨厌的叫嚣声中。伦敦人如果拒绝加入议会阵营，就会受到威胁：“即刻离开伦敦，否则你的脑袋会被街上的孩子们砸得粉碎。”

如今，事态越发难以控制，任何举动必定激起反制，任何谣言都会导致进一步反应。一位名叫布尔斯特罗德·怀特洛克的议会支持者后来说：“人们很难注意到，正是这些一个接着一个不期而至的偶然事件，让我们不知不觉地陷入内战的边缘，就像一股又一股不停翻滚的海浪，将我们越推越远。”人们撰写了许多著作，探究内战的社会或宗教诱因，但是究其主要动机，乃是恐惧。皮姆和他的同僚们都明白，如若国王获胜，他们将会以叛逆罪被处死。242

1642年6月，议会党人沃顿勋爵致信在约克追随国王的首席大法官。他问对方，为何举国之内竟然没有一位深谋远虑、手段灵活之士，能够“阻止我们即将面临的灭顶之灾”？他的那些威斯敏斯特的同僚也并非不忠于国王，而国王周围的人也“希望并致力于和解”。因此，为何双方不能达成和解呢？两年后，托马斯·尼维特爵士坚信，“唯有用‘精神病发作’一词，才能最充分地解释我们的行为”。

6月初，在皮姆的英明领导下，议会向国王递交了“十九项主张”，其中一项是希望，或者说是命令：国王必须解散自己的军队并接受“招募令”的合法性；其次，国王必须接受议员提出的宗教改革方案，并且赶走上议院中的天主教贵族。国王须获得议会的批准，才能任命自己的重要官员，而且所有重要的国家事务都必须在议会里讨论，方可执行。借用一位议会党人埃德蒙·勒德洛的话来说，这个方案“直接引发了之后的战争”。勒德洛指出，问题的关键在于，“是国王应该如神一般按照自己的意志统治国家，而国家则如同野兽般任人暴力宰制；还是人民应该受到自己制定的法律的统治，接受反映民意的政府的统治”。

当然，国王用“我们不希望英格兰法律变更”这样一句话断然拒绝了这些要求。他说，接受议会的要求意味着，他将成为政权的“局外人，一幅肖像画，一个标志”。这些主张是对国王的“嘲弄”和“蔑视”。然而，有些人仍然对和谈抱有希望。议员吉尔伯特·皮克林爵士在写给一位朋友的信中说：“此刻，人们看到了一些和解的征兆……并且大多数人都觉得他们闻到了和平的气息，但是战争准备仍未停止。”有十七个郡发出了请愿书，期望双方“和解”。

7 月初，人们听说，保王党的军队已在赫特福德郡、伍斯特郡和沃里克
243 郡集结；不久，人们得知，国王已经掌握了一支骑兵部队。7 月 11 日，议会宣布国王已经挑起了战争，从而将挑起冲突的责任转嫁给了国王。第二天，埃塞克斯伯爵被任命为议会军的总指挥，国王随即宣布他为叛国贼。三天后，曼彻斯特的一位市民被一群保王党打伤，并因伤口感染而死，这是内战流下的第一滴血。于是，双方开始竞相夺取各地民兵的弹药控制权。

议会成立了一个“安全委员会”，该委员会在夏秋两季开始组织士兵、准备武器和加强补给；或者说，它更像一个司令部，因为它一边负责指导军事战略，一边在议会和将领之间进行沟通。

双方阵营逐渐成形。早期的保王党人之所以拥护国王，大多是出于忠君思想和服从学说。爱德蒙·韦尼爵士说得最为明白，他在谈到国王时说：“我已经受其俸禄并侍奉他将近三十年了，我不会轻易背叛他。”韦尼爵士写下此言后不久，在第一次激战中失去了生命。他的荣誉感压倒了一切。

这关乎“往昔的使命”或“辉煌的旧事业”。

大多数贵族和大地主都支持国王，因为国王的特权保证了他们的利益，支持国王的乡绅家族是支持议会的乡绅家族数量的两倍。当然，清教徒乡绅都是议会党。一位名叫理查·巴克斯特的清教牧师透彻地剖析了这一情况。他声称，“正如人们所想，在大部分郡里的乡绅当中，在大部分商人和自由地产保有人，以及中间阶层，特别是镇里和郡里那些依赖纺织及此类制造业的人士当中，只有一小部分人是支持议会的”。在大城镇的下层人中，如搬运工、水务工、屠夫和劳工等，效忠国王的热诚依然显而易见；这一点我们今天应该承认；街头巷尾常能听见有人骂“议会狗”和“议会婊”。他们在帽子上系上红丝带，以示忠君立场。 244

不从国教派一边倒地支持议会，而罗马天主教徒和那些正统教派的教徒们要么支持国王，要么因为害怕遭报复而保持中立。尽管市政官们反对教士，但大学和大教堂所在的城市站在了国王一边，而造船厂和主要港口则支持议会一方。不过，大量的城镇仍然希望置身事外。

笼统地说，北部和西部地区同情国王，而东南部，尤其是伦敦地区，完全支持议会的事业。不可否认，所有地区都是四分五裂的。例如，林肯郡的北部大部分是保王党的地盘，南部则大体上支持议会。据记载，德比郡东部的煤矿和铁矿产区支持保王党，而北部经济发达地区则支持议会。这种状况是社会因素而非地质因素造成的；经济发达地区有许多独立的小企业主，而煤矿和铁矿地区则由大企业主或大地主控制。在其他各郡的林区，有许多独立的、自给自足的教区，是清教徒事业的天然庇护所，而以“混合”农业为主的村社则站在保王党一边。

人们对此进行了更为细致的计算。据估计，保王党的年龄普遍比议会派稍微年轻，支持这一统计数字的事实依据是：许多年轻人出于冒险精神和爱国主义精神而加入了国王阵营；在议会中，保王党人比清教徒的同僚们平均年轻十一岁。法官们的效忠对象也是高度分裂的，有些法官担忧国王对宪法虚与委蛇，而国家各职能部门的员工更有可能成为活跃的议会派。当然，律师们对廷臣也素有敌意。

大多数人对此局面持观望态度，他们可能对任何一方的意见都漠不关心，但王国的变化令其感到震惊和恐惧。双方的同党挑起了这场冲突，也将由他们结束这场冲突。其余的人则袖手旁观，静观其变。一位名叫亚
245 瑟·哈塞尔里格的议员说，他们不在乎政府的形式，只要让他们“能耕种，能买卖”，那就行了。甚至有人说，应该用掷骰子定输赢。

议会军的将军威廉·沃勒爵士在给他的保王党对手拉尔夫·霍普顿爵士的信中说：“我对你的爱依然如故，敌对立场不能毁掉我们的友谊；但我必须忠于我献身的事业。”他宣称，他痛恨一场没有真正敌人的战争，“我仅仅将它视作 opus domini［上帝的安排］……我们都置身于这个舞台，必须扮演着上帝分派给我们的悲剧角色。让我们不带个人仇恨，以体面的方式完成各自的使命吧！”这是这一时期表现出的最高尚的一种情感。

所有的城镇和郡都分为两派，彼此争论不休；从大城镇到小教区，派系冲突随处可见。更有甚者，有些猎手把自己的一群猎狗命名为“圆颅党”或“骑士党”，而街上的孩子们套用这些派系名称，玩战斗游戏。

许多家庭的内部也分为两派。虽说有人认为，这不过是保住家产的花招而已，因为无论哪方获胜，家产都可保住。长子可能是保王党，小儿子则保持“中立”或“持怀疑态度”。然而，并非所有的家庭分歧都能得到友好解决。一位保持中立的约翰·奥格兰德爵士在其备忘札记中写道：“如果我告诉你，在英国历史上，有一段时间，兄弟相残，堂兄弟相残，朋友相残，你一定觉得难以置信。”

8 月 22 日下午，查理骑马进入诺丁汉城堡。在那里，王旗已从城堡被取出，竖立在他身旁。这是一面绣着皇家盾形徽章的丝绸旗，上面还绣着一句格言“让恺撒的归恺撒”；它悬挂在一根长杆子上，杆子的上部被染成红色，据说像一根五朔节花柱。国王扫视了一遍檄文，改正了某些文字。号角吹响后，传令官用颤抖的声音宣读了檄文，所有人把帽子抛向空中，大声喊道：“上帝保佑查理王，绞死圆颅党。”那天晚上下了一场暴风雨，
246 吹落了旗帜。克拉伦登写道：“悲伤笼罩着整座城市，国王本人好像也比以
247 前更加忧郁了。”内战打响了。

25

地狱之门

到了1642年夏末，国王想方设法召集了一支军队，其中有一部分是来自各郡的民团，他们对国王依旧忠心耿耿，还有一部分是志愿军，他们参战，要么是出于忠君思想，要么是想拿军饷和趁火打劫。当国王离开诺丁汉时，他的麾下已经有了七八个步兵团，后来在行军途中，又增加了几个骑兵团，共有14000人左右。

不久，又有一些人将加入王军。这是因为，9月初议会公开宣布，那些有反议会意图的人将被视为“罪犯”或“心怀叵测之人”，其财产可被没收。那些同情国王但迟迟不动的人，还有那些保持中立的人，立刻感受到了威胁。这一宣言加剧了王国的分裂。许多观望风向的大地主和贵族开始行动起来，为国王募兵，以便保卫自己的生命和财产。议会派日记作家西蒙兹·德埃夫斯坦言：“该宣言不仅让贵族及其他人中的一些感到恐惧，在某些郡，它还让所有人相当绝望。”议会的错误令国王非常开心，他满怀信心地期待着更多的人来入伙。在这一点上，国王无疑是正确的。

9月9日，埃塞克斯伯爵前往驻扎于北安普敦的军队。他随身带着棺椁 248
和裹尸布，以示要战斗到底、马革裹尸。他统率了20000人马，人们普遍认为，他会轻而易举地打败国王。克拉伦登在书中写道：“他骄傲自大、野心勃勃，倘若有人比他更受尊重，他便心生不满，因为他认为自己应该得到更多的尊重，更应该得到回报。”他富甲一方，地位显赫，他喜欢让“他的优点”广为人知。在人们眼里，他仅次于国王，位居一人之下、万人之上。他颇有玫瑰战争中大领主们的风范，但其军事才能还有待时间的检验。他寡言少语且态度冷淡，人们却误以为，此乃睿智之表现。他天生不是一个反叛者，他因出任议会军总指挥而深感不安。看起来，他的最终目标就是把国王和“奸臣”分开，将其带回伦敦，充当立宪君主，与议会共同治理国家。但这可不是他的议会盟友们的目的。

这年秋天，大约有 40000 人被征召入伍，到 1643 年夏天，人数已经增加到 100000 人。双方军队在许多方面势均力敌。许多士兵相信，战争很快便会结束，他们将及时返乡准备丰收；人们还普遍认为，一场大战便能定胜负。军中士兵大多很穷，都是受到地主或雇主的强迫来服兵役的。

在王军当中，一个债台高筑的农夫、一个被绞死的盗马贼的儿子、一个堕落的织布工、一个居无定所的裁缝，还有住在地洞里的父子四人，都来自什罗普郡的一个村庄。人们时常讥讽双方的士兵，称其为“王国的废物们”。罪犯从监狱里被释放出来，被迫服兵役。据说，在受训的士兵当中，最好的是屠夫，因为他们早就习惯了血腥。对一些人来说，打仗是好事，可以缓解他们在世间的苦难，这些人急于趁机抢夺财物。退伍老兵伯奇上校回忆说，“当我在军队的时候，一些人会说：‘别走这条路，别让战
249 争结束太早了’”。他们获得的给养比家中的食物丰盛得多；每天的定量为两磅面包或饼干，外加一磅肉或奶酪，还有一瓶葡萄酒或两瓶啤酒。

保王党军队的纵酒好色尤其为人诟病。据记载，在战争的开头几个月里，一伙保王党士兵在莱斯特郡杀害了一名怀孕八个月的妇女。伊斯特奇普的清教徒工匠瓦灵顿写道：“他们横冲直撞，大声咆哮，破口大骂，飞扬跋扈，四处掠夺，干尽了坏事儿。”

这些恶行并不限于保王党一方。保王党人砸了酒馆，而议会军则亵渎了教堂。战争的氛围使人变成了牲畜。据说，军队驻扎过教堂或大厅，留下的气味恶臭难闻。他们在角落里拉屎撒尿。他们还经常传播传染病，这

就是所谓的“军营热”。

当然，许多士兵是出于真正的信念而自愿参军的。议会军士兵们在行军途中吟唱圣歌，牧师们也选择经文向他们布道，诸如第六十八首圣歌：“让上帝显现，驱散敌人……”世俗性的对抗也刺激了他们的斗志。据报道，赫特福德郡的人对抗格洛斯特郡的人，而兰卡斯特的人与诺森伯兰人作战。

士兵们使用长矛或火枪，但有些人仍然使用老式弓箭。长矛有十八英尺长，有一个钢制的头，但许多士兵嫌其笨重，将其削断；长矛兵都配一把短剑。火枪的子弹威力不足，因而只有靠近敌人身体时，士兵们才能射击。由于没有弹药匣子，火枪手只能在嘴里或腰带里放两三发子弹。子弹上膛后，用名为“火柴”的火绳点火射击。还有人则更喜欢用枪射箭。士兵们穿着皮制的短上衣，戴着形状似铁锅的头盔。

然而，并非所有的部队都未经训练或装备不足。双方军中有曾在法国、西班牙和低地国家作战的职业军人。另外，双方都使用雇佣军。许多指挥官都曾在欧洲大陆指挥作战，有些人研习过兵书，如《战争方略》或《军 250
队招募和物资管理手册》等；他们是军中的指挥官，必须为部队提供基本训练。“枪托右转……火枪放肩上……掏火绳，吹掉多余的煤粉，拉直火绳……准备，开火。”

第一次小规模冲突或遭遇战发生在伍斯特附近。埃塞克斯移师伍斯特镇，当国王得知这个消息后，立刻派遣鲁珀特亲王前去支援保王党的这一据点。莱茵河的鲁珀特是国王的外甥[①]，年仅二十三岁，便已是一名出色的将领，他的军事知识和经验被认为极为宝贵。他精力充沛，无所畏惧，但有些鲁莽和冲动。然而，在这次小规模的交战中，他击溃了议会军的骑兵队，杀死了大部分军官。

克拉伦登写道，这一胜利“极大地鼓舞了保王党的士气，鲁珀特亲王威震四方，敌人闻风丧胆”；他还指出，“从这一刻起，议会方终于明白，

① 鲁珀特系巴拉丁选帝侯腓特烈与詹姆士一世之女伊丽莎白之子，是查理一世的外甥。

开弓没有回头箭，事情不会轻易结束了”。奥利弗·克伦威尔本人非常担忧议会军的品行。他告诉堂兄约翰·汉普顿，“你们的士兵大多是堕落的侍从和罪犯这样的家伙，而他们（保王党）的士兵则是绅士的小儿子们，有教养的人”。克伦威尔坚信，议会若想获胜，必须建立一支值得称道的新式军队。

也许还有一个办法可以避免流血冲突。来自伍斯特郡的议会大佬布鲁克勋爵宣称，他希望“避免血流成河”。于是，他向保王党对手北安普敦伯爵提议，“让我们在决斗场用剑一决胜负”。因此，一场决斗可能会决定战争的进程。这是中世纪的解决之道，它凸显出人们一定程度上仍然将这场战争视为一场贵族式对决。然而，自 15 世纪以来，社会和政治已经不同于以往了。

国王率兵挺进什鲁斯伯里，与议会军仅相距 50 英里。三个星期以来，
251 双方一直保持这么近的距离，都按兵不动，没人急于投入战斗。国王查理不愿在此僵持不下，决定进军伦敦。埃塞克斯不得不阻止国王，但伯爵仍想向国王递交请愿书，但查理拒绝见他。他为什么要和反贼谈判呢?

国王缓慢地向伦敦挺进，但埃塞克斯尾随其后。内战的第一次战役在沃里克郡南部的埃吉山打响了。10 月 22 日晚上，保王党军队驻扎在此处，离议会军很近，查理决定从山头发起进攻，以便占据优势。这是一场胜负难分的战斗，鲁珀特的骑兵一度占了上风，但议会军的步兵也坚守阵地，寸步不让。双方都宣布胜利，但实际上谁也没有取胜。死亡人数刚刚超过了 1000 人。一名士兵在写给母亲的信中说，“当天晚上这片战场弥漫着恐惧和痛苦”。

大多数参战者是第一次参与战斗，领教了什么是开局震撼。士兵们缺乏严密的组织，尤其是鲁珀特的骑兵，完全失控。许多士兵和一些指挥官疲惫不堪，厌恶了杀戮，逃回了家。此前从未打过仗的国王看见自己最忠诚的一些将领阵亡，被吓得心惊肉跳；同时，他似乎也被叛军的规模吓坏了，他在战前就喃喃自语，竟然有那么多人反抗他。埃塞克斯伯爵也同样感到沮丧，他本来指望，一场大战便能决出胜负，但他没想到，此战胜负

难定，死伤遍地。难道这预示着，整个战争都将如此吗？然而，他已经与国王刀兵相向，也就骑虎难下了。

鲁珀特催促国王立刻向伦敦进军，但查理却和他的部队南下20英里，来到牛津，他决定在那里建立自己的总部。直到11月初，他才再次启程，进军首都。得知王军来临，市民们惊慌失措，有什么武器就拿什么武器；议会方派遣代表团来到王军大营与国王谈判，但国王仅仅口头上礼貌客套，行动上仍继续向伦敦挺进。鲁珀特亲王在距离伦敦8英里的布伦特福德，袭击了的一支议会军，又烧毁了镇上的一些房子；“烧杀抢掠”这个词便是 252
此时进入英语词汇的。在整个战争期间，鲁珀特亲王的军队都是如此行事。

在议会党领导人的倡导之下，伦敦市民决定拼死一搏。学徒与民团共有6000人，在切尔西原野集结，这个地方靠近奇斯威克的特兰姆格林村。埃塞克斯伯爵进城，恳求更多的人参军，最后组建了一支由24000名伦敦人组成的衣衫褴褛的军队，向靠近敌军的特兰姆格林村挺进。11月13日星期天，两军对峙，互不相让。国王担心伤亡太大，撤退到霍恩斯洛。即便国王最狂热的支持者也不太愿意向伦敦发起总攻。因此，国王错失了最好的也是最后一次的打败敌人的机会。他并没有因为自己的仁慈而受到赞扬，反倒因为在最后一刻撤退而当众受辱。至少，议会控制的出版物是这样描述的。

敌对状态暂时中止，有人发出了和平与和解之声。议会提出了四项建议；其实议会心知肚明，国王会断然拒绝。一大帮伦敦人拥向市议会，呼吁“和平和真相”，随后就有人高喊着：“该死的真相！为了和平，不惜任何代价！”在整个战争中，停战的呼声从未停过，但无论何时，激进分子总能打败那些胆怯的同僚，掌握主动权。例如，议会里的好战派们坚信，和平等同于投降。于是，他们开始接触苏格兰人，试图获得军事援助。

另外，筹集更多的资金也是一件重要的事情。11月25日，议会一致同意在伦敦搞财产评估，进行征税，但这只是一个开始。在接下来的数周至数月里，约翰·皮姆设法让议会通过了一系列条款，涉及土地税、财产评估、财产没收、财产税以及增加消费税。所有的有产者都有义务向公共基金捐款，前提条件是，这些钱最终由“公信力”偿还，这种说法模棱两可，
253 几乎毫无意义。征税的借口依然是“危急时刻”和“迫在眉睫的危险”等老一套。翌年，议会又颁布一项惩罚政策，即逃避捐款者将被罚款，数额为其土地收入的五分之一和个人财产价值的二十分之一。

国王驻跸牛津的基督堂，而鲁珀特亲王则搬进了圣约翰学院。当国王在奥里尔召集会议期间，万灵学院成了军火库。大学校园面目全非，基督堂的四方形大院子变成了牛栏，而基督堂成为临时宫廷，讽刺诗和爱情诗交相辉映，在人群中传来传去。

此刻，双方都在斟酌各自的战略。保王党计划从北部和西部向伦敦缓慢推进，鲁珀特亲王带领骑兵部队从牛津援助。另外，王军还得从议会军手中夺回西部的普利茅斯港和布里斯托尔港，以及东北部的赫尔港，这样一来，他们就不能威胁王军的侧翼了。议会军控制了伦敦以及东南部和中部各郡；议会决定把这些地方“连成一片”，这样更容易联合作战，共同对敌。

奥利弗·克伦威尔和表兄约翰·汉普顿说过，他要建立一支与王党的“绅士”部队不分伯仲的劲旅，他把这个想法付诸实施了。他从各个行业中挑选出一些干活勤劳而积极向上的人，清教徒领袖理查·巴克斯特说他们“比普通士兵更睿智”。如果有人说脏话，将被罚一先令；如果有人酗酒，就会被关禁闭。他们名声大噪，被称为“虔诚之人”、“难能可贵之士”，这些说法有时候是表扬之词，有时候是讽刺之语。

查理和他的军队最先获得捷报。他的手下战将纽卡斯尔伯爵占领了约克，似乎牢牢地控制了北部各郡。国王亲自率军突袭，攻下了马尔伯勒；法国大使写道，“他不知疲倦……从早到晚，与步兵一起行军，他总是骑在
254 马上，很少坐马车”。议会军战俘经常被王军动用武装押送到考文垂。

1643 年 2 月初，双方在牛津展开谈判，这让一些人更加坚信战争很快就会结束。议会起草了一些讲和条件；其中专门规定，国王有义务履行议会已经批准的法案，并审判某些“罪犯”。尽管国王不喜欢这些条

款，但他仍说，“我会履行自己的职责，尽可能地从苦胆中汲取蜂蜜”。然而，在一次私人通信中，他写道，就算是上帝，也不能“从这些条款中发现和平”。国王在回复中列出一堆条件，其中第一条是归还他的城堡、收入和船只。几天后，议会投票，认为国王的回复毫无诚意。和平的希望瞬间破灭。

在国外短期流亡的王后亨丽埃塔·玛丽亚回国了。她带回了资金和武器，加快了战争的进程。一场为时甚久的大暴风雨让她迟迟无法登陆。“放心吧，亲爱的，”她安慰随从们，“英格兰的王后不会被淹死。”王后最后在约克郡的布里德灵顿登陆，议会军的军舰炮轰了她的住所，她被迫躲到野外，待在小河边。议会军摧毁了她在萨默塞特宫附属的小教堂，一幅挂在圣坛上的鲁本斯的绘画被扔进了泰晤士河。然而，“女统帅王后陛下”——她的自称——永不畏惧。她带领 3000 名步兵、30 个连的骑兵和 6 门大炮，从约克出发，前往牛津，与丈夫会合。1643 年初春，约翰·伊夫林在日记中写道，整个英格兰南部的人们在空中看到了一个幻影；那是一片金光闪闪的云彩，“明亮如月”，形状就像一柄利剑，指向北方。

在接下来的几个月，战局似乎有利于保王党，但结果未定。这些战斗的规模都不大，经常起不了决定性作用，但双方各有局部的胜负。为保卫家园而战的军队打仗最出色，这是很正常的事情，但直到此时，尚未出现可以改变战局的大规模交战。

战争在全国各地零星进行，没有统一的战略策划。例如，保王党必须
占领利兹，解救纽卡斯尔伯爵，以便让他抽出身来，协助在兰开夏郡困难 255
重重的德比伯爵。国王的军队围攻格洛斯特，但埃塞克斯率领一支由伦敦人组成的军队为它解了围。保王党军队在北部取得了胜利，但他们失去了雷丁这个重镇。唐顿落入他们手中，但是普利茅斯被议会舰队解救了。全国各地几乎都爆发了小规模的战斗。也许某一城镇的居民正为议会组建军队，而邻近的庄园则为国王招募士兵。几乎所有的行动都缺乏严密统一的指挥，两军相遇纯属偶然。没有人知道真正发生了什么。

伦敦深受恐惧和谣言之苦，为了逃避战乱，大量外地难民拥入了伦敦。

1643 年春天，伦敦开始在城市周围兴建一个巨大的防御工事，郊区的许多房屋被拆毁，不给敌人留下躲藏的地方，而这有利于周围的 28 个“防御工事”或堡垒有效发挥火力的作用。防御“土墙”前面挖出了一条 3 码宽的沟渠，有些地方的防御工事高达 18 英尺；城市四周是长达 11 英里的城墙，大部分城墙是市民自己在 3 个月内修建的。威尼斯大使估计，大约 20000 人，包括妇女和儿童，从事了这项工作；正如约翰·伊夫林所描述的那样，“愤怒和狂热的人们”非常积极，甚至星期天也不休息。遗憾的是，伦敦的这座长城没有留下一点遗迹。

伦敦还得提防内奸，据认为，三分之一的伦敦人仍然支持国王，并且许多保王党成员已经渗透到了民团当中。6 月初，伦敦破获了一起保王党的阴谋案，他们企图接管伦敦并逮捕议会派要员；其中一个密谋者出言不慎走漏了风声，导致他们被捕、受审。城市里还有一个敌人。议会下令将齐普赛十字架从它矗立了 350 年的地方移走；其他所有的“罗马天主教纪念碑”也将被摧毁。

1643 年 5 月发生了一场小规模冲突，现在看来，其意义非常重要。奥
利弗·克伦威尔带领少数骑兵，在格兰瑟姆城外 2 英里处，遇到一支保王
256 党骑兵部队；他们的兵力是克伦威尔人马的两倍，但是克伦威尔立刻发出
冲锋的信号。克伦威尔一直偏爱出其不意、快速出击的作战方法。保王党
士兵乱了阵脚，纷纷逃离战场，用克伦威尔自己的话说，“凭这么点人马就
扭转了局势，这让上帝很开心”。一群“虔诚之士”，在指挥官的鼓舞下，
击败了外表更强大的敌人。

7 月初，宗教领域也开始了清理整顿。神学家们在威斯敏斯特举行集会，试图彻底净化信仰和崇拜、宗教纪律和宗教政府。他们将起草一份《礼拜程序大全》，取代国教的《公祷书》，他们还编撰一份人人都必须遵守的“信仰自白书”。这才是刚刚开打的内战的真正核心和刺激因素。这些代表在亨利七世的礼拜堂进行了第一次会晤，但由于天气越来越冷，他们转移到相对舒适的耶路撒冷会议厅。他们在此一待就是 5 年，每天从早上 9 点讨论到下午 1、2 点，举行了 1000 多次会议。

他们哭泣，斋戒，祈祷。苏格兰国教会全体大会代表罗伯特·贝利这样描述道：

> 特维斯博士做了简短的祈祷后，马歇尔先生以最神圣的方式祈祷了两个小时。随后，阿罗史密斯先生布道了一个小时，然后吟唱赞美诗，紧接着，维恩斯先生祈祷了近两个小时，帕尔默先生布道了一个小时，希曼先生祈祷了近两个小时，然后吟唱一首赞美诗。后来，亨德森先生的一场简短的、甜蜜的心灵交流，使人们在大会上忏悔，看到其他应当改正的罪过，借机批判所有的宗派，特别是浸礼会教徒和唯信仰论者。

这段话虽然有句法错误，却刻画出人们的热情。

如果不祷告，他们就争论宿命、选举、辩护和谴责。他们也讨论政治性较强的事务。国家应该只奉行一种宗教，还是宗教信仰应该由个人的自由意志来决定？国家应该惩罚那些少数派的宗教信仰者吗？一个月以来，他们一直在思考，是否个人的宗教集会维护了长老会政权的广泛统一。《圣经》是怎样论述这些话题的？安条克教会与耶路撒冷教会有什么关系？他 257
们相互争论，非常虔诚，苏格兰长老会的神学家与英格兰清教徒的神学家们争论不休；英格兰人都赞成建立一个“民间联盟”，这个联盟将为“英格兰人的信仰自由打开一扇窗户”，苏格兰人喜欢“宗教誓约”。英格兰人不可能接受苏格兰宗教的严苛，议会也不会允许国教的任何一个派别独领风骚。奥利弗·克伦威尔本人便是一个著名的独立派，他支持宗教宽容和多元性；议会军的许多将领和他观点一致。

威斯敏斯特会议正式开幕几天后，埃塞克斯伯爵提出了一个令人震惊的建议。他建议，应该向身在牛津的国王再次递交休战条款，如果国王再次拒绝，那么他应该退出战场，让双方军队通过一场大激战来定胜负。这是一种决斗。这个提议当然不能当真，但它的确凸显出埃塞克斯伯爵对旧式骑士准则的眷恋。然而，如今已经不是骑士时代了。皮姆宣称，这个想法“实在可怕，实在危险”。这件事也首次严重表明，埃塞克斯伯爵性格软弱，他对战争的进展持有怀疑态度，从而引起一片恐惧。据一家新闻信札的说法，他已成为“议会军的童子军”，“画家讽刺他，牧师审查他，老百姓在餐桌上笑话他”。

保王党军队扭转局势，节节胜利，让议会灰心丧气。在威尔特郡的朗德维唐，一支议会军队被打败，活下来的都成了俘虏，其中包括一个团的全副武装的士兵，被称为“蠢货”。在牛津郡的查尔格罗夫，保王党再次获胜，约翰·汉普顿死于重伤。鲁珀特亲王的队伍一阵猛攻之后，拿下了英格兰的第二大城市布里斯托尔；之后，普尔和多切斯特失守，波特兰和韦茅斯相继投降。盖恩斯伯勒和林肯很快陷落。

战败消息频传，上议院出现了“主和派”，但是皮姆及同党利用伦敦暴民的威胁之声镇住了他们。不过，老百姓的想法可是变幻莫测。在 8 月的第二个星期，2000 或 3000 名妇女拥向威斯敏斯特，帽子上系着白色丝带。
258 西蒙兹·德埃夫斯写道，她们“样子落魄，神志迷乱，来到了下议院的大门口，也不管那里是什么地方，高声叫喊‘和平！和平！’”。他还写道，“她们见到留着短头发的人，就扑上去”，大声哭喊着“圆颅党人！圆颅党人！”。

议会强行征收一种新税，即所谓的“消费税”，要对肉类、盐和啤酒等商品按照统一税率征税，到了这时候，议会变得更不得人心了。国王那边也以募捐和征税的形式筹集资金，征收的对象是保王党控制的各郡，这种税叫作“定期缴纳金”；尽管如此，他的财力依然远远不如议会。

查理再次发起攻势，进军格洛斯特。克伦威尔致信议会，他在信中写道：“你们必须积极行动！切莫分心！切莫大意！”8 月 10 日，保王党军队到达该城，查理希望格洛斯特的军官投降，遭到拒绝，于是，围攻该城三周，仍未攻破。9 月 5 日，埃塞克斯伯爵率领议会军前来支援，王军久久围攻不下，师老兵疲，被迫撤退。

几个月来，这是议会军取得的第一次重大胜利，伦敦和威斯敏斯特都为之欢欣鼓舞。克拉伦登写道：“议会有时间整编残余部队，重振士气，他们可能承认，他们后来向往的丰功伟业就起源于此。”他还写道，在保王党方面，“除了心灰意冷、满腹牢骚和秘密叛乱外，什么也没有”。从格洛斯特撤军时，威尔士亲王问父亲，他们是否要回家，查理回答说：“我们没有家了。”

埃塞克斯伯爵的军队不可能一直待在格洛斯特，因为其他地方也需要他们。保王党军队一直埋伏在附近，等待伯爵军队最后撤离，伺机行动，目的是切断他们通往伦敦的后路。一连好几天，双方军队佯装前进，又撤回，反反复复，来回折腾，双方都在向伦敦挺进。国王的军队在风雨中熬过了漫长的一夜，一路追击敌人，最后到达伯克郡以西的纽伯里镇。9月20日，战斗持续了一整天，议会军在蜿蜒的小路和树篱间缓慢向保王党军队进攻，保王党军队坚守阵地，阻止敌军踏上通往伦敦的道路，但在那天 259
晚上，他们终于撤退了。他们已经精疲力竭，弹药好像也用完了。这场战斗毫无战略、战术可言，只是一场残酷的、血迹斑斑的厮杀；用时人的话说，“靠长矛说话”。当然，双方都说自己取得了胜利。

战役的名称和日期容易列举，但它们的性质难以描述。事实上，战役打响之后，士兵之间就要经历无数次殊死搏杀，他们根本不知道周围的情况；当一群人因怕死而惊慌逃窜，战场上便出现一波又一波的恐慌；此时此刻，指挥官除了依靠突如其来的机会和出乎意料的本能之外，根本无法指挥军事行动。一堆人和马在挣扎、动摇和发抖。胜利也好，失败也好，很大程度上都出于偶然。

恐怖和混乱的情况十分严重，双方都相信，地狱之门已经打开，熊熊烈火从中喷薄而出。保王党上尉理查·阿特金斯在回忆一场战斗时写道：

> 空气中弥漫着火药的烟雾，黑乎乎的一片，我敢说，大概一刻钟左右，眼前没有一点日光，只有子弹发射时的火光：这是我一生中见过的最大的风暴，我不知道该去哪里，也不知道该做什么，我的战马也中了两三枪，这让它立即不停地发抖，我动用了马刺，才让它没有

> 倒下来，但它还是尽职尽责了；它把我带到一匹领头马那里，然后就死了。

一位更有名的保王党指挥官威廉·卡文迪什描述道：“双方主力厮杀成一团，枪声和叫喊声响彻云霄，震耳欲聋，火药的烟雾弥漫在空气中，烟雾很浓，除了子弹出膛时的火光，我们看不到任何光亮。”混乱的景象出现了。粗野的喊叫、伤兵的哀号和垂死之人的呻吟，在黑暗的空中回
260 荡。

26

战争中的女性

读者们可能已经厌倦了战场厮杀和男性事迹。虽说妇女在内战时期并没有完全销声匿迹，但她们在社会生活中仍然处于明显的劣势。当然，也偶有例外。1638 年夏天，露西·艾普斯利嫁给了约翰·哈钦森，战争一打响，后者便加入了议会军。他像克伦威尔一样，属于独立派，因此很容易接受军队指挥；1643 年，他被任命为诺丁汉城堡的守将。他是后来签署国王死刑令的人之一。战争结束几年后，露西·哈钦森在写给她长子的信中讲述了这段痛苦的经历。这份记录后来出版了，名为《哈钦森上校回忆录》。

该书不是一部克拉伦登风格的战争史，它从一位亲身经历者的视角出发，生动而真切地叙述了战争的经过。虽说露西·哈钦森颂扬的是她丈夫的生活和事业，但她本人的性格和信念也不断地闪现在字里行间。她甚至简要地交代了自己的早年生活，强调自己与同龄人相比是如何特立独行。她不喜欢针线，而且害怕和其他孩子一起玩。即便当她不得不和同龄人待
在一块儿时，她也会向她们训话，并且毫不避讳地说，自己更喜欢独处。 261
她讨厌女孩子们玩的洋娃娃，而无比喜欢她熟能成诵的成年人的“严肃话题”。到了玩游戏的时候，她一门心思想看书。

因此，这本内战记录是出自一位激情洋溢、不同凡响的人物之手。它不描写战役和围城，而主要是回忆一个个鲜活的人物，为战时的生活留下第一手的记录。她说这些人物描写“跑题了”，但事实上它们恰恰传达出人性在战争中最真实的一面，表现了人的全部恐惧和迷茫、虚伪和谎言。譬如，她拒绝称自己的丈夫为“圆颅党人”，因为他头发浓密。然而，正因为他有一头浓发，清教徒同伴们不信任他。

实际上，露西·哈钦森的回忆录颇具启示性，因为它揭示了清教徒内部的相互猜疑和矛盾冲突。譬如，约翰·哈钦森与诺丁汉的军事委员会一直意见不合，而议会议员和军队之间总是冲突不断。甚至，各支议会军的将领之间“暗自较劲，谁也不服谁，相互找碴”。实难令人相信，他们居然能凑在一起，共同作战。

议会命令约翰·哈钦森带上其余的所有骑兵，解救蒙哥马利城堡之围；因此，他与诺丁汉籍议员组成的政治委员会进行磋商。露西·哈钦森写道，她的丈夫要求征募一些士兵，得到的回答却是“没有”。约翰·哈钦森大怒，告诫委员会的议员们：必须服从议会的命令。她把这些人称作“喜欢结党营私的一群小人”，他们挑起纷争，煽动分裂，敷衍塞责，散布谣言。他们的行为只能加剧战争的混乱。

露西在危急时刻常常表现得非常勇敢。哈钦森先生前往诺丁汉上任前的几个月，保王党要抓他，签发了逮捕令，他差点儿在莱斯特被捕。一声号角突然响起，惊醒了他的家人，他们明白了，国王的军队到了门口，但
262 哈钦森“没有留下来见他们，就在他们从前门进来的时候，他从后门溜走了”，然后，他从某个城门，也可能是从某个“门洞”逃了出去。当时，露西·哈钦森身怀六甲，留下来与军官对质：

上尉：“真遗憾，你的丈夫真的配不上你，他与人结党营私，竟不敢留下来陪你。”

露西·哈钦森：“您错了，先生。我丈夫可不会躲着您，他可不怕见您。”

露西撒了个谎。她叫来了大伯子乔治·哈钦森，说这个人才是她的丈夫。出人意料的是，这个计策奏效了，约翰·哈钦森得以逃脱，而乔治最终也获得了自由。不过，哈钦森真是命悬一线，但这也证明了露西·哈钦森的勇敢果断。

她详细叙述了国王军队围攻诺丁汉的情况，城内并无重大的战略举措，城内的人们只顾没完没了地争吵和争论。“如果我的财物都弄没了，这个事业于我有何意义？”一位医生问约翰·哈钦森。

“你可以把财物都放到城堡里去呀！”

“搬来搬去，全摔坏了，我真的很难过，与其在搬运中被摔坏，我宁愿把它们留给敌人。”然后，医生斥责哈钦森“支持虔诚的城里人”，他称这些人为“清教里的圆颅党流氓”。显而易见，医生更喜欢“保王党人”。

战争结束后，约翰·哈钦森最终受到指控，说他勾结他人，密谋处决国王。露西·哈钦森以丈夫的名义致信下议院议长，请求免除收监拘押，改为居家等候传唤。这封伪造的信函居然没有被看穿。这真是一个令人生畏的女人。然而，她的丈夫还是因为卷入另一个阴谋案而最终死在狱中。在人们的印象中，这位当丈夫的易冲动、好争辩，他的贤内助果断刚毅、意志坚决；难以想象，内战造就了多少对这样的夫妇。无论是露西·哈钦森的事迹，还是围堵威斯敏斯特议会大门的妇女们，都体现了一种女性冒 263
险的传统；她们加剧了冲突。在当时的民谣中，就有一些女扮男装参军打仗的故事。

当然，应该指出的是，露西·哈钦森出身于一个相对优越的家庭。从这个意义上说，她并不能代表这个时代的所有女性；但是，英格兰女性自古以来具有独立自由的传统。相较而言，清教主义更容易认可女性的权威性，积极鼓励男女两性参与宗教事务，履行宗教义务；许多女清教徒自觉组成民间联络网，譬如，在相邻家族之间传递书信和手稿。同时，许多妇女积极组织宗教集会，推选牧师。如今，人们可以在各种信件、手稿和书籍中，看到一个集虔诚与理智于一身的独特的女性群体。

某些浸礼会教徒与“平等派”领袖们的妻子笃信丈夫的信仰，甘愿陪同丈夫蹲牢房。有些女性面对围攻毫不畏惧，坚守家园。伊丽莎白·道达尔夫人主动保卫利默里克的基尔芬尼城堡，尽管她的丈夫本人就在城堡里。她写道，1月9日，郡长带领全部兵力，有3000人马，还有两门大炮和30架云梯，前来围攻。他们给我写了许多信，要我投降，被我轻蔑地拒绝了。

保王派的女性们在内战中也承担了她们应有的角色。范肖夫人闺名安，是约翰·哈里森爵士的女儿，出身高贵，按照那时的风俗，她学过女红、维金纳琴和鲁特琴；但她最喜欢骑马，“我狂放不羁……那些一本正经的人常常叫我假小子”。在直接证据面前，有关儿童时代的所有陈词滥调和刻板印象通通解体了。难道女孩子和女人们一定要像礼仪书上规定的那样卑躬屈膝、温顺谦恭吗？难道所有的家庭小说、家族肖像、抒情诗歌都错了吗？也许，只有塑造出无拘无束和顽皮淘气的女性形象的戏剧，才是正确的。

264 范肖夫人的家族是王室的坚定支持者。战争伊始，她的哥哥便在诺丁汉加入了国王阵营；议会威胁她的父亲，他将被遣送到殖民地的“种植园”，他的财产将被扣押。她的父亲被软禁在家，但最终还是逃到了牛津投奔国王。她随父亲一起逃亡，如她所描述的，“从英格兰绅士的美丽居所……来到僻街陋巷，住在面包师的房子里”。但是，她勇敢地面对着一切困难：人满为患、瘟疫肆虐、物资匮乏、一片惊恐。这便是战时的牛津。

1644年，她嫁给了她的远房表兄理查德·范肖爵士，他当时还是威尔士亲王的一个幕僚，顶着参军的头衔。因此，他和家人与王府共进退。安·范肖很少写战争本身，而是记下了自己对颠沛流离的战争生活的评论。她并非毫无资源。她得益于“一位重要的议会议员，为丈夫获得了一张通行证，因为那人的妻子曾经受到她家族的恩泽”；她携带300英镑从伦敦前往巴黎，躲过了搜查。或许为了获得资金或支持，她全家前往科克，但在1649年10月初，“有孕在身的她因为马失足而从马背上摔了下来，摔断了左手腕”。

那天晚上，她手缠着绷带，躺在床上，这时传来消息说，克伦威尔占领了该镇，爱尔兰人正在四处放火。她的丈夫因公事去了金赛尔；她怀着孕，忍受着痛苦，收集了丈夫的手稿，以防被没收，还将所有的随身物品塞进大木箱，包括衣服和亚麻布；她偷偷藏起价值 1000 英镑的金银，因为清教徒攻击者可能会谋财害命。凌晨三点，她在一男一女两个仆人的陪同下，点着一支蜡烛，走进了拥挤的市场，看到那里“乱成一团，人们手里都拿着剑”。

此刻的她表现得异常勇敢，主动求见新教部队的总司令。幸运的是，此人曾与理查德·范肖爵士共事过，鉴于她的殷切恳求和显而易见的困境， 265
他给她签发了一张特别通行证。她带着通行证，穿过“剑戟林立的人群”，顺利地走到莱德修道院，这是 14 世纪兴建的奥古斯丁修道会的房子，如今成了人们集会的场所。她拿出一些零碎的硬币，租了一辆车，把所有的东西都堆在车上，然后前往金赛尔，找她的丈夫。这是一个体现勇敢精神的故事，不逊于任何一方士兵讲的故事。

她经历的另一次冒险发生在一艘荷兰商船上。当时，她和丈夫正在甲板上，一艘满载官兵的土耳其战舰向他们驶来。船长命令她立刻躲到底舱，因为一旦土耳其人发现船上有女人，便会认定这是一艘商船而发起攻击。如果他们在船上只看到男人，则会认为这是一艘战船。不过，她来到底舱，立刻找来一个男服务员，给了他半个克朗，买下他的帽子和外套，她把自己装扮成男子，重新回到丈夫身边。

她似乎是伪装高手。还有一次，她打扮成一个普通（“下层”）女人，成功获得了一张前往巴黎的通行证。她来到位于怀特霍尔的沃林福德大厦，进入议会军事总部。

“那个女人，你叫什么名字？丈夫是谁？”

“先生，他是个年轻的商人，我叫安·哈里森。”

“好吧，你得花一个克朗。”

“这对我来说，可是一大笔钱呀！但是，求你行行善呀，再加上一个男人、我的女仆和三个孩子吧。”

“如果是保王党人，至少要花 5 英镑哟！”

拿到通行证后，她小心翼翼地用笔把“哈里森”改成了“范肖”；到了多佛港口，她用不着隐藏身份了，因为她以前从那儿走过，那里的“检查员”已经认识她了。

“夫人，”检查员对她说，“真是难以置信，他们竟然给这么重要的保王党人发通行证，尤其是在这么危险的时候。”

即使在战争时期，敌对双方的重要人物仍然来去自由。

266 17 世纪 70 年代，安·范肖在丈夫死后，撰写了她的回忆录，维护家族荣誉，教育后人。这些回忆录不仅极大地丰富了内战文学，而且向世人间接，但令人愉快地表现了战时女性，多亏有了这样的回忆录，否则，她们
267 的事迹就不为人知了。

27

上帝的面孔

1643年11月中旬，议会宣布自己是国家最高权力机构，批准使用“国玺”，以代替国王的御玺；“国玺”的一面刻着英格兰和爱尔兰的军队，另一面刻着端坐在会议室中的下议院议员。然而，下议院最重要的一位议员约翰·皮姆现已过世。他一直是议会事业的主要战略家；他属于那种不爱抛头露面的革命家，主要在幕后策划，善于利用暂时的挫折或胜利，在某种程度上控制着伦敦的暴民。他谨慎而缓慢地为这场反抗国王的运动掌舵，推动它前进。

约翰·皮姆患肠癌去世。他的死亡加剧了威斯敏斯特议会内部的分化和派系斗争，一部分人希望与国王达成体面的和解，另一些人则坚持取得彻底胜利。设在牛津的朝廷也是歧见纷出，到底该采取短平快的战术，还是着眼于整体战略，两派人马就此问题争吵不休。譬如，有人想进攻伦敦，有人想占领西南部。国王的朝臣恩蒂米恩·波特说，若想弥合王党之间的分歧，只有上帝出手才成；同一阵营的人们吵得最厉害，事情往往如此。 268

1644年1月末，查理在牛津召集同党，成立新议会，参会人员包括绝大多数上议院议员和大约三分之一的下议院议员。这样一来，英格兰出现了两个议会，二者互相争夺主导权。牛津议会在基督堂大厅举行了开幕式，国王发表例行讲话，“他真诚地接受议会提出的任何建议，只要这些建议符合苦难的、分裂的国情”。当然，以防万一，国王特意从派往爱尔兰平叛的军队中抽调来了一部分人马。

到了 3 月，威斯敏斯特议会成立了“两王国委员会”。早在 1 月中旬，20000 苏格兰人已经越过边界，加入议会军，支持议会的革命事业，这是内战期间最重要的事件之一；他们和英格兰盟友进行了长时间的谈判，最终达成一致，为了捍卫共同的新教信仰，两国达成“庄严的同盟和誓约”。议会在 2 月初投票决定，每个年满 18 岁以上的英国人都必须接受誓约并且宣誓，而拒绝宣誓的人的名字将送往威斯敏斯特。英格兰和苏格兰代表共同组成了一个新的委员会，负责指挥作战；其成员包括埃塞克斯伯爵和奥利弗·克伦威尔。

如今议会军首次占据优势。在汉普郡的切里顿战役中，保王党军队惨败，此时议会军的骑兵部队力压对手，实力远超保王党的骑兵部队。奥利弗·克伦威尔晋升为“东部联军”的中将，他整合了 7 个郡的骑兵部队，练成了一支号令统一的劲旅。议会控制了伦敦及诸多重要港口，不管怎么说，议会的财力远胜国王。王军的兵力才达到议会军的一半。双方阵营中的许多人都看出来了，战争拖得越久，对国王越不利。

269 这年初夏，埃塞克斯伯爵和威廉·沃勒爵士各自带领一支议会军队，分别向牛津进发，想通过两面夹击抓住国王。国王带领 7000 人逃走了，6 月 6 日，他逃到了伍斯特。他还得到消息说，约克的王军被围，他“极有必要”从伍斯特致信鲁珀特亲王。查理催促他的外甥火速带兵解约克之围，挽救王党事业。

6 月底，鲁珀特亲王来到约克城外，议会军佯装撤退，诱敌深入，鲁珀特亲王要么自恃勇武，要么相信自身的谋略，决定乘胜追击，一直追到北方的马斯顿荒原，与敌军决一死战。实力更为强大的议会军在帽子上系上白手帕或白纸条，居高临下，首先发起冲锋；保王党士兵猝不及防，被冲乱了队形。目击者亚瑟·特雷弗写道：“双方的逃亡者为数众多，跑得气喘吁吁，说不出话来，满脸恐惧，我就不该把他们当成男人。”

这是在英格兰领土上进行的规模最大的一场战役，4000名王军战死，王军彻底崩溃。克伦威尔在写给他姐夫瓦伦丁·沃尔顿的一封信中说，敌人不过是“上帝为我们创造的试刀对象”。鲁珀特亲王称获胜的指挥官们为“铁甲军”，他这么说倒不是表示钦佩，而是带着戏谑的精神。约克和纽卡斯尔都投降了。议会军大获全胜，这场战役是内战的一个转折点，至少在事后看来如此。

克伦威尔在马斯顿荒原大获全胜。因此，他不仅在战场上声名大噪，在议会里的地位也是扶摇直上。克拉伦登伯爵是克伦威尔最著名的对手之一；他也承认，克伦威尔具有“伟大的精神、令人钦佩的谨慎和睿智，以及宽宏大量之心”，他意志坚定，无所畏惧，因此是国王的劲敌。

克伦威尔早年默默无闻，他在英格兰中部东南方向的那片平坦的土地上，愉快地过着农耕生活。他曾宣称：“我生来就是一位绅士，既不会很显赫，也不会很潦倒。”他就是所谓的“中等人”。然而，即使生活如此令人羡慕，他也时时陷入迷信的恐惧；在结婚的头几年里，他咨询了伦敦的医
生，医生在他的病历本上记录着，克伦威尔“极度忧郁”，医生的意思是， 270
患者的紧张或抑郁，已经达到了不正常的程度。另一位医生说他患有疑病，如果遇到压力或紧张兴奋，有时会犯病。

宗教信仰成为塑造克伦威尔性格最重要的因素，精神压抑反而为神意的突然显现提供了契机或刺激，神意显示——我们不知道神意何时显示——他是“上帝的选民”之一。上帝恩典的耀眼光芒包围着他，他被神改造了。他致信表亲伊丽莎白·圣约翰，“我居住在米舍（你知道在哪里），他们说这意味着长寿；居住在基达，这意味着黑暗；但耶和华不离弃我”。在此，他用的是《圣经·诗篇》中第120首的典故：“我寄居在米舍，住在基达帐棚之中，有祸了！”这种《圣经》般的暗示和简单的虔诚是克伦威尔信仰的核心。

他坚信自己已经得到神恩的拯救，从他的所有判断中可以确定，救赎就暗藏其中；他心里相信，神意的力量指引着人的行动。他正等候着神的

旨意。他祈求神迹显现。他写道："我们要跟随前行的主。"他寻找诸事中的神旨，他认为万物皆沐圣光之中。他对他所说的"真知"或"永生"有着自己的看法，因而无法容忍任何宗教论战和烦琐教义。在他看来，在万能的上帝面前，这些宗教论战和烦琐教义毫无意义！他曾经说过，"我宁可让穆罕默德教（伊斯兰教）在我们当中存在，也不愿让任何一个上帝的子民受到迫害"。

在进入议会的头几年，他并不是特别引人注目；在别人看来，他不是温文尔雅的演说者，而是坚强和鲁莽的演说者；他的举止有时很笨拙，不太讨人喜欢。但是，与他在威斯敏斯特议会的亲戚一道——在某种意义上来说，清教党就是一个庞大的亲属关系网——克伦威尔坚定不移、艰苦卓绝地为议会而奋战。他擅长委员会工作，有洞察他人性格的禀赋。他宣称自己没有个人野心，但对于自己选择的事业颇有雄心。

克伦威尔长相奇特。给他看病的伦敦医生说，他脸上原来长着丘疹，
271 后来下巴和额头上又长了一些疣子。他有一头浓密的棕色头发，总是耷拉在领子上，他留着稀疏的胡子；下嘴唇下面有一撮汗毛。他长着一个大鼻子，他手下的军官亚瑟·哈塞尔里格曾经对他说："如果事实证明您错了，我就再也不会相信大鼻子的家伙了。"他的眼睛有点儿灰绿色，介于绿色和灰色之间，安德鲁·马维尔说它们"和蔼当中透露出犀利"。他身高约 5 英尺 10 英寸，据他的管家约翰·梅德斯通所说，他"很强壮，身体结实"；他脾气火暴，但消气也快，而且"很有同情心……甚至有点娘娘腔的味道"。他经常和同伴谈笑打趣，喜欢粗野的乡村幽默；根据理查·巴克斯特的说法，有时他"表现得太活泼，嘻嘻哈哈，太过随和，就像一个人喝醉了一样"。

像他的对手一样，他极其喜欢架鹰出猎，打理各种农事，他也喜欢打保龄球。他还酷爱音乐，他的同事布尔斯特罗德·怀特洛克回忆说，"他有时的确很随和，能够放下身段与我们无拘无束地谈笑风生。为了消遣，他也会和我们一起吟诗，每个人都得磨炼自己的想象力。通常他会让人拿来烟草、烟斗和蜡烛，但有时他亲自去拿；然后，他又一头扎进他严肃而伟

大的事业中了”。

在1644年底，他要做的大事便是将战争进行到底，直到国王被迫投降；然而，他并没有得到其他议会将领们的支持。埃塞克斯伯爵和曼彻斯特伯爵赞成与查理国王讲和；因此，有人怀疑他们消极进攻。曼彻斯特伯爵过去常说，战争开始容易，结束很难，因为谁也说不清战争的终点在哪里。他是东部联军的司令，克伦威尔是他手下的中将。伯爵渴望讲和，这就导致两人之间彻底失去互信。伯爵尤其反感宗派主义者和所谓的“狂热分子”，他认为克伦威尔正是其中之一。

在一次作战会议上，他们进行了如下的对话。 272

曼彻斯特伯爵：即使我们打败国王九十九次，他仍然是国王，他死后，他的子孙也仍然是国王。然而，哪怕国王只打败我们一次，我们就将统统被绞死，我们的子孙将变为奴隶。

克伦威尔：大人，如果是这样的话，那么，起初我们为何要拿起武器？你这么说就是反对今后继续作战。如果是这样的话，让我们与国王和谈吧，尽管讲和是多么卑鄙。

克伦威尔写信给他的姐夫说：“我们当中有些人消极怠战。”

在非决定性的纽伯里战役后，两位指挥官之间的争执达到了白热化的程度。在那场战役中，曼彻斯特伯爵似乎蓄意贻误战机，使国王安然撤离战场。据说，同伴催促他采取行动，却被他咒骂：“你这该死的家伙！上帝会为我们送来和平，为了让我们的胜利来得更纯粹，他不会让我们扩大战果。”克伦威尔等人现已深信，曼彻斯特伯爵背叛了他们的事业。

11月底，克伦威尔前往下议院，尖锐地抨击了曼彻斯特伯爵所犯的错误；伯爵“行动滞后”和“消极避战”，因为他并不愿意将战争进行到底，获得“最终胜利”。所以，伯爵对议会事业的忠诚令人质疑。三天后，曼彻斯特伯爵在上议院竭力反驳克伦威尔，控诉他不服从命令和恶意诽谤。他指控说，克伦威尔曾说过，希望将来有一天，英格兰的所有贵族不复存在。

议会中的“主和派”试图以叛逆罪弹劾克伦威尔，但有人奉劝他们，此举并不明智。在伦敦的大街小巷，随处可见谩骂埃塞克斯伯爵和曼彻斯特伯爵的传单。“唉！可怜的议会，瞧瞧你们是如何遭背叛的！”

12 月 9 日，克伦威尔充分发挥了他的优势。他对下议院议员们说：“现在，要么大声说出来，要么永远保持缄默。长期的战争已经将我们的国家带入血雨腥风，并且是垂死挣扎的状态，救国已经是当务之急，必须更加迅速、有效和有力地将战争进行到底……否则，国民将厌倦我们，并且痛
273 恨议会这个名字。”他意识到，只有彻底战胜国王才能结束这一切。

东部联军向“两王国委员会”通报，当地的献金不足以供养一支军队，因此委员会决定“考虑一种模式：整合民军”。这是克伦威尔的机会。现在应该另起炉灶，重组各支部队了；对克伦威尔来说，最显而易见的模式便是他自己带领的那支“虔诚信徒”的部队。他曾说过，“我宁愿要一个士气十足的平民上尉，也不要一个一无是处的所谓的绅士，因为前者知道自己为何而战，并且热爱自己的事业”。

克伦威尔的发言刚结束，另一位下议院议员佐克·泰特建议彻底改组军队。当务之急是解除那些不听指挥且颟顸无能之人的兵权，诸如埃塞克斯伯爵和曼彻斯特伯爵。泰特无疑是在呼应克伦威尔的意见，他提出了所谓的“自我限制条例”，即两院中的任何成员都不能担任军事指挥或政府官员。这一条例彻底剥夺了贵族的领导权。理论上，这也限制了克伦威尔，但人们普遍认为，这位战功赫赫的军事领袖可以例外。因此，整个这件事可被视为一次大胆的要价，克伦威尔要求独自指挥军队。

值得一提的是，本届议会废除了圣诞节，因为下议院议员们认为，这个传统节日鼓励人们“自由自在地追求肉体和感官之乐”，相反，这一天将成为一个斋戒和悔罪的日子。

克伦威尔曾对同事们说道，“除非全军树立起新榜样，用严肃的军纪治军”，否则胜利无望。这支部队被称为“新模范军队”（New Model Army），而敌军称其为“新面条军”（New Noddles）。实际上，这是一支撤换了所有贵族指挥官的常备军；英格兰军队的构成从来就不是这样的。这将是一支

国家组织的军队，由国家设置新税收，国家为其提供给养；因此，士兵的军饷有了保障，士气高涨。这将是一支训练有素、纪律严明且目标明确的军队。议会任命托马斯·费尔法克斯爵士为新模范军总司令，此人因面色黝黑，而被称为“黑人汤姆”，此前他一直掌管北方的议会军队。274

不过，这支军队是通过重新整合旧军各部而编成的，不是一支新军，经过整编，军心稳定，指挥统一，目标一致，那就是彻底打败国王。正是出于这个原因，议会剥夺了埃塞克斯伯爵和曼彻斯特伯爵的军事指挥权。并且，费尔法克斯爵士的委任状中并未提及旧规定，即他必须在战场上维护国王的安全。军需部门赶制新式火枪、剑和手枪，装备部队；步兵外套由红布制成，成为未来两百年里士兵的标准制服。

有些军官坚信这是为自己和士兵履行宗教使命，例如克伦威尔率领的部队就以“教堂会众”自居。“出发吧，”一位牧师宣称，“去参加上帝的战斗！”当然，并非所有的军官和士兵都有这种虔诚的目的，但是这些比较虔诚的同伴的热情，鼓舞了他们。

但现在的问题是，虔诚是什么？克伦威尔及战友奉行独立派的宗教信仰，这实际上是支持英格兰实行宗教宽容；曼彻斯特伯爵和他的支持者们信奉基督教长老会，排斥其他教派或团体，并且得到了苏格兰盟友的支持。就在议会为改组新模范军争论不休期间，《公祷书》被废除，取而代之的是清教徒的《崇拜指南》；新文本将由全国的长老会系统分发给人民。这一系统不会持续很长时间。

一位伟大的《公祷书》阐述者被推上了断头台。1645 年 1 月 10 日，劳德大主教被带出伦敦塔，押送至塔山刑场，他告诉在场的人群，“这是一个令人不舒服的地方”。当他跪下来准备受刑时，他大声祷告：“愿所有嗜血的人都有悔改的恩典，但主呀，他们若不悔改，就搅乱他们所有的计谋。”埃塞克斯伯爵为老人的死哀叹道：“这难道就是我们抛洒热血，为之奋斗的自由吗？”政治哲学家托马斯·霍布斯写道，“这么做全是为了讨好苏格兰人”。这是充满杀戮的一年。275

如今双方几乎都没有妥协的意愿，但在 1645 年 2 月，双方在乌克斯布里奇举行了简短的谈判。双方代表团分别住在小镇东西两边的客栈，让该镇一分为二。当然，谈判没有取得任何进展，但国王仍然乐观，认为自己还有机会。尽管他在马斯顿荒原之战遭遇惨败，但这并不是决定性的失败，他坚信，在对手内部，独立派和长老派之间的不和对他极其有利。他非常冷静，不屈不挠，深信没有人能伤害受膏的国王。他的战将和军队仍然能与议会军匹敌。

国王还从苏格兰得到了喜讯，他的主要同党蒙特罗斯伯爵大胜“苏格兰誓约派”军队。“请允许我，”蒙特罗斯伯爵在写给他的信中说，“我谦卑地向陛下保证，蒙上帝保佑，我怀着最美好的希望，让整个王国将听命于陛下。”这个局面让北方的苏格兰誓约派军队深感不安：不知是否应从英格兰撤军，返回苏格兰，为祖国而战。查理则坚信自己武运长久。

1645 年春天，新的战役打响。托马斯·费尔法克斯爵士率兵进攻国王的大本营牛津。此时，威斯敏斯特传来消息，国王为摆脱困境，向英格兰中部地区以东突围，猛攻并洗劫了议会旗下的城镇莱斯特。费尔法克斯决定追击王军，与副司令克伦威尔会师。

这场大会战再也不能推迟了。6 月 14 日，两军在莱斯特郡纳西比村外的田野里展开决战。这一次议会军在人数上占据优势。议会军采取战术性撤退，占领高地；鲁珀特亲王误认为对手败退，便亲自率骑兵猛扑过去。克伦威尔成功地击退了他们，然后向保王党步兵发起进攻。王军奋力抵抗了一段时间，但遭到了克伦威尔与费尔法克斯的夹击，垮了下来，四散逃
276 命。议会军一路追击了 14 英里，一直追到莱斯特城下。

纳西比一役，让王军遭到毁灭性的打击：步兵几乎全军覆没，5000 多人被俘，其中包括 500 多名军官；兵器和大炮落入议会军手里。保王党阵营中的妇女被残暴对待；从爱尔兰来的王军被“敲掉了脑袋”，换句话说，就是被杀了，而来自英格兰的人则被匕首划破了脸。奥利弗·克伦威尔在战斗结束后宣称：“这就是上帝之手，荣耀只属于他。”克拉伦登总结说，“国王和王国在纳西比战役中陨落了”。

除了满怀沮丧之外，国王的声誉大受损失。存放国王所有私人信件的马

车落入了议会军之手，打开匣子就会发现，信中记录着他的各种交易。譬如，他与爱尔兰天主教徒密谋招募军队；信中还透露，他企图雇用法国或瑞典士兵为其作战。现在可以断言，新模范军是一支真正保卫英格兰的国家军队，在纳西比战役中，它已充分证明了自己的价值。同时，它还表明，独立派的事业现在是最有实力的。克伦威尔本人被上帝挑选出来，以便在未来彰显荣耀，按照布尔斯特罗德·怀特洛克的说法，他开始变得“伟大，甚至引起了许多人的嫉妒”。然而，许多人也相信上帝站在他这一边。

国王的大多数同党和枢臣都认为，国王现在已经陷入绝境，他有必要与议会和谈。国王自己有时也怕得要命，他在给儿子的一封密信中写道，“如果有一天，我被叛军俘虏，我命令你……决不屈服于任何有损名誉的、危害你人身安全的、有损王室威信的条件”。然而，他不让“忧心忡忡的人”陪着他；他时常运动，给自己找乐子，漫步乡间，穿梭于赫特福德、牛津和纽瓦克之间；这是他剩下的最后三座堡垒。

鲁珀特亲王的鲁莽导致国王在纳西比战役中损失惨重，他现在急匆匆地赶往布里斯托尔，因为他必须坚守该城，抵抗敌军在任何时候的进攻。 277
他在写给同僚的信中说：“陛下现在已经没有办法保护他的后代、王国和贵族，只能签订条约了。”国王看到这封信后，勃然大怒，他回复道，作为军人或政治家，“我必须说，除了杀身成仁之外，绝不可能签约讲和”；然而，作为国王和基督徒，他知道“上帝不会让叛军和叛徒得逞”。

但事与愿违。1645 年 7 月 10 日，在布里斯托尔南部的朗波特，在纳西比战役中获胜的新模范军士气正盛，他们彻底击败了西南地区的保王党军队；国王的骑兵被摧毁了，赢得这场比赛的最后希望似乎也已经破灭了。克伦威尔欣喜若狂。“看到这一切，”他说，“难道不是看到了上帝的面孔吗？” 278

28

自由之家

在讲述战场上的胜败之时，我们忽略了议会的一个举措。1643 年 6 月 14 日，议会通过了一项法令，“管控印刷许可证”。议会宣称，有必要镇压“出版界最近的乱象，各种报纸、小册子和书籍满天飞，充斥着各种谎言、假新闻、诽谤、煽动性的言辞，诱导民众，造谣中伤教会和政府”；因而，议会任命了一个审查委员会，审查新出版物，没收任何未经许可的出版物。

一位共和派哀叹，这是一种倒退，是在重蹈过去的罪恶行径，它不应存在于他虔诚向往的新世界。长老会议员们正是这一举措的幕后操纵者，他们“毁掉一本好书如同杀一个人；杀一个人杀掉的是一个理性的动物，上帝的外在形象，但是，摧毁一本好书，则是扼杀理智本身，杀死了上帝的内在形象。许多人活在世上，只是地球的负担，但一本好书则凝聚着一位杰出人物的心血，它为的是将来的生活”。[①] 这是地地道道的约翰·弥尔顿的文字。

约翰·弥尔顿是地道的伦敦人，富有探索精神，也了解自己的天赋，这对他有激励作用。从少年时代起，他便经常在布雷德街的家中挑灯夜读，

① 本书中所引《论出版自由》中的文字，译文参考了吴之椿译《论出版自由》，商务印书馆，2019 年版。

思考各类寓言和史书，直到后来他掌握了充足的知识，有了足够的时间， 279
才去编写本国的寓言与历史。他天生是个共和派，反感任何形式的权威和戒律。这也注定了他将以拉丁文为武器，公开谴责查理一世，让全世界都听到。他宣称，英格兰是“上帝选中之国”，这个预言得到了当时其他教士和神学家的支持，凸显出了 17 世纪人对千年王国的向往。

1637 年，弥尔顿二十九岁，他在一封信中写道：“我有一种天赋，能够让我永不耽搁、永不停息、专心致志、心无旁骛，直到我达到自己追求的目标，从而在一定程度上圆满地度过我的研究生涯中的一段美好时期。”他读书仿佛是为了人生；对他而言，读书**便是**人生。然而，不久之后，风云变色，乌云四合，遮蔽了指引他前进的那颗闪亮的明星。

弥尔顿曾就读于剑桥大学，毕业后，继续留在大学从事个人研究，苦读八年左右。他相貌英俊，思维敏捷。他开始游学之旅，广泛结交欧洲虔诚的学者和博学的诗人；然而，1639 年，主教战争爆发，他美好的发现之旅中断了，被迫返回伦敦。

他在学习期间立下了远大的志向：成为举世瞩目的大诗人。但时局令人揪心，他不得不放弃诗歌，转向散文，使用论战的语言。1641 年，他开始撰写小册子，反对主教，在这个处处是欺骗和失和的时代里积极投身各种论战。在《教会政府之缘由》中，他谴责一些高级教士在“忘恩负义的身体里”，塞满了“腐化和奴性的教义”；他们满脑子“粗糙而艰涩的讲义……一套套陈腐的文献”；“耳朵里全是婊子的谄媚之言……邪恶与腐败的膏油”。他们就是一些渣滓、婊子和行尸走肉。弥尔顿在自己周围听到的街谈巷议，自然令他想到伦敦东区的腌臜景象。

弥尔顿在奥尔德斯盖特街写完了《论出版自由》（*Areopagitia*）；这本小册子注定会传遍各国；为了捍卫言论自由，它发出了最为雄辩有力、最能启迪人心的声音。为了替言论自由写出这篇奠基性的声明，他效仿向雅典
人演说的古希腊阿提卡的演说家；阿勒奥珀格斯（Areopagus）是一块岩石， 280
是古希腊上诉终审法院举行庭审的地方。显而易见，弥尔顿是在宣扬，议会应该保有其共和的，甚至民主的特性，因为它是“最重要的和最崇高的

法庭”。他的语言丰富而优雅，句式华丽，仿佛一座巴洛克式的宫殿，但由于清教徒事业的紧迫性和严肃性，他的华丽风格总是有所收敛。

1644年秋天，《论出版自由》准备付梓，那是克伦威尔在马斯顿荒原战役大获全胜两三个月后；独立派事业胜利有望，弥尔顿也备受当时乐观情绪的鼓舞。一切皆有可能！在小册子的首页，他这样写道：

> 论出版自由
> 约翰·弥尔顿先生演说词
> 为出版自由
> 致英格兰议会

在建立新世界过程中，弥尔顿积极捍卫言论自由，拥护思想和良知的独立，他的这股热情强有力地纠正了议会中所有蒙昧主义者和教条主义者的偏差，这些人在前一年与苏格兰人签署了庄严的誓约，结成同盟，这在一定程度上让他们很得意。他厉声责骂那些思想封闭之徒，其中长老会成员居多数。他指出，出版审查和许可制度将会“终结真理”，而“知识的固化和整齐划一”必定会造成“思想单一”或是“墨守成规”，英格兰人民必将深受其害。

他坚称：“我们决不能把国家的知识当作大宗商品，就像我们对待细平布和羊毛打包布一样，贴上标记，才允许售卖。”他回忆起自己游历意大利期间拜访伽利略一事，当时伽利略“已经年迈，被宗教裁判所囚禁”。如果英格兰也压制言论自由，那么人们很快就会发现“国教主教和长老会成员毫无区别”。如果长老会和劳德派措辞严厉的教令一样糟糕，那会是什么样的局面？

审查者和自由的反对者害怕什么呢？“真正的基督教斗士是经得住考
281 验的，他不会耽于享乐，他能辨别善恶，分清真伪，选择真善。唯有历经千锤百炼的美德才能持久，值得颂扬，永恒的花环不入尘世，也会蒙上尘埃。”弥尔顿的语言如同大海潮声，让人深切感受到汹涌澎湃的诗情。他的句子庄重老成，如雷霆之声，令人折服，但庄重中也不失幽默，字里行间偶有粗暴的反讽或诙谐之语。

在《论出版自由》中，他用高度赞扬的口气谈论这个政治国度，显示出这个时代强烈的严肃性。“英格兰的议员们，好好想想吧！你们身处怎样的一个民族，你们统治的是一个什么样的民族？这个民族绝不愚钝迟缓，而是头脑敏捷、心灵手巧、眼光锐利，他们精于发明，论说精妙刚劲，臻于人类能力的极致。”在这个冲突不断、论战不休的时代，这是对英格兰民族思想资源的出色赞颂。他认为英格兰会因“天堂眷顾”而尤其受到上帝的佑护，而正是这种信念让人们对清教事业满怀希望，充满信心。

他还写道，伦敦是这一事业的灯塔，“看看这座巨大的城市吧！它是一个避难所，一个自由之家，圣灵庇佑之地……由于荒唐地恐惧教派和宗教纷争，我们错误地对待人们对知识和理解力的渴求，而这种渴求正是上帝在这座城市中激发的”。他进一步指出，宗派主义者和分裂主义者的激增一点儿也不可怕，因为他们都是上帝荣耀的一部分。

在当时的作家中，弥尔顿最能体现宗教事业的严肃性和决心。在他崇高的思想中，在他郑重其事地表述出来的那些高雅尊贵、富丽堂皇的话语中，我们可以瞥见这个时代不可或缺的高尚情操。“我仿佛看到，一个高贵而强大的民族如同睡醒后的壮汉那样站起身来，甩动他不可战胜的那缕头发。[1] 我仿佛看见他像一只雄鹰，恢复了青春活力，一眼不眨地对视着午间的阳光，双目熠熠发光；天国的光辉就像喷泉一样，洗净和点亮了他长期布满灰尘的目光……” 282

后来，弥尔顿担任了克伦威尔共和国政府的拉丁文秘书，在这个职位上，他像以前一样忠诚于清教事业。然而，幻灭很快来临，随之而来的是痛苦和绝望。他和同时代人一样，在克伦威尔统治结束和查理二世复辟之后，陷入了无限的痛苦、孤立、困惑和悲伤之中。 283

① 此处使用的是《圣经》中力士参孙的典故，参孙的力量来自他的头发。

29

玩的游戏

在战争结束前的一年里，整个王国一片混乱，充满了未知数，没有人知道战争何时结束、如何结束。国王已经无力发动大规模战役；他只能坚守少数城市，如布里斯托尔、伍斯特等，但他的力量基本上仅限于个别要塞或军营。围攻战开始打响，议会军逐个围攻保王党的据点，交战双方都知道围攻的规则。防守一方进行了殊死搏斗之后，他们可以要求谈判，协商投降的条件；如果投降，他们就会获得赦免。如果拒绝投降，他们很可能遭到猛攻和屠杀。

在这个令人疲惫的、血流成河的时代，成群结队的男男女女为了保卫他们的家乡，也拿起武器，反抗保王党或议会党的入侵。“棒子队”（clubmen）就得名于他们经常携带的这种原始武器；比如威尔特郡和多塞特郡的农场主和自耕农建立了巡防队，抓捕抢掠百姓的士兵，不管他们属于哪一方，抓住之后就把他们送回各自的阵营接受惩罚。他们不知道哪一方会赢或输，也不知道纳西比战役和朗波特战役，他们只想保住自己的生命和财产。

284 如今有些乡下人也拿着镰刀和棍棒，采取攻势。他们抱成一团保护自己的收成和粮仓，还放出话来：

如果你敢抢劫和牵牛
又一定让你头破血流。

如果棒子队还放出其他什么话来，那就是，双方应该握手言和，结束战争。从萨塞克斯郡到南威尔士，好几个郡都有棒子队起来造反，尤其是在“饱尝这场不义的内战苦难的地区”，一个棒子队队长如是说。他们被勒索了很多金钱和物资；士兵们强行驻扎在他们家里；地方当局完全陷入瘫痪。他们想要恢复秩序，恢复“既有的法律”。

不安情绪在各地蔓延，从这一时期女巫案陡增中可以窥见一二。纳西比战役后不到三天，埃塞克斯巡回法庭便审理了三十六名女巫嫌疑犯，除一人外全部被处决，罪名是操弄巫蛊之术。据估计，仅仅是这年夏天，就有一百名老妇和青年女子被处死。这是一个焦虑的世界。

国王只能采用规模有限的突击战，来这里解围，到那里增援，但他十分担心议会军大兵压境；他很害怕，一旦被俘，落入清教徒军队之手，那可就遭罪了。不过，苏格兰人似乎准备与他和谈，这让他感到些许安慰和希望。苏格兰人准备与议会决裂，因为议会现在开始倒向克伦威尔和独立派事业。议会还指责说，自从他们来到英格兰之后，就没有为战争做出什么重要贡献；议会还拖欠他们的军饷。

然而，保王党的这个小小的希望很快就因为布里斯托尔沦陷而破灭了；鲁珀特亲王签署了投降条约。托马斯·费尔法克斯爵士从 8 月底开始围攻布里斯托尔，到了 9 月初，鲁珀特意识到自己守不住了。因为他缺兵少将，无法守城，城中百姓越来越绝望。费尔法克斯越来越不耐烦，向一些保王
党守军发起突击；砍倒这些人后，费尔法克斯给鲁珀特亲王送去了投降条 285
约。9 月 11 日，鲁珀特接受了投降条约，并撤出布里斯托尔。

对于国王来说，第二个大城市的沦陷无异于当头一棒，他立马怀疑有人使用阴谋，策反了鲁珀特亲王。他甚至怀疑鲁珀特亲王会发动军事政变，把他掀下王位，再与议会谈判停战。他愤怒地写道：“我的外甥啊！虽然失去布里斯托尔对我来说是一个巨大的打击，但是你将其拱手让人更令我痛

心疾首，这不仅让我失去了这块地盘，也是对我一贯的为人之道的最大考验，面对你这样一个亦亲亦友之人如此卑劣的行为，我该怎么办？”国王解除了鲁珀特亲王的职务，并劝他回家。亲王并不受人们欢迎，当他撤出布里斯托尔时，市民们大声叫喊：“滚出去吧！滚出去吧！”

两三天后，国王的事业愈加岌岌可危，因为蒙特罗斯的军队在苏格兰被击败了，伯爵逃回了苏格兰高地，国王的最大希望破灭了。在这段时间里，议会下令拆除“白厅的木制假面舞剧院”，出售其建筑材料。骑士的时代即将结束。

10 月，鲁珀特亲王前往国王驻跸的纽瓦克城堡。他大步走到舅舅跟前，说此行是来解释他在布里斯托尔的所作所为。国王也不和他说话，光顾着坐下来吃晚饭，用餐期间一直不理睬他。最后，他让自己的外甥在一个战争委员会面前做证。该委员会最终认为亲王无罪，他既不缺乏勇气，也不缺乏忠诚。当时他只能投降，否则军队和城镇将被全部摧毁。国王极不情愿地接受了这一裁决，但他始终认为，亲王至少应该再坚持几天。几天后，国王离开纽瓦克前往牛津，但此时他的行程已变得很危险了。

国王已陷入绝境，无奈之下，为了保全自己，他开始与各方斡旋谈判。
286 他让儿子乘船逃往法国，寻求母亲的庇护，因为她已于当年夏天从法尔茅斯出发前往法国。他与独立派和长老会进行单独谈判，试图分化议会中的这两大集团；他似乎愿意赐予前者信仰自由，同时又向后者示好，因为军队过于民主。他对妻子说，“我坚信，总有一方会被我拉过来，然后我就能轻松地实现我正义的目的”。国王已经开始与苏格兰人进行临时性谈判，并且试图与爱尔兰人协商。

在战争的最后几个月里，战斗零零星星，毫无章法。鲁珀特亲王从牛津出发，带领骑兵发起突袭，但收效甚微。威尔士和英格兰边境的保王党军队拼命想保住切斯特及其周边港口，希望能迎来一支爱尔兰军队，但这支军队从未抵达，最终切斯特沦陷。托马斯·费尔法克斯爵士在西部指挥议会军作战，王军人心涣散，士气低下。国王终于勉强集结了一支军队，力图与议会军对抗，但这支军队在托林顿被打得溃不成军。

内战的最后一次战役在格洛斯特郡的山间小镇斯托附近展开，保王党的军队很快便被打败，全体投降。保王党指挥官雅各布·阿斯特利爵士告诉俘虏他的人，“你们胜利了，只要你们内部不分裂，便可尽情享乐了”，而这正是他们下一步要做的事情。

国王已濒临崩溃，只能苟延残喘，竭尽所能地利用各种手段来争取时间。他提出前往威斯敏斯特，但遭到拒绝；议会方面很可能认为，他想分裂议会，并成为其中一派的领袖。查理本人则写道：“唯一能让议会满足的，就是毁掉我们、我们的朋友和子孙，甚至毁掉整个君主制。”最终，他决定前往苏格兰，毕竟他是苏格兰土生土长的国王，并且苏格兰人并不认同英格兰议会推崇的平等派原则。这样一来，他不仅能抚平内心的伤痛，维持尊严，还能获得一支庞大军队的保护。

然而，苏格兰人却不得不小心谨慎地行事，因为收取了英格兰议会的金钱，他们并不想得罪威斯敏斯特的议会军。鉴于此，苏格兰人被迫佯装与国王偶遇。1646 年 4 月 27 日，国王化装成仆人离开牛津，并绕道来到纽 287
瓦克的苏格兰军营。苏格兰的指挥官们告诉他们的议会军盟友，这件事令他们“非常震惊”。

国王很快便明白了一点，他在苏格兰不仅不是客人，还更像是阶下囚。当他试图向他的卫兵下达命令时，亚历山大·莱斯利将军打断了他，并告诉他：“我是老军人，先生；国王陛下最好把这个权利留给我。”苏格兰人似乎只是把国王当作人质，希望利用他获得议会拖欠他们的钱。他们把他带到纽卡斯尔，国王在那里几乎立刻顺从了他们的要求。他必须签署公约，必须把长老会制度强加于他的所有人民，他还得放弃《公祷书》。一位大臣告诉他，他的父亲詹姆士六世会乐意接受这样的解决方案时，国王回答道：“我很高兴我比你更了解他。”在给妻子的信中，他说道：“我从未想到，我有一天会遭受如此野蛮的对待。”他佯装妥协，争取时间，期盼敌人内部分崩离析，他还坚信援军将从法国、爱尔兰、高地或者其他什么地方到来。

7 月底，议会向国王送上了一系列条陈，如果他想保住王位，他就应该同意如下要求：他必须接受长老会制，铲除一众主教；必须处置独立派人士或天主教徒，二十年内不得招募军队。他私下发誓，他哪一条都不同意，但在公开回应中，他态度认真诚恳，同意仔细考虑这些要求。他私下里写信给妻子，说他必须给出一个“委婉的否定”式回答，一个比较平淡的回应，这才不至于激起绑架他的人的反感。所有这些密信都是用密码写的，并被偷运出他的住处。

国王的潜逃加速了对手内部的最终分裂。苏格兰军队和议会现在严重地彼此不信任，在威斯敏斯特议会中，这种分歧反映在长老会派和独立派开始剑拔弩张。如今，称他们为宗教派别还是政党其实并不重要，因为他
288 们兼有二者特征。他们被称为“派系”、“小团体”或“阴谋集团”。

长老会派的理想是，作为神授的宗教政府，他们的教会应当运用与生俱来的权利统治国家，不允许其他教会或教派的存在。独立派则认为，一个真正的教会是信徒自愿组成的联合会，并且每一派会众都有自治的权利；它倾向于加尔文主义，但它更支持宗教宽容。克伦威尔曾说，他坚信“那些为国家的自由抛头颅洒热血的人们，上帝会赋予他们信仰自由”。然而，一位长老会牧师说：“如果让人们仅仅遵循内心感知而信奉上帝，就如同驱除一个魔鬼，却放进来七个更坏的。”另一位长老会牧师，托马斯·爱德华兹，出版了一本名为《冈拉纳》的书，他在书中列出了激进教派分子的异端邪说，并指出这些邪说就如同毒蛇之卵，应该“在它变成一条活生生的毒蛇”之前，统统碾碎。这是两者的巨大分歧。在世俗事务中，长老会派支持议会，而独立派则更偏爱军队。

议会辩论中经常发生冲突和分裂。有一次，人们在下议院讨论宗教事务，争论得很激烈，直到夜幕降临；有人提出使用蜡烛，却引发争议。既然有分歧，便要投票表决，但天色已太黑，无法计算两边的议员人数，有人建议拿蜡烛来。然而，在议会正式提出拿蜡烛的要求之前，蜡烛能不能拿来？国家大事就是这样决定的。这是一个政治生活的新时代。

国王最终拒绝接受誓约，这大大削弱了他在苏格兰长老会眼中的价值，因而，长老会认为不如利用他与议会讨价还价。只要能收到议会的欠款，

他们就愿意把国王移交给议会；在这种情况下，也许查理会与议会达成协议。最终，以 400000 英镑的价格，国王被移交给了议会。然而，这种金钱上的讨价还价损害了他们的信誉，劳德代尔伯爵预言这会“使他们遭受各国人民的耻笑；是的，街上的狗都会在他们身上撒尿”。当军队离开纽卡斯尔，把国王抛在身后时，城市里的渔妇们大声喊道：“犹大！犹大！”国王也自嘲说，他们出卖自己的价格太低了。 289

1647 年 2 月初，查理动身出发，去接受议会的监护，他就像获胜的英雄一样，接受站在道路两侧的人群的欢迎。在里彭，查理触摸瘰疬病人，发挥国王治疗的神圣力量。在诺丁汉，新模范军的总司令托马斯·费尔法克斯爵士下马亲吻了他的手。2 月中旬，国王到达了北安普敦郡的霍姆比宫，他在那里待了五个月；大部分时间里，他都待在自己的私人住所或“房间”里，最多在附近玩保龄球或骑马散心。

长老会派和他们在威斯敏斯特的支持者们开始计划解散新模范军，重新组建一支宗派情绪没那么强烈、更加可靠的军队。他们不仅无视军队要求发放拖欠军饷的要求，而且也不理睬军队的要求：赦免他们在战争中的不良行为，以免被人起诉；军队和议会之间的矛盾与日俱增，愈演愈烈。而此时，奥利弗·克伦威尔因“脑中恶疾”突然晕厥，几乎死亡；他脑子里长的这种肿块或者囊肿，一定程度上是由神经紧张诱发的。

军队的宗派分子和支持者，自称“坚定的拥护者”，向议会递交了一份“大请愿书”。在请愿书中，他们宣称人民的权力至高无上；他们还要求议会“让宗教事务和信奉上帝不受地球上任何权威力量的强迫和限制”。在这些狂热的教派中，出现了一个被称为“平等派”的团体。这个名字是保王党的新闻信札给起的，因为“他们想要把一切摆正，在王国中煽起一股平等和共有之风”。我们或许可以将他们描述为精神上的平等主义者。

他们实际上是伦敦的一个小团体，发行了几百本小册子，大约召集了几百个同情者；他们的标志性颜色是海绿色，他们总是戴着海绿色的围巾或丝带。这一年，他们的一个非正式领导人约翰·利伯恩致信克伦威尔，他在信中写道，他和教友们“认为你是英国心思最纯粹的伟人，有自己的理想，没有污点，也没有偏见”。

军队本身躁动不安，近乎哗变，军人们向托马斯·费尔法克斯爵士
290 递交了一份诉状；而议会也通过了一项声明，谴责“国家的敌人和扰乱和平的人”。曾经拯救了议会的军队，如今被当成敌人，军队认为此举不啻宣战。5月初，军方发表了《军人申辩书》，他们抱怨说自己的意图被“恶意曲解”，还提出质问：“世间还有比议会所做之事更恶劣的吗？……与其像狗一样被奴役和绞死，不如像人一样死去，这样岂不是更好吗？”

在这种背景下，英格兰人民饱尝苦难。从1646年开始，农业连续六次歉收，面包的价格翻了一番，肉类价格上涨了一半以上。农业是英格兰的立国之本，人们生活的主要依靠，而农业的部分崩盘让陷入困境的王国雪上加霜。

新模范军驻扎在萨弗·伦沃尔登附近，一些议会特派员前来招募士兵，派往爱尔兰服役；然而，人们向他们提出种种抱怨和质疑。士兵们尤其想知道被拖欠的军饷什么时候发，却没有收到说法一致的回复。在十个骑兵团中，有八个团派出了代表，他们将成为维护军队利益的“协调员”（对手称其为“煽动者”）。克伦威尔竭力寻求双方的妥协；他声称，如果议会的权威“不复存在，我们将陷入混乱之中”。然而，议会决定镇压军队，它依据的原则是“不是他们击溃我们，就是我们击溃他们”。现在，已有谣言悄然传开，暗指军队寻求与国王的和解，以此来破坏长老会的事业。费尔法克斯说，国王已成为处在“两党之间的金球”。他会朝哪个方向滚动，或者说，他被迫朝哪个方向滚动？

军队领导人认为议会即将建立一支以国王为首的新模范军，因此他们提前采取了行动。1647年6月4日早晨6点，国王从霍姆比宫出来，迎面遇到一支500人的骑兵队伍，整齐排列，由科内特·乔伊斯带队。乔伊斯向国王提出请求，护送他去别的地方。国王要求看看他的委任状，但乔伊斯支支吾吾，闪烁其词。“我请求你，乔伊斯先生，坦白告诉我，你的委任

状在哪里？”

“这便是我的委任状。” 291

“哪里？”

乔伊斯转过身来，指了指身后的骑兵们：“它在我身后。”

“这的确是我平生见过的最漂亮的委任状，”国王回答说，“而且写得很好，由一群英俊、正派的绅士组成。”

新模范军把他带到剑桥郊外的查尔德利村。查理并不特别在意他待在谁的营地里，正如他所说的那样，只要他的对手们能相互猜忌就行了。然而，控制了国王，军队不仅是军事力量，还成为一支政治力量。克伦威尔在霍姆比宫事件中的角色一直不明朗；但是，乔伊斯在行动的五天前拜访过他，他们不太可能是在讨论马术。当克伦威尔告诉国王乔伊斯完全是在擅自行动时，查理反驳说：“除非你吊死他，否则我不会相信你的。”事实上，乔伊斯得到了提拔和丰厚的退休金。

查理被带到查尔德利的第二天，各兵团在纽马克特附近会晤，起草了一份“庄严约定”，他们将结成同盟，在他们的合法要求得到满足之前，他们将牢牢地团结在一起。“这是大家的一致意见吗？”“是的，这是大家的意见。”也有人大喊：“正义，正义，我们需要正义！”一个新的“军事委员会”成立了，克伦威尔是成员之一。克伦威尔从伦敦骑马前往位于纽马克特的军队总部，他在途中听说长老会即将逮捕他，将他羁押到伦敦塔。他曾努力维持对立派系之间的和平，但现在他正式成为军队的首席代表。

一听到国王被军队控制的消息，议会迅速召开会议，急忙把所有拖欠的军饷都发给了新模范军；伦敦城中的元老们还要求招募一支骑兵部队来保卫首都。军队正式开拔，向离伦敦 7 英里远的特里福希思进军，不断逼近伦敦。克伦威尔给伦敦当局写了一封信，要求在议会的庇护下，公正地解决人民的自由问题；然而，他还警告说，如果军队遭到一致反抗，它将不会对“伦敦这座人口密集的大城市可能成为废墟承担责任”。 292

当军队抵达距离伦敦 20 多英里的圣奥尔本斯时，他们公开发表了《军队宣言》，提出要建立一个更具广泛代表性的议会，脱离君主或寡头控制；所有权力都不是“无限的”，必须受到监督。声明的作者是克伦威尔的新晋女婿亨利·艾尔顿爵士。同时，除声明外，宣言还指控了十一名长老会议员；他们被指控与国内外的保王党密谋勾结，有叛国行为。议会似乎愿意也有能力为他们辩护，但在1647年6月26日，这十一个人认为，从威斯敏斯特撤退是明智之举，他们最后都逃到了国外。“清洗”一词在这一时期进入英国政治词汇。伟大的宪法历史学家亨利·哈勒姆写道，“可以说，英国的立法权与政府在这一天被推翻了”。

在整个6月，军队的领袖们都与国王保持着经常性且有礼貌的接触。很明显，他们仍然希望与国王达成一个协议，限制其权力，但保留他的王位；他是唯一一位目前能够在军队和议会之间联合各方力量的人，但仍有人指责他伪善和两面三刀，他为此心烦意乱。有一次，国王告诉亨利·艾尔顿：“我仅仅是尽我所能玩好我的游戏”；对此，艾尔顿回答说，“如果陛下要玩游戏，你也必须给我们玩自己游戏的自由”。

新模范军已经靠近雷丁，由此处进入伦敦更为方便。激进的“煽动者们”迫切希望最终进军伦敦城，但克伦威尔更赞成拖延和谈判。艾尔顿起草了一份政策文件，即《军队建议纲目》，简明扼要地重复了《军队宣言》中的重要主张，包括每两年召开一次议会和成立新的国务委员会。

在这十一名议员被驱逐后，议会明显变得更加温和，或者说更加充满恐惧，他们进行投票表决，接受了这些提议。他们特别赞成把城市民兵的控制权还给原来的民兵委员会，这实际上意味着城市武装力量将落入目
293 前占上风的军队手中。但是，上议院和下议院忽视了伦敦的长老会派成员们的强烈反应，他们担忧如果军队一方上台执政，他们的生命和财产将岌岌可危。一大群市民和学徒簇拥着一个伦敦人的代表团围攻上议院，高喊“除非改变决定，否则他们永远不要出来”。另一批人，或者说暴徒，冲进下议院，要求他们废除他们先前的判决。“投票！投票！”议员们害怕极了，除了服从之外，别无选择。显而易见，议会可以受任何强大集团的摆布，因此无法为任何事情立法；六十名独立派议员和议长逃到雷丁的军营，寻

求庇护。他们为士兵们的事业增添了合法性。

《军队建议纲目》被递交给了国王，供其考虑。有些条款相当温和。主教制不会被废除，只是剥夺了主教的强制权；秉承宗教自由和宽容的态度，旧的礼拜仪式和新的协约将具有同等效力。十年后，陆军和海军将归还给国王。只有五名保王党成员不在赦免之列。如果查理国王接受了这些条款，他本可以体面无缺地回到王位。然而，国王没有认真考虑就拒绝了这份文件。他明确地回答道，“你们不能没有我，如果没有我的支持，你们注定走向毁灭”。国王的一位顾问约翰·伯克利爵士低声对他说：“陛下如此说话，感觉像是手握不为人知的绝活儿。”此时，双方的温和派开始失去所有的希望。

由于伦敦暴徒恐吓议会，以及军队与国王谈判失败，新模范军最终向伦敦进军。8 月 3 日晚上，一队骑兵占领了瑟瓦克。翌日，城市的领袖们醒来后发现，横穿伦敦桥的那条主要街道已经被现在所谓的敌人控制。如克拉伦登所描述的，这突如其来的占领把他们“吓得不知所措”，“让所有的辩论戛然而止”。他们现在唯一能做的，便是安抚他们以前冒犯过的那些人，并阻止军队冲进他们的豪宅烧杀抢掠。

在托马斯·费尔法克斯爵士的指挥下，全军 18000 人进入了这座城市；
克伦威尔骑马走在骑兵团的最前面，而费尔法克斯与克伦威尔的妻子并排 294
坐在马车里。费尔法克斯在海德公园接见了市长和市政官，他们向费尔法克斯正式致歉，并向他赠送了一个金杯；他拒绝接受礼物，把他们打发走了。在议长和下议院议员的陪同下，费尔法克斯现在似乎成为国家合法权威的代表。伦敦清教徒托马斯·尤克斯顿观看了士兵在伦敦街道上的列队行进后写道：“值得注意的是，士兵们从来没有想过他们会走到这一步；敌人的阴谋把他们一步一步推到了这里。”军队拆除了伦敦人在战争初期修建的防御性城墙。然而，费尔法克斯并不打算用军队占领这座城市，他把军队总部设在了距离伦敦大约 6 英里的普特尼。

国王现在住在汉普顿宫，很乐意听取克伦威尔和其他军队领导人提出的建议，但他坚决捍卫自己的利益，拒绝妥协。许多独立派成员非常愿意，甚至迫切渴望完全摈弃国王。他们甚至指责克伦威尔，说他为了私利继续与国王谈判；有人私下说他将被册封为新的埃塞克斯伯爵。

然而，克伦威尔事实上对国王不断的推诿和拒绝感到愤怒和沮丧；他开始严重怀疑国王的诚意。在 10 月底的某个时候，他不再去国王所在的汉普顿宫了。国王身边的人也开始注意到，士兵们的举止和礼仪有了些许变
295 化，国王护卫的人数也加倍了。

30

处决国王

如今军方已掌握权力，控制了局势。“平等派”最早挑起了论战，他们在10月份出版了一本名为《军队情况的真实说明》的小册子。在这本小册子中，他们要求建立一个更具代表性的议会；他们坚持当时的革命信条，即所有权力“一开始在本质上都属于这个国家的全体人民”。因此，小册子中没有提到国王或贵族。他们获得了激进派士兵的支持，这些士兵认同他们进行国家革新的主张。在《军队情况的真实说明》之后，很快又出现了《人民公约》，主张在成文宪法的基础上建立一个新的政治秩序。这两套建议似乎都在引导军队建立一个共和国。

包括克伦威尔在内的一些重要军官，不支持其中的极端措施；因此，人们建议在公开辩论中检验这些论点。10月底，在普特尼桥南边的圣玛丽教堂举行了辩论，持续了三个星期；聚集在这里的人包括几位将军，以及来自三十二个团的四位代表。参会者都很重视会议的议程。事实上，1647年的“普特尼大辩论”是英国政治思想最重要的一次展现。 296

大辩论的第一天，一位士兵代表爱德华·塞克斯比抱怨道：“我们努力讨好国王，但我想，除非我们割下所有人的喉咙，才能让他满意！”克伦威尔接着说道，激进的《人民公约》无疑是天真的，它认为可以在不考虑英国传统或先例的情况下制定一部新宪法。他说道，有人对他说，信仰可以克服一切困难，但“或许我们所说的信仰只不过是世俗的想象和推理而已”。他也许在暗示说，政治革命不过是自欺欺人，一切不过是不得已为之。他还提出比较实用的批评意见。所有这些改变都被冠以人民的名义来完成，但他质疑：“这个国家的人们在精神和情绪上做好准备接受它并与之并肩前行了吗？”

托马斯·雷恩斯·伯勒是平等派运动的代表之一，他的发言将这次大辩论推向高潮。他宣称，“我认为英国最穷的人和最伟大的人一样，都有权过上自己的生活”，因此，每个人都应该拥有投票权。不过，这个主张直到 1918 年才得到回应。亨利·艾尔顿首先拒绝赋予所有男公民选举权，他主张选举权只应该属于那些“拥有土地或者贸易公司的人”，换句话说，只有那些与国家经济利益攸关的人才有权投票，只有他们才能决定国家的方向。

在辩论过程中，克伦威尔偶尔会深受触动而大声疾呼，“从根本上说，最高权力属于人民，国之基础在于人民”。但是他也认为，国家主权在于议会，无论议会是由谁构成的。在这个动荡不安的时代，权力是绝对需要的。他把自己比作一个溺水的人，“如果权力忽隐忽现，如同一只漂浮在泰晤士河上的野兔，我会抓住它，而不会让它溜走”。毕肖普上尉言辞犀利，直指国王，声称国家的所有灾难都来自“人们迁就和保全那个杀人不眨眼的人”，他在影射查理国王。毕肖普上尉引用了《撒母尔记（下）》中的一句话：“现在你自取其祸，因为你是流人血的人。”这句话迅速在人们中间传播开来。

297 根据“普特尼大辩论”制定的最终方案没有反映平等派的主张，也没有反映关于如何处置国王的辩论；它只是被用于维护军队内部的团结。它建议扩大选举权，但仍保留了下议院主导下的国王、下议院和上议院共存的古老框架。随后，军队指挥官命令所有参与者返回各自的兵团，结束了辩论。部分激进派士兵的局部哗变很快被平息下来。在随后的一年里，将领们借着整顿军队的机会，逐渐清除了那些不可靠的士兵。

查理国王从汉普顿宫逃跑，让所有人感到震惊。他穿过一段私密楼梯，与两名同伙会合，向南逃走。他似乎没有明确的目的地，但最终决定前往背靠大海的怀特岛。他留下了一些文件，其中一封是匿名信，写信人警告他小心，有人要刺杀他。他还给议会写了一封信，他在信中要求“获得自由、荣誉和安全，我很快就会冲破阴霾，成为国家之父”。

怀特岛总督罗伯特·哈蒙德接待这位国家之父时，丝毫没有惶恐不安。他受军队指挥，不想违抗上级的命令。但他强烈反对军中的平等派，他可以保证国王的安全，同时防止他们的干扰。当然，这也可能正好与克伦威尔的想法不谋而合，国王待在岛上，既可以远离那些激进的平等派，也能避免接触苏格兰人，他们一直试图和国王谈判。最大的可能是，国王会乘船出海，流亡法国。

如今国王被关在卡里斯布鲁克城堡。他现在可以把自己当作拍卖品，待价而沽，有很多潜在的竞拍者。克伦威尔可能仍然希望能与他达成一致。而另一方面，尽管罗伯特·哈蒙德竭尽全力阻挠，苏格兰人仍然能和他秘密交流。国王几乎一被安顿在城堡里就开始施行他的诡计：他把信息藏在手套夹缝里，和他的仆人秘密交谈，制订详细计划，收发秘密信件。 298

正是在这一时期，克伦威尔公开与国王决裂，在军事会议上激烈地抨击他。据说有这样一则故事，尽管从未得到充分证实：克伦威尔截获了一封给王后的密信，查理在信中宣称，他宁愿与苏格兰人结成同盟，也不愿意与军队一方达成协议。在威斯敏斯特，有人说，查理在卡里斯布鲁克把一根骨头扔在两只猎犬中间，嘲笑他们的敌意。单凭这一点就足以让克伦威尔反对他。克伦威尔现在开始偏向激进派士兵，支持他们坚定的反君主主义立场。他评论道：“如果不能让士兵接受我们的想法，我们就必须向他们靠拢。”

克伦威尔的怀疑很快得到了证实。12 月底，国王与苏格兰国教会全体大会的代表秘密谈判后，签署了一份名为“约定”的协议。他承诺在最初的三年内将长老制作为国教；他将在英国议会中确认这一“庄严联盟和誓约”，但不会强迫他的臣民宣誓。作为回报，苏格兰人将支持查理提出的个人条约，解散所有英格兰军队；随后，苏格兰将派遣一支军队进驻伦敦，以加快建立一个“全面而公正的议会”。这份文件被用铅封好，埋在城堡的花园里。然后，他拒绝与议会代表团进行会晤，鉴于此，哈蒙德上校打发走了国王的仆人，将卫兵的数量增加了一倍。

> 查理：我能出去透透气吗？
>
> 哈蒙德：不，我不能同意。

1648 年 1 月 3 日，下议院以五十票的多数通过了“不上书表决”。议会不再与国王联系，或者向他提出建议。克伦威尔完全支持这一决定，理由是人民不应该“期盼一个顽固分子会安邦治国，上帝已经让他心硬如铁了”。军队委员会还宣布，它将继续支持“没有国王，反对国王”的王国和议会。

然而，在随后举行的一次晚宴上，军队内部的分裂仍然表现得很明显。
299 指挥官们就“君主制、贵族制或民主政府”孰好孰坏的问题，争论不休，但毫无结果。在讨论的最后，克伦威尔也难以克制自己的情绪，变得歇斯底里起来，他举起坐垫，扔向讨论者之一埃德蒙·勒德洛，然后跑下楼去；随后，勒德洛追着克伦威尔，用垫子打他。

哈蒙德上校获悉，就在他的眼皮底下，国王仍然与苏格兰人签订了一份条约，于是他决心找到它。他悄悄进入国王的房间；国王惊慌失措地从床上起来，穿上了他的长袍；哈蒙德上前搜查查理的口袋，查理打了他，据记载，上校破天荒地予以回击。

国王遭监禁一事激怒了保王党事业的支持者。伊普斯维奇和坎特伯雷都发生了骚乱。伦敦的一位新闻记者报道说：“不满情绪充斥着各郡，各地最近爆发了多起叛乱，甚至伦敦附近也是如此。”大多数报纸和小册子都掌握在强硬的保王派手中。在 3 月 27 日的国王登基纪念日，首都各处燃起了庆祝的篝火。街道上，马车里的旅客被迫举杯庆贺，为国王的健康干杯。城里的屠夫们宣布，如果他们能抓住哈蒙德上校，“他们会把他剁成肉泥”。

4月初，伦敦市长派了几支民团前往摩尔菲尔兹，驱散一群学徒；这群人攻击士兵，缴获了他们的武器，大喊着代表“查理国王！”，然后出发游行。请愿者们从肯特、埃塞克斯和萨里蜂拥至伦敦，要求恢复国王的统治。骑士党欢呼雀跃，长老会又一次控制了议会。4月，下议院通过了一项动议，要求与国王签订条约。

内战爆发的迹象再次变得明显起来。这次，战斗首先在威尔士打响。4月，一位保王党的指挥官占领了滕比城堡；整个南威尔士很快就宣布效忠君主。军队将领们一整天都很难过，不停地祈祷。流血和战斗又回来 300
了？上一次的战争还有意义吗？在温莎举行的新模范军会议上，人们一致同意，“如果上帝能再次带来和平，我们一定会找嗜血的查理·斯图亚特去算血债”。

军事委员会任命克伦威尔前往南威尔士平乱，他带领两个骑兵团和三个步兵团，花了六个星期才打败了叛军。除此之外，其他地区也出现了反议会势力，但是这些叛乱的起因与其说是热情支持国王，不如说是对议会征税和郡委员会感到失望。贝里克和卡莱尔被不满的人们控制了；庞特弗拉克在一次突然袭击中被占领，斯卡伯勒宣布效忠国王；埃塞克斯人汇聚在保王党指挥官戈林将军的旗帜下；唐斯河畔的一部分舰队也宣布支持国王，并加入了肯特人的起义队伍。人们还可以看到，苏格兰人的军队正在边境集结，准备为国王而战。

这意味着议会的威信面临严重挑战，但这场所谓的第二次内战再次以新模范军的胜利而告终。苏格兰军队直到7月才越过边界，此时，英格兰和威尔士的大部分起义已被新模范军的优势兵力镇压下去了；克伦威尔在北方作战，费尔法克斯在南方指挥。严格意义上讲，这不是一场战争，只是一系列分散的起义和突发的战斗，各自为阵，不可能成功。没有连贯一致的战略，反叛者就无法与新模范军抗衡。他们一直在徒劳地等待苏格兰人到来，但苏格兰军队来得太晚，反叛者失去了先机，无法形成有效的抵抗。

第二次内战的两个主要前线异常惨烈，死伤惨重。这个夏季异常寒冷，苏格兰军队在汉密尔顿公爵的指挥下，只能在风雨中缓慢地向南推进；士兵们训练不善，人数远远少于预期，没有精神支柱，因而士气低落。新模范军至少还有精神支柱，知道自己是在抗击侵略军。

301 8 月 17 日，双方在普雷斯顿城墙附近相遇，展开激战，双方的步兵互相紧逼。苏格兰人最终被击退，损失了 1000 人。克伦威尔乘胜追击，残余的苏格兰军队溃不成军，放下了武器。这是他获得全面指挥权的第一场战斗，也是他最有标志性的胜利。

来自东南部的保王派余党都躲到了科尔切斯特。6 月中旬，托马斯·费尔法克斯爵士准备长期围攻该城。这是整个内战中最令人厌恶和最不光彩的事件。费尔法克斯决定围而不攻，让城里的军民饿到投降为止。居民们吃光了猫、狗之后，被迫吞食肥皂和蜡烛；据报道，保王党士兵还让居民吃他们的孩子。据记载，保王党指挥官诺维奇伯爵将 500 名妇女和儿童送出城外；费尔法克斯拒绝接收，并威胁着把他们赶回了城。到了 8 月底，保王党人面临的形势是，正如时人所说的，“城外血雨腥风，城内饥肠辘辘”，他们只好举手投降；2 名保王党指挥官被推出去枪决。内战的第二阶段比第一阶段更加残酷血腥，因为人们已经耗尽了怜悯之情。

在普雷斯顿获胜后，克伦威尔相信他又一次得到了上帝的帮助。他相信自己在做上帝的工作；这就是为什么他等待神的旨意来指导他的行动，指引他前进的道路。他如同一只盲目的鼹鼠，四处寻求恩典，有时被黑暗包围，但对上帝的信仰支撑着他，佑护着他。他在写给朋友兼同事菲利普·沃顿的信中说：“说起这些事情，我心中满是欢笑和歌声。”

普雷斯顿战役标志着第二次内战的结束，也标志着自六年前国王第一次举起大旗以来，王国的混乱局面已经结束。据统计，在第二次内战中，有 100000 名士兵和平民死亡，死亡人口比例超过 1914—1918 年的第一次世界大战。因此，人们恰如其分地称这场战争为英国历史上最血腥的战争。
302 150 个城镇和 50 个村庄遭受重大破坏；10000 所房屋被毁。

在第二次内战期间，查理曾多次试图逃离卡里斯布鲁克城堡。他从未停止密谋，使用各种手段对付俘虏他的人和敌人。例如，他把设置了密码的消息藏在仆人的靴子后跟。一些支持者设法向他秘密传递一把切割工具和一批硝酸（当时被称为“强水”），帮助他拆除窗户上的铁栏杆；但这个阴谋被提前查获，最终失败了。还有一次，他试图挤过栅栏，但身子被卡在栏杆之间，无法动弹，只能艰难地自救。

然而，在获得最终胜利之后，议会仍然希望与他谈判，尽管这违背了军队的意愿，许多军队指挥官谴责他是“一个嗜血之徒”，第二次内战的始作俑者。上下两院的大多数成员，以及大部分人，都希望不惜任何代价实现和平。于是，国王从城堡的囚禁中被解放出来，送到了纽波特，与他的朋友和仆人住在一起，议会派专员来到该镇和他谈判。他坐在国徽下，身后是他的谋士；议会代表团坐在他对面。

他的神态比较顺从，因为新模范军的胜利有效地结束了他的抵抗。因为他更害怕军队，他希望与议会达成一项协议。几天之内，他就做出让步，接受了三十八项提议，自己也提出了四项议案。他大体接受议会专员们提出的宗教要求，放弃对民兵组织的控制权，为期二十年。议会代表们无疑意识到，如果他重新全面掌权，他可能会背弃这些承诺。

国王在写给他的谋士威廉·霍普金斯爵士的信中说：“我今天在教会、民团和爱尔兰问题上做出了巨大让步，只是为了逃走……我唯一的希望是，现在他们相信我不敢拒绝他们，所以看守会比较松懈。”同时他也意识到，另一种命运在等待着他。他可能成为一个被削弱了权力的国王；他可能被判终身监禁；他可能会死在断头台上。他也害怕被军队的朋友暗杀；他在 303
城堡里，整日惶惑不安，害怕哈蒙德或他的狱卒同伙下毒。

国王的一位秘书菲利普·沃里克爵士看见他的主人站在一扇窗户前，身后站着议会代表，他注意到国王在哭泣，“大颗大颗的眼泪从他的眼睛里掉下来”。自从他的仆人被命令撤离的那一刻起，他就不在乎个人形象了；胡子没有修剪，衣服已经磨损褪色，他曾经浓密光亮的头发几乎完全变白了，这让他脸上的忧郁之色更加浓重了。

军队对纽波特的谈判越来越不耐烦。11月，他们起草了一份“抗议书”，呼吁将这个臭名昭著的嗜血之徒“绳之以法，以儆效尤”。军队的将领们要求处死他。他们在北方打败了苏格兰人后，已经开始回师伦敦。

12 月的第一天，国王离开怀特岛，被带到位于汉普郡海滨的赫斯特城堡。毋庸置疑，克伦威尔和他的同僚有充分理由担心，议会已经制订好计划，邀请国王返回威斯敏斯特。他们还担心议会和国王之间签署任何正式协议。克伦威尔宣称，纽波特的协定仅仅是“一张纸”而已，他致信哈蒙德，说国王是一个“可恶之人”，不能与他达成任何协议。

12 月 5 日，议会决定在纽波特达成的条款基础之上，与国王达成协议。第二天，当议员们进门之时，他们发现托马斯·普莱德上校站在下议院会议厅的大门外，拿着一份名单，一一核对他们的名字。有些人被允许入内，另一些人则被站在他身后的士兵拘留或逮捕。赞成《纽波特条约》的长老会成员和其他国王的支持者立即被清除出会议，这是英格兰历史上第一次也是最后一次军事政变。这一事件的策划人似乎是亨利·艾尔顿，而不是奥利弗·克伦威尔，但是，当克伦威尔当晚从约克郡返回到伦敦，他说：
304 “我不了解这个计划，不过，我倒是乐见其成。”就他而言，这一切皆出自天命，而他无须承担任何责任。

国王被禁闭在一座死气沉沉的城堡里整整两个星期，城堡周围是一片砂石岬角；这个地方沼泽遍布，空气潮湿而沉重，浓雾弥漫。他的房间又小又黑，连中午都得点着蜡烛，从窗户的缝隙里，他可以看到索伦特海峡。士兵们把他的饭菜“没遮盖地”送来。他本应质问：“还有什么东西比鄙视君主更可鄙的吗？”

他一定知道，或者猜到，所有的希望都破灭了；军队已经成为王国的主人，他们要处死他。然而，像克伦威尔一样，他相信命运，心中有着强烈的宗教使命感；他认为自己或许能享受为神圣事业献身的殉道者的命运；他已经想过那些可能降临的所有痛苦和耻辱，这让他更加坚定地对抗这个世界对他的冷遇。和克伦威尔一样，与生命相比，他更重视他为之奋斗的原则。因此，即使身陷绝境，他表面上仍然保持着平静甚至是愉快的神态。

在后人所谓的“普莱德清洗”之后，只剩下大约 200 名议员；他们组成了下议院，史称“残缺议会”，或者按照克拉伦登的解释，它就是“一具腐尸的残余物”。他们中的一些人并不一定支持军队，他们只是害怕可能出现踢开议会的赤裸裸的军事统治。

12 月 19 日，军方下令将国王从赫斯特城堡带到温莎，这里能够“保证尽快将他绳之以法”。然而，这种“法”的性质并不清楚。军队中的许多人并不希望处死国王，克伦威尔也是其中之一。尽管他口口声声责骂国王是一个满手血腥的人，但他不赞成这样的裁决。如今查理已经陷入了深深的懊悔和绝望之中，可能会屈服低头。只要经过他同意，军队或者新选出的议会掌了权，他们就有了合法性和权威性。到头来，当他受审判罪时，他只会被废黜而不是被处决。目前，还没有必要处决查理。 305

但另一件事促使克伦威尔痛下决心。国王派遣特使前往爱尔兰，打算组建一支军队；当然，如果能劝阻查理放弃这个计划，这个巨大的威胁就会解除。一想到爱尔兰将由保王派来主导，克伦威尔就倍感焦虑，于是他下定决心，彻底解决国王的事情。

军队领导人随后派了一名特使到温莎商讨可能达成的协议条款，但国王拒绝见他，理由是他已经“让步太多，即使如此，也不能令人满意，因而他宁愿赴死，也不想良心难安”。因此，死亡的可能性越来越大了。国王拒绝进一步妥协，这让克伦威尔深信，他必须审判和处决国王。他告诉下议院：“既然这是上帝给我们下的旨意，我只能服从天意。”

1649 年元旦，“残缺议会”一致通过了审判国王的法令，理由是，他蓄谋“彻底颠覆这个国家古老、最根本的法律和自由”；他妄图独断专权，俨然一个暴君；为此目的，他发动了一场残酷血腥的战争。上议院拒绝了这项法令，而下议院通过了一项决议：“以上帝之名，一切权力来自正义的人民”，而他们则代表着人民。因此，下议院宣布自己是国家的最高权力机构。他们还通过了一项法令，设立一个新的高级法庭，由 135 名委员组成。到了国王审判日那天，只有 52 人到场。军事委员会内部也有分歧，其中一名委员声称，没有哪座英格兰法庭能够审判英格兰国王。克伦威尔反驳道：“告诉你，我们会砍掉他戴着王冠的头颅！”

1 月 19 日，查理将从温莎被带到圣詹姆士宫。当他得知即将上路时，他回答说："上帝无处不在。"审判在第二天进行。士兵们用一顶封得严严实实的轿子把他从王宫带到了白厅，然后用一艘带帘子的驳船把他运到了威斯敏斯特。法官们的名字被依次念起，当念到托马斯·费尔法克斯爵士的名字时，一位女士大声喊道："居然有他，太不理智了。"这是他妻子的
306 声音。

据克拉伦登所述，国王被带到威斯敏斯特大厦，坐在指定的位子上，神情没有一丝不安；所有的法官都"毫无敬意地盯着他"。检察长约翰·库克宣读了对他的指控。"稍等一下。"国王说。他用一根银色的手杖轻拍库克的肩膀，但库克不予理会。他又敲了一下，手杖银尖脱落，滚到地板上，但没人帮他捡起来。几天后，他承认"这件事在我脑海中挥之不去"。这似乎是他将被斩首的预兆。当库克叫他"暴君和叛国贼"时，他大笑起来。怎么能指控一个君主叛国呢？叛国不就意味着侵犯君主的权力吗？但是他不明白，这个词的意思已经改变，它现在意味着侵犯人民和议会的主权。先前享有一切荣誉和权威的王国，现已变成了"国家"。

事实陈述结束后，法庭庭长约翰·布拉德肖要求国王回应法庭对他的指控。布拉德肖坐在国王面前的一把天鹅绒椅子上，法官们成排坐在他身后；卫兵排列在囚犯的身后及左右两侧。听众坐在两边的长廊里，或站在大厅的台阶下。

"我想知道，"国王问道，"你们凭什么将我带来此处？"这是至关重要的问题，他又说道，"这世上有太多的非法势力，有强盗，有剪径强徒"。他设法克服了他惯常的口吃。

法庭告诉他，他被带到这里，"凭借的是英格兰人民的名义，你是被选出来做人民的国王的，要对人民负责"。

"千百年来，英格兰从来不是一个选举制的王国，而是一个世袭的王国。"

对话又持续了一段时间，直到布拉德肖宣布休庭。国王交出了正义之剑，当这把剑传递到书记官的桌子上时，有人听到他说："我不怕这个。"

在审判的第二天，国王再次拒绝辩护，他不承认法庭的权威，布拉德肖下令把他带走。

“我强烈要求说出我的理由——” 307

“先生，这不是犯人能要求的。”

“囚犯！先生，我不是一个普通的囚犯。”

在第三天，他又一次拒绝为自己辩护，还声称“我所代表的正是英格兰人民的自由”。法庭总共四十三次请他为自己辩护，但他不承认议会有权凌驾于他之上。1 月 27 日，法官们坐在威斯敏斯特的彩绘厅，宣布国王是“暴君、叛徒、杀人犯和公敌”，理应被判处死刑，“身首异处”。在法庭宣判之前，他认为这个案子非常严重，应该提交议会联席会议。一些法官急于逃避承担弑君的责任，赞成这样的想法。“你疯了吗？”克伦威尔对其中一位嗤之以鼻，“你难道不能安静地坐着吗？”国王的建议没有被接受。

在布拉德肖宣读了死刑判决后，查理要求讲几句话。

“不，先生，托你的福，先生。卫兵，把囚犯带走。”

“我有权在宣判后说话。托你的福，先生，我还可以在宣判后说话。”他被卫兵粗暴地带走了，他继续喊道，“托你的福，等等！判决，先生——我说，先生，我的确——竟然不让我说话。希望别人能得到公正。”士兵和观众在他周围尖叫：“正义！正义！正义！”

事实上，即使是犯了罪，审判和处死国王的过程，也是由少数派人士策划的，虽说他们忠于国家，但他们只是一小撮人，代表不了全体国民的意愿。两位荷兰大使请求免除他的死刑。托马斯·费尔法克斯爵士也向军事委员会提出了类似的恳求。威尔士亲王寄来了一张白纸，上面已经签字盖章，这就意味着议会可以在上面随便提条件。这些请求都没有用。克伦威尔和艾尔顿尤其固执。国王必须死，否则，他们自己和新的英伦三岛共和国就没有安全可言。

国王最后的日子对他周围的人来说是一个令人悲伤的谜一样的故事。1 月 29 日，他烧毁了他的文件和加密信件。他的两个年幼的孩子，伊丽莎白和亨利，仍然在他的敌人手中；他们被允许探监。两人一见到父亲，便痛哭失声。他对十三岁的女儿说，为了这个国家的自由，为了维护真正的 308
宗教信仰，他将光荣地死去。他告诉他十岁的儿子，当他哥哥还活着的时候，不能允许军队把王冠戴在他的头上。男孩回答说："我可能更快被撕成碎片！"国王的卫兵哭了。这是一个充满眼泪的时代。

1649 年 1 月 29 日，在他生命的最后一个晚上，国王酣睡了大约四个小时。醒来时，他告诉他的仆人："今天是我的第二个结婚日。"他要了两件衬衫，因为"在寒冷中颤抖，我的敌人会把这归因于恐惧"。当他离开圣詹姆士宫时，几个步兵小队正等着护送他到白厅；他们的鼓声响彻天际，淹没了国王的声音。他被带到卧室，静静地等待着，直到议会通过了一项决议，禁止宣布任何人继承王位。他拒绝了晚餐，但要了一片面包和一杯酒。在约定的时间，他被护送到了宴会厅。

天太冷了，泰晤士河已经结冰。他从一楼的落地窗里走出来，面前是低矮的行刑台，上面铺盖着黑布，两个刽子手都捂得严严实实。他们的身份一直没有泄露。骑兵排列在街道两头，武装的卫兵挡住了人群；屋顶上，房子里，街道上，挤满了围观者。国王试图和他们说话，但他们离得太远了。于是，他把临终遗言口授给一个速记员和两个随从，他宣称："臣民和君主截然不同。"然后他高声说道"我是人民的殉道者"，便把头伏在刑台上。伦敦的主教就在他身边。

> 主教：仅仅一步之遥；虽有混乱和麻烦，但这段旅程很短。你将进入天堂，你会在那里找到快乐和安慰。
>
> 国王：我失去了易腐坏的王冠，得到了不朽的王冠。
>
> 主教：你用尘世的王冠换来了永恒的王冠——很好的交易。

309 刽子手手起刀落，国王身首异处。主刑的刽子手举起他的头颅，用传统的方式宣布："看！叛国者的头！"据目击者菲利普·亨利说，"当时成千
310 上万人的呻吟声响彻在周围，我从未听到过，希望以后再也听不到"。

31

此房出租

国王之死给整个国家的政体带来了致命的打击。但是，正如小册子作者马查蒙特·内德姆所记载的那样：“旧的效忠对象已经被干掉，我们注定会接纳一个新的。‘残缺议会’通过了一项法案，出售已故国王的货物和个人财产。”查理的肖像从所有的公共建筑中被移走，甚至他在交易所的雕像也被砸碎；空荡荡的基座上如今刻着“暴君已亡，末代国王”的字样。

2 月初，上议院和王位被正式撤销；议会宣布王权“对国家的自由、安全和公众利益来说，是不必要的，是一种负担，并且构成了威胁”。理论上，“残缺议会”现在拥有无限的权力，但它几乎不能代表人民。这时的议会大约有 90 名成员，其余成员要么已被清洗，要么自愿退出了。除了这九十来人之外，其他议员与国王之死没有关系，后来他们重新回到议会参政议政。当然，这些议员在基本政治原则和效忠对象上是有分歧的。然而，在面对紧急事件的压力时，他们仍然是一个相对和谐一致的团体；直到后来，人们才明白，不能指望这些议员有一致的政治意识形态。他们是改革者，而不是革命者，他们的所作所为，受事件和环境的驱动。“残缺议会” 311
基本上是历史突发事件的产物，而不是有计划、有组织地形成的；它是由于形势需要，作为权宜之计而出现的。

然而，军队也是新政权不可或缺的力量；克伦威尔既是“残缺议会”的议员，也是军队主官。国家的最高统治权由谁掌控呢？如果武力统治奏效的话，答案就不言自明了。主要的参与者声称，在议会的庇护下，他们已经建立了一个宪政机构。于是，当某种权力机构在没有或基本没有得到名分之前，模糊政治大行其道。

为了制定国策，国务委员会成立了，成员约有 41 人，其中 31 人来自“残缺议会”。克伦威尔是主事者。国务委员会下设陆军、海军、爱尔兰事务和外交事务常务委员会。他们的当务之急是搞到钱；他们急需钱来供养 70000 名士兵。国务委员们采取的解决办法是征收新税、向伦敦城申请贷款、没收保王党的财产。但这些办法无济于事，因为遇到了荒年。当时兰开夏郡和威斯特摩兰饿死了很多人。布尔斯特罗德·怀特洛克写道：“坎伯兰的地方法官证实，‘30000 人既没有面包，也没有谷物种子，也没有任何办法获取粮食或种子’。”然而，国务会议还有其他重大任务：统一三个王国，维护国家的海上优势，以及保护商业贸易。

面对这些负担和指责，大部分国务委员似乎干劲十足、富有效率。红衣主教马扎林从法国派来一名使节，来此窥探虚实，他写道：“他们不仅在海上和陆地上拥有强大的实力，在生活中也没有炫耀、浮华之风，也没有相互争夺之恶。他们办私事时克勤克俭，办公事时慷慨大方，每个人都勤于公事，那股干劲仿佛是为了谋取个人利益。他们处理大笔款项，管理诚实不欺，遵纪守法。他们还赏罚分明。”据记载，在这一时期，奥利弗·克伦威尔和亨利·艾尔顿都对事态的发展步伐“极为满意”。每一场变革在早期都有一个崇高的阶段。

312 3 月中旬，克伦威尔被国务委员会选为军队总司令，这样做的主要目的是征服爱尔兰的保王派。苏格兰也对新政府构成了威胁。它得知国王被处决，立即宣布查理一世的儿子、十八岁的查理二世为国王。然而，最严重的威胁来自爱尔兰，保王派中将奥蒙德公爵在那里掌权。他支持盟友天主教徒，拥护新国王。在 1641 年叛乱后，天主教徒统治了全国三分之二的地区。克伦威尔很快就得重返战场。

5月，“残缺议会”通过最终法案，宣布英格兰为自由共和国；封建王国变成了共和国。现在，一切都必须朝着所谓公共福祉的方向发展。当然，一切事物的合法性都取决于它是否有利于公共福祉。正如弥尔顿所说，“如果采用暴力的话，更为公正的是，少数人强迫多数人保持自由，而不是多数人强迫少数人成为奴隶”。例如，就是从这个时候起，我们看到以国家税收和公共开销为主要活动的国家财政问世了。

然而，按照共和国国玺上的铭文，这也是“自由元年，蒙主赐福，自由重现”。如今，公共事务的革命为各式宗教狂热分子和激进派增添了动力和目的。到了改天换日的时候了。一个女性激进分子在白厅附属教堂的会众中站出来，脱光了衣服，高声叫喊：“庆祝英格兰重生！”

喧嚣派认为，对纯洁的人而言，万物都是纯洁的。劳伦斯·克拉克森在《喧嚣的船长》中坦言：“罪恶这一概念只存在于想象之中。”因此，他们任意骂人、酗酒、吸烟和做爱也不受惩罚。世俗的治安法官管不着他们。

第五王国派的男男女女都在积极地为基督及其圣徒的统治做准备，这种新的统治注定要取代古代世界的四个王国。1694年就是耶稣统治的开端。他们拍着手，转着圈儿，欢呼雀跃：“来吧，来吧，来吧。”走江湖的琴师和民谣歌手也和他们混在一起，一直狂欢到情感白热化。

马格尔顿教派也有信奉启示录和千禧年的倾向。他们相信灵魂和身体同死，在审判日到来时，灵魂和身体会一同复活，上帝不管世间的任何事 313
物。他们还断言，天堂位于地球上方6英里处，上帝身高5到6英尺。

4月16日，一些掘地派来到萨里郡韦布里奇附近的圣乔治山，开垦那里的公共土地，播下种子。有位名叫威廉·埃弗拉德的掘地派成员宣称，上帝显灵让他来这里开荒、播种。掘地派信奉一种农村共产主义，他们认为只有通过这种农村共产主义，英格兰人民才能最终摆脱地主和庄园主的“诺曼枷锁”，“让土地成为所有人的共同财富”。

贵格派认为，不需要有形的教堂，神启可以直接到达每个人心中；基督可以进入人的灵魂，点燃人的内心之光。他们还呼吁取消律师和大学；

他们拒绝缴纳什一税或向“上级”脱帽致敬。他们还扰乱正统教会的礼拜仪式。这些人互称“圣徒”或“真理之友”，但由于他们在敬拜时总是颤抖，他们得到了现在的名称。

5月初，《古兰经》的英译本问世。宗教自由在英国社会流行开来。两个月前，约翰·伊夫林参加了在林肯律师学院附属教堂举行的国教会礼拜仪式。

新政体、宗教组织以及激进分子们的各种政治活动方兴未艾。约翰·利伯恩，一个曾在新模范军中发挥鼓动作用的平等派，转而反对新政权。在《英格兰新锁链之发现》中，他猛烈地抨击克伦威尔和军中大佬的不诚实和虚伪；他指责这些人就是想扩大个人势力的“纯粹政客”，他们假装“等待天意，打着宗教的幌子，骗起人来就更有把握了”。一本名为《猎狐记》的小册子写道：“你一和克伦威尔说话，他就会把手放在胸前，抬起头，仰望上天，召唤上帝来记录。即便在刺死你的时候，他也故作哭泣、号啕、悔罪。”

314 克伦威尔被这本小册子激怒了。“我告诉你，先生，”有人听到他在一次国务会议上说，“对付这些异端分子，除了把他们剁成肉酱之外别无他法……如果你不打倒他们，他们就会打倒你。”3月底，利伯恩和他的那些资深同僚被指控犯下了叛逆罪，关进了伦敦塔。然而，因为平等派对英格兰的现状直言不讳，所以他们在伦敦人当中很得人心。成千上万的妇女拥向威斯敏斯特大厦抗议利伯恩被捕入狱，士兵们却对她们说：“回家洗盘子吧！”她们反唇相讥：“我们家里连盘子和肉都没有了。”5月，一群士兵因不满利伯恩遭囚禁而哗变，遭到克伦威尔和费尔法克斯的镇压，三名军官被杀。克伦威尔在另一个场合解释了镇压这次起义的理由：“不要违逆上帝的做法；也许除此之外别无出路。”

敌对阵营也在攻击新政权，保王派在他们的小册子和新闻信札中哀叹道：“仁慈的国王被血腥谋杀，他的死是重大损失，”他们还声讨说，“弑君者对为害作乱十分积极，与小偷和谋杀犯有一拼。”如今当局十分警惕这些自由言论的危害。同年夏天，“残缺议会”通过了一项《叛逆罪法案》，该法案规定，凡是说“新政府专制、篡位或非法，下议院代表不能代表国家最高权力的”，都属叛逆罪。新政府不允许发生平等主义或极端自由主义的革命。与此同时，国务议会还准备了“反非法和诽谤性书籍和小册子法案”，旨在禁止“奸党”发行小册子、报纸或书籍。“残缺议会”甚至通过了一项决议——任何提及查理·斯图亚特或他儿子的牧师都将被视为“犯罪分子”。

7月10日星期二，克伦威尔乘坐一辆六匹马拉的车离开伦敦，一路向西，前往爱尔兰。最初他有点儿犹豫不决，因为他不希望在政局动荡和混乱的时候离开国家的权力中心。然而，克伦威尔一旦做出了决定——或者说他一旦声称，他相信上帝已经发出指示——他便义无反顾。他曾说：“谁是我们的统帅并不重要，只要上帝是就行。”军队领导人很担心保王党从爱尔兰入侵，尽管这种可能性很小，然而他们还是无法容忍英国海岸附近存在着敌人；这个敌人明显对新共和国构成了重大威胁。 315

克伦威尔在8月中旬到达爱尔兰，时机对他非常有利，保王派海军已被共和国海军打败。在都柏林城外，奥蒙德公爵的军队遭到议会军突袭，几乎全军覆没。克伦威尔在船上写道：“这真是令人吃惊的神的恩惠。”他认为自己就是上帝选中的仆人。经历了海上风暴之后，他的军队在都柏林港口登陆。他承诺发起圣战，讨伐“野蛮嗜血的爱尔兰人”。在克伦威尔看来，爱尔兰人在种族和宗教信仰上都低人一等；他根本不把爱尔兰人当人对待。

克伦威尔希望迅速、有效地完成军事行动，但是，尽管他手下有20000名士兵，却没有机会打阵地战。相反，他试图以一系列围城战来征服爱尔兰人。他首先围攻都柏林以北30多英里处的德洛格达城。他要城中的保王派守将投降。第二天，也就是当年的9月11日，克伦威尔没有收到正式的投降书便发起进攻。经过一次次血腥的战斗和小冲突，守军被击溃。克伦威尔明确下令，所有携带武器的爱尔兰人都要被处死。这就是军令：3000名爱尔兰守军以及所有的牧师和修士均被杀害。克伦威尔写道：“我深信这是上帝对这些野蛮而可鄙之徒的正义审判。”直到今天，这场屠杀仍然留在爱尔兰的民间记忆中。

克伦威尔率兵离开德洛格达，进军都柏林以南 70 多英里的韦克斯福德。在这一带，他们以上帝的名义杀了更多的人。克伦威尔的军队还没有展开进攻，城门就已经打开了，所以这座城市不需要武力攻破。但是，军队进入韦克斯福德后，却大肆屠杀城中百姓，很多人求饶未果。据说，在现在的斗牛场附近，有 200 名妇女被杀；后人在大屠杀现场竖立了一块牌子，以示纪念。

克伦威尔在爱尔兰又待了九个月。他本来希望，经过德洛格达和韦克斯福德的流血事件，爱尔兰人会及早投降。可是，没过多久，他的希望就在爱尔兰人一次次顽强而坚决的抵抗中成为泡影。12 月初下了一场暴雨，
316 克伦威尔放弃了对沃特福的围攻。他回忆道：“这是我戎马一生中最可怕、最艰难的一天。”当军队离开海岸向内陆进军时，相比于他们的敌人，当地的气候和地理条件让他们减员的速度更快。浓雾、阴雨和迷雾不断袭来，痢疾、疟疾也在军中传播。军队的给养问题更是雪上加霜，进一步打击了士气。

讨伐爱尔兰的这场战争又持续了两年。当地军队主要通过一系列袭扰战和小规模战斗攻击侵略军，使这场战争具备了游击战的性质。然而，克伦威尔的军队行动迅速，惩罚严厉，最终根除了保王党从爱尔兰进攻英格兰的可能性。

如今剩下的敌人盘踞在北方。苏格兰人已经邀请国王查理二世前往故国，双方的政治谈判于 3 月在布雷达进行。布雷达城位于荷兰南部，年轻的国王和流亡的宫廷在此暂住。议会和国务委员会对这一联合举措感到震惊。克伦威尔很快意识到国内需要他。1650 年 5 月底，他坐船离开爱尔兰，回到英格兰，让他的部下亨利·艾尔顿留驻爱尔兰，担任总督。当他在布里斯托尔登陆时，受到了热烈的欢迎，好似英雄凯旋。

查理二世需要尽可能地寻求支援。获取苏格兰军队支持这一机会不容错过。因此，6 月 23 日，查理二世在驶往苏格兰的船上签署了一份庄严的誓言来维护国民誓约，以确保长老制能成为英格兰和苏格兰的官方宗教。

然而，他是一个言行不一的君主。他全然不顾长老及其支持者的利益，一心想着自己的私利。苏格兰谈判代表亚历山大·杰弗雷后来总结说：“他无耻地满足了我们十分可耻地强加给他的要求。”国王像他的父亲一样，学会了伪装和掩饰。然而，他的签名却意味着战争一触即发。

托马斯·费尔法克斯爵士拒绝率领英格兰军队进入苏格兰，他的理由是，这种入侵有悖于两国七年前签署的，且从未废除的“庄严同盟和誓约”。克伦威尔反驳道：“我们要考虑的是，这场战争是在另一个国家的国 317
土上打，还是在我们的国土上打，哪种方式更好？”他的观点很有说服力，他再一次成为军队领袖。费尔法克斯无法确定共和国的发展方向，又不愿意彻底罢黜国王，便辞去总指挥的职务。于是克伦威尔顺理成章地被任命为他的继承人。

7月23日，克伦威尔带着骑兵和步兵一万一千人穿越边境，却没有发现敌人的踪迹。苏格兰军队指挥官大卫·莱斯利决定采取游击袭扰战，不公开决战，以切断克伦威尔与英格兰的联系；在这方面，他取得了成功，克伦威尔被迫撤退到爱丁堡以东三十英里的沿海小镇邓巴。莱斯利乘胜追击以确保克伦威尔无法与英格兰新政府保持联系。两军的指挥官都秉信上帝的意志以及他们军事行动的神圣性。双方都在僵持中斋戒、祈祷。双方的牧师发表长篇大论来劝诫士兵忠诚于上帝的意志，以鼓舞士气。按照当时的说法，只有用更坚硬的钉子才能起走另一颗钉子。

在邓巴，莱斯利认为英格兰军队已然被钳制在他的军队和大海之间进退不得。他率军在高冈上等候时机，但军中的苏格兰牧师们劝他抓住战机追击敌军。克伦威尔看到这一部署，感慨道：“上帝要把他们送到我们手里；他们果然不请自来了。”事实也证明了这一点。英格兰人高喊：“为了天兵之主！”苏格兰人的战斗口号则是“誓约！”。苏格兰人在短暂抵抗后被击溃。这场战争中，苏格兰军3000人被杀，10000人被俘，而英军却死伤寥寥。一位目击者告诉约翰·奥布里：战争结束后，克伦威尔“春风得意，喜上眉梢，好像喝醉后飘飘欲仙；眼睛里闪烁着神采奕奕的光芒”。整个苏格兰南部都落入了英格兰人之手。其他后果也出现了：战争失败了，这意味着上帝做出了不利于苏格兰人的裁判，长老会牧师的声望与威信大减；誓约派运动再也无法维持它在苏格兰的统治地位。

此时此刻，年轻的国王陷入了绝望的境地。1650 年初夏，他向长老们输诚，此后他在珀思掌控着“领地委员会”的权力，该委员会在议会休会
318 期间统治苏格兰。国王憎恨苏格兰，也鄙视这里的长老会牧师们。他厌恶长老会牧师对他的劝诫和说教。在他看来，这些人都是伪君子，令人生厌。他怀念英格兰国教单纯、质朴的虔诚。当他听说莱斯利战败后，他试图逃离这些苏格兰压迫者。但“领地委员会”里的一些军官截住了他。他们劝他回去，许诺将授予他更多的权力。1651 年 1 月 1 日，查理在司康加冕为苏格兰国王。司康这个小村镇自中世纪以来便是苏格兰国王传统而神圣的登基之地。

在邓巴之战获胜之后，克伦威尔在爱丁堡待了将近一年，而莱斯利在爱丁堡西北方向不到 40 英里的斯特林重整残余部队。然而，两军不可能在这附近发生军事冲突。由于地形和冬季恶劣的天气，这里不可能打仗。谁知天有不测之风云，1651 年 2 月，克伦威尔得了重病。他得的是疟疾，这种病可能是在爱尔兰感染的。而与苏格兰的战争加剧了病情的恶化。他告诉他的妻子：“邓巴战役之后，我变成了一名老人，似乎老年的衰弱和疲惫风驰电掣、悄无声息地侵蚀着我。”克伦威尔曾三次处于死亡边缘，以防万一，议会派了两名医生去为他诊疗。那时他仍然坚信疾病只是上帝对他忠诚信仰的考验而已。

然而到了初夏，他完全康复了。他认为自己获救是上帝的旨意，他立刻利用于己有利的天气条件，再度与保王党开战。经过一番军事调动，他放开了保王党军队南下英格兰的通道。这似乎是不可原谅的错误，但实际上克伦威尔想用这种方法将苏格兰军队引诱出苏格兰，否则他们将坚守故土；然后，他给查理设下了一个陷阱。克伦威尔警告“残缺议会”的议长：“我的确担心，如果苏格兰军队进攻英格兰，比我们早几天到达，就会扰乱一部分人的思想，产生一些麻烦。”然而，克伦威尔还是相信一切于己有利，一切尽在掌控中。

国王希望英格兰的保王派能够经由卡莱尔穿越边境线，投奔他的麾下。在双方军队僵持的初期出现了一些“恐慌”和“阴谋”。心怀不满的保王党人聚在赛马场或小酒店里策划“阴谋”，但由于缺乏有组织的指导，他们的 319
“阴谋”尚不成熟。当时，克伦威尔政府还派出了被称为“鸭子诱饵”的密探打入他们内部。这年春天，伦敦城破获了一起保王党阴谋案，几位长老会牧师卷入其中，其中一位名叫克里斯托弗·洛夫的人被送上了断头台。有些人认为这是对宗教的亵渎，有些人——如约翰·弥尔顿——则颂扬说，这是对犯上作乱和叛国行为的打击。

然而，愿意跟随国王南下的保王党人寥寥无几，这主要是因为，苏格兰人不受英格兰人的欢迎；他们不会支持世仇，即便有一个合法的君主引领他们。保王派将军大卫·莱斯利本人也感到前途无望。国王问他为什么在这样一支士气高昂的军队面前还那么忧郁，他平静地回答说他的确感到很担忧，因为他心里很清楚，“无论军队看起来多么精良，还是不会在战场上卖命的”。尽管国王明白大卫·莱斯利话里的真正含义，他还是命令保王党军队沿着西北各郡南下，穿过坎伯兰、柴郡和斯塔福德郡。此时克伦威尔的军队正在后面追赶，所以国王没有考虑改变进军伦敦的路线。到目前为止，克伦威尔的军事策略大获成功。

到了最后，查理逃到了一直忠于君主的伍斯特避难。“对我而言，”国王绝望地说，“要么是冠冕，要么是棺材。”克伦威尔此时没有耐心打围城战了，他决定利用塞文河，立即从两翼进攻这座城镇。保王党军队的实力仅为对手的一半，战斗的结果是毋庸置疑的。查理站在大教堂的塔顶上亲自督战，他要做最后的努力，为这场持续三个小时的战役鼓舞士气。第一次交锋结束后，国王召集人马，准备再战，但保王党人却放下了武器。“你们要么拿起武器，要么就开枪打死我，你们让我活着，就是为了看到我今天这个下场吗？”事到如今，豪言壮语是没有回天之力的。1651 年 9 月 3 日，刚到下午时分，保王派军队四散而逃。年轻的国王逃到了绿林中，与鸟儿、狐狸为伴了，在这里，谁也找不到他。这是奥利弗·克伦威尔的最后一战。对他来说，这次战役意义重大，在他看来，这是“至高无上的天主的恩赐”，他如是写道。

年轻的国王在绿林中流浪已经成为传奇故事的素材。他秘密穿越英国
320 长达四十二天之久，在八十二个地方藏身。无论怎样，当时至少有四十五个人知道他的身份，知道他藏在什么地方。然而没有一个人背叛他。国王的形象在忠君人士心中仍然熠熠生辉。值得注意的是，许多保护他的人都是罗马天主教徒。

国王在逃亡途中乔装成苦力，东躲西藏，栖身于谷仓、树林和农场之中。他还乔装成一个佃农的儿子，结果在歇脚的地方被一个庄园主的管家认出来。他又躲在一个“牧师洞”里，这个洞原本是用来保护来访的耶稣会士的。他甚至还躲进博斯科贝尔庄园中一棵橡树的大树枝上。国王完全是一副乡下人打扮，身穿一件破旧的皮衣，他还打扮成仆人，穿着一件灰色的披风。村庄和集镇里到处张贴着逮捕令，上面写着：“案犯系身材高大的‘黑’人，身高超过两码。”这里的“黑”主要是指国王的肤色黑，他在逃亡途中因日晒雨淋而变得黝黑。有一次，有人误报国王已死，举国庆祝的钟声和熊熊燃起的篝火让他感到胆战心惊。

在伍斯特郡的布罗姆斯格罗夫，一个铁匠告诉他，国王引入苏格兰人，应该被绞死。在布里波特，街上到处都是抓捕他的军队，但他还是乔装成一名仆人来到这里。他下了马，牵着它，好像要把它弄到厩里去。在布赖顿，一个旅馆老板跪下来吻了吻他的手，对他说“他不会问他是谁，但希望上帝保佑他能去他想要去的地方”。国王曾放弃从海上逃亡的打算，但在10月14日，他从肖勒姆出海，逃到了相对安全的法国领地诺曼底。年轻的国王一到法国，就有人问他是否愿意返回苏格兰。他回答道，他宁愿被绞死也不愿意回去。国王出现在法国宫廷时，因长期东躲西藏而衣衫褴褛，肮脏不堪。

此时，克伦威尔则像罗马皇帝一样，带着俘虏凯旋。他不仅获得每年4000英镑的收入，汉普顿宫也被赏赐给他。毋庸置疑，他成了国家的首脑。

然而，此时的伦敦已不同于当初他远征爱尔兰时的样子了。国务委员会成立带来的令人陶醉的日子一过，“自由元年”也就褪了色。“残缺议会”

几乎被各种事务压得喘不过气来。为了解决新政府面临的各种问题，它设 321
立法律或教会改革委员会，然而最终却没有将自己的各种决定付诸实践。徇私舞弊甚至腐败事件时有耳闻。人们普遍认为：新政权主要关心的就是保存自己。

不过，议会的确为所谓共和国的福祉通过了几项法案；其中一项是将通奸定为死罪，但成效不大。有四个女人因此被处死，但没有一位男性因此而被判处死刑。在别的方面，议员们似乎陷入了一种近乎惰性的状态。据报道，现政府在各郡无所作为，处于“萎靡不振状态”。

然而，克伦威尔的胜利还是显而易见的。苏格兰落入克伦威尔手下重要将领乔治·蒙克之手；在接下来的十一年里，苏格兰一直处于军政权统治之下；克伦威尔评论道：“我认为，这个国家终于被打残了。”此前，没有哪位英格兰国王真正征服过苏格兰。爱尔兰的情况也不比苏格兰好到哪里；克伦威尔撤军之后，另一位将军埃德蒙·勒德洛彻底征服了爱尔兰。1652 年夏天通过的《定居法》全部或部分没收了爱尔兰天主教地主的地产，那些积极支持爱尔兰叛乱的人在理论上要被判处死刑。克伦威尔掌控了三国，立下了不世之功。

当克伦威尔从伍斯特凯旋时，有人来信表达了他们对克伦威尔的重大期望，期待他在和平时代的表现不亚于战争时期。按照一封信上的说法，他的任务是：“减轻压迫他们的沉重负担；赦免监狱中囚犯；为贫困家庭提供面包纾困。”然而，克伦威尔要实现这些值得称道的目标，只能通过“残缺议会”，但这个组织似乎不像新模范军士兵那样积极地服从命令。国务委员会的议员在很多方面还是善良仁慈、克己奉公的，但仍然有些人不那么容易受克伦威尔的政治热情或卓识远见鼓舞。

克伦威尔主张立即解散议会，为建立新的立法机构扫清障碍，让它来
处理胜利后的各种问题。然而议员们偏偏支吾搪塞，争论不休。最终他们 322
达成协议——在 1654 年 11 月之前解散议会。但议会的解散日期又往后拖延了三年。军队对那些议员彻底失望，因为他们百般阻挠或企图拖延建立必要的立法机构。那些忠心耿耿的军人认为，他们只不过是随波逐流之辈，

或许更糟糕的是，他们对“上帝的子民”的事业不感兴趣。

实际上，这个“残缺议会”本质上是一个保守的机构，而军队天生就喜欢用快刀斩乱麻的方式解决问题，两者之间必然发生冲突。此时此刻，克伦威尔自己也陷入了两难的境地，一方面，他希望对共和国进行宗教改革；另一方面，他又觉得，在这个阶段，他必须采取宪政方法。他不想搞所谓的“军人政府”。但采取宪政这一招也是险象环生。根据当时的舆论状态，除非精心安排选举，否则，保王党仍有可能卷土重来，在新的选举中获得多数席位；千万不能让这种情况发生。

当时英格兰的情况确实让人灰心丧气：战争严重破坏了贸易，导致失业率攀升；全国各地游荡着成群结队的乞丐，数量之多，是自上世纪以来罕有的。乡绅和其他地主也被各种赋税压得喘不过气来；有些拥护保王党的人发现自己的土地有被没收或出售的危险。监狱里关满了债务人。教会陷入混乱，激进教派和正统信徒仍在相互指责和抱怨；主教制已被废除，又没有新的国家教会组织取而代之。据说，广大民众找不到牧师为自己服务。许多人呼吁克伦威尔政府赶紧立法，以废除沉重的赋税，简化和改进司法程序，减轻公共债务和降低生活成本，但没有成功。

1652 年秋天的一个晚上，克伦威尔和国务委员布尔斯特罗德·怀特洛克在圣詹姆士公园散步。克伦威尔让对方就当前国事发表自己的看法，他是这样评论“残缺议会”的：“别指望他们能够妥善解决国家目前面临的问题，
323 他们确实不行。”怀特洛克答道：“我们已经承认他们执掌最高权力了。”

克伦威尔：如果现在有人站出来称王，那会怎样？

怀特洛克：我认为这个药方比疾病还糟糕。

克伦威尔：你为什么会有这样的看法呢？

怀特洛克：对于您个人，国王的头衔意义本来就不大。因为您掌握的军权已经不亚于国王了，您是最高统帅。

克伦威尔反复思考这个问题。至少怀特洛克的日记是这样记载的：在

克伦威尔看来，“国王的权力是如此之大、如此之高”，那么“国王的头衔在很大程度上可以为顶着这个头衔做事的人提供保障”；它尤其可被用于遏制“当前权力无法控制的那些人的傲慢和放肆”。虽然上述谈话可能源自怀特洛克事后的整理，但它的核心内容在克伦威尔先前说过的话中得到了证实，在一次会议上，克伦威尔曾对一些军官和议员说：“如果能够保障人民的自由，君主制政府是最有效率的。”他还理所当然地认为，他能取得军事上的胜利完全是上帝的意志。为什么他的命运要被“残缺议会”左右呢？他原本可以耐心地等待上帝的指示，然而，他的雄心和使命感（二者也不易区分）促使他迫不及待地往前冲。

军队已经向“残缺议会”递交了一份请愿投诉书，建议用“追求真理、敬畏上帝和憎恨贪婪的人”取代恶棍的权位。这是一句标准的导言，取材于《出埃及记》18：21。军方罗列出许多需要“迅速和有效地”进行改革的内容。“残缺议会”的议员们不得不承诺，对这些问题“予以考虑”。

尽管克伦威尔认为，这些“残缺议会”的议员总体上是傲慢而自私自利的，但他还是试图在军官和议员之间斡旋。他对一位同僚说，当时他是被迫采取行动的，想到这一点“我还心有余悸”。在采取迅速而果断的行动之前，他总要先进行一番深思熟虑和自我反省。 324

在1653年的第一个星期里，新模范军的军官们都在祷告和斋戒，以寻求上帝的旨意。从那时开始，“残缺议会”的议员们担心会发生某种军事干预。当时有传言称，议会正在为新的选举准备法案，再由议会成员审核，新的选举意味着军队期望的宗教改革将成为泡影；甚至有人声称，议会打算剥夺克伦威尔对军队的领导权。

4月20日，克伦威尔身着一袭黑衣，走进下议院的会议厅，坐了下来。一队火枪手被他安排在下议院的会议厅里和门厅处。他脱下帽，站起身来。接着，他先是赞扬了下议院早期的改革举措，然后又训斥了下议院随后做事拖延和含糊其词的态度。克伦威尔在会议厅中央一边来回走动，一边指责议员们，说他们是“嫖客”、“酒鬼”和“伪君子”，干尽了坏事。他不止一次强调：“是你们逼我这样做的。我昼夜寻求上帝的意志，结果发现，上帝宁可杀掉我，也不愿意让我干这样的工作。”一位旁观者描述了克伦威尔当时的情形：他说话的时候“情绪激动，心烦意乱，好像精神错乱一般”。他大声吼叫，使劲地用脚跺着地板。

克伦威尔最后大声宣布：“议会将不复存在。我今天要结束你们在议会里的权力。”然后他叫来火枪手，指着桌上的议会权杖说道：“这个小玩意儿该如何处置？”他自言自语道：“好吧，今天我们就把它扔掉。”他后来说，自己从未计划或预先策划这次干预行动；“神灵指示他这样做，而他必须这样做，无须与凡夫俗子商量”。这种解释也许完全出于权宜之计，不具备任何真实性。他解散了以不同形式存在了近十三年的议会。以“残缺议会”为最后的附庸形式的长期议会，见证了查理一世试图逮捕五名议员以及后来的内战全过程，它还见证了一些议员遭到清除和驱逐。长期议会
325 不是废墟，而是废墟中的废墟。它在耻辱中消失了，它没有必要存在，也没有人为它的消失而叹息。克伦威尔后来评论说，当它被解散时，连狗叫声都没有。第二天，会议室的门上出现了一张大布告，上面写着：“此房出
326 租，不带家具。”

32

恐惧与颤抖

都铎王朝绝嗣之后，这个时代给人最深刻的印象是，这是一个没有神约束的社会。正如我们所见，在 17 世纪前几十年，詹姆士一世时代的悲剧预设了一个没有上帝的世界，这里的男男女女都在为生存而斗争。17 世纪 40 年代的内战则让这种混乱的前景变得更加严重了。在这种恐惧和不安的情绪中，诞生了一本著作，它堪称唯一一部用英语写作的政治哲学杰作。

没有任何迹象表明，托马斯·霍布斯会成为伟人。他在牛津接受了传统的人文主义教育后，成了第一代德文郡伯爵的次子威廉·卡文迪什的导师和同伴；为了尽自己的义务，他陪伴那位绅士游历了欧洲大陆；后来在他的日内瓦之旅中，他茅塞顿开。他碰巧读到欧几里得的《几何原本》，这位希腊数学家通过定义和公理进行演绎推理的方法让他折服；启发他的是方法，而不是研究对象。本着这种精神，他开始思考人类社会的本质。

17 世纪 40 年代末，他开始创作《利维坦，或教会国家和市民国家的实质、形式和权力》，该书最终于 1651 年出版。该书的创作始于混乱的内战时期，经历了审判和处决国王的过程，完成于“残缺议会”时期，这 327

是议会备受各种派别和利益挑战的时期。何处有稳定？哪里有安全感？无论如何，霍布斯天生胆小怕事。他在八十四岁时写道：“我和恐惧是孪生兄弟。”

《利维坦》是这个时代环境的产物，或者如他所说，是“一个动荡的国家里煽动声音高涨”的产物。他没有读过其他的政治学或哲学著作；他认为，“除了荒谬的东西之外，在哲学家的书中啥也找不到”；他遵循着自己明确的思考路线，绝不忽略任何一个逻辑推理的结果。他不断地思考和反思，然后记下脑海中浮现的只言片语和结论。从一个公理推导出另一个，接着又推导出下一个，这样一来他就可以步步为营，形成自己对这个世界的看法。

他目标明确，方法严谨，因而能绕过这个时期的政治术语；他是一个彻底的怀疑主义者，所以他能戳穿服务于政治话语的那些陈词滥调、虚假概括、老生常谈或胡说八道；他只会从首要原则出发，因为它们立足于明确的定义和严谨的论证。他曾说过：“语言是智者的筹码，后者只用它们来计数；但语言却是傻瓜的货币。”

他的论述就是这样展开的。人一旦失去秩序和安全感，就会彼此敌视，“永无止境地争夺荣誉、财富和权力”。一切行动和冲突主要源于人们“对权力不断的渴望”。自然使人的力量彼此相同，这就导致人们永远陷入彼此敌对的战争状态。但是，一旦人们理解了这种可怕的困境，便可以从混乱中找到解决之道。对死亡的恐惧让人谨慎行事，渴求自我保存；因此，理性原则就可以被用来寻求和平，用来求生而不是求死。人与人之间可以建立一种契约，根据这种契约，每个人都“享有程度相同的不受他人伤害的自由”。每个人都同意，己所不欲，勿施于人。

328 人的“自我保存”本能是所谓霍布斯形而上学思想的关键要素。凭借这种本能，“人们总是会遥望未来，思考着未来，但是害怕死亡、贫穷或其他灾难，容易陷入恐惧，终日惶惶不安，心力交瘁，除了入睡时，一刻也不得安生”。这是霍布斯国家理论的基础。

社会契约是智慧的开始。而它该如何维持？它当然不可能委托给个人，而必须移交给“一个由众人组成的集体力量，它有足够的权利和力量来强制契约的履行”。必须有一个权威，能够持续确保契约的执行；最高权威要求拥有最高权力，正如霍布斯所说的，“没有刀剑加持的誓约，就是空话”。为了避免恐惧和战栗，人们必须达成一致，创造一个强大的控制系统，它拥有绝对的权力，不允许产生任何偏离或异见，不允许有任何骚乱或者骚乱的原因；人们把自己的谨慎和理性都转交给这个东西，他管这个活生生的绝对主义叫“伟大的利维坦”。这种授权行为就是人们互相让渡自己的自然权利，以便创造出引导和保护他们的主权。

利维坦将某个宗教强加给整个国家，从而避免霍布斯所看到的宗教纷争现象。根本不存在什么自由意志，它只会制造混乱，譬如英国的流血冲突。正义和真理是由官方权威决定而不是由个人选择的。正义就是符合法律要求。

这个无所不能的权威到底是什么人并不重要，它可以是国王，可以是进行征服的侵略者，还可以是地方长官；唯一重要的是它的存在，它被授予行动权和支配性意志，以替代个人的行动和意志。唯有如此，真正的秩序才能维持。因此，一些批评家指责他与君权神圣学说共谋；另一些人则指责他对克伦威尔的共和国妥协。

在拉丁文版的序言中，他写道：“这个巨大的利维坦被称为国家，是一
件艺术品；它是一个人造品，是为保护和拯救自然人而制造出来的，它比
自然人更宏伟，力量更强大。”霍布斯从基本原则展开严谨的论证，认为自
己揭示出了文明社会的真正规律。他也深信自己的写作是为了全人类的福 329
祉。在该书的最后一句话中，他略带自嘲地写下结论说：“这样一条真理，
没有违背任何人的利益，没有令人不快，所有人都欢迎它。”

《利维坦》在当时引起了轰动，可以说，它激起了一片恐慌。下议院提议烧毁这本书，一位主教建议把霍布斯本人也绑到火刑柱上。然而，该书叙述精确，逻辑严密，论证简单明了，如果不是出于政治虔诚，如果不使用霍布斯攻击过的那些陈词滥调，这本书很难反驳。人们谴责着他，骂他是无神论者和唯物主义者。显然，他对人性没有太大的信心，将人心都

描述成“污迹斑斑，混杂着……掩饰、谎言、欺骗、谬论”。他说“一个人的价值，与其他事物一样，就是他的价格；也就是说，等于他的权力的价格”。他还说：“服从某人，就是尊崇某人，如果此人无权帮别人，也无权害别人，谁还会服从他？”他的判断清醒得可怕；他像真正的道德哲学家那样冷血。毋庸置疑，《利维坦》一定能够跻身于表现 17 世纪的核心著
330 作之一。

33

康复和安顿

克伦威尔所启动的，实际上就是第二次革命。如今他凭借武力，成为无可争议的国家元首和唯一的权力来源。军官们在快信的结尾处颂扬道：“情况如此紧急，我等陈情如上，唯阁下马首是瞻。”泰恩河畔的纽卡斯尔的牧师们发表了“谦卑的演说，阐发他的神圣智慧”。然而克伦威尔并不打算或希望成为独裁者；他仍然关心自己的独特地位是否符合宪法。

他任命了一个经过改组的国务委员会，他本人就是其中的重要成员，但十三名委员陷入了困境。他们是在没有先例的情况下，从无到有地创立政体。军队中的一些人希望由国务委员会来领导国家，或许可由精心选举出来的议会来协助，一些人要求实现男性普选，还有一些人则要求仿效犹太教公会，建立一个信徒委员会。

克伦威尔花了八天时间与委员们闭门交谈，从他们的讨论中形成了一个全新的议会形式。最后，他们一致认为，新议会的成员应由独立派的各个教团提名，或由军队和知名人士举荐；那些被选中的人应该是“知名的人，敬 331
畏上帝的人，公认的正直人”。其中一位入选者是伊萨克·“赞美上帝的”·贝尔朋（Isaac Praise-God Barebone），他是伦敦的皮革商人和传教士。他在弗利特街的仓库里宣布耶稣基督即将到来。他花哨的名字和个性导致这个被提名的议会被称为“贝尔朋议会”。议会中一共有一百四十四名候选人，因此它也被称为“小议会”。事实上，这是迄今为止威斯敏斯特规模最小的议会。

然而，如果有人说议会中的所有成员都是狂热分子，那么这样的结论是错误的；他们中的大多数人都是绅士，包括一位子爵和一位男爵，以及几位从男爵和骑士。伊顿公学的教务长和圣保罗学校的校长也位列其中。然而不出所料，激进因素在他们的讨论中占了上风；最激进的人肯定会影响其他人。没有人愿意被认为温和或不温不火。克伦威尔在议会开幕词中说，“我们正站在继往开来的门槛上，你们即将做出承诺，发出预言”。它本应该标志着一个新时代的开始。

新议会的成员热情而忙碌，但他们可能还不通晓世故，无法判断自己决策的后果。例如，他们决心废除大法官法庭，并大力简化法律。实际上，有些人要求废除普通法，由摩西法典代替。他们投票废除什一税，这一提议可能最终导致教会瓦解，并侵犯财产所有权。

很快举国为之震惊和恐惧，克伦威尔意识到，应该结束这场只持续了五个月的实验了。据报道，他曾说过，令他头疼的那些人与其说是无赖，不如说是傻瓜。由圣徒组成的这个议会已经干得太过分了。他已经明白，要随意制造权力工具是不可能的；它们没有稳定的基础，因此会左右摇摆。12 月，在经人劝说后，较为保守或温和的议员先发制人，发动了一场政变；他们在清晨的会议上投票表示，要放弃自己的权力，而激进分子当
332 时正在开祷告会。然后，议长拿起狼牙棒，领着他们列队前往白厅，克伦威尔正在那里迎候。他后来声称对他们的到来感到惊讶，但这种说法让人难以置信。

几位虔诚之士留在了会议厅里。一位军官进来问他们：“你们在这里做什么？”

“我们在寻找上帝。”

“那么你们可以去别的地方了。据我所知，他已经有十二年没来过这里了。”

废除这个“小议会”，让一些人深感宽慰，因为他们的生活受到它的威

胁。律师们开始庆祝，根据一位独立派世俗传教士的说法，“一听到议会解散的消息，大多数人高声喝彩”。

后来又有一击。据说，克伦威尔干掉了“贝尔朋议会”之后，从基督那里摘下王冠，把它戴在自己的头上。他的一位军事助手约翰·兰伯特将军起草了一份《施政文件》，宣告克伦威尔执掌不列颠共和国护国主大权。该“文件”的独特之处在于，它是英格兰第一部也是最后一部成文宪法。然而，它的权力制衡制度，包括国务委员会在内，并没有消除人们对克伦威尔的印象：事实上，他就是独裁者。克拉伦登指出，“这个非凡的人物，单凭自己的头脑……就登上了三个王国的宝座，虽然没有国王的名分，但拥有比任何国王更大的权力，更高的威信”。

1653 年 12 月 16 日，奥利弗·克伦威尔站在威斯敏斯特大厦的护国主宝座前。他身穿一套正装，脚蹬一双长靴，披着一条黑色鹅绒披风，帽子上缠着一条金色的带子。当他宣誓要遵守新宪法的所有条款时，他抬头向上举起右手；约翰·兰伯特随后跪下来，呈上一把插在鞘中的公民剑，作为和平统治的象征。在公共法案的声明中，与查理一世被称为“卡洛鲁斯王”一样，他被称为“护国主奥利瓦里乌斯”。他走过的街道要有士兵站岗放哨。他坚持认为，安德烈·曼特尼亚的九幅画作《恺撒的凯旋》不应出售，而应保留在他在汉普顿宫的房间里。他的朝廷接待外国使节的程序一 333
如查理一世时代。他的儿子亨利·克伦威尔一出现在春天花园娱乐场，就有人高喊“为王子腾地方”。露西·哈钦森写道，克伦威尔家人效仿王室的行为，就像猿猴穿上猩红色衣服一样可笑。

以前的很多同党现在指责他背叛了虔诚的宗教改革事业。有人指控他为了个人的野心而牺牲公共利益，并谴责他为“伪装的恶棍”。还有人引用《圣经》侮辱他为“老龙”、“小角”、“罪人”和《但以理书》（11：21）中的“卑鄙的人”。在黑衣修士区建立的布道坛上，一位名叫克里斯托弗·菲克的牧师宣称，“他欺骗了上帝的人民”；他还说，“他不会统治很长时间，他的结局会比上一位保护者，那个邪恶的暴君查理更糟糕。告诉他这是我说的”。菲克被带到委员会并被拘留。驻守切斯特城堡的长官罗伯特·杜肯菲尔德上校在写给克伦威尔的信中表达得更加微妙：“我相信虔敬的根和树依然存活在阁下的心中，虽说它们的叶子，经过大量的诱惑和奉承，已经枯萎了很久了。”

从某种意义上说，革命如今已经结束，所有激进改革的尝试都已结束。克伦威尔建立了平稳的统治，拥有财产的人可能会感到安全；实际上，他成立了一个乡绅共和国。我们不能说，这个新的统治是大受欢迎的，然而，在近些年的政治混乱之后，它对许多人来说一定是一种解脱。当然，对有些人来说，它与过去没有什么区别。

在他们掌权的前八个月里，在没有议会的情况下，护国主和国务委员会通过了八十多条法令。苏格兰和爱尔兰将并入共和国。大法官法庭将进行改革。禁止决斗，不准斗鸡；赛马暂停了一段时间。当众醉酒和亵渎神灵将被罚款或鞭打。伦敦最多只能允许至多 200 辆出租马车上路。邮政部门进行了改革，监狱和公共道路也得到了改善。财政部重新改组。这是一
334 个务实的政府。

克伦威尔和委员会在外交事务上同样讲究实际。欧洲列强比较温顺，也许是因为它们害怕重振军威的英格兰海军，后者最近挑战并击败了荷兰。他与包括瑞典和丹麦在内的新教国家缔结了和约。法国和西班牙都在争取护国主的支持，克伦威尔更倾向于支持法国；他想消除查理二世对法国宫廷的影响。

在宗教事务上，他也喜欢维持平衡。1654 年春，他颁布了一道法令，设立了一个“测试者”委员会，负责检查拟任牧师的素质和资格。每年夏天，每个郡都任命了一些委员当“驱逐者”，负责罢免那些无知无识、不合格或丑闻缠身的牧师。克伦威尔支持宗教自由，但教宗或主教的拥护者不享有这种自由。从理论上讲，国教徒得到的宽容，并不比罗马天主教徒更多，但实际上他们得到了心照不宣的接受。

出于善意忽略的政策，克伦威尔创建了一个拼盘式的教会，由长老会、独立派和浸信会信徒组成。对他来说，教义不如精神重要；只要能创立一个包含他所谓的“重要基础”的社会，他就不考虑教义了。有人写道，与

其说它是一个国家教会，不如说它是一个基督教派的联盟。一些立场比较坚定的国教徒流亡国外，用他们的话说，他们“在等待出头之日”，也就是查理二世可能夺取王位的那一天。然而，许多事情并没有按照宗教的方式处理。伊夫林在 1654 年 5 月 11 日的日记中指出，“我现在看到这些女人是如何给自己涂脂抹粉的，在以前，这是一件很丢人的事情，只有妓女才这么干”。

一些保王党人经常光顾伦敦以及外省城镇的小酒馆，他们在那里密谋反对护国主。然而，有阴谋的地方，往往就容易出现告密者和收买证人的现象。1654 年 2 月，有十一人在舰船酒馆被老贝雷逮捕。在调查过程中发现，一个实力强大的保王党组织已经成立，它准备煽动民众叛乱；它的名字就叫“密封结”。流亡在外的国王始终与同党秘密通信，他似乎对暗杀克
伦威尔的计划特别感兴趣。他们准备在某个星期六的早晨动手，在克伦威 335
尔离开白厅前往汉普顿宫之后，就开枪将他打死。

然而克伦威尔已经建立了一个非常高效的特勤局，由国务委员会秘书约翰·瑟洛掌管，密谋刚开始，他就掌握了细节。那天早上，特务头子向克伦威尔发出警告，于是克伦威尔选择了水路，避开了袭击。阴谋失败后不久，当局突袭伦敦的酒馆和住家，逮捕了 500 人。其中两名领导人被处决，其他领导人被送往巴巴多斯。一位天主教老神父也被抓获并处决了。

然而，惩罚并没有阻挡住其他密谋者，他们很快就会试图东山再起。克伦威尔得到了新国王的一封信，查理在信中建议他的同党“与你敢于信任的人进行协商，如果准备好了，就商定一个时间”。克伦威尔现在总是随身带着枪。在那年晚些时候，他骑马出了事故，口袋里的手枪走火了，他受了伤，卧床休息了三个星期。

根据《施政文件》，召开议会的时机已经到来。1654 年 9 月 4 日，克伦威尔在威斯敏斯特宫的彩绘厅向新一届议会的议员发表讲话，他坐在国家元首的椅子上，议员们坐在靠墙排列的长凳上。“绅士们，”他对他们说，“在英格兰有史以来最伟大的时候，你们在此相会了。”然后，他又讲了三个小时上帝旨意的各种表现，演讲从救世主热情转向《圣经》论述。议会

是他召集的，但“我的召唤来自上帝”。就这样，他以自己的方式重申了君权神授。他凌驾于议会之上。然而，他不是以主人的身份而是以仆人的身份来到他们这里的。现在是“康复和安顿”的时候。

然而，新的议会绝不是一个顺从的机构。几天来，议员们一直在争论是否应该支持护国主，但没有得出任何结论。9 月 12 日，他们发现会议室的门已经关了。克伦威尔再次让他们到彩绘厅开会，护国主想在这里向他
336 们发表讲话。他指责他们忽视了国家的利益，“不够重视，十分轻蔑”，他还不允许他们继续开会，除非他们发誓并签字画押，同意“目前确定的政府形式”。所有议员都必须接受这样的条件：“当选的议员无权改变政府，也就是当前这样的由一个人和一个议会说了算的政府。”“我很抱歉，”他说，“我很抱歉，我可能会为事出有因叫停会议而感到遗憾。但事出有因……”

一些议员抗议并拒绝签字，但大多数议员同意或至少屈服了。克伦威尔依旧没有试图引导争论，但他对争论的性质越来越感到震惊。据报道，他在这一时期曾说，他“宁愿在树篱下放羊，也不愿与由人掌握的政府打交道”。羊至少是听话的。议员们投票限制护国主的立法否决权；他们还断定，他们的决策比国务委员会更具权威性。换句话说，他们认为议会在国家中应该发挥举足轻重的作用。这并不一定是克伦威尔的观点。他们每天都在争论《施政文件》中的每个条款，显然他们想用自己的宪法取代它。1655 年 1 月 3 日，他们投票重申限制宗教宽容的范围；两天后，他们决定降低军队的工资，从而打击克伦威尔的忠实追随者。1 月 20 日，他们开始讨论在议会控制下组建民团问题。

两天后，克伦威尔叫停了他们的讨论。他抨击他们把时间浪费在讨论琐碎和不必要的事情上，而他们本应考虑国家全面改革的实际措施。他告诉他们，“我不知道你们一直在做什么。我不知道你们是活着还是死了”。他认为，让他们继续干下去不符合全民福祉和公共利益；因此，议会必须结束。护国主当政时期的第一届议会解散了。然而，更大的问题没有得到解决：一个代议制议会能否与本质上是军事独裁的体制共存？

克伦威尔和国务委员会再次当政，没有受到任何挑战，但权力的代价是，永远不能放松警惕。克伦威尔在解散议会的演讲中警告说，“骑士党”携手“一群平等派”，“一直想方设法准备在这个国家再次掀起一阵血雨腥风”。尽管遭到驱逐和处决，但“密封结”派的保王党支持者还是存活下来 337
了；他们似乎与激进的共和派建立了几乎不太可能的联系，后者也想推翻克伦威尔的统治。对于平等派来说，克伦威尔比查理糟糕得多；他利用了他们，背叛了他们，他自己成了专制君主。然而保王派自身内部也不能达成一致。1654 年，他们在六个不同的地区密谋起事，但他们只发起一次叛乱，这次起事发生在英格兰西南部，为时甚短，组织混乱。特务头子瑟洛在镇压叛乱的过程中发挥了作用。

克伦威尔一直考虑与西班牙交好或结盟，虽说作为一个天主教国家，西班牙就是野兽的一只角。他曾对一位西班牙特使说，只要在西班牙领地内给予英格兰人信仰自由，允许英格兰和西印度群岛展开自由贸易，两国就有可能结成联盟。特使回答说，“这等于挖出我主人的两只眼睛”。

由于双方没有达成任何协议，克伦威尔感觉很有底气在西印度群岛敏感地区试探西班牙的实力。他确信这一行动是反罗马天主教的圣战的一部分，他还认为战火不会蔓延到欧洲；但他的这两种愿望都是错误的或被误导的。1654 年底，海军上将威廉·佩恩和陆军上将罗伯特·维纳布尔斯启航前往巴巴多斯，克伦威尔给他们的命令是，“在西班牙人占据的西印度群岛分一杯羹”。次年春天，他们安全到达目的地，但此后的征伐没有成功。

英军乘船行至伊斯帕尼奥拉岛，目的是征服圣多明各城，夺取它的财宝。这些人顶着烈日，几乎没有带淡水，在崎岖的乡村行进了四天；他们显然是没有经过考验的军人，不知道自己将要面临什么情况。他们疲惫不堪，士气低落，被一伙早已埋伏好的骑兵和牧民打了个措手不及，成了人家的囊中之物。远征军的残兵败将在维纳布尔斯的指挥下，想方设法坐船前往牙买加，占领了这个岛屿。但在当时，这个回报似乎微不足道，此举 338
还带来一个风险，如今西班牙可能向老对手发起一场全面战争。

7月底，兵败圣多明各的消息传到了克伦威尔耳朵里。他把自己关在房间里一整天。他曾希望控制西班牙人的海上贸易和运送金银的路线，但遭到了挫败。新共和国以前从未尝过战败的滋味。他一直视自己为新教徒利益的保护者和捍卫者，但上帝似乎不再助他一臂之力。当初有人曾经质疑远征西印度群岛是否明智，克伦威尔答复道，“上帝并非把我们放在这里就不管了，而是让我们考虑，我们在世间和在家里可以做什么工作”。然而，上帝并没有保佑世上的这项工作。这使克伦威尔对他的统治进行了最为痛苦的反思，而这也预示着他在最后几年的执政期间将满怀恐惧和疑虑。他在哪里冒犯了上帝？还是国家本身惹怒了上帝？

因此，在西印度群岛惨败后不久，英格兰就建立起了一个由虔诚派治理国家的网络，这也许不是巧合。整个国家被划分为十一个区，一个区由若干郡组成；每个区都派了一个清教立场鲜明的少将当最高长官。这些军队指挥官奉命收税和恢复当地的民兵队伍，调查神职人员和教师的行为，逮捕任何嫌疑人，防范保王党人起事。他们的花费全部出在保王党人身上。这就是有名的“什一税”，即从“不满分子”那里征收十分之一的土地收益，对于这种不公正的行为，保王党人只能毫无怨言地服从。报纸和期刊受到压制，未经约翰·瑟洛的允许，任何新闻都不能印刷出版。

克伦威尔正在试图改革社会风气，而上一届议会显然没有做到这一点。将军们接到指示去“鼓励和促进虔诚和美德”。因此，人们的消遣活动在很大程度上受到压制。普莱德上校七年前带人清洗了议会，如今他又突袭了位于班克斯德的熊园；他亲自动手杀死了好多黑熊，然后命令手下去伦敦
339 和其他地区，拧断用于比赛的公鸡的脖子。全国各地的麦酒馆都被关闭了。舞台剧以及“欢歌笑语”均遭到禁止。

威廉·博特勒少将告诉瑟洛，他囚禁了“一些醉汉”和“涉嫌剪径”的人士；那些被指控非法酿酒或开“窑子”的人也被逮捕。那些在安息日旅行的人可能被铐起来或关在笼子里；未婚却彼此“了解肉体”的男女可能被送到教养院；诅咒骂人或发表亵渎言论要受重罚。

这些措施也许可以改善公共道德，但公众却失去了对克伦威尔政权的

共情。人民可不想接受豢养着一群特务和告密者的军官的统治或纠正。在乡绅们眼里，一些少将就是出身低微的暴发户，各郡的地方权贵可不想丧失自己的权威。一个国家不可能依靠指令或政府纠察员变得道德高尚。少将们的生活经历，以及他们依仗的骑兵部队，也助长了民众对常备军的厌恶。

这个实验没有持续很长时间；1655 年秋，少将们被派往各郡，次年春天，他们又被召回威斯敏斯特共商国是。随着与西班牙发生大战的可能性越来越大，政府迫切需要征收新税；少将们似乎说服了心不甘情不愿的克伦威尔再次召集议会，而不是通过敕令加征赋税。就这样，他们设计了自己的垮台。国家的代表，无论他们是怎么选上的，都不太可能容忍宗教狂继续统治下去了。

在佩恩和维纳布尔斯进攻加勒比海的西班牙殖民地之后，西班牙向英格兰宣战，这个结果是天经地义和几乎不可避免的。西印度群岛的冒险行为让欧洲的局面变得错综复杂，让形势变得无比凶险。然而，西班牙和法国是宿敌，如今克伦威尔倒向法国国王年轻的路易十四这一边。1655 年秋， 340
英法两国签署了一项通商条约，根据条约中的秘密条款，查理二世将被逐出法国领土；事实上，英国国王已经动身前往斯帕和亚琛。查理随即与西班牙签订了一项协议，该协议允许他住在西属荷兰（现在的比利时及法国北部的一部分）；他向西班牙承诺，一旦他登基即位，他就把牙买加还给西班牙。国王灰心丧气，总是缺钱；周围的廷臣争吵不休。恢复王位的前景很渺茫，他为此一筹莫展。

克伦威尔的处境也好不到哪里去。远征西印度群岛的失败，以及西班牙战争的爆发，导致他患上了一种疾病，法国大使称之为“一种偶尔抵达大脑的胆汁性绞痛”。他还说，“与疾病相比，悲伤更令他烦心，因为他的头脑还不习惯忍受耻辱”。克伦威尔还是活了下来，但他更加强烈地意识到，共和国有多么依赖他的存在。除了他之外，还有谁能保持国家的统一和稳定？他表现出老迈和忧虑的迹象；当他拿着帽子时，他的手在颤抖。

"学会做天真的人，"他告诉他的儿子亨利，"求主赐予你一颗纯粹的心。"

为了选出新议会及备战，克伦威尔和国务委员们背负着巨大的压力。威尼斯大使曾评论道："他们太忙了，以至于不知道该转向哪一条路，护国主也根本没有时间留给自己。"克伦威尔对议会不抱有乐观的期待。他可能已经意识到，将军的统治远非"康复和安顿"，而是引起了新的分歧；在任何情况下，他都担心共和派和沉默的保王党联手对付他，这样一来，反对他的人就成了多数。他后来解释说，"这违背了我的判断，但议会选不出来，我就无法安生"。

竞选活动十分艰辛，瑟洛致信亨利·克伦威尔说，"有史以来，要数这次进入议会最费劲"。抵制军方代表的呼声出现了。"不要军人！不要杀人
341 者！"这进一步表明国家动荡不安，不再太平。然而，国务委员会自有办法，它以"失德"或"违法"为由将大约一百名已经当选的议员排除在议会外；这是军方蛮横统治的又一例证，它在全国引起了公愤。这怎么能被称为自由议会呢？

克伦威尔于1656年9月17日致开幕词，警告攻击英格兰的各派势力。英格兰与西班牙交战，西班牙国王甚至准备协助查理·斯图亚特从佛兰德斯入侵英格兰。"为什么，确实如此，"按照他惯常的蹩脚句法，他说道，"你的大敌是西班牙人。他是。他是一个天敌，他就是天生的敌人。"至于内部的敌人，包括平等派和骑士党在内，正在密谋夺取一个海港来欢迎国王的军队。

在长篇大论的演讲中，克伦威尔为将军们镇压邪恶势力和支持真正宗教的事业辩护。为什么要替他们征收强制税？"如果只做法律允许做的事情，而不管其他事情，那么，法律还没制定好，国家的喉咙已经被敌人割断了。"这一评论的主旨与他以前所说的相似，判断政府的好坏，应该依据它是否对人民有益，而不应依据它是否取悦于人民。他天生就是个威权主义者。

在他发言的那天，三个密谋者在他进入议会时碰了面，目的是要取他的命；他们在威斯敏斯特大教堂东门旁租了一所房子，准备在他离开大教

20. 当年的一副挂毯，庆祝查理二世复辟

21. 查理二世，所谓的“快乐国王”

22. 布拉干萨的凯瑟琳，据说是她把茶叶引入英格兰的

23. 芭芭拉·维利尔斯，克利夫兰公爵夫人，查理二世众多情妇中的一位，约翰·伊夫林称之为“国家的诅咒”

24. 内尔·格温，卖桔子的出身，后成为王室的交际花

25. 路易丝·德·克罗亚勒，查理二世的法国情妇，被封为朴次茅斯女公爵，被内尔·格温称为“斜眼妹”

26. 罗切斯特伯爵，直言不讳的浪子和诗人

27. 塞缪尔·佩皮斯，他把日记变成了艺术

28. 克里斯托弗·雷恩，博学多闻之士，改造了伦敦

29. 艾萨克·牛顿爵士，英国历史上最伟大的实验科学家

30. 查理二世，皇家学会的赞助者

31.“阴谋集团”的成员，五位自私自利的枢臣，在查理二世周围结成了腐败联盟

32. 蒙茅斯公爵，查理二世的私生子，一直谋取王位

33. 约克公爵（未来的詹姆士二世）与妻子和女儿

34. 一个婴儿被人用暖床器偷偷带入宫中，冒充詹姆士二世之子，图中表现的就是这个传说中的一个混乱场面

35. 这个婴儿就是詹姆士·弗朗西斯·爱德华·斯图亚特，后人称之为“老觊觎王位者”，或“海上的国王”

36. 詹姆士二世从英格兰逃亡法国，途中将御玺扔入泰晤士河中

堂前往彩绘厅的途中向他开枪。他们是想恢复以前的清教徒共和国的平等派。然而，他们一看到对方人多势众，就害怕起来，四散奔逃；这只是平等派领导人迈尔斯·辛德尔孔贝策划的第一次暗杀行动。与此同时，克伦威尔把所有这些威胁都斥为“小事一桩”。不久就传来了一个好消息，可以让议会和国家都满意。10月初，瑟洛向议会宣布，布雷克上将俘获了好几艘返航加的斯的西班牙运宝船；也许这表明上帝仍与他们同在。议会准许放假一天，举国表示感恩。

新任威尼斯大使乔瓦尼·萨格雷多来到英格兰，他写道，他发现“这里没有优雅的骑士，只有骑兵和步兵；他们没有音乐和芭蕾舞，而有喇叭 342
和号角。他们不是在谈论爱情，而是在谈论战神……他们脸上没有饰颜片，但肩上有火枪；他们睡不好觉并不是因为娱乐，而是因为，严肃的牧师让他们的对手时刻保持警惕。简单来说，这里到处是不屑、怀疑、粗糙的可怕面孔……”。

议会不断地忙于处理各种私人请愿、个人提案以及国务。一位议员抱怨说，“事情一件接着一件”。它似乎和它的前身一样，将一事无成。然而，当詹姆士·奈勒传教案摆在他们面前时，议员们的宗教热情就暴露无遗了。这个人是贵格派教徒，他的讲道引起了门徒们对世界末日的向往；他是“以色列人的希望”和“上帝的羔羊”。那年夏天，他进入布里斯托尔，就像当年基督进入耶路撒冷一样；两个女人牵着他的马，而其他人则喊着“神圣，神圣，神圣，以色列人的上帝”。他被逮捕，并被带到议会大厦接受讯问。他说：“我已经被树立为号令全国的标志性人物。”

在他现身之后，议会进行了为期九天的辩论，人们一致认为，这种可怕的亵渎对国家的威胁有甚于任何一艘西班牙战舰；它触及了国家与上帝关系的核心，没有什么比这种关系更重要的了。“让我们大家都堵起耳朵，”一位议员说，“向他扔石头。”目前还不清楚议会是否有司法权惩罚他，但议员们投票认为，奈勒应该入狱，在大街上受鞭刑；用烙铁烫他的舌头，在他的额头上刻上“亵渎者”这个词的开头字母“B”。然后，他将被判处无限期监禁。

肉刑在年底举行。日记作家托马斯·伯顿写道，“疯狂的商人里奇一直光着头坐在奈勒的脚下。有时他还唱歌、哭喊，抚摸他的头发和脸庞，亲吻他的手，然后亲吻前额，减缓他热辣辣的痛感”。奈勒很有耐心。群众同情这个因惹怒议会而陷入困境的人。克伦威尔本人想知道，议会凭借什么“依据和理由”具有司法权，由于这个判决既武断又不公正，议会拿不出充
343 分的理由予以回复。一些同时代人警告说，如果议会认为自己能够谴责和惩罚一个误入歧途的人，谁会感到安全呢？

1657年初，议会就一件议案进行辩论，是否继续征收补贴军中少将的“什一税”。令众人惊讶的是，克伦威尔的女婿约翰·克莱波尔反对这一举措；大家认为，这意味着护国主已经不再支持那些虔诚的战将。议员们主要来自受将军严格管控的各个地区，该法案以三十六票反对被否决。虔诚派的实验结束了。

还有人提出了治国方式问题。难道克伦威尔现在不应该称王吗？难道斯图亚特家族不应该被克伦威尔家族取代吗？这样做会满足许多人恢复传统治国方式的渴望。如果克伦威尔执政，他能够遏制权力过分膨胀的议会的种种要求。新闻信札预测说，会突然发生“政府更迭”。1657年1月19日，议员弗雷德福德的约翰·阿什提议，克伦威尔应该“根据古代宪法接管政府”。

2月23日，克里斯托弗·帕克爵士呈上一篇题为《恭顺的请愿和建议书》的劝谏书，大意是克伦威尔应采取“国王的名分、做派、头衔和尊称”，并恢复上议院。反对君主制的人，特别是军人，对此怒不可遏。约翰·兰伯特将军宣布，任何这样的复辟都将违背他和同袍为之奋斗的原则。君主制已经死于血雨腥风之中，无法恢复。这不是一个理论问题。克伦威尔还得知，一群士兵已经宣誓，一旦他称王，就会杀死他。

在《恭顺的请愿和建议书》提出四天后，一百名军队代表来到白厅，觐见克伦威尔，他们恳求他不要接受王冠。克伦威尔对他们说，他与他们一样不喜欢国王的头衔；那只不过是帽子上的小玩意儿或羽毛。然后，他回顾了过去几年的历史，他说在这段时期，自己忠实地听从军队的建议；

他说，“他们凡事都抓他当苦差”，然而，他们一无所成。没有任何一届议 344
会，也没有任何一项宪法提案发挥了作用。他告诉他们“应该达成解决方案了”。例如，需要一个上议院来审查下议院的主张；当他们离开他时，愤怒已经“大大地减弱”了。几天后另一个军队代表团向他保证，只要“为了国家好”，他们会默许他的任何决定。

议会的辩论持续了一个多月，总共举行了二十四次会议，有些会议持续了一整天。最终，到了3月底，克伦威尔被正式要求登上王位。他回答说，他的后半生一直在“水深火热当中”，他想有更多的时间用于思考。人们却认为，即便是为了团结一个保守思想盛行的国家，他也应接受国王的角色，但实际上他内心也充满了矛盾。他知道，他的高级军事同僚强烈反对他称王，但他也知道，这可能是使该国返回传统方式的最后机会，也是最好的一次机会。他这么做的目的是为一个正常而稳定的政府创造条件。

这不是个人野心的问题，正如他多次说过的，王位对他来说意义不大。他拥有的权力已经超过任何一位英格兰国王了。所以他内心还在挣扎。瑟洛说，克伦威尔“陷入了巨大的思想困境”，“他对我所认识的每个人都讳莫如深”；4月中旬，当一个议会代表团来见他时，“他半穿着长袍，脖子上戴着一条黑色围巾，从他的房间里出来”。毫无疑问，他不停地祈祷上帝来指点他，他希望像过去一样：任何在他心中浮现的决心或决定，都仿佛是上帝的恩典所致。

他听到了一个重要消息，上帝的意旨在英格兰事务中得到了贯彻：布雷克上将成功地包围了西班牙海岸，摧毁了西班牙的另一支运送金银财宝的舰队，从而使西班牙失去了海上霸权。如今英格兰有效控制了公海，这是史无前例的。克伦威尔还拥有牙买加和巴巴多斯，以及美洲大陆的弗吉尼亚等殖民地。他是沃尔辛厄姆时代以来第一个考虑建立全球帝国的政治家。就像埃德蒙·沃勒所说： 345

> 其他国家的人以海洋为通途，
> 只有英国人以之为住所。

佩皮斯指出，在优柔寡断的查理二世统治时期，“现在每个人都在回忆和赞扬奥利弗，说他做事多么勇敢，让所有的邻国君主都害怕，这真是一件奇事”。

然而，在迫在眉睫的君主制问题上，他无法或者说不敢做出决定。4月3日，他向一个议会代表团宣布，他不能“顶着这个头衔”履行职责；五天后，议会敦促他重新考虑，这一次他发表了“一次非常隐晦的讲话，没有人知道他到底是否接受王位”。他可能还在等待神的指引。他知道接受王位是顺势而为，但是正如他所说，“我不打算建立神意摧毁过并埋在尘土中的东西，而且我不会再建造耶利哥了”。据报道，在5月的第一个星期，他告诉一群议员说，他决定接受这个头衔，但他又一次改变了主意。

5月8日，他告诉议会，他不可能也不会成为国王奥利弗一世。“最好的情况是，”他说，“我应该战战兢兢地去做。而且这么干肯定不是出自信仰。”军官们的抗议最终证明是有说服力的；其中弗利特伍德和德斯伯勒两人实际上已经和克伦威尔家族结为姻亲了。他们告诉他，如果他接受王位，他们就会辞去所有职务，退隐林泉。从一开始就追随他，与他一起浴血奋战的其他军官，也表示强烈反对。他们的意见起到了决定性的作用。他不能在这个时候抛弃他的战友和同僚；他不能背叛他们的信任或破坏他们的希望。因此，他对议会的最终答复是，“我不能以国王的名义领导这个政府”。

唯一的出路就是妥协。即使克伦威尔不会成为国王，他也可以接受议
会建议的其他宪政措施；重建上议院，以此制衡立法机构，这似乎是尤其
346 公正和必要之举。5月25日，“谦卑的请愿书”再次提交上去，克伦威尔被
提名为最高行政长官和护国主，他所接受的这一任命是“人类有史以来最
为重大的任务之一”。1657年6月26日，奥利弗·克伦威尔身着镶着鼬鼠
皮的紫袍，在威斯敏斯特大厦参加就职仪式；他宝座前的桌子上放着国家
之剑和纯金权杖。号角齐鸣，宣告他就任。他的职位没有被宣布为世袭的，
但他已被授权任命继承人；人们普遍认为继承人会是他的某个儿子。第二
347 个护国时期就这样开始了，它现在除了名称之外，几乎完全恢复了君主制。

34

有可能吗？

克伦威尔该举行庆典了。1657年底，克伦威尔的女儿弗朗西丝嫁给了沃里克伯爵的孙子罗伯特·里奇。由于他们身份尊贵，仪式也举办得相当隆重。为了庆祝这件喜事，白厅的走廊里回荡起音乐和歌声；管弦乐队由四十八个小提琴手和五十个小号手组成。按照以往王室婚礼的规矩，伦敦塔鸣放礼炮。婚礼上，甚至还有男女一起跳的“混合舞”，他们一直跳到第二天凌晨五点。在一片喜庆的氛围下，克伦威尔备受感动，他把一袋油腻的奶油饮料——牛乳酒，泼洒在女士们的衣服上，并在她们坐的凳子上涂抹糖和香料。他有一种近乎粗野土气的趣味感。后来，在他另一个女儿玛丽的婚礼上，竟然出现了假面舞剧，克伦威尔也在汉普顿宫登场了，在剧中扮演不说话的朱庇特主神。这是向斯图亚特诸王婚礼习俗的惊人回归。

法国特使在报告中说，（法国的）“另一个灵魂”出现在国外，“旧时代的传教士正在退出历史舞台，因为人们发现他们太忧郁了”。每当克伦威尔设宴招待外国使节时，总要用“稀奇的音乐”来助兴。汉普顿宫的大厅内放置了两架风琴，供一位常驻风琴手使用。在克伦威尔统治时期，歌剧被 348
引进英国，这件事得归功于他。众所周知，不论是从乐器还是声音的角度来看，护国主都是和声的狂热爱好者。

就任不久，克伦威尔下令议会休会至新年；届时重开的议会将采取古老的两院制。克伦威尔任命了新一届国务委员会；其成员与往届一样，唯一的例外是约翰·兰伯特。他辞去了所有的职位，带着一大笔养老金退休了。他曾以为自己会继承克伦威尔的护国主职位，但他如今意识到，另一位比他年轻的人抢占了先机，此人就是小克伦威尔。

重建的国务委员会的主要任务之一是决定新上议院的性质，但他们的一些程序是在护国主缺席的情况下进行的。克伦威尔此时甚至被人——包括他的密友——称为“老头子”。他的签名不再清晰醒目，而是歪歪斜斜的。在夏天的大部分时间，他都待在汉普顿宫，享受那里清新的空气，但他患上了令人痛苦的鼻炎。

护国时期的第二届议会的第二次会议于 1658 年 1 月 20 日重新召开，但此次会议一召开就开始对抗军政权。上议院议员大多数是克伦威尔最忠实的拥护者。这样一来，下议院就成了对立方。克伦威尔的一些最顽固的对手，在上一次会议中，被以“失德”或“犯罪”为由排除在外。这次他们卷土重来，一回到议会，就开始质疑“另一个议院”的权威性。

首次见面五天后，克伦威尔将两院议员召集到宴会厅，敦促他们忠于事业。但他的干预没有产生任何实质性效果，下议院仍然像以前一样怀有敌意。其中最令人生畏的一位议员亚瑟·哈塞尔里格爵士发表了讲话。在这次演讲中，他嘲笑了上议院过去的行为。他问：“（有些东西）已经入土好久了，我们现在应该把它们挖出来吗？”克伦威尔朝廷的一位观察者注意到，下议院的武断和两院之间的分歧让护国主“情绪激动，大怒如狂”。让
349 他大为光火的是，军队中竟然有人支持下议院执掌最高权力。

2 月 4 日早晨，天气很冷，克伦威尔起得很早，宣布他要去威斯敏斯特。他不能沿着结冰的泰晤士河走过去，于是，一时冲动之下，他坐上了他能找到的第一辆出租马车。到了上议院的休息室时，他的女婿兼亲密战友查理·弗利特伍德向他提出抗议，因为他已经知道了克伦威尔的意图。克伦威尔对他说：“你是个懦弱的人。以永生的上帝之名，我要解散这个下议院。”接着他就这么做了。

他对下议院议员们说，“你们不仅让你们自己感到不安，还让整个国家都感到不安”。外敌可能入侵，国内可能有叛乱，但他们对此无所作为。“我向在座的各位宣布，解散这届议会。让上帝来评判你我谁对谁错吧。”对于这个虔诚的愿望，一些议员高呼“阿门！”，克伦威尔最新的也是最后一次宪政实验已经结束。在他执政期间，哪一届议会都没有成功，这是极端反常的军人统治的标志。克伦威尔此时正遭受公开的批评。威尼斯大使在报告中说，人民对现政府感到“恶心”。荷兰大使也同样指出，克伦威尔的情况“麻烦且危险”，一位来自马萨诸塞的访问者则评论说，许多人“张开嘴巴对他大喊大叫”。

伦敦的保王党特务艾伦·布罗德里克向爱德华·海德报告说，军中“到处是煽动叛乱的言论”，国库也已经耗尽。他还说，欧洲国家“要么是冷淡的朋友，要么是亲密的敌人”，英格兰人正本着“永不疲倦的创新精神”辛勤工作。然而，布罗德里克在谈到克伦威尔本人时说，“这个人貌似很绝望。除了他以外，任何一个人如果处在这种情况下都会被认为无可救药。然而，正如众神从来不会一下子把骰子扔光，所以在这个恶棍的命运中，是否有能让他咸鱼翻身的东西，也是未知数”。

这条信息的出炉旨在鼓励查理·斯图亚特。据说，流亡在外的国王带着 8000 人马蛰伏在佛兰德斯，准备时机一到就发动袭击。另一场保王派起义计划在春天进行，但策划者再次遭同党背叛并被抓获。其中四人被伦敦塔的守备巴克斯特德上校发现，地点就在他所说的“绝望的不满分子的酒馆”。其他保王派成员有的被斩首，有的被吊个半死，再被挖出内脏，大卸 350
八块，但绝大多数都被送进了监狱。

命运的骰子又一次开掷，结果也有利于克伦威尔。那年初夏，法国和英国的军队在“沙丘之战”中打跑了敦刻尔克城外的西班牙人。一向由西班牙控制的敦刻尔克被交给了英格兰。这是加莱时代以来落入英格兰人手中的第一块欧洲大陆领土。由于西班牙军队中有一支保王党队伍，这场胜利更让克伦威尔开心。如今法国国王也盛赞他是“最无敌的元首”。然而，这种赞扬掩盖了一个事实，即护国主的支出远远超过了他的收入。国库经常是空空如也，军饷也被拖欠。据说他的牧师不得不向城里的商人“乞讨”。

空气中也弥漫着疾病。一种名叫“新病”的恶性热病出现了。1658 年春天，这种新的流行病四处传播，用同时代人威利斯博士的话说，“就像是某些星球爆炸带来的”。克伦威尔本人承受着个人统治的重担，就像他的一个仆人约翰·梅德斯通说的，“这吸光了他的精力”。8 月初，他最喜欢的女儿伊丽莎白·克莱波尔病死，病因不明，也无法确诊，这加剧了他个人的痛苦。这件事虽然早在预料之中，但还是对他产生了强烈的影响。瑟洛在报告中写道，“他患了痛风，以及其他瘟热病，是被长期患病的伊丽莎白夫人传染的瘟热病，这对他影响非常大”。他的病情非常危急，但后来恢复得很好，可以在汉普顿宫的庭园中骑马了。

然而，贵格派的一位领袖乔治·福克斯探望了克伦威尔，他在报告中写道，“我看到并且感受到一股死亡的气息向他飘来，当我走到他身边时，他看起来就像一个垂死的人”。在 8 月的最后一周，克伦威尔再次生病，并且伴有当时被称为“间日疟”的疾病，这种疟疾每三天发作一次。一开始病人打寒战，感觉很冷，接下来感到燥热，最后浑身被汗湿透。

他被送回白厅。用瑟洛的话说就是，在那里，“我们的恐惧多于希望”。首都各地都召开了祈祷会。每当他变得虚弱的时候，他的病情就会由好转
351 变成复发，但据说他已经为“上帝的事业”和“上帝的子民”祈祷过了。克伦威尔问一位医生，他为什么看上去如此悲伤？

医生回答说：“我身负挽救你生命的重任，还怎么开心得起来呢？”

“你们这些医生认为我会死。”他的妻子坐在他床边，他握着她的手。“我告诉你们，这次我不会死的；我肯定不会。不要认为我疯了。我实话告诉你们。”然后他告诉惊讶的医生，这是他祈祷之后，上帝给他的答案。他还质问了他的一位牧师。

“告诉我，我会失去上帝的恩典吗？”

“不可能。”

“那我就是安全的，因为我知道我曾承蒙天恩。”

“他是上帝的选民”这一信念一直支撑着克伦威尔，他的自豪和虔诚由此结合在一起，赋予他不可抗拒的力量，去清除前进道路上的所有障碍。然而有很多次，在等待上帝的指示时，他不知道该怎么办。他曾经说过，如果一个人连自己的前进方向都搞不清楚，他不会爬到很高的位置上。在诡计、热情和机遇的帮助下，他已经达到了他想要达到的那个高度，没有人能预料到导致他登上高位的一件又一件措施和反制措施。只要正义的力量与他同在，即使他在实用主义与独裁主义之间反复摇摆不定，也不要紧。这就是为什么他最相信“天意”是他行动的原因和理由。

9 月 2 日星期四，他很明显快要死了。他的一位医生给了他一剂安眠药，但他回答说：“我的计划不是喝酒或睡觉，而是尽快离开。”克伦威尔宣布他的儿子理查·克伦威尔继承护国主的职位，五名军官被叫到病床前当证人。他于 9 月 3 日下午去世，这一天是他在邓巴之战和伍斯特战役胜利的周年纪念日，他称之为“幸运日”。如今他的战斗都结束了。

1650 年，当奥利弗·克伦威尔在爱尔兰的战役中得胜回到英格兰时，
迎接他的是一首贺拉斯式的颂诗《克伦威尔自爱尔兰凯旋颂》。该诗被认为 352
是最伟大的英语政治诗歌，但它并不是最容易读懂的。作者安德鲁·马维尔此时还是一位名不见经传的诗人。他受过良好的教育，还曾按照惯例到欧洲游历。他本可能当上牧师或大人物的秘书；事实恰恰相反，他在北方靠卖地为生，并且决意要打入伦敦文学圈。

他最初似乎和一些保王派诗人或蹩脚诗人搅在一起，但克伦威尔取得重大胜利以及国王被处决之后，他抽身而退。他应该在新统治者中寻找赞助人了，他在写《颂歌》的时候，或许心中就是怀着这样的目的。他的用词好像经过蒸馏器的提炼，证明他能够创造性地制造语义含糊和模棱两可。他的头脑经过出色的锻炼，可以同时成为保王党和共和派。他对任何可能成立的观点都持开放态度。因此，他发现自己很难在二者之中进行取舍。每当他不得不做出判断的时候，他就会意识到，另一方也是对的。因此，我们在讨论马维尔的时候，可以认为他就是思想混乱的代表，在那个剧变

和冲突的时代，很多人都经历过这种思想混乱。这首诗创作于克伦威尔从爱尔兰返回之后、出征苏格兰之前的这段时期。

开头几行描写的是，克伦威尔不是通过“不光彩的求和手段”，而是通过“险象环生的战争”实现个人抱负的，他由此走上了“激情燃烧之路”。我们不一定会把这当成一种赞美，但马维尔是在克制自己的判断和赞美。他接着宣称：

> 抵制抑或指责
> 天堂怒火的力量
> 是疯狂之举：
> 而且，如果我们愿意说真话，
> 还多亏了此人。

这相当于说克伦威尔势不可挡，不应遭受任何形式的审查或谴责。他的横空出世是不可阻挡的时代运动的结果，也可以说是历史必然性的结果，但
353 在这方面，个人的失败是无关紧要的。不管是否出于天意，他的宿命就是：

> ……重塑古老的王国。
> 虽然正义与命运抗争，
> 为着古老的权利
> 徒劳地抱怨与辩护：
> 而成功与否，
> 取决于人能力的强弱。

换句话说，克伦威尔是一位强人。他得到的回报就是他的力量。在变革过程中丧失正义是必然的。克伦威尔行事果决，不屈不挠，任何时候都是一个相信“命运”而不追逐“正义”的人。一个领导者既可以是救世主，也可能成为暴君。这样的事在世界历史中屡见不鲜，马维尔的同时代人都

非常了解尤利乌斯·恺撒的事迹。

因此，这是一首充满质疑且意旨模棱两可的诗歌，并不是在表达赞美与肯定。这可能反映出，人们普遍不信任和不确定克伦威尔在这些关键年月的动机。唯一能确定的是他让

> 指挥权仍掌握在共和国手中，
> 还没有变得僵化：
> 他是多么适合统治啊
> 令大家甘愿臣服。

这至少可以说明克伦威尔并没有成为僭主暴君。马维尔没有偏袒任何一方，因为没有任何一方可以偏袒。这可能令我们想起 T. S. 艾略特评价亨利·詹姆士的一句话：“他的思维超群，无懈可击。”马维尔那近乎高深莫测的矜持和低调也是显而易见的。他并没有发表自己真正的观点，并且看上去随时准备作罢，保持沉默。面对拥有至高无上权力的克伦威尔，这或许也是同时代许多人的立场。

四年后，马维尔用《奥利弗·克伦威尔执政一周年纪念》一诗再次探讨奥利弗·克伦威尔现象。这首诗对克伦威尔统治的描述比较正面，但公平地说，这首颂歌颂扬的是护国政府的性质，而并非护国主本人。在这首诗中，克伦威尔被比作安菲翁，他和他的兄弟借助音乐的手段建立了底比斯城。因此： 354

> 他没有敲击出任何音符，
> 但产出了一个新的故事。
> 随着他的演奏，
> 伟大的作品诞生了。

这是在赞扬克伦威尔创建了一个像底比斯一样经久不衰的政府结构。

他还能创建一种独特的领导形式，替代王权政府：

因为成为克伦威尔本身是一件更伟大的事情，
有时应该低于王权，有时又应高于王权：
因此，你宁愿压抑自己，臣服于统治，
因为与之相比，你没那么重要。

这就避免了政府体系出现极度自由或极端压迫的现象：

这不是一人自由的国度，所有的指令，
抑或暴政，皆不由一人所出：
而这一人深知行而有制，
是国民必当臣服的国父。

因此，英国受到所有邻国的尊重和敬畏：

他似乎生来便是王者，
但同时又对王位不屑一顾，
对外，他似乎是国王，甚至不止于此，
对内，他只把自己放在臣民的位置。

这可能会被称为克伦威尔的拥护者们的“党派路线”，也可能反映了马维尔对这件事的个人看法。其中并未提到克伦威尔作为护国主所面临的困境，也没有提及当时出现了许多反对他统治的势力。然而，马维尔表达出了许多人的一个观点，那就是他们似乎相信护国政府比议会政府更有效。此处的诗句很流畅，也很深奥。他的用词简洁而不尖锐，理性而不呆板，雄辩而不草率。

355 到这个时候，他已经为护国主家人所熟知了。他曾受邀为玛丽·克伦威尔与福康伯格勋爵的婚礼创作歌词，并受克伦威尔委托为瑞典的克里斯蒂娜写诗。1657 年，他被聘为时任外交部长兼拉丁文秘书约翰·弥尔顿的助理。因此，写于 1658 年的《奥利弗·克伦威尔之死》是他送给自己深深喜爱并钦佩的雇主最后的礼物。他很有可能被允许进入停尸间瞻仰过克伦威尔的遗容：

> 我看见他死了，沉沉安睡，
> 曾经炯炯有神的双目，已失生机：
> 眼皮底下的柔和目光已经消逝，
> 那目光曾透过他的表情令人如沐春风；
> 往昔雄伟、坚固的避风港，
> 此刻已失去生机，不断萎缩：
> 全部枯萎，颜色尽失，无力而苍白，
> 除了此人，还有谁？ 356

35

小绅士

有些人认为，奥利弗·克伦威尔死后，共和国将分崩离析；其中枢将难以为继。然而，长子理查·克伦威尔的继任却没有引起任何骚动。克伦威尔的去世并没有引起公众的深深哀悼，也很少有人评论他的作用或讨论他的功过。约翰·伊夫林目睹了护国主的葬礼，他说："除了狗叫，没人哭泣，士兵们在街上一边走一边喝酒、抽烟，他们吆喝着把狗轰走。"

理查·克伦威尔为人谦逊、低调，没有他父亲那种天生的威信，或威严的气势。詹姆士·麦金托什在《英国著名政治家》的附录中说他"是一个擅长放鹰、打猎、赛马以及其他运动和消遣的人"。有人暗指他是"二尾子"。他上位不久就承认，"如果能另选一位比我更有能力、更适合这项工作的人，可能会让上帝和国家皆大欢喜"！

然而，他很快便面临当时非常关键的问题。由谁来掌控这个新的乡绅共和国，是议会还是军队？一些军官已经提出要求：在护国主之外，另设
357 一位总司令。这就意味着，他们实际上否定文官政府的权威性。军官们经常出入瓦林福德府邸，此处是查理·弗利特伍德少将的官邸，此人是他们天经地义的领袖。但是，他们一些人嘴中的"小绅士"理查·克伦威尔并不同意他们的要求。

在1659年初举行的新一届议会选举中，小克伦威尔的地位得到了巩固。当时，大多数议员都比较温和或保守，他们支持护国主政府，讨厌军队的飞扬跋扈；其中有些人还是秘密的保王党人，他们心存执念，认为国民站在他们这一边。他们要求军队停止一切政治活动。这立刻引起了弗利特伍德及其同党的注意。军人们拒绝服从命令，只有极少数上校听从该命令，但他们被自己人抛弃了。弗利特伍德带兵来到圣詹姆士宫，要求立即解散议会。

这个僵局可能带来另一场战争，一想到这一点，理查·克伦威尔大为恐惧。据称他曾说过，“为了维护我的伟大（这对我来说是一个负担），我不愿看到任何人流血”。因此，他解散了议会，并于5月底退位。约翰·伊夫林在日记中写道：“几位觊觎者和几派人马竞相争夺政府权力：一切都乱套了；上帝保佑我们！”

军队领导人不顾一切先例，决定恢复奥利弗·克伦威尔于1653年春天解散的“残缺议会”。它最初有大约200名议员，但现在只剩下50名。然而，“残缺议会”恢复后，竭力摆脱军方的挟持，着手重申自己的权力，他们让议长而非弗利特伍德来领导军官委员会。争权夺利的两大派系很快就公开分裂了。

该年夏天，保王党分子和心怀不满的长老会联合起来，反对军队，发动了叛乱，但很快就被约翰·兰伯特将军镇压下去。兰伯特本来已经退休，如今再次出山，主持军务。然而，还不到两个月，他和其他八名军官就被 358
议会解职了，原因是，他们所推动的一项请愿被议会视为煽动叛乱。随后，兰伯特驱逐了“残缺议会”，进行了短暂的军人统治。他建立了一个由二十三名军官组成的“安全委员会”，并承诺不搞“个人独裁”统治，取消上议院。

军队内部也是四分五裂的。高级将领乔治·蒙克奉奥利弗·克伦威尔之命领兵驻守苏格兰；他目前处于有利位置，时刻保持警惕，不轻易表明态度，观望着英格兰发生的一系列令人眼花缭乱的事件。他曾经想支持理查·克伦威尔，但后来又退缩了。有人认为他是一个秘密的保王党人。现在，他不肯支持兰伯特和弗利特伍德，要求召回最近被驱逐的议会。

整个社会似乎陷入了无政府状态，然而，这个世界该怎么运转，还是怎么运转。根据《克莱伦登国家报》援引的一位同时代人的话，在伦敦，“街道上喧嚣嘈杂，人满为患，似乎每个人都在忙着自己的事情，根本不关心时局变化，当议会派人向城里人求援以替自己解围时，人们答复说，他们不会插手这场纠纷”。约翰·弥尔顿没有那么乐观，他写道“这完全不合法，无耻至极，这么粗野的行径，野蛮人都不大可能干得出来，它让我倍感恐惧，一个享受国家军饷的军队……就这样夺取了建立它的国家的至高权力”。

兰伯特也得面对士兵们内部的分歧；这些士兵声称，自己不会与蒙克或其他任何人作战，他们会搞一个拳击场，让军官们打几场拳击赛，互相较量一番；接着，驻扎在普利茅斯的部队和整个舰队宣称，违宪的军人统治还不如“残缺议会”的统治。他们希望获得信仰自由，并建立一个行事公正的政府。12 月 24 日，弗利特伍德宣布“上帝已经厌弃了我”，他把议会钥匙交给了威廉·伦塔尔议长。

就在那天，忠于议会的士兵们列队前往伦塔尔家中，他们在那里宣誓与威斯敏斯特的议会同生共死。伦塔尔备受鼓舞，决定于 12 月 26 日重新
359 召集议会；高级军官们已不再想，或者说无力阻止他了。1660 年 1 月 4 日，兰伯特试图北上迎战蒙克，但未获成功，他现在不得不向恢复后的议会投降；议员们下令，让他“为了共和国的安定与和平，待在他的一处离伦敦城最远的住宅”。奥利弗·克伦威尔没能建立起一种稳定的统治方式，这直接导致了混乱和迷茫。保王党的支持者哈特吉尔男爵写道，“目前，一切都像是深陷迷雾，即使是最有远见或最聪明的人，都无法做出判断”。许多人像他一样，现在将希望寄托到海峡对岸的国王身上，愿他能拨开云雾，结束混乱。

1659 年底，蒙克将军率领 8000 人从爱丁堡向南进军，他的意图到底是什么，或许就连他自己都不清楚。他说此行只是为了维护共和国。他可能认为，军队夺取政权是误入歧途之举，但他对此总是缄默不语，讳莫如深，

没人能够拿准他的看法。佩皮斯称其为“一个枯燥乏味沉闷的人”。

2月初，当他抵达伦敦时，许多市民正呼吁建立一个“自由的议会”；这意味着取消“残缺议会”，重新回到十一年前被普莱德上校清洗前的合法选举状态。议会不予理会，命令蒙克进驻伦敦，以武力恢复公共秩序，并逮捕这些反对派的领导人。2月9日，蒙克执行命令，拆除了象征城市力量的所有大门、舷窗、柱子和锁链。市民们感觉他们被出卖了，陷入深深的恐惧和沮丧之中。蒙克可能是故意为之，目的是让市民看到，议会为了维护其权力会走到哪一步，从而使人民站在他一边。当然，这一切都无法证实。

然而两天后，深不可测的蒙克写信给“残缺议会”，命令其自行解散，重新举行选举。效果立竿见影；据小册子作者罗杰·莱斯特兰奇所说，人民“在每一条街上都燃起篝火，每一个教堂都响起钟声，每一个人 360
都爆发出从未有过的欢呼喝彩”。每一个街角都有人烤牛臀肉，人们把肉绑在棍子上，四处走动，有人在路德盖特山上挖了一个坑，烤一大块牛臀肉。佩皮斯写道，男孩们“不再喊叫‘kiss my arse’，而是叫嚣着‘kiss my parliament’，“残缺议会”遭到的蔑视竟然如此严重，如此广泛……”。十天后，蒙克走了捷径，迎回了之前被“长期议会”排除在外的所有议员。这些人的性情基本上偏向于长老会，当初他们之所以被开除，就是因为他们愿意和查理一世谈判解决问题。

重新恢复的议会立即决定，清除“普莱德清洗”后议会的所有议项，其结果便是，它现在恢复了与国王达成和解的最高权力。兰伯特和前一个政权的其他成员一起被押送至伦敦塔。3月6日，佩皮斯指出：“现在每个人都毫无畏惧地为国王的健康而干杯，而在这之前，没有人敢公开地这么做。”

查理二世仍然拿不准。他不知道蒙克意欲何为，他害怕蒙克想要成为下一个护国主；甚至有传言说，理查·克伦威尔可能会重新上位。国王的其他支持者不信任蒙克，但相信他一定会像老话说的那样“翻云覆雨，反复无常”。国王经历了太多的希望，后又失望，现在他只能等待。如果他贸然行动，可能会毁了一切。蒙克本人也如履薄冰，不得不谨慎行事。他可能已判定，王朝复辟对国家来说是最好的结果，但他还不能完全支持民众的情绪；他还必须维持军队的团结，不能疏远那些仍被称为“共和国守护者”的人。现阶段，他还不能被人怀疑，如俗话所说，“时刻惦记着国王”。一两个月后，蒙克已经下定决心，要么以自己的行动迎回国王，尽情享受回报；要么阻止国王回归。

1660 年 3 月中旬，议会自动解散。接下来的几个月里，新议会的选举紧锣密鼓地筹备着。“长期议会”在经历了断断续续、混乱不堪的十九年多
361 的统治之后，终于结束了。就在这个月，著名的保王党支持者约翰·格伦维尔爵士潜入圣詹姆士宫，与蒙克秘密会晤；蒙克不想留下任何文字证据，但他通过中间人向格伦维尔暗示，希望国王给他寄一封信，说明王室的意图。将军会谨慎地保管该信，并在适当的时候公布其内容。通过这条妙计，他也许能让查理的回国之路更加顺畅。关于这段秘辛，还有一种说法：格伦维尔带来了查理写给蒙克将军的一封信，许诺事成之后让蒙克当高官；将军答复说，他一直想迎查理复位。不管具体情况如何，国王和将军显然已经相互理解。

4 月初，在信奉新教的荷兰，国王在布雷达的他的临时居所发表了一篇“宣言”；毫无疑问，在秘密磋商的过程中，他已经征求了蒙克的想法或建议。他会原谅和赦免任何宣誓效忠王室者，除了投票赞成处死查理的人；这是结束内战遗留问题的唯一途径。其他条款包括：他承诺对所有热爱和平的基督徒施行宗教宽容政策。只有这样，圣公会教徒、长老会教徒和宗派教徒之间的斗争才能得到解决。然而，国王让议会最终决定这些措施；许多人认为这是一种和解姿态，但这也意味着，无论将来发生什么，都会由议会而不是国王来承担责任。

这是近二十年中第一次议会选举，万事俱备，只欠东风。它被称为“非常议会”，因为从理论上讲，没有国王的谕旨，不能召开议会。人们很快就看清楚了，许多具有保王党倾向的人当选了；国王的朋友们又回到了威斯敏斯特。查理的声明在议会两院被宣读，受到热烈欢迎。5 月 1 日上

午，按照蒙克将军的命令，上议院议员和重归议会的许多保王党同僚一起宣布，“根据这个王国古老而基本的法律，政府由——而且应该由——国王和上下两院掌控”；下议院当天下午同意了。大家相信，只有依靠王权，才 362
能建立起一个稳定的议会政府。共和国已经走到了尽头，军队的愿望也落空了。

在五朔节这一天，一度被禁止的五月柱在全国各地纷纷竖立起来。当牛津大学的副校长和仪仗前导官试图锯倒黑熊旅馆外竖立的一根五月柱时，他被人群袭击并打倒在地上。佩皮斯写道：“昨天伦敦一片喜气洋洋，晚上的篝火比以往任何时候都多，钟声响起，有人在街上跪着喝酒，祝福国王身体健康，我觉得这有点太过分了。”

查理二世已迁往海牙。在那里，六名上议院议员和十二名下议院议员被带到御前；他们递交了议会谦卑的邀请和恳求，敦请陛下回銮，执掌国政。他们还向他赠送了 50000 英镑作为旅费。十四名伦敦市民也赶来，向国王提供了 10000 英镑。这座城市在前几年对保王党的事业并不十分友好，因此它的忏悔让人加倍称赏。国王告诉他们，他对伦敦有着特殊的感情，因为伦敦是他的出生地，他把这几位市民都封为骑士。

5 月 24 日，他登上了一艘新命名为“王子”的船，启航前往英国；5 月 26 日清晨，他来到多佛，跪在岸边致谢。蒙克跪在码头上等着他。多佛市长给了他一本《圣经》；国王接受了，说这是他在人世间最爱的东西。在这种情况下，我们可以原谅他任何讽刺的企图。

蒙克和国王一起前往坎特伯雷。在那里，查理在大教堂聆听了根据《公祷书》举行的国教礼拜仪式的乐曲。他所到之处，都被人群包围。他抽空致信他最小的妹妹亨丽埃塔·安妮，信中说：“我被人们的欢呼声给弄晕了，我都不知道自己现在写的东西通不通顺。”国王由此动身，向伦敦进发，以确认和庆祝复辟这件事。 363

36

哦，巨变！

查理二世的回归受到了人们的热烈欢迎，而且这些欢迎多半是真诚的。入驻首都之前，他在布莱克希斯受到人们载歌载舞的欢迎。当时的一封通讯信札描述说，“这好像是一场乡村版的凯旋式，鼓声震天，笛音悠扬，古老的音乐响起，乡间的年轻人们跳起了莫里斯舞”。在人们看来，王朝复辟将会复兴英格兰古老的风俗和传统。

他身着深色正装，从斯特兰德一路骑行，前往威斯敏特斯大教堂，时不时地挥动着饰有深红色羽毛的帽子。街上花团锦簇，两边的房屋饰满华丽的挂毯，钟声和喇叭声响彻云霄，与人们的问候声相互交织在一起。约翰·伊夫林在 1660 年 5 月 29 日的日记中写道：“我在斯特兰德亲眼看见了这一切，感谢上帝！一切在兵不血刃中尘埃落定，而执行者竟然是曾经反叛他的军队；这一定是上帝的杰作，自犹太人从巴比伦的囚禁中解脱之后，古往今来，这样的复辟从未有过；这个国家也从未有过如此欢乐、光明的日子，这件事何时开始打算，何时完成，完全超乎人的谋略。”

364 经过宴会厅大门口时，他抬头瞥见了父亲被处决的地方，泪水几乎夺眶而出。他坐在国王的华盖之下，眼前的场面有些无序和混乱，他似乎有一点眩晕，但他很快就恢复了镇定。他受到了如此令人愉快和无比热烈的欢迎，于是他笑着说，他本应早点回来。这句俏皮话体现出他对人性不抱有任何幻想。

国王刚刚满三十岁，但很显老，看上去似乎比实际年纪更大，他的发丝已经逐渐灰白；而这一时期的人尚未开始戴假发。常年的流亡生活让他变得瘦削，让他六英尺二英寸的身材显得更加高大。同时代人塞缪尔·杜克爵士说："他的脸色与其说严肃倒不如说黯淡，无论什么时候说话，他的脸色都显得很柔和；他的肤色有点黑，但是眼睛却很明亮，炯炯有神。"他的鼻子很大，下巴较宽，长相谈不上英俊。他看上去有些悲伤，甚至凄惨，有些放荡不羁的样子，偶尔透露出一丝残酷。"我像一条怪鱼，"他总是说，"奇丑无比。""怪鱼"却是变了质的"上帝的血肉"。

在这激动人心的时期，他总是待人亲和，甚至对自己所怀疑的隐蔽的敌人也是如此。然而，在这副脾气随和的面具之下，他工于心计，精明狡黠。他在艰难的流亡中长大，正如他所说，他将不惜一切代价避免再次"旅行"。因此，他最初的一些决策都是为了迎合昔日的对手，而并不是回报自己的朋友。他认为所有人都是自私自利的，因此人应该首先考虑自己的切身利益。

国王回到白厅，发现这里的一切都还和他孩提时代一样。宫殿有幸保存了下来，它有如一座迷宫，有壁橱、小隔间、后楼梯、走廊、角落以及庭院等；宫殿之外散落着各种建筑物，还有小教堂、网球场和保龄球场等。宫殿占地 23 英亩，约有两千个房间，泰晤士河涨水的时候，有些房间曾经被淹。但国王很喜欢这里，在统治的第一年，他很少离开。大中庭以及部分露台和画廊都是对外开放的，这些地方总是挤满了慕名而来的人，有些人希望得到国王的青睐，而其余的人纯粹是为欣赏雄伟的王宫。 365

国王总是在公共场所享用午餐，而在自己的私人卧室处理公务。除了卧室之外，他还有一间密室，极少有人能进去；很快，人们发现，国王身上也有历代国王对阴谋诡计的偏好。哈利法克斯侯爵注意到"他有秘密渠道向他传递信息，这些秘密渠道也有其他用途"，我们可以猜测一下其他"用途"会是什么。

宫殿空间够大，可容纳国王所有的重要枢臣，爱德华·海德是其中最重要的一位，他陪伴国王流亡多年。他后来成为第一代克拉伦登伯爵，著有里程碑式的著作《英格兰叛乱与内战史》。他严肃而勤勉，虽然他说自己“天性骄纵并且富有激情”；但他对自身的判断力和直觉很自负，甚至敢于指出国王的缺点。当他的女儿安妮·海德与国王的弟弟约克公爵詹姆士完婚之后，他的地位越发显赫。人们发现，她未婚先孕，这让塞缪尔·佩皮斯想起一位智者说过的话：“娶了已经怀有身孕的姑娘，就好像一个男人在帽子里拉完屎，再把帽子扣在头上一样。”

他当上了大法官，还是国王的六名亲信之一；他们组成了一个所谓的“秘密委员会”，用海德的话来说，这个委员会是由国王任命的，“国王的大小事情在被公开辩论之前，都交由该委员会商讨”。协助他们的还有一个由三四十人组成的枢密院，其中有十二名枢臣曾拿起武器对抗国王的父亲，但国王决定暂时息事宁人。

起初，国王兢兢业业地处理国务，但他不久就厌倦了琐碎的行政事务。枢密院召集的各种会议让他厌倦，他也不喜欢处理公文；哈利法克斯侯爵说，大臣们“向他汇报行政工作，必须像医生对待病人那样，有时候得遮遮掩掩，让行政事务显得没那么令人生厌”。这也为他推卸某些国策的责任提供了方便，他曾说，“我只负责说，但是怎么做由大臣们负责”。

土地出售权和所有权是紧迫的问题。许多保王党曾经被迫出售自己的
366 土地，以支付罚款或者“什一税”。如今他们请求归还土地，但议会裁决，它无权收回在理论上自愿出售的土地。这一裁决招致众多不满，让人觉得国王背弃了他以前的支持者。

这一年召开的非常议会颁布了一项措施，加深了人们对国王的这种感觉。议会通过了《补偿和赦免法》，赦免了在过去的二十二年里打着议会或王室“旗号”犯下的罪行，甚至叛逆罪都被“赦免……直至完全遗忘”。因此，过去所有的愤怒都应被抵消，或者至少被遗忘。这一措施激怒了那些自认为受过军政权伤害的保王党人，于是就有了这样一种说法：国王同意赦免敌人，而遗忘了自己的朋友。

弑君者，即签署了国王死刑令的人，却没有获得赦免。那年秋天，在新政府为数不多的几次报复行动中，有十名罪犯被吊个半死后，被放下来挖出内脏，然后大卸八块；他们死前奋力反抗，其中一个犯人，在他赤裸的身体被开膛破肚之后、内脏被挖出之前，还用力打刽子手。理查·克伦威尔逃离了英格兰，在欧洲过着体面而低调的生活。然而，查理倾向于宽大处理，当其他十九位弑君者即将受审送命之时，他致信克伦拉登：“我必须承认，我已经厌倦了绞刑，除非有新的罪行；就让绞刑闲置起来吧。”

他与军队打交道也很顺利。在蒙克的领导下，军队把国王推上了王位，同样也能将国王从王位上赶下来。政府重新征收人头税来支付士兵的军饷，到了秋天，士兵们退伍回乡，重操旧业。然而，他们可以保留自己手中的剑，其中的激进分子仍然维护着共和国这个“美好的旧事业”。年底，他们被明令禁止在伦敦集会，但实际上，他们已经构不成严重威胁了。因为大多数士兵都散伙了，这让传教士理查·巴克斯特评论说：“比起他们的任何 367
一场大捷，在解散这支军队方面，上帝干得更为精彩。”

然而，与以往一样，宗教运动始终是重中之重，神职人员分为两派，一派信奉国教，一派信奉清教或长老会。没有特定例证能说明国王是一位“信仰的捍卫者”，因此要写清楚国王的宗教信仰很困难。他在加入天主教会之后不久便去世了，当然也很有可能，他在流亡期间就已经秘密加入天主教了。然而，或许他没有坚定的信仰去拥护某一宗教信条；他的职责不是讲虔诚而是讲政治。他对各种宗教都不感兴趣，他还经常拿教宗的丑闻来取笑他那信奉天主教的兄弟詹姆士。他谈论起自己的风流韵事时常说，上帝不会谴责追求些许乐趣的人。他心态轻松，良心容易满足。

回到英格兰不到一个月，查理就忙着搞“王者之触”的仪式，即以上帝代理人的身份治愈那些患有淋巴结核（也称“国王之恶疾”）的病人。这是证明君权神授的突出例证，他就是上帝指定的人；这也是展现王权的一个奇观，让他乐此不疲。这个仪式他每月搞一次，直到他的统治结束，有几百名患有淋巴结核的人拥向宴会大厅，而他饶有耐心、郑重其事地摸着这些人的脖子。

旧秩序虽被重新确立，但微妙的变化已经发生。例如，法国大使在写给路易十四的信中说：“这个政府表面上还是君主制国家，因为仍然有君王，但是从本质上来看，它与君主制相去甚远。”议会的权力在内战胜利之后得到了极大的强化；未经议会同意，君王不可向臣民募集资金，也不得逮捕任何人。查理的财政也依赖于威斯敏斯特议会议员每年的拨款。

国王的权力在其他方面也被削弱了，星室法庭没有重新开张。建立常
368 备军的举措会受到严重质疑，城市的影响力也在增加，从这些年发生的事情中，我们可以看到一个商品化的、重商主义国家的兴起。

统治权不再系于一人之身，无论这个人是斯图亚特还是克伦威尔，它越来越多地受到制衡，被分散。国内事务和外交事务分设两个部门，由两名大臣分别负责；税收的分配和征收等业务也由常设委员会负责。财政部脱离了王室的控制，它负责所有款项的支出。三十个委员会也很快步入正轨，迟至 1660 年，贸易委员会和海外种植委员会也开始运行。

然而，这并不是现代意义上的文官政府，因为它建立在贵族式资助体系和大笔赏赐或收取服务“费”的基础之上。严格来说，许多官员并不是国家的公仆，给他们发薪水的是职位更高的官员。位高权重的职位被认为是私有财产，可终身保留，也可卖给近亲或出价高者。这倒并不一定是腐败的制度，在当时，它是唯一能让政府运转的方式。

共和时代和君主复辟时代这两个时代的区别并不是那么明显。人们对成文宪法并无多大信心，例如克伦威尔颁布的宪法；宗教成分在公共事务中并不如以前那么重要；虔诚最终成为个人良知问题，威斯特敏特的宗教狂热崇拜不复从前。政治理论不再是神学家的专利，而是成为洛克和霍布斯等哲学家探讨的热点话题。许多人开始意识到，这些变化都预示着宗教信仰本身正在衰落。英国皇家学会的编年史家托马斯·斯普拉特指出，“现如今，基督教对人们思想的控制已经大大减弱了”。

宗教战争的正义性——如果我们可以这样称呼的话——已经不再受到大众的热捧，崇尚理性和文明已然成为新公众话语的宠儿。咖啡馆取代教堂和修道院，成为人们获取有效信息的场所（在王朝复辟的那一年，人们

首次提及茶饮、咖啡和巧克力）。议会责成国王将国教推广至全国，尽管清 369
教徒和非国教徒并不会轻易屈服。强制最终要被劝导取代。

查理二世的正式加冕典礼被推迟到1661年4月23日的圣乔治节，即他登基后的首届议会开幕的前两周。查理二世在加冕的前一天骑马穿过伦敦街道，他将成为历史上最后一位这样行事的君王。他深谙仪式对于彰显王权的重要性，因而下令手下研读所有的历史记录，以保障仪式的传统性和庄重性；在他的父亲被处决之后，王冠上的宝石便被拆下售卖；他下令马上按照原样做一顶新的。他穿着用金线和银丝线缝制的金光闪闪的长袍，戴着一顶镶着一圈貂毛的深红色天鹅绒帽子。作为纪念品出售的第一批加冕马克杯颇受欢迎，由此可见人们对于这场仪式的热忱。那天本是晴朗无云，风和日丽，但佩皮斯在日记中写道："仪式一结束，天空便下起了雨，电闪雷鸣，这是我多年未曾见过的。"显然这里是上天在发出预兆。

议会于5月8日召开；国王加冕和议会开幕这两大仪式最大限度地体现了"王在议会"这种观念，这是英格兰最高权力的代名词。有一半新议员出身于那些因参与保王派事业而受难的家庭，因此该议会也被称为"骑士议会"。他们中的大部分都是年轻人，但国王说"他会一直沿用他们，直到他们胡子留长为止"。他履行了承诺，该议会维持了十八年。

这些新议员当然支持国王和主教们的决策，但是他们更倾向于维护绅士的特权。长老会教徒只占少数，面对复辟之后颁布的一系列趋于保守的政策，他们无力制衡或阻挡。在五年的时间里，议会通过了一系列法案，确定了英国国教在国内至高无上的地位。英格兰以前与苏格兰签署的《庄严联盟和誓约》促成了英格兰与苏格兰长老会结成同盟。在加冕两周后，
这一纸协定便在威斯敏特斯和其他地方被刽子手给烧毁了。约翰·伊夫林 370
感叹道："哦，真是巨变！"

1661年的《市镇社团法》规定，有资格担任城镇政府要员的，仅限于那些按照英格兰国教仪式领圣餐的人，市长和高级市政官也必须宣誓效忠君王，并承认任何武力反抗君主的行为都是违法的。该法案旨在清除权力

机构中不信奉英国国教的新教徒，因为他们的忠诚度是可疑的。

次年，议会通过了《统一法》，规定神职人员必须由主教任命并接受《公祷书》。这些条件实际上剥夺了一千七百名清教神职人员的任职资格，他们被驱逐出神职人员的行列。这是英格兰宗教史上最剧烈的转变。有人说，这是英国国教徒对自己在共和时代遭受迫害的报复，但也可能是保王派乡绅重新夺取教区控制权的一种手段。

一些被驱逐出教会的神职人员陷入了贫困和极度的沮丧，理查·巴克斯特就是其中一员，他回忆说："他们的会众有足够的力量……既能帮助他们离开监狱，也能让他们一直待在监狱里。"例如，约翰·班扬因为进行非国教的布道而被囚禁在贝德福德监狱。他写道："与我妻子和可怜的孩子分开，于我而言，如同骨肉分离"；但是他在监狱里依然期盼着永生。

虔敬派牧师成为民众嘲弄的对象。不从国教派的教士们在街上被人嘲弄，招致嘘声。本·琼森在《巴托洛缪市集》中描写了清教徒十足遭人鄙视，如今这部剧得以重演，大受欢迎。尤其是贵格派教徒饱受虐待，在查理统治时期，四千多名贵格派教徒被关进监狱。克拉伦登说过，他们"是一群根本得不到柔情和仁慈关爱的人"。

然而，并非所有的地方都严格执行新的法律，很多长老会成员或"教会中的清教徒"灵活地遵守法律；这些教派的神职人员通过一些微妙的妥协，可能成功地保住了饭碗。一些地方当局无论如何都不愿严格执法，教
371 会法庭并不总是很有效率。

在随后几年里，议会相继出台了两项法令：凡是参加非官方教会举办的宗教集会的人都将入狱；任何清教徒的牧师或教师都不能靠近距离城镇五英里以内的地方。从这些政策来看，国王似乎并没有履行他先前的承诺，他在返回英格兰之前，在布雷达发表"宣言"，承诺宽待所有诚实的基督徒。但他很可能受到了来自年轻议员的压力；他向他们的要求让步了，因为他并不想失去他们对财政收入的资金支持。

最终证明，要收服所有不从国教派的信徒是不可能的，他们反而因为受到共同的迫害而团结在一起，但由于强制推行国教崇拜，"骑士议会"内

部却出现了分裂，国教和非国教各教派之间出现了永远也无法跨越的鸿沟。独立派教徒、浸信会教徒和长老会教徒通过一个非正式的会议网络走到了一起，与国教形成对峙之势。谁也无法为全国的宗教问题找到解决方案。国家教会与礼拜堂之间发生争端的日子即将出现。

议会很忙，一场又一场地开会，其他措施接踵而至。1662 年春通过了一项“炉灶税”，对每个炉灶征收一先令，每年缴纳两次，民众反应哗然。伦敦街头流传着这样一句话，大意是“主教得到一切，朝臣花掉一切，市民支付一切，国王忽视一切，魔鬼拿走一切”。之后议会通过了《许可经营法》，规定未经官方审查批准不得出版任何书籍。这主要针对那些不从国教派的著作，如今这些著作受到伦敦主教和坎特伯雷大主教的监控，在克伦威尔时代长期存在的自由辩论气氛宣告结束。

宗教里的零“容忍”是需要付出代价的。佩皮斯称，所有的宗教“狂热分子”都不满“国王剥夺了他们的良心自由”，他公开谴责说，“主教们如今站在如此高的位置，但我担心，他们会再次跌落下来”。1662 年 8 月 24 日，也就是圣巴塞缪斯节，清教徒神职人员接到命令，被迫放弃神职。很多地方的教众都前来聆听并哀悼他们的“告别布道”。更为激烈的抗议正 372
在酝酿之中。自从国王到达英格兰之后，“狂热分子”的小规模起义就没有停息，扰乱了国内的太平。1662 年春夏，对于清教徒联合起来反抗的恐惧开始蔓延开来。人们怀疑一次大规模的起义计划正在酝酿，预计在 8 月进行，全国各地传来了关于煽动性会议和反叛言论的消息。约克郡北雷丁郡的最高军事长官福肯伯格勋爵声称，在兰开夏郡，“全郡没有一个人打算屈服”；类似的消息不断从他所在的约克郡和英格兰西南部诸郡传来，然而，伦敦依然是公认的狂热分子和宗派主义的精神家园。各郡的最高军事长官接到命令，严密监视“所有已知的共和派”。

然而，这些担忧完全是庸人自扰。如今国教会的地位最高，其领导人在 1663 年获任坎特伯雷大主教；吉尔伯特·伯内特在谈到谢尔登大主教时写道：“他似乎对宗教并无执念，也不狂热，如果有的话，也经常是把它当作政府的动力和政策问题来讨论。”例如，主教们恢复了在上议院的席位，可以直接影响国家立法；然而，真正控制国教性质和方向的是议会而不是教会，这也是不可否认的事实。

真正虔诚的人们无疑一如既往地稚嫩和迷茫。兰开斯特的学徒罗杰·劳在1663年写道："我陷入沉思，极度悲伤，走进乡镇的田野里，向上帝祈祷，希望上帝能听到。"

在议会开幕后召开的一次国务会议上，查理告诉谋臣们，他决定迎娶葡萄牙公主布拉干萨的凯瑟琳；其实他早已透露过自己的偏好，他曾说："我讨厌德意志人，也讨厌寒冷地区国家的公主。"这位准新娘的母亲，葡萄牙的摄政王后，提供了800000英镑，还有孟买和丹吉尔两处殖民地作为
373 公主的嫁妆。英国商人也获准在葡萄牙国内自由贸易，这有助于英格兰与荷兰进行竞争，同样，葡萄牙希望能招募英格兰士兵与邻国西班牙作战，而西班牙正迫切渴望夺回这个叛乱省份。一场联姻促成了很多事情。

另一段联姻完成了所谓查理的"外交政策"，他的妹妹亨丽埃塔嫁给了路易十四的同性恋兄弟，这段婚姻让英国和法国之间比较紧密的关系变得更加紧密。面对西班牙的衰落，路易十四想把自己提升到"普世君主"的位置上，这让人感到恐惧和不信任。然而，查理却十分欣赏路易十四的专制和中央集权，多少希望能够效仿。

国王前往朴次茅斯迎接他的新娘，并对克伦拉登说，"她的容貌算不上精致，不能称之为美人。尽管她的眼睛极其漂亮，可她的脸上依然没有令人惊艳的东西"。这也许算不上完全的认可，但对于王室联姻来说，也算是令人满意的了。她的牙齿有一点突出，头发也是按照葡萄牙的式样梳向一边。据说国王曾私底下说："绅士们，你们给我带来了一只蝙蝠。"凯瑟琳最初想要一杯茶——茶在当时还是新鲜事物——然而，奉上来的却是一杯啤酒。

陪同她的，是被同时代的格拉蒙伯爵夫人形容为"六大怪物的群体，自称是贵妇侍女、年长的女伴；此外还有个保姆，那是又一头野兽，她获得的头衔是'这些不同寻常的美女的家庭教师'"。人们常常取笑她们的大

摆裙，或她们裙摆下的鲸骨裙撑。

凯瑟琳有一些强大的对手。国王是一个贪得无厌的好色之徒，佩皮斯估计国王在复辟之前就已经有十七个情妇了。约翰·德莱顿在《押沙龙与阿基多弗》一诗中是这样描述他的：

以色列的君主，遵照天意，
四处播洒自己的阳光雨露 374
妻子们和奴隶们均沾：而且，他还随意，
将自己造物主的形象广布大地上。

或者，就像罗切斯特伯爵直言不讳地说的那样，

他辗转于娼妓之间，
一个快乐的君主，丢人又贫穷。

他与前情人露西·沃尔特斯生了一个儿子，并于1663年册封他为蒙茅斯公爵。他的现任情妇是芭芭拉·帕尔默，她的丈夫被封为卡斯特尔梅因伯爵；很快卡斯特尔梅因夫人就成了国王的至爱。佩皮斯说，她为了控制国王，运用了“阿雷蒂诺（一位淫秽诗人）的所有技巧……在这方面，他也有大量的——”，余下是空白。当凯瑟琳到达英国的时候，这位女士已经身怀六甲了。

国王对卡斯特尔梅因夫人宠爱有加，甚至任命她为王后的寝宫女官，凯瑟琳反对这种便利于国王的安排，但是她的愤怒导致夫妻关系开始疏远。新任王后在汉普顿宫接见客人时，国王带着卡斯特尔梅因夫人走进房间；凯瑟琳平心静气地接待她，她可能未听清楚对方的名字，可是，后来当她得知这位女士的身份的时候，她泪流满面，昏了过去。国王任命克伦拉登为调解人，最后王后做出让步，接受了她的情敌。

事实上，她全心全意地爱着她的丈夫，绝不想疏远他的感情。然而，

她无法履行一个妻子的义务，她不能生儿育女。这倒不是因为没有尝试过；一位名叫洛伦佐·马加洛蒂的意大利访客听说，王后“对夫妻之乐异常敏感”，房事之后“她的生殖器会一连几天大量流血”。

不久，国王爱上了另外一位名叫弗朗西丝·斯图尔特的情妇，格拉蒙伯爵曾说，很难想象愚笨的头脑和惊艳的美貌可以这样完美地结合在一起。英国钱币上的不列颠尼亚——那位头戴钢盔、手持盾牌及三叉戟的女
375 子——就是以她为模特铸造的。查理不断地搞女人，他与已知的十七个情妇生了十三个私生子，其中一些人成了公爵或伯爵。内尔·格温的故事经常为人津津乐道。

宫廷本身成了丑闻和评论的中心。麦考莱在《爱丁堡评论》上发表的一篇文章中提到一个例子；毫无疑问，这个例子中有夸张的成分：有人“在王宫里发现了一个死婴，他是某个廷臣与宫女的后代，也可能是查理本人的孽种。一群混混和小丑扑向这个死婴，把它带到王家实验室，国王在开了一个粗野的玩笑之后，把死婴解剖了一遍，供大家取乐，而这个死婴的父亲可能就在人群当中”。

圣徒的统治被罪人的统治取代，这些罪人互相攀比，看谁更能喝酒，谁更为放荡。当一位主教在王家教堂讲道，反对“错误的狂欢”时，他会遭到教众们的嘲笑。当宫廷人员造访牛津大学时，学者安东尼·伍德评论道，“这些人肮脏不堪，令人憎恶。他们离开时，在烟囱、书房、煤屋、地窖的每一个角落都留下了他们的排泄物。他们如同粗鲁野蛮的嫖客；他们为人虚荣、空虚而又大意”。毫无疑问，他们从王室领袖那里继承了这样的道德和礼仪。毋庸置疑，其他时代的宫廷也毫无例外地处处是挥霍无度和声色犬马——例如威廉二世的宫廷——但没有哪个宫廷遭受过如此广泛的关注和批评。

国王周围出现了一个“才子”圈子，其中有白金汉公爵乔治·维利尔斯和查理·塞德利爵士。他们习惯在国王最新的情人的住所或臭名昭著的威廉·奇芬奇的住处聚会，奇芬奇后来成为“国王私人密室的管理员”，他们对宫廷生活最突出的贡献是，他们写了许多非常淫秽的诗歌和故事。他

们的机智表现在言辞的夸张和灵巧，双关语和典故的使用，或者像罗伯特·博伊尔所说，“故事构思的精妙……以及故事表达的敏捷和简洁”。

这个时代可笑而荒诞之事颇多。1663 年夏天，塞德利赤裸裸地站在波街公鸡旅馆的阳台上，根据塞缪尔·佩皮斯的说法，他在那里上演了“所有能想到的挑逗和交合的姿势，还对《圣经》大骂一通”。他佯装布道，宣 376
称“他要卖一种粉末，使城里所有的骚货都追着他跑”。布完道之后，“他拿起一杯酒，在酒中清洗了一下自己的阳具，然后一饮而尽，接着又举起一杯酒，为国王的健康干杯”，然后他蹲下，开始“拉屎”。

第二天，他便被带到首席法官面前，法官问他是否读过亨利·皮查姆的《绅士全书》。然后，法官要求他缴纳 500 英镑的保释金以维护国家的稳定。于是他说，“他认为自己是第一个为拉屎付钱的人”。而他的保释金是从国王本人那里借来的。 377

37

在路上

虔诚者（Faithful）和基督徒（Christian）在旅途中遇上了一位名字叫作健谈者（Talkative）的绅士，这位绅士“远看长得不错，近看可不行”。然后他和这两位旅伴交谈起来。

健谈者：天上的事，地上的事；道德的事，福音的事；神圣的事，亵渎的事；过去的事，将来的事；外国的事，本国的事；重要的事，随机的事；啥事我都能谈，只要做这些事情对我们有利。

趁着他不在身边，基督徒和虔诚者议论起这位新伙伴。

虔诚者：这么说，你认识他喽？

基督徒：当然认识他！我比他自己更了解他。

虔诚者：请问他是什么人？

基督徒：他的名字叫作健谈者，就住在我们镇上。你竟然不认识他，这也难怪，我们这个镇还挺大的。

虔诚者：他父亲是谁？他家住何处？

基督徒：他父亲名叫“巧舌”（Say-well），家住胡扯路（Prating 378
Row），凡是认识他的人，都叫他“胡扯路的健谈者”。虽说他能说会道，但他是个可悲的家伙。

虔诚者：喔。这个人长得还不错啊。

基督徒：不了解他的人都这么认为。他外表还不错，但内心很丑陋。

约翰·班扬的《天路历程》通常被视作第一部英国小说。作者通过想象，仿佛把实际人物弄到了他眼前，而他只是记下自己的所见所闻。他还运用了当时的通俗语言，使我们能听到17世纪末普通人之间的交谈。然而《天路历程》不仅仅是一部小说。

约翰·班扬于1628年出生在贝德福德郡，年纪轻轻就奠定了学问根基，但他主要靠的是自学；他非常熟悉英语版的《圣经》和福克斯的《圣徒行传与丰碑》。但在年轻时，他饱读当时的民谣和传奇。他十五岁加入新模范军，但我们不清楚三年后部队解散时他是否还在服役。

按照《神恩浩荡》中的记载，他与一位穷女人结婚之后，便进入了思想斗争激烈的时期，他深感绝望和恐惧，而后又受到虚假希望的诱惑。1655年，他在贝德福德加入了一个宗教分裂派后，仍然饱受焦虑和沮丧的折磨。他开始在会众面前讲道，慢慢找到了力量和信心。他的影响力慢慢扩大，与当局发生了冲突。1661年，他被关进了贝德福德监狱，在那里，他拒绝放弃传道的权力，在接下来的十一年里，他一直都待在那儿。在此期间，他写了很多书和论文，但是没有一本书比《天路历程》更受欢迎，更为重要。

在一定程度上，我们可以说《天路历程》描述了17世纪的任何一次旅程，道路崎岖不平，泥泞和水坑令人驻足不前，泥沼、沟渠、深坑和深洞威胁着旅人的生命。旅行者有时必须留意陡峭的山坡，他们在那儿可能
会滑倒。有时候他们会“走错路”，在“转弯”和“蜿蜒的山路上”迷路； 379
“因此，到了最后，他们找到一个容身之所，在那里点上灯坐等天亮，但是他们太累了，便睡着了”。我们可以听到，狗冲着他们狂吠。如果不走运的

话，还会被当作流浪者带走，被关在畜栏或“笼子”里。但是如果幸运的话，他会在旅途中找到歇脚的地方，居停主人问他们：“你想吃什么？”

他们还得小心在路上打劫的盗匪。

> 他们来到他跟前，威胁着让他站起来。小信念（Little-Faith）吓得满脸煞白，既没有劲儿去打，也没有力气逃跑。胆怯（Faint-Heart）说：“把你的钱包交出来。”……接着小信念开始大喊：“强盗来啦！强盗来啦！”

面对这样的危险，一些旅行者为了友谊和安全，结成了同伴。

> “好吧。希望你能成为我们的好伙伴。”
>
> “我很愿意与你们同行。”
>
> “来吧，我们一起走……”

这样断断续续的谈话在路上经常能听到。他们渴望见面，拄着拐杖交谈。“是这条路吗？”“你走的路没错。”“离这里还有多远？”“你从哪儿来的？”“你上路了吗？”他们有时候会问候另一个人。“你遇到了什么？”或者“你看到了什么？”“你要去哪里？”“后退，后退”。有些旅行者想“抄近路，然后翻墙”。至于他们到底是怎么到达目的地的，那又有什么关系呢？“既然我们已经到了，那就是到了。”

这段散文之所以生动，就在于它与当时的现实生活息息相关。“我曾在街上遇见他，”虔诚者是这样评论顺民的，“但他侧过脸不敢正眼看人，就好像做了什么亏心事似的，所以我就没有和他说话。”基督徒问一个人：“你这是怎么啦？”对方告诉他：“我以前可不是现在这个样子。”他对希望（Hope）说：“就像俗话说的，我当时真是危在旦夕……这个人是个弱者，所以败了下来……当一个人倒下后，你知道，他还能做什么？”这种简洁、有力的文字是经过苦难经历磨炼出来的，但是它们也来自班扬对英文

本《圣经》的阅读。这些文字貌似来自他的本能，但它们已经吸收了《圣经》的韵律和意象。 380

它们也和班扬的加尔文派身份有关。读《天路历程》就是回到那个激烈斗争和辩论的世界，在那里，固守信仰是对抗黑暗的唯一力量。班扬一点也不像17世纪戏剧中所塑造的“有益的磨难”“纠结”“爱忙活”等漫画式人物。他过于悲观绝望，意志过于坚定，成不了那种人。基督徒决定一个人上路，“因为我的邻居并没有像我那样，看到了自己的危险”。这就是它的核心，这种毁灭即将到来的意识带来了他所谓的“垃圾堆”——绝望和困惑，它也制造了近乎疯癫的忧郁症，折磨着那些认为自己可能面临精神毁灭的人们。这种恐惧推动了17世纪的生活。它就是班扬所说的对“无底洞（的恐惧）……从洞口喷出了大量浓烟和火炭，并伴随着可怕的声音”。被法力无边和不期而至的神恩拯救（虽然你可能不值得拯救），就是经历精神转变。由这本书可以瞥见17世纪宗教狂热的核心内容。 381

38

起来上厕所

伦敦的富裕市民会穿一件棉布紧身短上衣，敞开前胸，露出衬衫和上等细棉布围巾。马裤、长袜和系扣的鞋子构成了整套装束。出门在外的时候，他戴上假发和圆锥帽，再加上一件短披风，左侧佩带一把宝剑。当然，他的妻子会穿一件带有凸花纹的丝绸连衣裙，撑成环状，露出里面缝着的带饰边的衬裙。她头上系着当时流行的法式头巾，脖子和肩膀上搭着一块方巾。

按照现代审美品位，查理一世和克伦威尔时代的住房或许过于单调朴素；地上铺的是抛光的地板，有些墙壁有墙板，天花板上镶着椽木。房间体面且布局匀称，但略显昏暗狭小，脚踩在地板上会发出嘎吱的声响。直到 17 世纪末，人们才普遍追求更加敞亮雅致的室内设计。

所谓“中间阶层”的住房有三到七个房间；典型的中产之家有四到七人，其中还包括仆人在内。在较为豪华的中产阶级住宅中，大厅、客厅和
382 厨房占据了一楼。二楼是一到两间卧室，装饰品很少，窗户基本上不挂窗帘，地毯和扶手椅也还没有被广泛使用。时钟、镜子和绘画仍然相对少见，但在这一时期接近尾声时，这些东西就比较多见了。也正是在这个时期，做胡桃木和红木家具的细木工人变得更受欢迎，而较富裕的家庭可能会在

一些墙壁上挂上帷幔。

他们的家具并不令人感到舒适，主要包括高背椅、凳子、木箱子和长凳，长凳上可能还会放几个软垫，以缓解木头的硬度。餐桌没有任何装饰。那时候也还没有使用现代的刀叉餐具。碗碟不是陶质的，而是由锡制成的。餐具柜上可能会摆放一个盘子，但除此之外，就没什么好炫耀的了。房间用煤取暖，卫生设施是最原始的那种，很不完善，只是偶尔有人提到锡制夜壶或“恭凳”。但没有任何洗漱用具存在的痕迹。

出身好的市民可以当商人做生意，也可以当店主做买卖，但在这个城市里，各行各业并没有严格的划分。在查理二世统治时期，伦敦皇家交易所有 3000 名商人出入，在此期间，对外贸易、国内工业和航运业发展迅速，迎来了 20 世纪历史学家所谓的“商业革命”时期。在 1670 年出版的《贸易论》中，罗杰·柯克说：“如今贸易好像是一位淑女，与以往任何一个时代相比，世界上所有王子和君主对她的追求和赞美都更为起劲。”进口商品包括殖民地出产的烟草、糖、靛蓝和生姜，以及产自印度的素棉布和印花布，其中的绝大部分商品再由英格兰船只出口到欧洲大陆。

各郡的乡绅和地方官员也不可忽视，因为从这一时期开始，他们完全掌控了自家所在的周边地区。在这一时期，旧有的社会等级原则得到了强化。“骑士议会”扩大了当地贵族控制民团和施行《济贫法》的权力。从监禁流浪汉到罚渎职的教区官员的款，治安法官几乎掌控了当地所有的事务。 383

共和主义的尝试不幸失败后，乡绅们继续充当地方社会领袖的角色，但是并不像以前那么得意扬扬了。例如，他们中的许多人密切关注农耕的新方法。农民们自己也参与了可以增加土地收益的所谓土地“改良”。在此期间，这个国家能够向欧洲大陆出口粮食。

这一时期还涌现了一大批“专业人士”，主要是律师和医生，但也有会计师和专业的房地产管理人员。在后人眼中，塞缪尔·佩皮斯已经成为这个世界的主人。他的日记在某种程度上就是那个时代的一面镜子。他刚到伦敦的时候二十六岁，和他的妻子一起住在唐宁街附近的斧头场。他被任命为海军事务大臣爱德华·蒙塔古的秘书。当时“残缺议会”已经重新召开，蒙克将军开始从苏格兰南下进军。

他在日记中写道，1660 年 1 月 3 日，“谢普利先生、霍利先生和穆尔先生与我共进晚餐，吃的是一块牛肉搭配卷心菜，还有腌猪肉卷”。肉类是那个时期的主食，佩皮斯的特点是，他吃两种肉食。主餐是放在中午吃的。还有一次，佩皮斯坐下来吃了一盘骨髓骨、一条羊腿、一块嫩牛里脊、一盘禽肉和两打云雀。他也吃鱼，但当一盘鲟鱼摆上来时，“我看到很多小虫子在爬。我猜它们应该是从腐烂的泡菜里爬出来的”。

他喝的是麦酒和“烈酒”，后者很可能是杜松子酒。主餐后的运动和罚物游戏经常会引起“疯狂的骚动”。游戏的种类五花八门，其中有一项被佩皮斯称为“掷鸡”，具体的玩法是，拴住一只鸟的腿或者用其他办法不让它飞走，众人向鸟的身上投掷棍子。谁把它砸晕，谁就可以把它煮了吃掉。他还前往鞋巷附近新开的一家斗鸡场看斗鸡。从他的记录中还浮现出那个时期的其他小插曲。1661 年秋天出现了一种新的疾病，症状表现为“忽冷忽热”。

这一时期的卫生清洁状况或许令人生疑。佩皮斯喜欢往搁在仓房中的
384 漏勺里大便。他把一件斗篷改制成了一套正装，这件斗篷“好像一年前被人用来遮挡出恭”。“今晚我做了一个奇怪的梦，梦见我尿在了自己的身上，我还真的这样做了。”他在去市政厅的路上，“顺便到罗林森先生家拉屎”。一天晚上，他忘了带夜壶，“所以不得不站起来往烟囱里撒尿”。在剧院里，“一位女士没有注意到我，朝后吐了一口唾沫，一不小心吐在了我身上”。他有时会用温水洗澡或洗脚，但这种情况很少，不值得一提。他的妻子伊丽莎白造访了一家“暖房”，并“假装下决心说今后要保持清洁——她到底能坚持多久呢？我可以猜到”。果不其然，后来有一次“她花了一整天时间洗身子，才洗掉过去四五周积累下来的污垢”。然而两个月后，“当在我的头上和身上发现了大大小小二十多个虱子以后，她却觉得我很邋遢”。

佩皮斯很讲究穿戴。他订购了一件天鹅绒外套，称之为“齐膝的彩色套服”，配上同色的长袜、腰带和一把剑柄镀金的新宝剑，再配一套白色衬里的黑色布料的套装。1663 年秋，他买了一件新的镶着金纽扣的沙格长袍

和两顶假发。然后他决定让假发制造商剪掉他自己的头发来做一顶假发，“我让所有的女仆来看了以后，她们得出结论说，它很适合我”。不久之后，他还买了一件镶有红丝带的黑色套装和一件天鹅绒衬里的斗篷。他写道，“穿衣戴帽可是件大事”。他走上街去，“稍微展示一下我的新套装”。穷人就是“出门没有手套戴”的人。

整个社会就是一场盛大的演出，所有的重要人物都是演员。他可能会穿着光鲜艳丽的服装，戴着崭新的假发，领着妻子到某些精挑细选的街区闲逛，比如格雷斯饭店，后面还跟着一个“为我们拿东西的女人”。在路上停下来，花点小费请一位“寻常百姓”帮忙拿东西，这样的事情再寻常不过了。即使在相对平和的佩皮斯家，仆人也会受到严苛对待。佩皮斯有时会殴打他的男仆，一直打到手腕酸痛为止；伊丽莎白也不得不“殴打我们年轻的女佣，然后我们把她关进地窖里，让她整个晚上都躺在那儿”。

他胡搞女人的事也广为人知。他在一家酒馆的窗边亲吻一名女子，结 385
果被人看见了，这人在街上大喊：“先生，你为什么这么亲那位女士？”然后就朝着窗户扔石头。他注意到“有很多漂亮的女人出入这所教堂”，于是，他决定参加圣迪奥尼斯·贝克教堂的布道会。他总是对那些漂亮的女性抛媚眼，或者对她们动手动脚。在另一所教堂的会众里有一位青年女子，她会在口袋里装一些别针，一旦佩皮斯对她动手动脚，她就从口袋里拿出别针来刺他。佩皮斯用代称记录自己的“艳遇”。比如“我赤裸的港口”代表的是“我裸露的阴茎”。就像他说的那样，他“自有办法”，并且“得逞了”。然而，他的要求可能不高。“我上了尼普太太乘坐的那辆马车，由于车里已经满员，我只好把她抱在我的膝盖上，一边唱歌，一边玩弄她的乳房。”

在大街上拳脚相向的情况时有发生。在一次争吵中，“我朝他的肋骨狠狠地撑了一两下；见他没抵抗，我又撑了他一下”。街上有警察和警卫，以防范有人胡闹或骚乱；他们一发现佩皮斯家后院的门开着，“就会进来看看是怎么回事儿”。

佩皮斯经常“沉迷于纸牌游戏”。纸牌以及一般的赌博活动给这一时期的人们带来了乐趣。赌博在社会的各个阶层都很流行；彩票成为增加公共财政的一种手段。一天下午，他花了 18 便士参加了一家罗塔人“咖啡俱乐部”，该俱乐部成员在杰拉德街的“土耳其头领”酒馆聚会；咖啡馆在八年前被引入伦敦，立即受到伦敦商人和律师的青睐。然而，伦敦可不光有商人和律师。罗杰·莱斯特兰奇抱怨道：“现在每个车夫和搬运工都成了政治家，不过咖啡馆确实也没有别的用处。”《胡迪布拉斯》的作者塞缪尔·巴特勒说过，咖啡馆里没有“等级和秩序”，这里的“绅士、技工、贵族和恶棍都混杂在一起”。

在一个充斥着议论、猜测、新闻和八卦的城市里，咖啡馆是最重要的公共娱乐和公众信息交流的场所。咖啡馆已然成为伦敦的特色。在“希腊人”咖啡馆或在“彩虹”咖啡馆给人写信，已经是很常见的事情了。麦考莱说，咖啡馆几乎成了一个政治机构。然而，他们所关注的并不全是“热
386 点新闻”。有一次，佩皮斯在咖啡馆“坐了好久，与一些绅士畅谈他们关注的罗马帝国”。1664 年底，他进了一家咖啡馆，品尝了一种名为“巧克力”的新饮品，感觉“非常好喝”。

“晚饭后，我们尽情歌唱，有一首叫《哈扎德》的歌是按照老式唱法单独演唱的”；音乐和歌声处处可闻。这里还有“轮唱歌曲”。在等待律师的时候，“我坐到他的书房里唱歌”。他常常在睡觉前弹鲁特琴。在某家咖啡馆的房间里，他听到了各种各样的意大利和西班牙歌曲，以及卡农曲二重唱《上帝保佑吾王》。他来埃普索姆的温泉地玩耍，看到一些城里人偶然聚在一起唱歌，佩皮斯和他的年轻男仆会不自觉地和他们一起唱圣歌和颂歌。在瘟疫期间，他雇了一艘船，发现船上已有一名乘客，于是“我就和他一起唱着歌顺流而下”。

与许多同时代人一样，他似乎对宗教信仰和虔诚的变幻无常持开放态度。有个星期天，“我出门考察了好几座教堂”。如果他喜欢某次讲道，他会全程参与，但有些时候他会睡到演说结束。当发明家塞缪尔·莫兰德爵士和他的妻子带着两名身着制服的仆人进入教堂时，会众“非常关注他们”，尤其是“在布道结束后，他们在众目睽睽之下坐上马车之时”。他还

评论说，“我认为任何宗教都只是一种幽默……因此，它得到的尊重会像其他事物一样消逝”。然而，不管在哪儿，都有迷信存在的空间。他带着一只野兔脚作为抵御疾病的护身符，但一位同伴注意到，这只兔脚不能让别人“接触”。这个人一摸佩皮斯的护身符，“我（佩皮斯）的肚子就开始拉稀和放屁”。

当他在海军部任职期间，有各色人等前来求官或求特权，接受他们的礼品成了惯例。有一次，有人给了他一把长剑、一瓶酒、一件长袍和一条银帽带，希望他“行个方便”。他的雇主蒙塔古对他说，“在此期间，我会尽我所能帮你”赚钱。有人雇一些船到丹吉尔，他就急于从中牟利。他从中得到了一部分收益，“这不是我主动要的，但是我默默同意收下”。当对方递给他一个钱袋子时，他看都不看，就从里面掏出了一块金子和几块银 387
子，“如果有人质疑，我就说我在文件里没有看到钱”。每一种商业都是国家不可或缺的。佩皮斯很想为他的兄弟讨一个“价值 200 英镑现金”的好妻子。他指出，在法庭上，一切都是“欲望和利益”。

他有过一些有趣的际遇。他记录了一位绅士如何在 1659 年这一年的时间里为八个不同的执政班子效力，“他确实说出了八个执政班子的名字，然后到了第九个执政班子成立时，他不幸失败了，也就是说，国王上台了”。当一位贵格派妇女向国王递交请愿书时，他正在国王身边。查理与她争辩，“她仍旧一直用‘国王啊！’和‘汝’这样的话回复他”。他与一位名叫约翰·斯彭的实验者谈话，约翰·斯彭告诉他说，他用自制的显微镜观察，确实发现飞蛾翅膀和鸟翅膀上的羽毛构造相同。就在他和斯彭交谈的时候，几名宗派分子因参加一次秘密聚会而被捕。佩皮斯还说，他们像“羔羊一样走着，没有任何反抗”。在这个时期，无论是出于喜悦还是悲伤，男女哭泣是很常见的。

这是一个观察和实验的时代。一天晚上，一位熟人带着一块 12 英尺高的玻璃来到他家，他们想通过这玻璃看到月亮、土星和木星。他在街上偶然遇到了罗伯特·胡克，这位实验家告诉他，“通过记录苍蝇在飞行过程中对音乐做出回应的音符”，可以估计出苍蝇翅膀振动的次数。佩皮斯之前参加了胡克关于毛毡制作技术的讲座。他乘船从罗瑟希斯到格雷夫森德，并在途中读了罗伯特·博伊尔的《流体静力学悖论》。

他注意到“一件稀罕事：用玻璃器皿养鱼”。当他买了一块手表时，他发现这东西如此奇妙，他拿在手里，“看了无数次，赞叹它的精美”。他到金器商罗伯特·维纳爵士的乡间宅邸中，“他给我看了一个死于肺病的黑人男孩。那孩子死后，被罗伯特·维纳爵士用烤箱烘干，现在他的整个尸体放在箱子里”。那个时候，使用从西非带回来的黑奴做仆人已经变得非常时髦。

1666 年 8 月 14 日的感恩节，为了庆祝英格兰最近在海上战胜了荷兰
388 人，他的家人和朋友们高高兴兴地“互相抛掷烟花炸对方和路上的人们”。然后，他们开始“用蜡烛油和煤烟互相涂抹，直到我们大多数人都被涂得像鬼一样”。他们喝酒、跳舞、乔装打扮。一个人穿上男仆的衣服跳了一段吉格舞。伊丽莎白·佩皮斯和她的女性朋友们戴上了假发。佩皮斯有时会评论说，没有同伴，就没有什么乐趣。

有些话使人回想起那个时期。“他胡言乱语。”“我怀着……孩子”或者“我为……而抓狂”，意思是我急于了解某事或为某个迫在眉睫的事件而着急。某人的滑稽动作“会让狗发笑”。“我都快笑得憋不住了。”“胡乱指使她，让她不得消停。”

一个冬夜里，他正在写东西，一个打更的巡夜人从窗户下走过，嘴里
389 喊道：“又过了一个小时，寒冷、霜冻、刮风的早晨要来了。”于是他就上床睡觉了。

39

还没死吗？

人们最初对查理二世当政持有的希望如今逐渐破灭了。大家都已看清，他远不如奥利弗·克伦威尔，昔日支持查理二世的骑士党十分敌视宫廷腐败和政府乱政；财政收入被滥用，国王本人沉溺于赌博，正如约翰·伊夫林所说，“大量的黄金被无意义、无节制地挥霍掉了”。在争论不休、愤世嫉俗、贪污腐败和派系斗争的环境下，政府和宗教这两大问题仍然悬而未决；大臣们唯一的共同之处就是相互憎恨。国王没有耐心和才智制定明确的政策路线，或阐述如何维持这些路线的想法。他总是寡言少语并讳莫如深，一心想隐瞒他对别人或对某些措施的看法。1662年，克拉伦登在给奥蒙德公爵的信中说，“最糟糕的是，国王和以往一样焦虑不安，很少料理国事，这让我很伤心，也让我和你的其他朋友厌倦了自己的生活”。

然而克拉伦登本人，现政权中最忠诚、最有分量的人物，也遭到了攻击。1662年秋，有消息称，敦刻尔克主要是经过他的手卖给法国人的；敦刻尔克是克伦威尔的人马从西班牙人手中夺得的，但是英格兰人在欧洲大陆的这块地盘如今却交付给了宿敌法国。出售敦刻尔克有充分的理由；港 390
口的维护费用很高，并且对于维护国家利益而言没有任何必要，但它的投降（英格兰人的说法）被认为是一种背叛行为。克拉伦登被指控收受法国贿赂，当时他在伦敦建造的豪宅被称为“敦刻尔克大厦”。商人们尤其担心，敦刻尔克会成为抢劫他们船只的私掠船基地；伦敦的暴民听到敦刻尔克被卖掉的消息后，变得焦躁不安起来。城门关闭，许多敏感地区派驻了双重警卫。

这一年年末，国王试图通过发布《信仰自由宣言》来弥合国家的宗教分裂，他在敕令中表示，他对自己未能引入“宗教信仰自由”表示遗憾；他提请议会赋予他权力，让一些臣民不受《礼拜仪式统一法》的制裁，并开始取消针对那些罗马天主教徒的刑事立法，让他们过上“平安、端庄和体面的生活”。这件事最为清楚地表明了他的看法：为了把国教正统观念强加给王国百姓，议会干得太过分了。他可能会为此而责怪克拉伦登。大法官当时因痛风致残，被迫在家养病；他没法反对。

然而，议会没有理会国王的提议。1663 年 2 月，“骑士议会”召开第四次会议，下议院拒绝批准这道敕令。国王只好知难而退，以避免与议会发生正面冲突。事实上，这是一次重大失败，因为国王已经证明，他无法维持自己在宗教问题上的王室特权。1663 年春，议会通过了一项新的立法《民兵法》，以改革当地的民团，让他们受各郡最高军事长官的控制；他们可以得到充足的资金，以便招募更多的人参军服役。据报道，这项措施是必要的，可以对付阴谋和煽动行为的持续威胁，但有些人担心国王可能将部队用于其他目的。

然而，优先得到发展的是海军，而不是陆军。1664 年春，议会复会后
391 的第一项措施便是发布反荷兰的宣言或“贸易决议”，控诉“联合省的臣民”袭击英格兰商人，在英格兰人家门口搞“破坏、有意冒犯和伤害”，侵犯了英王在印度、非洲和其他地方的权利。据信，荷兰希望垄断整个已知世界的贸易，其危害不下于路易十四追求的“普世君主制”。

因此，荷兰共和国被认为威胁到了英格兰船只和贸易，当然，作为共和国，它的存在本身就是对英格兰王国的重大威胁。敌人信仰的宗教本质上是加尔文主义，大家担心荷兰人会支持他们的英格兰教友的事业；由此，他们能够离间国王和国民信仰之间的关系。上下两院携手通过的“贸易决

议”体现出了英国国教保王主义的一面。下议院议员的热忱与他们的行动尤其相得益彰。他们同意筹资 2500000 英镑，协助国王实施敌对行动，数量之大，史无前例。

经过几个月的准备后，1665 年 2 月英格兰正式向荷兰宣战。这件事似乎深受人们的欢迎，特别是那些将得益于荷兰贸易受挫的商人和投机者，其中之一就是国王的弟弟约克公爵詹姆士。他领导的王家非洲公司，专门从事奴隶贸易，他还投资了其他贸易公司。因此，这场冲突被认为是英国历史上第一次纯粹的商业战争。正如大麻商人库克船长说：“对于我们两个国家来说，世界贸易的空间太小了，必须得有一个走人。”

6 月初，约克公爵领导英军在洛斯托夫特取得了一场伟大的胜利，俘虏或击沉了二十六艘荷兰船只。每支船队都从敌船身边驶过，从侧身向敌人的船体和索具开火，直到一艘或多艘敌船“脱离战斗编队”，在这种情况下，失去战斗力的船只要么被敌人强行登舰，要么被火攻船烧沉。用当时的说法，双方“激战”了好几个小时。

甚至在伦敦也能听到枪炮声，约翰·德莱顿在一篇文章中回忆道：“两国海军交战的炮声传到我们耳边，城中各处都听得见，所以大家都惊恐万 392
分，对战事提心吊胆，因为我们都知道它具有决定性意义。每个人都根据自己的幻想去寻找声音传来的方向……”如果一位廷臣没有下令停止追击余下的敌船，战果可能更加辉煌。当时约克公爵正在船舱里睡觉，这位廷臣究竟是因为害怕叫醒他，还是因为害怕再次与敌人交战，就不得而知了。无论如何，在后来的战斗中，这股胜利的势头并没有保持下去。

8 月，英格兰的一支舰船中队袭击一支商船护航舰队，但被打退了。同月，由于给养不足，舰队在桑威奇伯爵的指挥下，停留在萨福克海岸，随后几周，它们冒着暴风骤雨追逐荷兰船只，俘获了一些船只。但是，当海军将官们在论功行赏时，桑威奇被指控欺诈和偷窃；他从来没有真正有效地驳斥过这些指控，海军本身似乎也是腐败的同谋。伯爵被剥夺了指挥权，被派往西班牙担任大使。同年晚些时候，当英格兰船只进船坞维修时，一些荷兰船只出现在泰晤士河河口，展开封锁行动；只是因为疾病和补给不足，这些船只才被迫返航。然而，封锁行动推高了税收，增加了商贸活动的不确定性，这些问题本来已经让商人们很头疼了。海外贸易因公海发生战争而严重受挫，波罗的海的贸易衰退到一无所获；英格兰的出口大户羊毛制造业也同样不景气。一场为贸易而开打的战争结果成了一场对贸易造成致命伤害的战争。

然而，伦敦街头已经面临着更大的威胁。1665 年 6 月 7 日，塞缪尔·佩皮斯在日记中写道，“我感觉这是我一生中最热的一天”：

> 这一天过得相当不顺心，我在德鲁里巷看到，两三栋房子的门上标记有红十字，还有“主怜悯我们”的字样——眼前的景象让我很难过，这是我见过的第一件让我难忘的事。我对自己和身上的气味感到
> 393 不妙，所以我不得不买些卷烟来闻一闻，嚼一嚼——这才镇定下来。

伦敦再次暴发了瘟疫，感染疫病的人家都被封了门，患者们被关在家中，门上画着个一英尺高的红十字。佩皮斯购买了烟草作为医疗预防措施。

于是，一个充满危险和恐惧的时代开始了。这种疾病的最初症状是皮肤出现变色的“印记”；三四天后，“横痃”或“红斑”散布全身，如果它们没有化脓，人必死无疑。许多患者因为发狂而被绑在床上。

“死尸车”，或者叫“瘟疫车”，穿街过巷，将尸体运往挖好的万人坑中埋掉；据记载，一些痛苦不堪的活人干脆自动爬进了死人堆中。街上躺着一些已经死去和快要死去的人，一些人哀号着逃往伦敦周围的田野里。一些人把自己锁在家里，那些壮着胆子出门的人带着恐惧的目光互相对视。“还没死吗？”“还活着吗？”一些人因绝望而不顾生死，男男女女聚在一起，唱歌、跳舞、喝酒，大搞乱性行为。还有一些人因绝望而神志恍惚。有人低声说，魔鬼变成了人的模样，在国外游荡；他们被称为“空心人”，一旦被他们袭击，人很快就会死掉。

预言家和狂热分子在街上四处乱窜，发出威胁和警告。其中一位赤身裸体地走在街上，头上顶着一盆燃煤，祈求上帝来审判这座罪恶的城市。

在酷热的七八月份，瘟疫越来越严重。主干道几乎长满了青草。9 月，街道上烧起了煤火堆，每十二所房子就点一堆，整整烧了三天三夜，但不见效果。每周死亡人数多达 10000 人。这座城市似乎很快就会空无一人。但到了 12 月初，疫情减缓，到了新年，许多惊慌失措逃离伦敦的人家又搬回来了。据估计，死亡人数多达 100000 人。

1666 年这个新年可不是个好兆头。长期以来人们认为这个数字很重要，预示着反基督的到来；但对某些人来说，它预示着战争和末世。1 666 这个数字的拉丁文是 MDCLXVI，它的独特之处在于，每一个罗马数字只出现 394
一次，倒过来念就是五进制：1（I），5（V），10（X），50（L），100（C），500（D），1 000（M）。同年 7 月初发生的日食，让许多人深信世界末日即将来临。

在别的地方也没有什么好兆头。法国国王与荷兰人签署了一项防御条约，年初的时候，他向英格兰宣战。事实上，他并没有为他新盟友的利益做太多事情，但他的干预增加了英格兰公众对敌对行动的担忧。英国没有钱打仗。首席财务大臣第四代南安普敦伯爵问海军委员会的职员塞缪尔·佩皮斯："你想让我做什么？我已经尽我所能了。人们为什么不借钱呢？他们对国王的信任为何还不如对奥利弗（·克伦威尔）的信任呢？"他在这里提到了克伦威尔的成功之处，这倒是蛮有趣的。与荷兰人进行的这些战斗毫无结果，毫无光彩，国家没有从中得到任何好处，也没有获得任何物质利益。

无论如何，荷兰人仍然是劲敌。6 月初，双方在佛兰德斯和英格兰沿海大战四天，到了最后，英国损失的船只和士兵的数量是对手的两倍；双方都打得精疲力竭，正如一名英格兰指挥官所说的那样，"无论哪一方撤军，双方都会很高兴"。这场绝望而血腥的战斗，造成 6000 名英格兰人死亡。他们中的许多都穿着黑色的"礼拜服"漂浮在海上；他们全是在离开教堂时被征兵队伍带走的。

一周后又传来消息说，法国已经占领了圣基茨这块殖民地。路易十四决定更积极地参与海战，并命令他的舰队出海。事态的发展令人忧郁，许多人相信政府和国王即将垮台。无论如何，7月下旬的这场战斗还是值得庆祝的，英国舰队在北海花了大约三十六个小时追赶逃亡的荷兰人。在战斗发生前，英格兰人喊出口号："如果我们现在不打败他们，就永远打败不了他们！"但所有参战人员都厌倦了这场可能还要持续一年的战争。

伦敦陷入了更大的恐慌之中。瘟疫灾难过后，布丁巷一家面包店的小烟囱着火，结果酿成大祸，这场大火席卷了这座城市的大部分地区。1666
395 年9月初，在异常炎热的8月之后，城市的茅草和木材都十分干燥，强劲的东南风把大火吹向伦敦桥和鱼街。

大火持续向西燃烧，约翰·伊夫林写道，"猛烈的火焰发出的嘈杂声、爆裂声和轰隆声，妇女和儿童的尖叫声，人们匆忙逃窜，塔楼、房屋和教堂倒塌，就像来了一场可怕的风暴，空气中弥漫着热浪，没有人能够靠前"。圣保罗大教堂屋顶上涂的铅都熔化了，铅水流到了大街上，"闪着可怕的红光"，约翰·伊夫林如是写道。市政厅四门紧闭，像燃烧着的煤块一样，挺立在火焰中。百姓跑到了水里，或逃到城北的田里，以躲避从天而降的燃烧着的火球。烟雾飘到了50英里以外。然而，并不是每个人都因恐惧而逃走。王室两兄弟——查理和詹姆士——积极安抚百姓，甚至加入了扑火的队伍。

火势在三天后减弱了，这场大火烧毁了整座城市六分之五的部分，留下了一条长1.5英里、宽0.5英里的满目疮痍的废墟地带。当约翰·伊夫林爬到废墟中时，脚下的地面仍然发热，他常常搞不清楚自己在哪里。然而，这座城市的活力并没有受到严重破坏。短短一年之内，商业和贸易恢复了原样，人们开始用砖石重建房屋；在大火发生后的两年内，人们建造了1200座房屋，次年又建造了1600座。到1677年，这座城市的大部分地区恢复原样。有人说，它崛起的速度和倒塌的速度几乎一样快。

然而，充满凶兆的一年似乎已经完成了它的使命。在火灾发生后的那个月，议会在一片阴郁和焦虑的气氛中重新召开。法国和荷兰制造阴谋的谣言到处传播。天主教徒和贵格派教徒也受到了指责。返回议会的罗杰·佩皮斯是塞缪尔的表亲，他预言说"我们很快都会被摧毁"。全体国民被强制斋戒，以惩处约翰·伊夫林所形容的“我们惊人的忘恩负义、炽热的欲望、放荡的宫廷、污秽和糟糕的生活”。在同一时期，国王下令，所有的法国时装都应被逐出宫廷，取而代之的是简单的“波斯”外套和短上衣；人们认为这是节俭的表现，但本质上是他轻率的象征。无论如何，这种风 396
格很快就被摒弃了。

经过激烈的辩论，并严格审查海军委员会提供的账目之后，国王获得了足够的资金，能够再战一年；然而，围绕这些资金的来源问题，争论比较激烈。征收壁炉税还是人头税？似乎没人知道。就在他们谈话和争论的过程中，有传言说法国人正在准备入侵，但这被认为是政府为了加速决策而施展的计谋。

征税评估最终在 1667 年 1 月中旬得以通过，但这些款项并没有被征收。在接下来的一个月里，海军委员会向约克公爵宣布，“我们意识到，我们根本没有能力提供陛下和阁下您想从我们这里看到的那些东西”。船厂因没有补给或修理费而被闲置。船员们拿不到工资，甚至连生活必需品也没有，他们几次被煽动暴乱。伦敦城不肯借钱，国库也枯竭了。

现在该讲和了。国王和国务委员会试探性地开始与荷兰人谈判，查理本人同时还与法国国王进行私人谈判；他们没有理由互相对抗，他们最终达成协议，双方应避免彼此敌对。查理还相信，法国国王能够说服或威逼他的荷兰盟友签署一项类似的协议。查理和路易十四通过亨丽埃塔·玛丽亚互通信函，她分别是他们的母亲和姑姑；英格兰国王对此事保密，甚至瞒着他的近臣，由此可以看出他喜欢秘密交易的倾向。

同时，为了节省开支，枢密院别无选择，只能缩减海军行动的规模；为了保护商船，他们只派一支“夏季护卫队”出海。人们却以为，鉴于战争徒劳无功的性质日益显露，敌对行动即将中止。这种无能直接导致了英国海军历史上最可耻的一次事件。

1667 年 5 月初，交战双方在布雷达召开了一次重大会议；然而，荷兰人很快明白，在这次谈判中，英格兰人不准备表现得过于慷慨。因此，他 397
们最后一次试图采取武力来逼迫对方让步，以加快议事进程。于是，在随后的一个月里，他们向泰晤士河河口发起突袭；他们破坏了查塔姆港的防御工事，烧毁了四艘船，随后拖走了船队中最大的那艘——皇家查理号，完好无损地带着它顺利返航。

伦敦大街上一片恐慌。据说荷兰人要来了，当局召集民团保卫这座城市。事实上，敌人的舰队本可以轻而易举地打到伦敦大桥。有报道称，哈威奇、科尔切斯特和多佛已被烧毁。这些报道是不属实的，但查塔姆事件既是一场象征性的灾难，也是一场海军灾难。议员约翰·拉什沃思写道，“人民已经准备好誓死一战了”。海军调查员威廉·巴腾爵士喊道：“上帝啊！我想是魔鬼在糊弄荷兰人吧！”

如今荷兰人充分利用他们的优势，而国王内外受辱，接受了对方的一些要求。双方在谈判中奉行“占领地保有原则”——双方保留它们在冲突过程中以武力取得的地盘。结果，英格兰把西印度群岛的大部分地区割让给法国，而价值不菲、出产肉豆蔻的鲁恩岛（印度尼西亚的一部分）被荷兰人吞并了。不过，作为回报，英格兰占领了新尼德兰，这是荷兰的殖民省份，大致包括现在的纽约州、新泽西州、特拉华州和康涅狄格州。然而在当时，这些收益并不能与丧失国家荣誉相匹及。

在查塔姆灾难过后，关于腐败和阴谋的谈论再次浮出水面；有些人指责天主教徒，有些人甚至指责主教。据说，在荷兰突袭时，国王正在卡斯特尔梅因夫人的住房里追逐一只飞蛾。许多人认为，国王将国家管理得如此糟糕，以至于全民很可能将再一次反对斯图亚特王朝，拥护共和国。查理既让人怀疑，也让人厌恶。人们担心他与路易十四勾结，参与天主教阴谋，将绝对统治强加给国民。在危险和灾难面前，恐惧是会传染的。

398 然而，舆论导向尤其针对克拉伦登，有人指控他对战争谋划不力，这是不公平的，事实上，他从一开始就对反对战争，但他是一个合适的替罪羊。国王身边的那些男男女女——约翰·伊夫林称他们为“小丑和小姐”——都不喜欢他，上议院的布里斯托尔伯爵早已试图弹劾他。但如今大法官面临着更大的危险。据说国王已经反对他了。查理不喜欢别人在他面前指手画脚或神气十足；只要是严肃的人，在任何情况下，都让他感到不舒服。并不是克拉伦登惹恼了国王；而是他使国王厌烦了。他因强烈支持国王的特权而受到议会议员的厌恶，他也因强烈地拥护建制派教会，遭到了不从国教者的反对。吉尔伯特·伯内特是那个时代的历史学家，他写道，“他揽权太多，处处插手，这是他最大的错误”。

如今克拉伦登的敌人聚集起来要对他动手了。他的妻子在 8 月初去世了，他悲痛至极，无法为自己做出有力的辩护。他缺席枢密院，这有利于其他枢臣发言反对他；有人告诉国王，克拉伦登曾阻止其他人进谏，而且他还不让枢密院在会议厅里进行任何辩论。因此，王国的一切弊病，无论何种形式，都是他一手造成的。如果他被撤职，人们对政府的敌意可能会减弱。当然，他的去职也会让他一直鄙视的下议院感到满意；这可能有助于改善下一次会议的氛围。

8 月中旬，国王派约克公爵去见大法官，要求他辞职。克拉伦登不明智地拒绝了这一要求。一周后，也就是 8 月 25 日，查理向他提出了一项更为强横的要求，让他立即交出官印。克拉伦登再次拒绝。这件事成了宫廷的独家新闻，查理有必要在这位自负的枢臣面前维护自己的威信。国王愤怒地向他索要官印，终于要了回来。

国王告诉克拉伦登的盟友奥蒙德公爵，“他的行为和癖性对我也好，对其他所有人也好，都是难以接受的，我再也忍受不了他了。该做的事情要 399
和议会一起做，否则政府就会垮掉”。然而，这件事可没有那么简单。佩皮斯被告知，有许多解释“不适合提及”。国王可能真的认为大法官不再能为他服务，但是有一些人认为克拉伦登是在某种程度上干涉了他的情事；例如，他似乎对国王某个情妇的突然结婚起到了重要作用。宫廷里的阴谋诡计错综复杂，如今已经理不清楚了。

这伙人正在全力追杀克拉伦登，如今他已经失宠于王室，据认为，国王对这位前心腹遭到控诉非常感兴趣。下议院对克拉伦登提出的指控包括：非法监禁各种嫌疑犯，意图实行军事统治以及向法国出售敦刻尔克。由于大法官一直是专制政府的拥护者，这些指控可能在很大程度上是真实的。然而，上议院决定，克拉伦登不能被判罪；他们似乎得出结论，认为贵族成员不应该因下议院的一时兴起而受到弹劾。国王大声问道，为什么他曾经的首辅还待在这个国家。到了11月底，有传言说他将挑选一些贵族组建法庭，准备审判并处决克拉伦登。伯爵现在听从了亲信的劝告，偷偷乘船前往法国，开始了流放生涯，动笔写他的叛乱史，这本书或许是那个时代最有趣的历史。

现在值得注意的是，在大法官被迫去职之后，朝政越发黑暗和腐败。克拉伦登走了之后，剩下的枢臣有克利福德（Clifford）、阿灵顿（Arlington）、白金汉（Buckingham）、阿什利·库珀（Ashley Cooper）和劳德代尔（Lauderdale），他们的首字母放在一起，就是“阴谋集团”（cabal）；此后，这个词被用来指代隐秘的和利己的政治团伙。他们只是一个按照字母顺序组成的联盟而已，事实上，他们在政治游戏中只是无足轻重的玩家；他们的政策没有任何建树，而他们的主要目的是趁着自己掌权使劲捞钱。
400 尤其是克利福德，素有“贿赂大师”之称。

然而，这正中国王下怀，因为他可以操纵他们。第一代哈利法克斯侯爵乔治·萨维尔写道：“他和大臣们相处，就像对待情妇一样；他利用他们，但不爱他们。”国王现在掌管一切事务，没有克拉伦登的干预，他可以恣意而为了。因此，英格兰便出现了历史上最反常、最反复无常的一个时期。

一开始，公认的首席辅政大臣是第二代白金汉公爵乔治·维利尔斯，按照吉尔伯特·伯内特的说法，此人“接人待物都不真诚，背弃每一个人，背离常理，有时是出于轻浮和飘忽不定的幻想，有时则是出于十足的谬误”。此人适合随王伴驾。他已成为宫廷的智囊团成员，但现在他有志于成为政治家和讽刺作家。

他是下场凄惨的第一代白金汉公爵的儿子，他的父亲在查理一世统治之初被约翰·费尔顿暗杀。后来他被王室抚养成人，与查理二世为伴，与之共享功勋；他曾在伍斯特与查理二世并肩作战。克拉伦登倒台后，他的崛起相当引人注目，然而他以前只当过“掌马官”。国王遇到所有重要的事情都向他咨询，外国大使在获准觐见国王之前，一般都向他征求意见。

如果说白金汉有一个不变的原则，那就是宗教宽容；他有太多的宗教幻想和自身幻想，所以他很乐意让别人拥有思想自由。无论如何，不从国教派比以往任何时候都安全。社会恐惧天主教宫廷和天主教王后，人们普遍认为，“伦敦大火”是为法国效力的罗马天主教徒策划的，凡此种种，反倒给宗派主义者和不从国教派带来了一种忠诚、可信的新氛围。

贵格派开始在伦敦召开会议，很快，他们在全国各地搞每月集会；他们现在比以往任何时候都安全。布里斯托尔的浸信会也重新聚首。1664 年颁布的《宗教集会法》已经名存实亡，并在 1668 年被正式废除。如果不能被建制派教会接受的话，某些长老会的牧师已经为建立独立的教会做好了准备。在全国各地的治安法庭和巡回法庭上，被送审的是天主教徒，而非 401
不从国教者。

诺维奇主教在 1666 年发表了一篇布道词，他在其中宣称，“允许别人自由发表不同的见解，这是学问家对彼此的尊敬”。这种自由已经体现在布朗派、第五王国派、萨巴达派、马格尔顿派、喧嚣派、再洗礼派、浸信派、特定派浸信派和家庭派的存续之中。我们可以引用约翰·班扬的话，“我宣扬我的感受，那些真真切切令我刺痛的感受”。他们也许没有能力挑战人口众多的高教会派的国教，但曾经反对他们的严厉法律现在没有得到执行，或者只是有所犹豫地被援引。1667 年出版的一部当代小册子《英格兰宗教论述》指出，不从国教者“遍布城市和乡村；他们在各个阶层和各色人等当中占不小的比例。他们当中有贵族，也有很多是乡绅；但在推动贸易方面，他们的作用最为重要”。这就是为什么伦敦是一座能容纳异见者的城市。

因此，从这一时期起，我们看到了宗教自由主义教义的产生，它主张理解和宽容所有的教义和做法。这些所谓的“宽容派”强调理性的力量，认为理性是“上帝的烛光”，他们认为诸如礼拜和仪式这样的东西“无关紧要”。这可以说是 18 世纪英国国教不成文的原理。上帝和基督教也不再神秘了。 402

40

真正的力量

1664 年初秋，一位年轻学者来到剑桥郊外的斯陶尔布里奇集市，在那儿购买了一面多棱镜。他把这面多棱镜带回他在三一学院的住所，“我让房间光线变暗，并在紧闭的窗户上打了一个小洞，让适量的太阳光线穿进来，再把我的棱镜放在光线的入口处，这样一来，光就折射到对面的墙上”。艾萨克·牛顿用这种方式试验了“著名的色散现象”。

这一年，牛顿也在自己身上做了实验。他冒着失明的危险，“在眼球和眼睛后面距离眼球最近的骨头之间”，插入了一根大眼粗针。他想改变视网膜的曲线，观察不同的结果。牛顿的色彩理论由此开始起步，这个理论将引起光学的学科革命；他发现白光不是一些主要或基本色调，而是光谱中其他所有颜色的复合。这一结论与常识背道而驰，以前从未有人考虑过。

17 世纪最杰出的数学家们的生涯就这样开始了，在塑造现代人的世界
403 观方面，牛顿的作用远大于其他人。如今美国宇航局的科学家仍然使用艾萨克·牛顿的计算方法。他从斯陶尔布里奇集市购买棱镜之后的那两年，是他的光辉岁月，在此期间，他揭示了光和引力的奥秘。无论苹果落地的故事是否准确，有一件事却是真的：他从二十三岁时开始探索，到底是哪股力量将世界和宇宙联系在一起。约翰·梅纳德·凯恩斯称牛顿为“最后

的魔术师”。

1671年末，他不得不进入17世纪科学的公共世界，他同意将6英寸大小的反射望远镜展示给英国皇家学会的会员。这架望远镜是牛顿自己制作的，为了制作它，他亲自设计了工具。这架望远镜被人兴高采烈地带到了查理二世那里，后者对此感到惊叹。牛顿成功地赢得了查理二世的喜爱。牛顿正式当选为皇家学会会员，他的余生都效力于该学会。

英国皇家学会堪称查理二世统治时期的一颗明珠。1660年11月底，一群医师和自然科学家宣布成立“一个学会，以促进医药和数学方面的实验知识”；他们的部分灵感来自弗朗西斯·培根在《新大西岛》中对“所罗门之家”的憧憬，他们与培根一样，对实验和归纳科学热情十足。他们是讲求实际的人，因此，他们对农业以及航海、制造业和医药都有着浓厚的兴趣。所有政治或宗教问题都在会员的审议之外。事实上，他们注重实际调查，某种程度上是为了平息宗教“狂热”，淡化酿成内战的那些宗教争论。他们每周在主教门的格雷沙姆学院会面，在那里研读关于最新发明或实验的文章。正是和他们一起，艾萨克·牛顿爵士率先提出了具有革命性的光学理论。

在17世纪的最后四十年里，科学实验取得了非凡的进步。1667年，英国皇家学会的历史学家托马斯·斯普拉特称赞道：“对此类设计进步的普遍热忱不仅弥漫在宫廷和大学，还遍布技工的工厂、绅士的田野、农民的茅舍以及商人的航船。” 404

现在，人们普遍拥有一种探究性和创造性的态度，思考对象遍及全部人类知识领域。皇家学会的会员们讨论如何利用落水产生风；他们探索蜜蜂的毒刺和苍蝇的腿；他们利用验压器测量空气压力变化，通过湿度计探测大气中的水分；他们调查英国农业，察勘康沃尔的锡矿开采方法。他们进行蒸汽、通风、气体和磁性方面的实验；他们设计温度计、水泵和永动机。工业和农业“革命”一般被认为起源于18世纪，但实际上它们产生于上一个时代。拜17世纪初弗朗西斯·培根英纵天资之所赐，我们发现，这个世纪的人们普遍渴求斯普拉特所说的“对事物的真知”。

在 1684 年初的一次学会会议上，埃德蒙·哈雷、克里斯托弗·雷恩和罗伯特·胡克讨论了行星运动的动力。哈雷向他们提出了一个问题：行星在围绕太阳转动时所受的引力会与行星到太阳距离的平方成反比吗？雷恩和胡克认为这很有可能，但还没有人能够证明这一点。于是哈雷前往剑桥，在那里他就太阳和行星旋转的问题咨询了牛顿。牛顿欣然同意哈雷的假设。

“你是怎么知道的？”

“嗨，我已经计算出来了。”

这个答复，用哈雷的话说，一下子使他惊喜交集。在此之前没有人计算过。年底，牛顿重新验算了他的算法，并撰写出一篇简短的论文《论物体的圆周运动》，用数学方法破解并证明了物体在轨道中的运动。他继续进行研究，在十八个月内完成了让他享誉世界的论文。他系统地阐述了物体运动的三大定律，奠定了万有引力理论的基础。这一革命性原理宣告，宇宙是由某种力量结合在一起的，而这种力量可以用数学来宣讲和理解。这
405 是 17 世纪的伟大发现。牛顿已经开始了解宇宙，并使它经受起人类定律的检验。的确有一股力量把太阳和所有的恒星联系在一起。“现在已经确定，”他写道，“这种力就是引力，因此从现在开始，我们称之为引力。”

牛顿最终当选为皇家学会主席，在生命的最后二十年里，他以某种令人生畏的威严支配着学会的会议。他规定不应当“私语，闲谈，大笑。如果有不同意见，他们应当着重于找出真相，而不是展现个性”。就这样，客观的、非个人化的新的科学原理逐步在 17 世纪的伦敦形成了。皇家学会会员威廉·斯蒂克利回忆道：“处理一切事情都要非常用心、严肃认真和合乎规则。”事实上，就是在这个世纪，科学成为一种新的宗教，其规律和原理被当作无懈可击的教义。牛顿本人曾宣称，如今“自然哲学的任务在于，发现大自然的体系和作用，尽可能将这些发现总结为一般规则或规律，再通过观察和实验证实这些规律，然后由此演绎出事物的原因和结果”。这便
406 是我们从 17 世纪继承的思想遗产。

41

热门新闻

1668年初，国王“左顾右盼”的态度很快变得明朗起来，他与荷兰共和国和瑞典协商建立了“三国联盟”，以对抗已经占领了西（班牙）属荷兰部分地区的法国军队；这是一个抵御法国势力蚕食的总体性防御联盟，当时它被认为是一项伟大的战略。在时人眼中，与两个新教强国结盟以对抗共同的天主教敌人，是比较好的选择。更确切地说，这是为了向路易十四证明，英格兰在两国博弈中仍然具有重要影响力。

然而，这位国王致信他在法国宫廷的妹妹奥尔良公爵夫人亨丽埃塔，他在信中说：“在协议中，我没有做任何损害法国的事。”事实上，就在他与荷兰结盟的同时，他还在准备进一步接近法国，秘密策划摧毁荷兰共和国。他有能力同时推行两种不同甚至是相反的政策。他很崇敬他的表兄路易十四，他也需要法国国王的金钱，也许在未来某个时刻，他还需要他的人马。路易统治着欧洲最强大的国家，做他的盟友比做他的敌人好得多；查理也是家族的一分子，从王朝的角度来看，家族比国家更重要。 407

社会上仍然弥漫着各种猜疑。佩皮斯写道，在伦敦，“人们在街上大喊大叫……说我们被国王周围的人出卖了，将被转交给法国人了”。在春季的“妓院骚乱”中，伦敦的学徒们改变了在忏悔日袭击妓院的古老习俗。但这次可不是仪式性表演；他们中的十五个首领将以严重叛逆罪受到审判，其中四个被判绞刑。数千人参与了这项持续了五天的示威活动。

骚乱始于复活节的星期一，当时波普拉区的一些妓院受到袭击并遭到拆毁；次日，起义蔓延到摩尔菲尔兹、东史密斯菲尔德和霍尔本。周三，学徒们在来自瑟瓦克的一股强大力量的带动下，袭击了摩尔菲尔兹的妓院。他们不是一团无头苍蝇，而是集结成团，打着旗号前进。他们还拿着铁棍和斧头。一些臭名昭著的监狱也遭到了围攻。

国王声称自己不明白学徒攻击妓院的动机。“为什么，为什么，这些学徒要去袭击妓院？”据说他这样问过。但事实上，妓院是许多重大问题的标志或象征。伦敦人在攻击妓院的同时，也是在攻击宫廷的道德，在反对宫廷道德的同时，也是在否定它的原则。他们的一句口号是：“不久我们就会来把白厅推倒。”

国王最宠爱的情妇卡斯特尔梅因夫人在1663年底改信罗马天主教，这件事标志着宫廷开始倾向于罗马天主教。许多恶毒的评论称她为“妓女”，甚至还有更糟的说法。这是妓院遭到袭击的另一个原因。主教们也因包养情妇而受到谴责，有传言称坎特伯雷大主教包养了一名妓女；其他高级教士“搞娈童”。当学徒们呼吁“宗教改革”时，他们是在表达不从国教者的诉求，后者不信任或憎恨建制派教会。

所以说，性放纵被认为和天主教有关，天主教被认为和叛逆罪有关，叛逆罪被认为和法国国王有关。谣言和恐惧就这样生拉硬扯地组合在了一
408 起，但也因此更有说服力。暴乱者无法看出国王的秘密意图，然而正是因为他们不信任国王，他们实际上才接近了真相。“三国联盟”成立不久，白金汉便开始与法国的奥尔良公爵夫人谈判。与此同时，查理向法国使节道歉，因为他与荷兰和瑞典签订了条约，此举意在暗示，他希望与路易建立一个更紧密的联盟。1668年春，国王决定议会休会，一休就是十七个月，这在历史上还是第一次；没有了议会，他就可以更容易地进行密谋和计划。

1669年初，查理制造了一个惊喜。他把他的兄弟詹姆士和三位最重要的枢臣叫到他的私人房间里，他眼含热泪，宣布自己将要皈依天主教。他

的兄弟很快就加入了天主教。此后，詹姆士都将是一位坚定的，甚至是狂热的天主教徒。国王的诚实和忠诚更让人怀疑了。如果查理准备和虔诚的法国国王谈判，那还有什么比宣布他也信奉天主教更好的呢？

3月，查理派了一名密使前往法国宫廷，提出两国建立攻防联盟，如与荷兰开战，法国应当提供人员、资金和船只。查理还承诺，只要路易十四给他200000英镑，帮他对付民怨，他就宣布自己是天主教徒。他从来没有发表过这样的声明，他似乎是在临终时才皈依天主教的；即使在国家大事上，他也善于伪装，表现得很虚伪。

在这一整年，以及第二年的上半年，两位国王一直在绝密状态下谈判，英国驻巴黎大使和法国驻伦敦大使都被蒙在鼓里，查理的反天主教大臣们也从未知晓。查理还继续与荷兰谈判，好像一切如常。1669年夏末秋初，查理和路易十四终于达成协议。只要英格兰国王宣布自己信仰天主教，路易十四就会帮助他，两人联合起来攻击荷兰。

1670年5月中旬，奥尔良公爵夫人亨丽埃塔抵达多佛，她把法国宫廷
的文件交给了兄长。其中一个保密段落写道："英格兰国王认为罗马天主 409
教具有真理性，他已经下决心对外宣布，一旦国内情况允许，他就会与罗马教会和解。"查理希望并认为，大多数臣民十分爱戴他，不会起来反对，"但由于时局动荡，有人打着宗教的幌子捣乱，为了国家稳定，英格兰国王将借助法王的力量进行镇压"。查理仍在使用诡计对付他的亲信枢臣。比如，他让白金汉与法国人谈判商讨的那个条约，就不包含国王改信罗马天主教这一重要段落。他要求白金汉推进的联盟条约，没有提到这一秘密，后者根本不知道查理暗中勾结法国人。查理不太可能想去宣布自己将皈依天主教，这一承诺在很大程度上只是一种策略，目的是让法国国王与他更紧密地联系在一起。

国王得到的财政报偿并不丰厚。法国给了他140000英镑，其中一半是预付的，以此表示法国国王的善意。若与荷兰开战，他每年还将得到大约210000英镑的报酬，第一批款项将在宣战前三个月给他。英国国王成了法国国王的津贴领取者，但这实际上是出卖了自己的主权。另一个麻烦也是

显而易见的。如果法国国王向外界公布了他们之间的密约，查理就会失去对臣民的控制。因此，路易牢牢抓住了英国国王的把柄。

这份瞒天过海的条约是在年底签署的，而双方在早春时节达成的秘密协议甚至没有透露给国王的亲信。然而，查理与路易十四结盟对抗荷兰，这件事不可能永远不被人知晓。当时民众的反法情绪已经非常高涨，威尼斯大使评论道：“尽管国王可以加入法国阵营，但他的臣民不会追随他。”这时候谣言传开了，说法国间谍正在绑架英国儿童，取他们的血来治疗路
410 易得的所谓麻风病。国王的手下很清楚，如果英格兰要和荷兰开战，他们必须趁着公众冲他们发怒之前，迅速打赢这场战争。

然而，如果打，钱从哪儿来呢？议会开开停停，只投票批准了少量的物资，法国的“津贴”本身并没有多么慷慨，国王承诺用自己的世袭收入偿还旧债，然而作为大胆或者绝望的标志，国王决定延期偿还这些贷款。这个所谓的“叫停”措施在 1672 年 1 月 2 日被强制实施。财政部的所有应付项都取消了，这样一来，所有的收入就可以用于备战。

这项举措的主要受害者是当时发挥银行家职能的金匠们，他们反手就将损失转嫁给客户，他们拒绝偿还客户的存款现金。看起来贸易很快就被“叫停”了。然而，另一个受害者是国王，他一下子失去了人们的信任；政府的财务信誉也受到严重损害，很明显，不会再有人借钱给他了。一个同时代的人在日记中透露，这个决定“将让所有人吃惊，并毁灭成千上万的人”。

1672 年春，法国向荷兰宣战，查理随后跟进，他举出的与荷兰作战的理由是，荷兰共和国取代英格兰贸易并骚扰英格兰商人。他还提到，他本人受到了荷兰漫画和出版物的侮辱。开战两天前，查理向路易十四履行了另一项承诺，他发表了《信仰自由宣言》，宽容的对象包括他的天主教臣民。不从国教派获得了彻底的礼拜仪式自由，而那些“拒不参加国教礼拜仪式的”罗马天主教徒可以在自己家里举行礼拜。这是在议会闭会时期使用王室特权的信号。现在，不从国教派可以公开举行会议。约翰·班扬就是因此被释放的囚犯之一。不从国教派和天主教徒也可能意识到，新的宗

教自由现在依赖于王室的支持。

这项措施也可以用来帮助国王的弟弟，他最近也加入了天主教。据约 411
克公爵詹姆士自己说，他是在读了一些有关罗马天主教论战的小册子后皈依的；他还研读了教会历史，并得出一个结论：英格兰的改革者“有权力做自己所做的事情”。他的信仰是出于信念和原则；对他的王兄来说，这只是个权宜之计。

阿灵顿伯爵曾说过，《信仰自由宣言》的目的是“让我们在国内安静，在国外繁忙”。但是战事已经开始了。3 月中旬，一支英格兰舰队企图扣留一支从士麦那和马拉加返航的荷兰商船舰队。然而，这支船队的指挥官事先得到警讯，他们在护卫队护送下成功地避开了英格兰人。这对查理来说是一种羞辱，因为他失去了一直想截获的宝藏。这件事对未来的大战来说不是好兆头。

约克公爵被任命为海军事务大臣，但查理在准备和武装舰队时，仍然发挥相当大的作用。1672 年初夏，在萨福克郡沿海的索尔湾附近发生了一场战斗，双方都声称自己取得了胜利。由于英国人最初的计划是横渡北海，将荷兰人封锁在其本土港口，因此很难说他们是胜利者。很明显，这场海战打得很艰难。法国舰队表面上是来帮助盟国的，却没有参与战斗，因此遭到了英格兰人愤怒的谴责；很快，大众就认为，法国人比荷兰人更可恨。约翰·伊夫林在 6 月 27 日的日记中评论道，这场没有结果的战斗“表明，冒这么大的风险去打一支如此勇敢的舰队是多么愚蠢，并且失去了这么多优秀的战士，荷兰人除了工业领先我们之外，并没有其他惹怒我们的原因。他们在各个方面都超过我们，除了嫉妒之外”。

路易十四的军队倒是取得了更多的胜利。在 6 月的头两个星期，他们渡过莱茵河，攻击联合省的领土，这片城市似乎抵挡不住他们的进攻了，一些主要城市不得不向入侵者敞开大门。从阿姆斯特丹可以看到法国军营
的火光。在联合省的七个共和国中，只有荷兰和西兰没有被征服。在这个 412
危急关头，荷兰人开闸泄洪，以阻止法国人的进一步进攻。陆地战争紧急停止。

查理要求法王再给他1000000英镑以维持战争开销，但路易十四拒绝了。因此查理只有重新召开议会才有希望获得资金。1673年2月，议会重新召开。在议会停摆期间，查理对外宣战，对内颁布了《信仰自由宣言》，除了可以用来筹集资金之外，议会的存在似乎显得多余。国王本来希望打败荷兰之后再开议会，但这已不再可能。

一位新任大法官成为国王在上议院的官方发言人。沙夫茨伯里伯爵很快成为王国中最具争议的人物，但在这些年中，他是王室特权最有力的支持者之一；查理未来对他的盖棺论定之语是“这个时代最软弱、最邪恶的人”，但在这个时候，查理得依靠此人作为官员和谋士的敏锐判断力。沙夫茨伯里曾是奥利弗·克伦威尔的忠诚支持者，甚至是贝尔朋议会的议员，凭其雄辩力和勤奋想方设法洗净了自己令人瞩目的过去。因此，此人的所作所为启发了约翰·德莱顿，让后者写出了一篇最有力度的讽刺诗《押沙龙与阿基多弗》，严厉谴责他：

> 满腹鬼蜮盘算、阴险的奸计；
> 心思深沉，胆大包天，有祸国之才。
> 无视原则，不守本分，一刻也不停息，
> 权利无法满足他，失宠令他愤懑。
> 毒焰熊熊的灵魂，从里向外焚烧，
> 将他那矮小的身躯烧得肉烂骨销。

议会在一种紧张不安的气氛中召开。尤其令议员们愤怒的是，国王未经其同意就颁布了《信仰自由宣言》；这种行为是违反宪法的。议会并不一定反对荷兰战争，但是，如果需要它投票来决定是否提供继续作战的给养，
413 它就必须重申权威。下议院通过了一项决议：除非议会通过法案，否则不得中止或取消与宗教有关的议会法令，这一决议否定了国王有权决定“宗教宽容”。

查理试图在上议院的帮助下进行抵抗，但由于极度缺钱而最终屈服。

经过几次充满恶意的交锋之后，他取消了《信仰自由宣言》，并说“关于暂停刑法方面的所作所为，绝不应秋后算账”。国王亲自废除了原来的自由令。伦敦的大街上燃起了篝火，而到了月底，查理也得到了他急需的资金。

议会把目标对准了天主教徒而非不从国教派，因为议会认为天主教徒仍会对国家构成威胁。阿贝德尼戈·塞勒在《被动服从的历史》中提出，“天主教徒叛国就像人类的原罪；这是他们的本性，尽管他们中的许多人可能会否认或不知道这一点”。有些议员认为，“自由令”实际上是查理和路易十四合伙设计的天主教阴谋的一部分，目的是将天主教强加给英格兰。

1673 年 3 月，下议院通过了一道法令，即所谓的《忠诚宣誓法》。所有想担任公职或想被委以重任的人，都必须宣誓王权至尊和效忠国王，从而让国王的地位高于教宗；他们在举行仪式的时候，必须按照英格兰国教会的圣礼，并且发誓“我宣布，我相信，在主晚餐的圣礼中，或在面包和酒的成分中，或在任何一个人的什么祝圣当中，都没有圣餐变体”。这触动了天主教信仰的核心。当国王同意这个《忠诚宣誓法》时，议会中响起一片“热烈的嗡嗡声”。有人听说，查理说他要清洗宫廷里所有的天主教徒，除了他的理发师，“他不顾法案，打算留下理发师，因为他已经习惯了理发师的手”。这句话切中肯綮；国王信任那个用剃刀抵住他喉咙的天主教徒。

第一个受伤的人是约克公爵詹姆士，他不得不辞去官职。他辞去了海军事务大臣的职务，将舰队指挥权委托给了鲁珀特亲王，鲁珀特上一次在本书中露面还是在内战期间，当时他是保王党骑兵部队的领袖。因此，国 414
王的兄弟和法定继承人是罗马天主教徒的消息被公之于众；闲言碎语开始攻击他。人们普遍认为，大法官沙夫茨伯里伯爵在密谋反对他，让他将来无法继承王位。詹姆士没有和哥哥一起在王家礼拜堂领圣餐，约翰·伊夫林在日记中写道，这件事“给整个国家带来了极大的悲痛和耻辱，国家的继承人，一个新教殉道者的儿子，竟然叛教了。这样做的后果是什么，只有天知道，明眼人很害怕”。

国王的重要枢臣之一，也是最初的“阴谋集团”成员之一托马斯·克利福德也辞去了所有职务。他是一个隐藏的天主教徒，而《忠诚宣誓法》

某种程度上是他的竞争对手为了把他赶下台而制定的。他不久就去世了。查理开始信任他的另一位大臣。托马斯·奥斯本是一名坚定的英国国教教徒，不久就被册封为丹比伯爵，他反对与荷兰开战；作为行政长官，他政绩斐然。克利福德辞职后，他被任命为首席财政大臣。

查理准备与荷兰再战一年，但这个计划没有得到人们的热情对待；人们发现詹姆士信仰天主教，便进一步质疑查理与天主教法国的联盟以及对新教国家的攻击。国王本人一直摇摆不定，前后矛盾，今天准备发动战争，明天又准备中途退出。沙夫茨伯里在谈到他的主人时说：“世界上没有一个人敢信赖他，也没有一个人敢相信他的话或友谊。”

7 月，查理命令鲁珀特避免与荷兰海军发生正面冲突，除非他有把握取得决定性的胜利。他继续与荷兰谈判，只想对他们施加压力。最后一场海战，特塞尔战役，没有分出胜负。当时，荷兰和英国的船只进行了一场漫长而毫无结果的战斗，海水中到处是船只残骸和浮尸。同样值得注意的是，法国舰队只是袖手旁观。鲁珀特亲王后来写道，这位法国海军司令不愿意
415 参战，“他既不需要信号，也不需要指令来告诉他应该做什么；这种情况让整个舰队的人看得一清二楚”。如今很多人都认为，路易十四乐于看到这两个海上国家互相摧毁对方的海军，这样一来，英格兰人对这位名义上的盟友的怨气就更深了。

詹姆士利用议会休会的时机与一位天主教公主订婚，从而加剧了全国的反天主教趋势。他的前妻安妮·海德在两年前去世，留给他两个信奉新教的女儿，玛丽和安妮。新娘子的性格完全不同。摩德纳的玛丽已经十五岁了，但她已经是一个虔诚的天主教徒了。据说法国国王非常赞成这桩婚事，甚至可能会为婚礼提供嫁妆。一想到天主教王朝的公主即将驾临，英格兰人没法开心。当玛丽最终抵达英格兰时，民众对她冷眼旁观，报以沉默。当她得到允许坐在了王后的位子上时，英格兰贵妇们“闷闷不乐”，走了出去。

1673 年 10 月底，议会再次召开，议员们立即表示强烈反对这桩婚姻。威廉·坦普尔爵士宣称，“如果它离王位如此之近”，那么通过《忠诚宣誓

法》击败罗马教廷的努力就付诸东流了，他请求国王禁止这一婚约。他们几乎一致通过了这一项决议。

现在政府开始遭受全面攻击了。有些议员已经发话，除非他们对战争的运行拥有发言权，在此之前，他们不会为战争再投一分钱的票。议会为此修正了一项决议，添加了一个附带条件：在以前拨付的军费款项没有到位之前，不得拨款。议员们还发现，有必要讨论一下各种“民怨”，其中最主要的是英法联盟和英荷战争。在 11 月初，议员们宣布，常备军也是一种“民怨”，而此时战争还在进行中，或许这可不是最适合讨论的话题。11 月 5 日，伦敦的学徒们点燃了教宗克莱门特十世的画像，焚烧教宗画像的古老活动又回到了街头，一个法国人的画像也被用来当作射击训练的靶子。 416

查理意识到，大法官沙夫茨伯里伯爵煽动教唆他人，反对自己的弟弟詹姆士，此人已经逐渐成为新教利益集团的主要代言人。因此，查理解除了他的职务，任命赫尼奇·芬奇为大法官；据记载，在几个小时内，国王就这项任命六次改变主意。威尼斯使节向执政和元老院报告说：“国王召开内阁会议的目的可不是听取他们的意见，而大臣们在会议上就此事喋喋不休，为的是不被别人看透自己的心思。”

然而，沙夫茨伯里并没有悄然离去，他违抗国王的命令，依然留在伦敦，为他的反天主教事业招募盟友；在后来的政治生涯中，他将组织反对国王的运动。短暂休会后，1674 年初议会再次召开，议员们开始攻击国王的大臣，说他们深受“天主教的影响，除此之外，他们还是令人讨厌、非常危险的人物”。劳德代尔代表国王统治苏格兰，有人指控他支持绝对主义；因此议会决定，国王应该永远撤销他的“一切职务，不允许他觐见国王，不允许他参加各种会议”。

下一个被传讯的是白金汉公爵，议员们要求他在下议院发言；他试图把责任推到别人的无能上，以此为自己开脱，并宣称“我可以用一群猎犬捕杀野兔，但不能用一群龙虾来干这事”。人们普遍认为，这里的龙虾指的就是国王和他的兄弟。然而，他的机智并没有打动下议院，下议院决定将他革职。白金汉公爵后来抱怨说，“人们被他们的君主给毁了，这种羞辱来得就像晴空霹雳那样迅猛；就连接近他们都被认为是非法的”。

随后，阿灵顿又因叛逆罪和行为不端而被弹劾。但他的案子被交给了一个特别委员会。无论如何，“阴谋集团”现在已经解散。大家都很清楚，国王在不再需要大臣时就随时准备除掉他们。

查理还使用了极端的和不明智的欺骗手段。沙夫茨伯里反对国王的措施，部分是因为他通过某种渠道知道，查理通过密约拿到了法国国王的经
417 费，以此作为他皈依天主教的交换条件。然而在1674年1月的议会开幕式上，查理表示，关于“具有危险后果的秘密条款”的传言完全失实，“我向你们保证，在此之前或之后，我们没有和法国签订任何其他条约”。当他说到这儿时，有人看见他在翻弄笔记本。

形势很明朗，对荷作战已经无以为继了；西班牙现在已经与荷兰结盟，难以想象英国还会向西班牙宣战。这中间牵扯到的贸易活动实在太多了。所以荷兰现在请西班牙驻伦敦大使来调停。对所有的参与者来说，和平不可能马上到来。荷兰人同意赔款，并同意在海上向英国国旗敬礼；对英国来说，这确实是一个面子问题，但这个结果不足以证明，这场打了两年、代价高昂、横尸遍野的战争是合理的。国王于2月24日向议会宣布和议的结果，然后出人意料地宣布议会休会，一直休到11月。下议院议员们惊奇地面面相觑，因为事实是，用康韦勋爵的话来说，“他们在蛋上趴了那么久，啥也没孵出来”。康韦还观察到，“现在，宫廷里将会出现一场新的博弈，所有人的计谋和兴趣都将不同于以往”。

同年夏天，国王的首辅托马斯·奥斯本被册封为丹比伯爵。他是一个坚毅而好斗的约克郡人，坚信国教对于国家的统一至关重要，因此他愿意和信奉新教的欧洲国家结盟。他决心改革王室财政，并采取一切手段尽可能控制议会；这些方法包括，利用间谍机关的资金暗中收买议员，以及有选择性地对一些议员封官许愿。丹比竭力表明：国王完全支持国教，他已
418 下定决心坚持反法和反天主教立场。

作为立场明确的保王派和朝臣，托马斯当然会遭到沙夫茨伯里伯爵和白金汉公爵的反对；由于国王抛弃了他们，现在他们又联合起来反对宫廷。人们常常注意到，在这些派系和利益集团建立的过程中，我们可以看到当代意义上的“政党”的开端。从 1674 年开始，反对王室事业的“反对派”开始出现在下议院，目的是限制国王的权力，维护议会至高无上的地位。

这些人并不认为自己是政党，也不称自己为政党，因为这个词暗示着分裂或不忠。然而在 1673 年，议会议员托马斯·梅里斯爵士却提到了“议会的这一边（side）和那一边”。这个词被认为与议会无关，但人们却看到，一群议员一起坐在会议厅的“东南角”。议会中也有了“宫廷”党和“乡村”党之分。前者致力于维护王位的权利和特权，后者则想“防止乡村在地产、特权和自由方面负担过重”，议会议员约翰·雷雷斯比爵士如是说。

1675 年春，议会重新召开。这是丹比的又一次机会，他可以重申在查理二世政权中正统国教至高无上的地位。他最近参与了安德鲁·马维尔所说的“粉饰门面”的计划，即在大火后接手重建圣保罗大教堂；克里斯托弗·雷恩设计的大教堂的第一块基石是在初夏铺下的。查理一世铜像的基座也在查令十字街竖立起来。

在议会中，丹比现在希望再次提出一项法案，可以让议员和公职人员宣布，抵抗国王是有罪的；他们还必须否决教会和政府的更迭。这项措施是为了取悦已经存在了十四年之久的“骑士议会”。沙夫茨伯里在一封“高品质人士的信”中谴责了这项提议，说它是“高级主教和骑士”企图建立一个绝对政府的阴谋。有一次他在上议院演讲，提出了这样一个问题：“如果一个国王要把我们列为法国的一个省和附属国，并让法国军队或教宗的 419
权威来征服这个国家，在这种情况下，我们是否必须乖乖服从？”这个问题从未得到回复。上议院和下议院之间就各自的权利范围展开了激烈争斗，这就意味着，议会不能做任何新的工作。因此，丹比的措施失败了，国王宣布议会休会，一直休到 10 月。

1675 年的夏天都被用在了准备和算计上。上一次议会的一些投票数目非常接近；有时议员们感到受挫和愤怒，虽然没有大打出手，但也扯下假发，拔出佩剑。有一次，为了恢复秩序，下议院议长不得不用权杖砸桌子，高呼“肃静”。丹比自己不得不对付一些下议院议员对他的弹劾和指控。于是，他决定利用所谓“重贿”收买议员，在议会中形成一个亲宫廷的多数派。经过一番运作，约有三十名议员拿到了年金，有些人当上了小官。

同年夏天，查理还从法国国王那儿收到了另一个补贴，条件是他得进一步让议会休会，或者为了防止10月开会遇到麻烦，干脆解散议会。路易不希望他的表弟查理被迫采取反法措施，与此同时，西班牙、联合省和其他地方的使节都忙着贿赂议员。每个人都在贿赂别人。

秋季议会开得不成功；下议院同意给海军300000英镑，但他们随后又否决了拨付新款的法案。在上议院中，沙夫茨伯里和白金汉的支持者主张解散议会，理由是“骑士议会”现在过时了，腐败不堪。因此，到了11月22日那天，国王并没有发表演讲，他下令议会休会，这一休就是十四个月。

会议结束后，丹比拿到的一份报告透露出他手下一位办事人的精心算计。

> 尼古拉斯·山宁爵士。在最后一次会议期间，他大部分时间都缺席。阿伦德尔大人应该会照顾他。约西亚·恰尔德先生。我不愿意
> 420 直说，但如果仔细观察他，他可能会被证明罪该万死。约瑟夫·梅纳德爵士。他做事情很少或从来没有正确过。约翰·格鲁柏汉姆·豪威爵士。阁下知道谁能影响他……托马斯·拜德爵士。已无可救药。约翰·科顿爵士。他是一个非常好的人，很少错过投票的机会，后来只是误投。找（可靠的人）坐在他旁边。约翰·牛顿爵士。我怀疑他已经被罗伯特·卡尔爵士影响了……亨利·蒙逊爵士。切尼先生必须照顾好这位先生，因为他会迟疑不决，所以他身边一定要安排人。

在议会休会期间，查理出于愤怒，采取了一些欠考虑的拙劣举措，来堵住那些闲言碎语。在这个寒冬，由于议会失败和国王治国不力，大众很

不满。因此，他同意发布公告，关闭城里所有的咖啡馆，因为他知道反对者们在这儿聚集，策划阴谋。例如，那些追随沙夫茨伯里的人习惯于在基德咖啡馆（也就是阿姆斯特丹咖啡馆）见面。政府雇用了至少一个“咖啡馆间谍”来记录他们的行动。

一些评论者将人们对新闻和丑闻的爱好归咎于咖啡消费。在小酒馆时代，萨克酒和红葡萄酒创造了欢乐的气氛；但是内廷大臣托马斯·普莱耶爵士抱怨说，“这些昏暗的俱乐部只会制造诽谤性的和吹毛求疵的言论，没有人能免于伤害”。

国王本来可以利用这个机会关闭反对派经常光顾的书店。丹比在一份备忘录中称，这些书店使劲儿在城乡之间传播虚假消息。当时的公众太热衷于议论政治，年轻的法律学生每天下午都拥向商店和货摊，与那些渴望得到最新消息的市民和贵族一起探讨。每个派系的代理人都出没在他们中间，随时准备对事态的变化做出解释。然而书店仍在营业，而咖啡馆关闭的结果，引起了强烈抗议，政府不得不撤回公告。这些咖啡馆是在 1676 年
1 月关闭的，十天后又重新开放。这个巨大转变体现的是政府在制定公共政 421
策方面迟疑不决和进退失据的特点。

然而，后来有人试图清除讽刺作品和新闻信札，根据国王的说法，这些作品的作者是“贪婪无耻的工匠，他们为了赚点小钱，鲁莽而愚蠢地糟蹋国家大事”。然而，人们对新闻的兴趣却是无法抑制或减弱的。只有一份报纸获得了官方授权，那就是《伦敦公报》，但它主要由公告、官方声明和广告三部分组成。

每个人都需要新闻，每个人都想要新闻，新闻是一个很“热门”的事物。这是一个需要对话的社会，因此流言蜚语在街上传得很快。在消息还没正式传出的时候，报纸和小册子就已经在街上流传，人们争先恐后地抢来抢去，没有准印证的匿名出版物也在广泛传播。有家咖啡馆的老板把自
己的鹦鹉也训练得会对着顾客叫道：“有什么新闻吗？” 422

42

新一轮瘟疫

有什么新闻吗？由于下议院不肯通过任何新的拨款法案，查理二世不得不再次向他的法国表兄寻求财政援助。1676年初，路易十四同意每年支付查理一笔津贴。同时两位国王商定，在未经双方同意的情况下，应避免与其他国家达成协议。查理把这个安排透露给弟弟詹姆士，詹姆士赞美了他对这位天主教君主的不离不弃。查理还把这件事告诉了丹比，丹比向来反对与法国进行任何交易；果不其然，丹比不赞成查理的决定，他恳请国王听取枢密院的建议。但是，查理无心征询任何人的意见，便亲手签署了秘密条约，派人将其交给了法国大使。不久，查理二世退居温莎城堡，监督城堡的"修缮"，闲暇时则去垂钓。

1677年2月，休会十五个月的议会重新召开，沙夫茨伯里等人声称，议程中止的时间过长，已经违反了法律；为此，白金汉提出了一项动议，大意与此相同，他还援引了爱德华三世的两条成文法令，这两条法令规定，议会应"一年召开一次会议，如有必要，还可以增加次数"。这被认为冒犯了君主的特权，沙夫茨伯里和白金汉被要求撤回"不当"的动议，并请
423 求国王和上议院的原谅。但两人拒绝了。很快，这两人和其他两位持异议的上院议员一起，被无限期地关押在伦敦塔。此后不久，白金汉认罪，得

以释放；而沙夫茨伯里宁愿继续蹲监狱也不肯低头。“怎么，大人，”目睹白金汉离开伦敦塔的监狱，沙夫茨伯里叫住了他，“您这么快就要弃我们而去？”

“噢，大人，您要知道我们这种识时务者从来不吊死在一棵树上。”

尽管英国已经从此次冲突中抽身，但法国依然坚持对尼德兰联合省发起陆战。这年春天，法国捷报连连。对此，下议院重申了它的反法态度。无论怎么看，查理二世都受到怀疑。查理近年结识了一位名叫路易丝·雷内·德·克罗亚勒的法国情妇，册封她为“朴次茅斯女公爵”，以此来加强他与法国宫廷的关系，这个女人也是法国宫廷中的要员，在那里，她是奥比尼女公爵。有个故事十分有名：有一伙人误把查理二世另一名情妇奈尔·奎恩乘坐的马车当作是路易丝的，他们张罗着要推倒这辆马车，她大惊失色，急忙叫道：“冷静呀，好心人！我是那名新教‘荡妇’！”

查理绝对是一位法国化的君主。英国议会上下两院发表联合声明，呼吁国王应该和路易十四的反对者结成同盟，以缓解弥漫全国的不安情绪。在接见联合省的一位使臣的时候，查理二世将手帕抛向空中，高呼道：“我这么做只是看在议会的面子上。”

但到了 5 月 23 日，查理邀请下院议员同到宴会厅。查理宣布：“我以国王的名义向你们保证，只要你们信任我，我绝不会辜负你们。”接着他顺水推舟，请求议会提供更多战争经费，“这既是为了保护我的臣民，也是为了震慑我的敌人”。不过，他们对查理的话半信半疑。两天后，下议院议员们对查理说：“虽然陛下乐意提出军费要求，但下议院（当前）不得不拒绝给陛下拨款。”同时，他们呼吁查理联合荷兰，共同对抗法国。

5 月 28 日，怒火中烧的查理命令议会休会，他在讲话中说，“我本来可以保持沉默，但愿我没有向议会开过口，没有请求诸位插手这些与你们不适合参与的事”。一个月之前，查理向法国的使臣坦言，“由于我对贵国国 424
王的敬爱，我和我的臣民们产生了一些分歧”。要不了多久，他就会和他亲爱的表兄讨论下一步财政补贴的事宜，这笔丰厚的补贴金将足以弥补议会扣留的数目。查理强制议会休会至这一年的夏季，但事实上，直到第二年年初，议会才重新召开。

在此期间，丹比伯爵竭力促成玛丽与奥兰治的威廉的婚事；玛丽是约克公爵詹姆士的大女儿，查理二世的侄女，丹比想以此提振新教的威望。威廉是当时尼德兰联合省的统治者，正受到法国的威胁。由于威廉是新教的拥护者，而查理正依赖法国的资金，所以在后者看来，这种联姻似乎并不明智。然而，他最终还是同意了这门亲事，一方面是为了安抚那些力主同联合省结盟的民众，另一方面，他以为这样做也许能促使威廉和路易十四达成某些和平协定。这样一来，他就可以摇身一变，成为整个欧洲的救世主了。简而言之，他同时做了两方面的考虑。但路易十四认为查理二世极其不可靠，而事实充分证明，他的怀疑没有错。于是，路易十四暂时停止向查理二世提供津贴，同时拒绝了查理关于延长尼德兰与法国休战期的提议。威廉和玛丽于 11 月初举办了隆重的婚礼，举国欢腾。新教势力加强了联合。

议会终于在 1678 年 1 月的最后一周召开了会议，会议氛围也有所缓和。查理二世在开幕词中证实，他“已经同荷兰结盟，以便保卫佛兰德斯”，如今需要“大量补给”。下议院决定减少英法之间的贸易往来，除非法国撤回到之前的边界，否则两国绝不讲和。2 月，下院议员投票为查理筹措到了 1000000 英镑的抗法军费。实际上，要想赢得战役，这笔钱是不够的。不过，查理也根本无意向路易十四宣战。

查理陷入了困境，或者更确切地说，他因为自己的两面派交易而自食
425 苦果。接下来的一段时期，议会几乎每个月都会休会或重新召集一次；会期最短 6 天，最长达到 172 天，而休会期短则 10 天长则 15 个月。这种反常的模式反映出公共政策已经陷入混乱。查理二世进退维谷：一方面他需要路易十四的财政补贴，另一方面议会向他许诺 1000000 英镑，助他进攻法国。查理一边积极为对法战争做准备，一边向法国的使臣保证他对路易十四忠心耿耿。

议会也有所顾虑。议会投票同意筹款，征集了一支 30000 人的军队，但是如果查理将这支军队收为己用怎么办？这样一来，议会对查理和丹比

产生了戒备。法国国王大肆贿赂各派势力，人们纷纷抱怨说，国家事务一片愁云惨雾。威廉·坦普尔爵士在《回忆录》中解释道，“这些谣言让人疑虑丛生，见解莫衷一是，除了那些幕后人士，没人能厘清”这些混乱的谣言和说法。

1678 年 3 月下旬，查理指示丹比写信给英国驻法大使拉尔夫·蒙塔古，列出了达成和平协定的条件。查理随后要求法国连续三年每年向他支付 6000000 里弗（超过 4000 英镑的黄金），作为回报，他会利用自己对荷兰的影响来促成交战双方达成协议。但这个交易必须全程保密，蒙塔古“必须绝口不提一个钱字儿”。查理还亲手补充了一句：“我批准这封信的内容。”或许这是他说服丹比写下这封信的唯一办法了。路易十四当即拒绝了查理二世的请求。但查理还留了另外一手，迟早要让丹比吞下自己的苦果。

接下来的事更令查理二世始料未及：路易十四和尼德兰合省突然单独媾和，丝毫未给他留下两面讨巧的余地。从某种意义上来说，查理被他的法国表兄遗弃了。这件事让他停下来开始思考。8 月中旬的一个清晨，查理在圣詹姆士公园漫步，一位在皇家实验室工作的化学家走近了他。素来平易近人、彬彬有礼的查理向这位名叫克里斯托弗·克柯比的化学家招呼致意。 426

克柯比告诉查理，有人发现（天主教）耶稣会意图谋害查理，可能行刺也可能下毒，如果得手，信仰天主教的约克公爵詹姆士就能登上王位了。查理向来对这些阴谋论不以为意，认为不过是些无稽之谈。他建议克柯比去找他的机要秘书商议此事。接下来，散漫的调查开始了。在这个过程中，调查人员发现了一份针对几名耶稣会会士的长篇起诉书。一个名叫泰特斯·奥茨的人被认定为这份起诉书的作者，于是他被带到枢密院的一个委员会，为自己的指控提供证词。由此拉开了著名的“天主教阴谋案”的序幕。

按照罗杰·诺斯的描述，奥茨“个子不高，头发乱糟糟的，脖子极短，面貌特征十分特别，一张嘴盘踞在整张脸的中央……”。奥茨的额头低窄，鼻子很长，下巴巨大；他的嗓音很高，举止夸张。然而此人很擅长花言巧语。他极为详尽地列出了天主教耶稣会勾结密谋的细节，甚至抛出两个尽人皆知的名字，声称这两人是这件事的主谋。他指控王后的御医乔治·韦克曼爵士计划毒害查理，还提到了王后的秘书，即约克公爵的前秘书爱德华·科尔曼。信奉天主教的王位继承人约克公爵因此大为光火。亨利·考文垂爵士作为枢臣之一，参加了这场极其糟糕的听证会，他评论道，“如果奥茨是个骗子的话，那么他是我见过的最了不起、最游刃有余的骗子”。

紧接着，一起突发的死亡事件似乎证实了奥茨所言不虚。他曾当着伦敦地方法官埃德蒙·贝里·戈弗雷爵士的面立下宣誓书，声称他所说的是事实；他告诉法官，他曾参加了天主教耶稣会在斯特兰德的白马酒馆里举行的秘密会议，会议讨论了各种暗杀查理二世的方法。戈弗雷看到嫌疑人名单上有熟人爱德华·科尔曼的名字，似乎非常恐慌。10月12日，戈弗雷没有回家。五天后，人们在普里姆罗斯山上的一条沟渠中发现了他的尸体，他的身体被自己的剑刺穿了。一位法医验尸后推断，尸体是在被发现的当天转移到普里姆罗斯山上的，尸体上半部分的多处瘀伤尤其是颈部的伤痕表明，他是被勒死的。这是天主教徒因为担心东窗事发而谋杀了他？还是
427 奥茨的同党担心他的谎言被戳穿，痛下杀手？抑或其实是自杀？事情的真相如何，我们永远也不得而知。

其实，警报和预言早已四处流布。前一年，一颗炽热的彗星飞驰过天空；1678年发生了三次日食和两次月食。威廉·戴德的《预言》一书预测，“易怒质体液将会引发狂乱、炎症和新一轮瘟疫”；约翰·帕特里奇的《犹太人岁时记》则预言“伟人和贵人将遭遇不测”。在人心惶惶的状态下，戈弗雷法官的尸体被发现一事，无疑火上浇油，催化了民众对天主教徒可能起事的极度恐慌与愤怒。各郡最高军事长官奉命搜查天主教徒的家，以防他们私藏武器；当然，他们更担心的还是法国入侵，为了策应蠢蠢欲动的天主教徒造反，法国人可能入侵。民众普遍认为，成千上万人看似是正统新教徒，其实是天主教徒伪装而成，他们正在等待行动的信号。当时的评论家约翰·雷雷斯比爵士写道：“仿佛地狱之门已经打开。”

爱德华·科尔曼的文件被没收后，人们发现，他曾给路易十四亲近的

天主教耶稣会牧师写了好几封内容可疑的书信，他在信中要求对方提供一些资金，理由是，他和同事“手中有一项大工程，相当于三个国家改宗信仰”。这些信原本只是虚张声势，似乎也跟奥茨勾画的阴谋案毫无瓜葛，但在当时草木皆兵的形势下，却使群情鼎沸。

这个阴谋案的公开，再加上詹姆士暗通法国的可能性，正中沙夫茨伯里的下怀。他可借此良机以新教倡导者的身份脱颖而出。几个月前，他向国王查理二世正式道歉后离开了伦敦塔的监牢，住进了他在多塞特郡的庄园。但今时不同往日，如今他可以堂堂正正地继续未竟的事业，底气十足地高呼“反对天主教！”，取消詹姆士的王位继承权，已经成为沙夫茨伯里不变的宗旨。后来他评论说，“我不想说是谁惊起猎物的，但我确信自己充分掌握了狩猎权”。

到 1678 年 10 月 21 日议会重新召开时，沙夫茨伯里和同党掌控议会。为确保国王的安全，同时调查这桩阴谋案，人们成立了一些委员会。上议院和下议院一致通过了一项决议，认定“天主教徒蓄谋已久，正在密谋实施一个残暴恶劣的计划，妄图刺杀国王，颠覆政府，铲除和摧毁新教”。奥 428
茨连续三天出现在下议院。由于他的证词，五名天主教贵族被捕。议会通过了一项法案，将天主教徒剔出两院。沙夫茨伯里提议，应该请求国王撤掉约克公爵詹姆士在枢密院中的职务。

11 月底，泰特斯·奥茨出现在下议院的法庭上，事态进一步升温。“本人泰特斯·奥茨指控英格兰王后凯瑟琳犯有严重叛逆罪。”这一指控令下议院议员们大为震惊，他们投票要求王后及其亲眷搬出白厅。不过，上议院却没有那么草率，他们审问了过去反对王后的证人们；他们怀疑证词的真实性，把奥茨的指控压了下来。当告密者奥茨指控王后时，查理二世曾亲自召见了他；其间国王一直保持着自己的风度，但他要求扣押奥茨所有的文件，他和其他人的谈话都应该受到监督。

奥茨的话，查理二世似乎一个字都不信，但他不能与怒气冲天的新教徒公开作对。正如他的一位大臣哈利法克斯侯爵所言，“无论这件事是不是真的，都必须把它当作真的”。反天主教的措施因此变本加厉，关在伦敦塔里的五位天主教上议院议员被控告犯下了严重的叛逆罪。第二版《忠诚宣誓法》通过，法案规定，无论是上议院还是下议院的天主教徒都必须再次宣誓效忠和国王至上。在宣誓的过程中，一名贵族宣布，“我绝不会让任何天主教男人或天主教女人继续待在这个国家；任何天主教公狗或天主教母狗也不能放过；就算是只猫，只要它信天主教，就休想在国王跟前打呼噜或喵呜叫”。12 月初，爱德华·科尔曼被拖到泰伯恩刑场，吊个半死后被开膛和分尸。1929 年，科尔曼被奉为天主教殉道者。

随着拉尔夫·蒙塔古决定攻击丹比伯爵，这场政治戏剧拉开了新的一幕。蒙塔古就是前面说的那位驻法大使，他曾收到丹比伯爵的来信，信中
429 提到了路易十四对查理的秘密资助。这年夏天，蒙塔古因贿赂查理二世前情妇卡斯特尔梅因夫人的女儿而丢了官，他正伺机报复。另一拨人可能也牵涉其中：路易十四深知丹比无视法国的利益，他完全有理由让后者下台。

蒙塔古当选为代表北安普敦自治市的下院议员后，精心筹划了一番，在议会中公开了丹比的这封“秘密信件”。显然，丹比向路易十四索贿的同时，还请求下议院拨款组建一支部队对付法国，而这一切都征得了查理二世的同意。正如卡文迪什勋爵所言，“这些文件似乎表明，（国王的）对法战争只是做做样子，其目的在于得到一支军队，一个大人物居然服务于一支军队和天主教的利益”。支持沙夫茨伯里的下议院议员托马斯·本内特说：“令我纳闷的是，下议院得知自己被人以 6000000 里弗的价格卖给了法国人时，为什么还能如此安静地坐着。”丹比面临着无限恶化的形势，因为这支军队还存在，而查理二世既无钱调动它，也无钱遣散它。

丹比伯爵无法幸免于难。七项弹劾他的条款被通过了，其中包括蓄养军队密谋颠覆政府和受“天主教蛊惑”两项指控。在上议院，丹比竭力为自己辩护。他对原告蒙塔古的指控嗤之以鼻，因为蒙塔古背信弃义，还欺骗了他的王室主人查理二世；丹比否认了这些指控，并且要求迅速审理。

于是查理二世决定让议会休会，这样才能中止议会对他的首席大臣的诉讼议程。1679 年的前几周，查理二世在枢密院的一次会议上告诉枢臣们，他不会再征求他们的意见了，因为枢密院更忌惮的是议会而不是他。他于

1 月 24 日解散了议会。查理二世复辟后，“骑士议会”于 1661 年首次召开，至此次解散为止，存在了十七年。在这期间，议会从查理二世的拥趸变成了一个多疑、爱刁难的团体，他们随时准备对抗大臣，甚至对抗查理二世本人。

但查理二世和他的大臣们以自己意想不到的方式影响了这个国家。比
如，1674 年结束的英荷海战，大大增加了英格兰的货物出口总量。之后， 430
啤酒、食品、茶叶、咖啡等主要食品的消费税显著上升，这表明消费量急剧上升。财政收入的增加也产生了另一重大影响：王室收入开始增加。当时的报道也显示，“中产阶级”正沉迷于进口“奢侈品”，而忙于劳作的穷人则购买针织长袜、陶器、黄铜锅一类的物品。18 世纪的“商业革命”其实起源于三四十年前。斯图亚特王朝初期诸王以及克伦威尔对北美和西印度群岛的成功殖民如今结出了硕果：英格兰对外贸易总量大幅上涨。到了 1685 年，英国人已经拥有了世界上最大的商贸船队，他们的船只满载着糖、烟草和棉花等商品，运往伦敦大卖场。

其他证据也印证了这幅物质丰饶的画面。例如到了 1672 年，伦敦和主要城镇之间的公共马车系统均已开通。据报道，“伦敦方圆 20 英里的每个小镇上都挤满了马车”。公共马车遍布各地，预示着下一个世纪的交通运输方式将发生变革，公路和运河运输将取得进一步发展。这个国家在缓慢加快发展步伐的同时，也变得更加团结统一。

从经济史角度来看，18 世纪的“农业革命”其实始于 17 世纪中期——这一说法如今已十分通行。随着新作物的引入，以及旨在提高农田集中程度和产出效率的“圈地运动”的兴起，英国的土地图景正在发生改变。例如 1670 年，英国谷物丰收，谷农被允许出口谷物，无须考虑其国内市场价格。

1682 年，约翰·霍夫顿在《改善畜牧业和贸易的书信集》中写道：“自陛下（查理二世）复辟的那段美好时代以来，由于吸收了皇家学会的有益
建议，整个国家蓬勃发展，一片沸腾，王家猎园开放了，公地被圈占，森 431

林成了耕地，草场经过改良，种满了诸如三叶草、圣科涅［草类］、萝卜、菜籽［油菜］、欧芹等其他种种适宜畜牧业的植物，这样至少能保证牛群所需食物的生长速度快于其消耗速度……”这表明，实用性实验和创新已经硕果累累。

在斯图亚特王朝统治后期又发生了另一场革命。在后来的工业革命中，新发明、商贸活动呈现井喷态势，虽说此时尚不具备这些条件，但就在此时社会氛围正在发生改变。17 世纪，英国造船业达到了前所未有的、不可复制的“巅峰”。英国出产的煤炭、锡、铁的矿石比以往任何时候都多；具体来说，英格兰东北部的煤炭产量在 1600 年至 1685 年之间翻了一番。传统的粗厚布料纺织已被“羊毛制成的”更为轻便的布料纺织取代。到了 17 世纪末，制糖厂、炼铁厂和玻璃厂遍地开花。酿酒和肥皂行业已经兴起。曼彻斯特、伯明翰、哈利法克斯和谢菲尔德等城镇的迅速崛起，表明工业化与城市化相互依存。在都铎王朝时期，伯明翰不过是一个小小的村庄，但到了世纪之交时，这里的居民至少已有 8000 人。整个英国的总人口可能已经稳定下来，不过在这一时期，很大一部分人正分别从农村迁往各个城镇。

“骑士议会”解散后，新一届议会选举将在 1679 年前几周召开，这必然是国王和议会之间的一场博弈。“天主教阴谋案”和丹比丑闻遭到曝光之后，全国上下对查理二世啧有烦言，因此，比起往届议会，新一届议会对宫廷抱有更大的敌意。连查理二世本人也调侃道，只要是站在王室的对立面，一只狗都能当选。沙夫茨伯里是民调转变的主要受益者，他计算了一下，在 158 名“廷臣”当选的同时，有 302 名“王室反对派”进入了议会。

432 与新议会进行谈判之前，国王还有两个问题亟待解决。他召见了丹比伯爵，要求他辞职。作为交换，丹比将被册封为侯爵，每年能得到一大笔养老金。此时，由于丹比的大部分随从已经被投票罢免，逐出议会，他的执政班子已到了日暮途穷的地步。一场煽动性和选战性的新政治斗争拉开了帷幕。

有人要求坎特伯雷大主教前去同约克公爵詹姆士商谈，希望他能重返英格兰国教会；但约克公爵拒绝了。紧接着，国王查理二世召见了弟弟詹姆士，要求他退避海外，因为这是平息议会不满的唯一方法。詹姆士想方设法竭力避免被放逐海外，但到了3月初，他只得借口拜访女儿和新女婿奥兰治的威廉，泪眼婆娑地踏上了前往西班牙属地荷兰的旅程。

然而，新一届议会仍坚定不移地追查“天主教阴谋案”，也没有放弃对丹比的弹劾，尤其是当他们得知丹比获得了国王的赦免之后，对丹比更是步步紧逼。议会召开一周后，丹比辞职了；第二个月，他被上议院送到了伦敦塔。当哈利法克斯勋爵谴责册封“叛国贼”为侯爵这一决定时，他的目光紧盯着正在观看审判程序的查理二世。“天哪！”据说查理二世后来惊呼道，“我受到了怎样的虐待；可我必须忍受，必须保持沉默！”

这年春天，也就是议会召开不久之后，查理二世宣布政府换届。他解散了枢密院，成立了一个由三十三名成员组成的小型委员会，其成员既有官员，也有独立派。接着，查理做出了一个出人意料，甚至称得上惊世骇俗的举动：他任命沙夫茨伯里为上议院议长，同时得到任命的还有向来坚决反对他的四名下议院议员。他的目的可能是想驯服这帮人，或者说诱导他们腐败堕落。不过这番提名，可能确实助他掩盖了真实意图。不管怎样，一部分新委员失去了曾经的影响力，人们普遍认为他们把自己出卖给了查理二世。新委员会内部很快发生了分化，而且事实证明，这个团体特别低效。不过，这种情形可能正合查理的心意。查理二世不信任他们中的任何人，他向艾尔斯伯里伯爵吐露，“他们被蒙在鼓里”。丹比被迫卸任后，查理二世孤立无援，他告诉威廉·坦普尔爵士，他“再没有可以推心置腹的 433
人了”。面对强大有力、组织严密的议会反对派，他单枪匹马，只身奋战。

1679年4月末，有人上书国王，要他取消约克公爵的王位继承权；据称，“天主教阴谋”是约克公爵指使，一旦事成，他就可以顺理成章地继承王位。这标志着“排斥危机”[①]的警报正式拉响，同时也成为派系恶斗的原

① 指将詹姆士排斥在王位继承人序列之外。

因。新闻出版界印发了小册子和讽刺诗，议会的表决结果被公开出版，并广泛传播。“排斥主义者”在很大程度上控制了下议院，但是，未经国王和上议院的同意，相关的“排斥”法案就无法通过。

然而《排斥法案》很快被两度宣读，法案宣称约克公爵遭罗马教廷的间谍引诱，加入了罗马天主教团，议会有义务将他排除在王位继承人之外。约翰·特雷弗爵士表示，“国王不闻不问；他对我们身处的危险一无所知……”。这种歇斯底里的气氛渗透到了议会之外的地方。据说，市民们枕着手枪入睡，妻子们则揣着匕首上街。7 月初，查理被议会的诉讼程序惹恼了，他下令议会休会。由于这个决定十分不得人心，他不得不将白厅的警卫增加了一倍。沙夫茨伯里扬言，国王的谋士们应该为他们的决定付出血的代价。

这届议会仅仅留下了一个永久的纪念物，即《人身保护法》；该法令禁止非法拘留任何人，所有被指控犯有重罪或叛逆罪的嫌犯均应予以迅速审理或释放出狱。议会此举的目的在于，倘若日后詹姆士即位，公众的安全能够得到法律的庇护。威廉·布莱克斯通爵士在《英国法释义》中写道：“我认为，公法在理论上得以完善的时间点是 1679 年，也就是《人身保护法》通过之后，从那时起，新闻出版的许可证已经失效……”议会突然休会意味着禁止新闻出版的法令没有更新，这样一来，任何一个政治派系完
434 全可以通过公开出版物来发泄自己的愤懑。

1679 年下半年，“辉格”和“托利”这两个词已经通用。一直热衷于签订更严格的契约的苏格兰长老会反叛分子，被讥称为“Whiggamores”，此语在苏格兰语中原指“腐败或发酸的乳清”；而已经沦为土匪的爱尔兰的保王派天主教徒有了一个“天主教亡命徒”（toraihde）的盖尔语贬称。很快，沙夫茨伯里领导的支持新教、排斥詹姆士的辉格党，与丹比领导的托利党针锋相对，后者已经准备迎接一位天主教君主，因为他们认为这是符合神圣的自然继承顺序的。辉格党仇视天主教，反对专制政府，因此希望限制王权；而托利党决心捍卫君主和宪法，应对他们眼中的共和派和叛乱分子的猛烈攻击。当然，这两党党派内部也分化出各种派系，同时，一支追求

中和之道的第三党，即所谓的“骑墙派”也出现了。鉴于辉格党注重维护资产和真正的宗教，而托利党向往稳固的君主立宪制和不可撼动的王室特权，奥蒙德公爵作为一位富有同情心的见证者，使用“温和、团结与和平”这样的语言去描绘骑墙派，他们既考虑了辉格党对保全财产和宗教信仰的关切，又考虑了托利党对君主制的保护和对王室特权的捍卫。

但在一个政治上严重分裂的国家里，要做到温和与团结并非轻而易举的事情。“绿丝带俱乐部”也许是有史以来第一个政治俱乐部，由各行各业的辉格党人组成，其中包括持不同政见者、律师和商人。他们在弗利特街和大法官巷拐角处的王冠酒馆会面，他们习惯在此商讨策略、协调战术。绿丝带俱乐部的成员都是沙夫茨伯里的公开支持者，他们系着绿丝带，这样他们就能认出彼此同属一“党”。他们习惯了服从王家特权，但又常常谈论对“人民”的责任，他们经常念叨着一句“salus populi suprema lex”，意思是“人民的安全是至高无上的法律”。虽然血腥的内战没有再次爆发，但实际上，一场政治革命却由此引发。

查理二世坚信，如果他的对手设法排挤掉了詹姆士，他本人一定会落得同样的下场。因此，他现在是在为生存而战。然而，他的对手却认为，查理迫于与日俱增的压力，最终一定会屈服，禁止其弟詹姆士继位。此时，不少人将目光投向了查理二世信仰新教的私生子蒙茅斯公爵，想让他成为王位继承人。沙夫茨伯里甚至辩称，国王是假意反对排斥詹姆士，其实暗 435
地里一直希望“被迫”同意其亲生儿子即位。确实，查理二世没有高看他的弟弟。詹姆士曾警告他，不要在没有随行警卫的情况下独自在圣詹姆士公园散步；他则答道：“我敢肯定，在英国绝对没有人会为了扶植你做君主而暗杀我。”虽说如此，查理二世还是很难否定詹姆士的合法继承权。

法国大使评论说，“查理二世行事如此隐秘，让人捉摸不透，即便观察者长着火眼金睛恐怕也会被他误导。查理二世与所有派系都有秘密的往来和接触，那些与他的利益水火不容的对手，也自吹自擂地声称，他们会把查理二世争取过来”。不过，法国使臣可能把查理二世想得太过狡诈了；他很可能只是见招拆招，采取权宜之计而已。

蒙茅斯公爵作为信仰新教的王位继承人，如今荣耀傍身，至少也可以说是血债满身。一帮誓约派将苏格兰首席主教、大主教夏普的马车拉到了圣安德鲁斯城外，当着他女儿的面刺死了他，接着又打败了一支前来追捕他们的王家骑兵中队。蒙茅斯公爵奉命率领一支大军前往北方，他在博斯韦尔桥打垮了誓约派。随后他镇压了这些狂热分子，这就是著名的“杀戮”事件。一时间，蒙茅斯成了大英雄。与此同时，他对王位的野心也大大增加了。信仰新教的蒙茅斯，成为沙夫茨伯里首选的王位继承人。查理二世对亲生儿子越发青睐，而流亡在布鲁塞尔的詹姆士则对蒙茅斯逐渐产生了警惕。

几个月前，查理二世签署了一份文件。他在文件中解释道，“为避免任何可能发生的与王位继承有关的争端，‘当着上帝的面，我谨在此声明，除了我现任的妻子——凯瑟琳王后，我既未与他人签订或授权任何婚姻协议，也没有与其他任何女人结婚”。查理二世向世人宣告，蒙茅斯并非他的法定继承人。不过，查理二世也不是撒谎新手了。

蒙茅斯返回伦敦时，民众聚集在街头点燃篝火，举杯欢庆。在不少人
436 看来，蒙茅斯拥护新教，作为查理二世第一个非婚生子，他才是王位的真正继承人。有传言称有个“黑匣子”被人小心地藏起来了（虽然查理二世否认了这个说法），匣子里装着查理二世和露西·沃特斯的结婚契约；露西·沃尔特斯是查理二世众多情妇中的第一任，她在大陆流亡期间生下了蒙茅斯这个儿子。蒙茅斯英俊潇洒，和善可亲，方方面面都显出王室气派。在归国的沿途，他受到了国王般的礼遇。无论他走到哪里，身边都簇拥着成群结队的绅士和仰慕者。用麦考莱的话来说，他是“这个国家最受欢迎的人”。难怪他会对王位生出觊觎之心。他盾牌上的纹章将象征英格兰的狮子和象征法国的百合花图案各取四分之一，代表着他的野心。他甚至开始像国王那样，用触摸法给人治病。

1679 年 7 月，查理二世决定将处于休会期的议会彻底解散，推迟新一届大选；他孤注一掷，打赌民心已经倒向了他。看到沙夫茨伯里对约克公爵穷追猛打，不少人确实对沙夫茨伯里的智慧与忠诚产生了怀疑。但在这

一年夏天的竞选活动中，辉格党（我们现在这样称呼它）仍声嘶力竭地极力反对约克公爵这位天主教继承人。有人觉得埃塞克斯的神职人员有维护王室利益的倾向，于是讽刺他们是“哑巴狗……天主教耶稣会的走狗……黑暗的提灯……恶魔巴力的牧师……恶棍……流氓……地狱的使者军团”。托利党则反讥辉格党是一帮不忠的“乌合之众”和背信弃义的叛国者。双方都起草了名单，记下了哪些是“卑鄙的人”，哪些是“可用的人”。即将成为议会议员的拉尔夫·弗尼爵士表示：“由于选举，无论是切尔吞山地区的居民，还是河谷地区的居民都产生了严重不和，所以我想，这种严重不和可能遍布了整个英格兰。”

但紧接着，一切事关王位继承的问题变得越发尖锐。8月底，查理二世大病了一场，连续两三天都处于病危状态。詹姆士被查理二世从布鲁塞尔召回身边——他此行或许是回来继承王位。于是，詹姆士戴着黑色假发乔装回到了英国。与此同时，蒙茅斯的支持者开始代表他密谋策划。国政又
陷入了一片混乱。 437

43

还是在“公鸡”那儿？

1675 年 1 月 12 日，伦敦有一场对话，表面上是谈瓷器；当时瓷器在伦敦可谓大行其道。菲吉特太太想从一位过从甚密的男性友人那里搞到些瓷器。“因为他是行家，他本人就有不少质量上乘的瓷器，却不愿让我一饱眼福，唯恐我向他讨要。”这位绅士名为霍纳，他对菲吉特太太的示好令其丈夫深感担忧。

贾斯珀爵士：亲爱的老婆菲吉特，霍纳想走你的后门！

菲吉特太太：欢迎，让他来好了，前门、后门都行。

贾斯珀爵士：他会抓住你，然后使劲地搞你，那股猛劲儿，你可对付不了他。

菲吉特太太：你就别操心了，如果他行，就让他来好了。

霍纳被留在房间里与菲吉特太太待在一起，几分钟后，有人问他是否还有瓷器。

霍纳：说实话，我现在一点都没有了。

斯瑰密斯夫人：不，不，我早知道你会说没有，但是你不会这样拒绝我的。来吧。

霍纳：这位女士拿到的是最后一点了。

菲吉特太太：确实如此，夫人。据我所知，他那里真的没了。 438

斯瑰密斯夫人：哦，可能还有，只不过你没找到罢了。

菲吉特太太：什么？如果他还有，为何我不全拿下？我们这种追求生活品质的女人可不嫌瓷器多。

这段对话发生在位于伦敦德鲁里巷的王家剧院的舞台上。正如所有观众了解的那样，“瓷器”是精子的委婉表达。同时，由威廉·威彻利创作的这部戏剧《乡下妇人》很快就因为内容猥亵不堪而名声大噪。然而，在17世纪70年代，这在英格兰可不算冒天下之大不韪。或许它还是令观众们拍手称赞的一种品质。

王政复辟之后，有两个剧团立刻重整旗鼓，托马斯·基里格鲁负责的国王剧团，威廉·戴夫南特爵士负责的约克公爵供奉剧团。他们起初在临时搭建的场地表演，一直演到合适的剧场建好为止。自从环球剧院和幸福剧院的全盛时代结束之后，他们都得想方设法去迎合这些大幅减少的观众。新的戏剧观众主要是追求“品质”或“时尚”的人们，以及那些想要模仿他们的中产阶级。

宫廷的“花花公子”与“才子”也出现在戏剧中。用埃瑟里奇的戏剧《能者如愿》中的话来说，“他们会从一个剧场逛到另一个剧场，如果他们既不喜欢这出戏，也不喜欢女人，他们逗留在这里的时间很少会超过梳理假发的时间，也不会超过和朋友说一两句悄悄话的时间。随后他们会整一下帽子，再次昂首阔步地走出来”。这出戏下午三点半开始，大约持续两个小时。绅士们随身带着酒，他们的吵闹声常常比舞台上演员的声音还大，他们要么戏弄演员，要么与他们打趣。

在戏剧《乡下妇人》中，霍纳假装阳痿，骗过了一些男子，与他们的妻子偷情；其中一个女人名叫玛杰里·平克维，她是从乡下来的、年轻单纯的新婚女人，被丈夫严密监视。含沙射影和双关语引发了性闹剧纠纷，重要的女性通过隐秘手段不顾一切地享受霍纳的偏爱。菲吉特太太并没有
439 谴责那些表面看起来高尚的伪善。“我们的声誉！上帝啊，你为什么认为我们女人不该像你们这些男人那样，利用自己的名誉，不惹人怀疑，一门心思欺骗世人呢？”正如利·亨特对 17 世纪的戏剧的评论：“我们只看到了一群无心无肺的优雅女士与先生进进出出，互相说着俏皮话，飞短流长，制造一大堆阴谋。”

然而，这是复辟时代喜剧的核心。它们反映的是一个残酷（虽说也很脆弱）的社会，在这里最得势的是那些最狡猾也最虚伪的人；它们代表了一个道德价值观无常多变的世界；它们传达出一种普遍的无所适从感，没有人知道自己该信什么，也不知道自己该怎么做。这是对复辟时代悲剧的完美补充，在这些悲剧中，关于爱情和勇敢的奇思妙想被用于超越现实生活或真实情感；它们为夸夸其谈和花言巧语充当矫揉造作和多愁善感的工具。

不同于悲剧，这时期的喜剧场景至少设置了真实的时间与地点。时间总是当下的时刻，地点永远在伦敦。

> 斯巴基斯：来吧，但是我们在哪儿吃饭？
>
> 霍纳：你想去哪儿就去哪儿。
>
> 斯巴基斯：去查特琳家？
>
> 多瑞兰特：好的，如果你愿意的话。
>
> 斯巴基斯：还是在“公鸡”[①]那儿？
>
> 多瑞兰特：可以，如果你愿意的话。
>
> 斯巴基斯：或者去“狗和鹧鸪”那里？

在这个世界里，参与者必须“待在原地，直到椅子送来”，妓女们总是

① 酒店名，暗含“阳物”之意。

戴着面具，女人们“都在哈哈大笑，一直笑到尿裤子”。主人公总是绅士贵胄，或至少是那些渴望成为这类人的人；剧作家与观众们一样，仿佛是从一个模子里刻出来的。每个人都认识其他人，但在这个复杂的魔镜游戏中，我们可以瞥见这个时代的面貌。

这些特征无疑也表现在散文中；有趣的交谈可被视为表达真理和表现礼貌的媒介。完美的表达才是最令人愉悦的真理。“巧智”（wit）概念尤为 440
重要，正如霍纳所说：“在我看来，巧智比美貌更为必要；年轻女子有了巧智，面容就不再寝陋了，貌美的女性若没有巧智，便不再讨人喜欢了。”巧智不仅产生于警句妙语之中，还是丰富思想与敏锐观察的产物。巧智是查理二世宫廷中的硬通货。

猥亵下流的场面既是宫廷生活，也是舞台的一部分内容。霍纳向自己的夫人道歉，因为他从法国回来“没有（给她）带春宫画、新的姿势，也没有带《女子学校》（下）”。佩皮斯对后者的评价是：“这是我看过的最淫秽、最下流的书……我为自己读过它而感到羞耻。”所以说，喜剧舞台习惯于表现劲爆的色情场面。然而，以下这首诗的内容可能更为劲爆：

一次次销魂，我全身都融化了，
化成精液，并大肆挥霍。
摸到她身体的任何一处：
她的手，她的脚；看一眼她的屁股，
都是在消耗它。

该诗的作者罗切斯特伯爵约翰·威尔莫特是查理二世的宫廷中不可或缺的人物。1664 年的圣诞节，十七岁的威尔莫特来到白厅，把法国新奥尔良公爵夫人的一封来信交给英国国王。不久，他就跻身于国王身边的才子圈子。1666 年春，他被任命为寝宫侍从。威尔莫特身上具有国王欣赏的所有品质：说话诙谐，口若悬河；态度轻浮，实际上是心理轻浮，这些品质在以下环境中至关重要：

美德的典范克利夫兰公爵夫人，
吞下的阳物比海洋里的沙子还多；
但经过摩擦，它的确变得过大了，
除了狄尔多[1]先生，不适合任何人。

威尔莫特因诱拐一位女士，被关进了伦敦塔；国王下令后，他被释放，而后他参加了英荷战争，在双方的一场冲突中，他表现得很勇猛，也可以说是很鲁莽。后来，他在宫廷中的主要生活内容是狂喝滥饮、放纵情欲。
441 他的头脑中混杂着时兴的无神论思想，它有时被称作“霍布斯主义”。他后来回忆说，在一位“有品质的人”家里举办的一次无神论者会议上，“我开始主导交谈进程，成为反对上帝及虔诚的主要论辩者，获得大家的一片掌声”。这充分传达出白厅的主导氛围。

按照威尔莫特的说法，在五年当中，他不停地喝酒买醉，纵欲无度，竟不记得干过多少“荒唐、不负责任的”事情。与同时代大多数活跃在宫廷里的人一样，他积极投入到戏剧创作之中。实际上，戏剧也许最适合被视为当时宫廷生活的延伸。罗切斯特伯爵资助了德莱顿、奥特韦等剧作家；他本人也创作了一部喜剧、一部悲剧以及各类开场诗。然而，让他的名字流传后世的，主要还是他嘲讽性的谩骂和淫秽不堪的描写：

觥筹交错，严肃地探讨，
谁干了谁，谁更操蛋……

《乡下妇人》中的某个角色说：“这不是一个坦诚的时代吗？我是个坦诚的人。”“坦诚”的主要内容可能就是亵渎和淫秽。但是，“坦诚”也是托马斯·霍布斯令人信服的社会分析所代表的新规定，同时，它也是皇家学会的实验者的决定：拿出实际证据，不要信口空谈。它意识到宗教蒙昧主

① “假阳具”的意思。

义与教条主义的偏见让英格兰大乱，在这之后，它就企图重新看待这个世界。贺拉斯·华尔普尔写道："因为长老会和狂热教徒喜欢用《圣经》中的名字为一切事物命名，新宫廷就喜欢用自己的名字为事物命名。"于是到了这个时候，就应该清理未经验证的假设、虚假的花言巧语以及逢迎权威或传统所留下的瓦砾堆了。这就是复辟宫廷反讽成性、玩世不恭与物质主义的氛围得以产生的背景。 442

44

以毒攻毒

詹姆士来到温莎城堡，走进他哥哥的病房，屈膝跪下。据说，当时两人都泣不成声。此时国王的体力有所恢复，脱离了生命危险。但约克公爵和蒙茅斯公爵这两位王位争夺者正在相互对抗，双方都有自己的同党。但此时詹姆士占据上风。他突然回到英格兰，并没有像有些人担心的那样引发民众造反，反而受到了礼遇。例如，伦敦市长和高级市政官都过来吻过他的手。詹姆士不想再回布鲁塞尔流亡。他也明确表示，除非蒙茅斯公爵也同意离开，不然他不会离开英国。最后双方一致同意让蒙茅斯安全地退隐荷兰，而詹姆士则被派往爱丁堡担任总督，他在那里待了近三年。

事态发展很明朗，辉格党在今年夏季的选举中赢得了多数席位，而那些投票反对驱逐詹姆士的人都被罢官了。然而，查理拒绝召开议会，并将其推迟到了第二年，即1680年初。他告诉他的侄女婿奥兰治的威廉，在这
443 件事上他别无选择，否则“他的王位就会被他们夺走”。查理还担心，他弟弟和妻子会因为信仰天主教而被下议院继续弹劾。几乎没人希望再次召开议会。

沙夫茨伯里被撤销了上议院议长一职，他立即成为宫廷和王室反对派的领导人。但他非常清楚，除非召开议会，否则他就没有实权。由于下议

院是他的御林军，因此他计划从全国各地发起请愿，要求重新召开议会。他很是下了一番功夫组织工作，他的手下与地方上的知名人士一起，挨个教区找人签名画押。几乎所有的人，就连最穷困的人，都没有漏掉。

11 月 17 日，反对天主教和宫廷的绿丝带俱乐部在伦敦组织了一场盛大游行，据称有 200000 人参与其中。游行队伍还在大街上拖着形形色色的天主教徒画像，最后在弗利特街停了下来，这里恰好是俱乐部的总部所在地金斯阿摩斯。据小册子《伦敦反抗罗马》的记载，在一阵叫喊声中，教宗和魔鬼的肖像，以及各种僧侣、修女和耶稣会士的画像在这里被扔进了大火，这阵叫喊甚至传到了法国和罗马，“让所有人惊恐万分”。麦考莱在《英国史》中评论道，当时“暴徒”和“骗子”这两个词开始流行起来。

当蒙茅斯公爵出人意料地从流放地抵达伦敦时，迎接他的是篝火和欢呼的人群，他们把这位新教徒视为天经地义的王位继承人；然而，他的父亲却没有热情接待他，反而让他离开宫廷。蒙茅斯公爵违抗了父亲的命令，理由是他必须留下来保护父亲的生命安全，以防止其遭到天主教徒的陷害。

1679 年 12 月初，沙夫茨伯里联合其他十五位贵族，在查理前往王家礼拜堂的路上拦住了他，并向其递交了召开议会的请愿书。国王大怒，再次下令议会休会十一个月，他还发布公告反对召开议会的请愿。据说，他的支持者非常“憎恶”那些人逼迫国王同意召开议会；一时间“憎恶者”和“请愿者”的势力发展壮大起来。 444

僵持几个月后，到了 1680 年初夏，沙夫茨伯里再次掀起风波。他向米德塞克斯大陪审团提出，约克公爵是天主教徒，国王的情妇朴次茅斯女公爵是妓女。后者已经引起了许多人的不满和猜疑，经常有人建议，应该尽快把她打发到法国去。沙夫茨伯里的行为无疑是对国王的公开侮辱，显然他想煽动公众舆论。国王急忙从温莎赶到伦敦，命令首席法官威廉·斯克罗格斯在大陪审团听取指控证据之前将其解散。然而，生米已经做成了熟饭，更糟糕的是，沙夫茨伯里并没有因此而受到谴责。

直到 10 月底议会才终于召开，下议院从第一场会议开始就座无虚席。国王的大臣因为相对年轻，被称为“小孩子”，他们已经制定了他们所希望的连贯的政策；他们想通过限制未来国王詹姆士的权力，来缓和《排斥法案》带来的威胁。他们还与尼德兰结盟共同对抗法国。尽管查理为了拿到钱而不断地与路易十四谈判，但对其表示敌对态度仍然很重要。

然而，辉格党并没有放弃他们的目标，在 11 月初又出台了针对约克公爵的《排斥法案》。这项法案在九天内经过三次审读，然后递交到了上议院。蒙茅斯公爵为了参与该法案的讨论，从英格兰西部得意扬扬地回到了伦敦。

国王也参加了这次漫长的贵族会议——从早上十一点一直开到晚上九点——认真听取了他们的发言。大家都认为，无论他多么不情愿，为了维护公共和平，他都会牺牲自己的兄弟；众所周知，他最害怕的是引发另一场内战。但事实上，在上议院的辩论中，他立场坚定，态度明确。蒙茅斯表达了他对父亲的关切，但查理大声喊道："他给我的是犹大之吻！"国王的情感可能有助于上议院的思想统一。最后，他们以六十三比三十的投票
445 反对了《排斥法案》的通过。至此，沙夫茨伯里的计划宣告失败。

大家都希望下议院现在能提出一个双方都能同意的折中方案，但这几乎不可能。下议院通过了一系列旨在排斥约克公爵的决议。决议规定，在当前情况下，不得投票为国王拨款，国王的枢臣不得担任公职，任何借钱给国王的人都将被议会法庭传讯。有人建议国王再次提出休会，但下议院很快对这一提议给予了警告，并于 1681 年 1 月 10 日清晨召开会议，他们认为任何提出此类建议的人都是国王和国家的叛徒。因此，国王发表了解散议会的公告，并下令于两个月内在牛津召集新的议会。

这让沙夫茨伯里及同党十分愤怒、怨恨和极度焦虑。在英国的所有城市中，牛津以保王派最多而知名。一旦他们知道路易十四又向国王行贿，他们就会更加担心，因为路易十四答应只要国王不联合西班牙或其他国家进攻法国，他每年就会给国王一大笔钱，金额远远超过议会的拨款。此外，查理取消了从法国进口商品的禁令。双方没有书面协议，也无须签字画押，只有一份口头协议，这是两国国王通过特使沟通而达成的。

新一届议会于 1681 年 3 月 21 日召开，与上一届议会一样，它也不愿

意达成任何协议。查理现身两院，做出了让步。如果詹姆士成为国王，他的权力将被转交给摄政。首先，担任摄政的将是詹姆士的大女儿玛丽，奥兰治的王妃，她是新教徒；一旦她去世，摄政将由他另一位信奉新教的女儿安妮担任。表面上看，这是一个非常合理的安排，但下议院拒绝接受，反而提出了第三个《排斥法案》。实际上，查理真心希望能在牛津平和的氛围下达成协议，因为他担心引发另一场内战。这也是他与法国国王秘密结盟的另一个原因：他既需要人，也需要钱。446

3 月 28 日，查理把全部行头藏在一顶有篷的轿子里，然后前往牛津几何学院，与那里的上议院议员们会面。他想要给他们一个惊奇，于是他就穿着便服出现在上议院议员们面前，但随后又命令随从给他穿上王袍，戴上王冠。这么打扮一番之后，他召集了下议院。他对两院说："领主们，绅士们，全世界都在关注我们商讨的结果，既然我们一开始就有分歧，那注定不会有什么好结果。所以，我的大法官，照我的吩咐去做吧。"他当着对手的面告诉他们，议会已经被解散了。他立刻离开了牛津，他们别无选择，只能跟着他走。据记载，"国王喘口气就把他们吹散了，就像吹散秋天的落叶一样"。

现在，查理认为就算没有议会方面的资金支持，他也可以生存下去。他不仅能从法国获得年金，还能提高现在可以随便进口的法国奢侈品的关税，这都将给他足够的周转空间；他的家庭开支已经大大减少。所以他决定开始一段个人统治时期，不让反对派前来干扰和捣乱。在这方面，国王得益于人们恢复了对斯图亚特王朝的忠诚。沙夫茨伯里及其同党冥顽不化，拒绝了查理在摄政问题上提出的公正、合理的建议，这与国王的温和态度形成了鲜明对比。他们想逼他就范，但他始终不为所动。国王抵制任何改变顺位继承的企图，因为这违背了他的良知和英国的法律。而那正是流产的牛津议会可能被表述的方式。

"面对他所热爱的臣民，在谈到促使他解散前两个议会的原因和理由时"，他说，"我们很清楚，我们将会得到一些忠君之士的协助"，那些人"已经考虑到，以往的问题可能会出现和发展"。"以往的问题"指的是曾经引发内战的种种分歧。此外，“我们必须记住，如果打倒了君主制，宗教、自由和财产都将消失。除非再次恢复君主制，否则这些东西无从谈起”。因
447 此，他呼吁维系国家传统的忠君本能和追求稳定的本能。

现在，他将怒火转向了沙夫茨伯里及其盟友。如果议会召开无望，他们就会失去力量和目标。查理下定决心免除他们的公职；他决定把他们清除出司法机构和城镇政府。六十名投票赞成《排斥法案》的议会议员被取消了治安法官的提名，一些郡的最高军事长官被免职，还有些地位较低的记录员和镇上的职员也被解雇。由于那些不从国教者在反对派中发挥了重要作用，所以对这些人的法律惩罚也更加严厉；越来越多的不从国教者而不是天主教徒被判刑入狱。当时有人说，这就是一种变相的内战，只不过法律取代了剑。

1681 年 7 月初，沙夫茨伯里被收押，并被带到国王和枢密院面前，被指控犯下了叛逆罪；对此，伯爵予以否认，但还是被关进了伦敦塔。然而，国王的这项计划是有漏洞的，由于沙夫茨伯里在奥尔德斯盖特有府邸，所以他的案子归伦敦城管辖，而伦敦仍然掌控在那些反对宫廷的人手中；因此对国王来说，这仍然是敌人的地盘。

伯爵的案子是在老贝利审理的，因此大陪审团里尽是些显赫的辉格党人；事实上，陪审团团长就是议会中的一个排斥主义者，所以不可避免的是，沙夫茨伯里得到了“我们无从了解的”裁决，被宣告无罪。四天后，他申请保释，国王的儿子蒙茅斯公爵愿意为他担保。他被释放了，那天晚上，街上到处都在喊“蒙茅斯！”“沙夫茨伯里！”。不过在许多地方，辉格党的示威活动遭到了保守党派的反对。或者正如罗杰·莱斯特兰奇爵士在《观察者》中所写的：“旗鼓相当，以毒攻毒。”

判决下达两天后，国王对伦敦城特许状展开了调查，盘问伦敦城它所自称享有的集团特权，是依据的哪一个权利开示令状（quo warranto）；这个调查程序漫长而复杂，充满了许多形式的和法律的细节问题，它们容易被
448 用来反对伦敦城集团，宫廷律师可以找到或编造任何借口为没收财产辩护。拿到新的特许状并不难，成本也更低，但这反过来可能会给国王权力，除

掉集团里的那些“不满”分子。这是查理使用过的一种极其有效的手段。

甚至在权利开示令状诉讼结束之前，宫廷党就使出自己的全部影响力，力推托利党人当选郡长和市长。他们使用了各种诡计，如警告酒馆和咖啡馆的老板，如果他们不把票给托利党候选人，就吊销他们的营业执照；大部分辉格党候选人被从选民名册中除名，理由是：他们是贵格会教徒，或不是当地居民，或拒绝宣誓，或是在其他方面没有资格。这场充满欺骗和恐吓的竞选运动成功了，最终保守党候选人当选。次日，沙夫茨伯里离开了他在奥尔德斯盖特的家，先躲了一阵子，然后乘船去了荷兰。现在他知道，在任何新的叛逆罪审判中，他的对手都能控制陪审团。国王最终会取下他的人头。第二年年初，他在阿姆斯特丹去世。他相信男人和女人的灵魂在死亡的那一刻就进入了星空；沙夫茨伯里的精神也许会点燃一颗炽热的彗星。

伦敦的一些激进分子现在确信，查理想建立一个绝对君主政体，他们开始密谋抵制这类企图。政府的密探报告说，城市里的持不同政见者已经准备起义了，他们显然已经下定决心要抓住国王，强迫他反对自己的兄弟。1682 年 11 月，伦敦东区数百名“好捣乱的小子”聚众闹事，他们高呼：“蒙茅斯！蒙茅斯！”沙夫茨伯里动身去大陆之前，他和蒙茅斯公爵一起讨论过，一旦国王驾崩，他们如何发动武装起义。

这些阴谋和计划后来被称为“麦酒店阴谋案”。某些心怀不满的辉格党人——包括威廉、罗素勋爵、阿尔杰农·西德尼和埃塞克斯伯爵——已经计划好了，要在国王和他兄弟从纽马克特赛马会回来的路上伏击并杀害他们。刺客们将在赫特福德郡的一个名为“麦酒店”的偏僻农庄集合，以“套住这两个花花公子”。1683 年初夏，这一刺杀计划被其中一个无足轻重的密谋者泄露了，主谋们被逮捕了。就在审判罗素的同时，有消息传来， 449
埃塞克斯死在伦敦塔里，喉咙处有伤口。有人认为他是自杀的，因而推定他有罪。但他也可能是被谋杀的，以证明确有谋害王室兄弟一事。国王正好可以用这个机会来铲除所有著名的辉格党人。

当罗素勋爵的家人为他求情时，国王回答说：“如果我不杀他，他很快就会杀了我的。”罗素在林肯律师学院的广场上被斩首，由刽子手杰克·凯奇执行，行刑过程很残忍，刽子手后来表示了歉意。阿尔杰农·西德尼也被判了死刑，他激动地宣称自己是无辜的。首席法官弗里斯起身训斥他：“我祈求上帝让你去到另一个世界吧，我看你是不适合待在这里的。”

“大人，请摸摸我的脉搏，看看我是不是正常的。我要感谢上帝，我从来没有像现在这样好过。”

罗素、埃塞克斯和西德尼被称为第一批辉格党殉难者。

蒙茅斯公爵也被卷入了此次阴谋，并已遭到起诉。但他还是向其父亲呈交了一份供状并在上面签名，“承认策划了此次阴谋案”，但并未想过要谋害父亲的生命。次日，他又收回了该声明，他担心此举背叛了昔日的盟友。此后他被逐出宫廷。1683 年 7 月 15 日，约翰·伊夫林在日记中写道，“公众对近期发生的策划阴谋深感震惊。国王极度忧郁，没有双重警卫都不敢出行。白厅和公园周围的所有街道和私人住宅的大门都封闭了，几乎没有人可以出入其中”。

这个阴谋传了出去，进一步激起了人们对辉格党和持不同政见者的愤怒，国王发表了一篇反对“宗派党”的宣言，在每个布道台上宣讲。这又引发了无数篇凸显国王至尊地位的“忠诚演讲”。查理实际上赢得了与议会的斗争。他还准备征服伦敦。权利开示令状诉讼已经结束，高等法院于
450 1683 年夏季决定剥夺该城自由，将其交由国王管理。

查理现在可以随心所欲地治理国家。曾被下议院逮捕的丹比伯爵，立即从伦敦塔中被释放出来。约克公爵也被授予了更大的权力，在很多人看来，他已经取代了国王的地位，因为国王越来越只顾自己享乐。1684 年春，公爵在缺席十一年后再次进入枢密院。在这一时期，“天主教阴谋论”的煽动者泰特斯·奥茨因称詹姆士叛国而被捕；他被定罪并处以 100000 英镑的罚款。这足以让他在可见的未来一直蹲监狱。

伊夫林的日记中记载了当时宫廷喜悦的心情和氛围，在这里可以看到“不可言喻的奢华，下流猥亵，聚众赌博，放荡行为，应有尽有，(他们) 似乎把上帝也忘记了”。在富丽堂皇的大厅里，国王“和情妇们坐在一起

调情”，她们当中就有朴次茅斯女公爵，“一个法国男孩在唱情歌。大约有二十名重要的廷臣和其他浪荡子围坐在一张大桌子旁赌博，他们面前摆放着一堆金币，至少有两千枚”。

然而查理二世的好日子就要到头了。1685 年的头几个星期，他饱受痛风的折磨，身体虚弱不堪。2 月 2 日周一早晨，他由于夜里焦躁不安，持续高烧，一大早就起来了。他的随从说他整个人看起来无精打采。他经常胡言乱语，行为怪异。接着，他开始浑身抽搐，用医生的话来说是“抽风”，这使他两个小时都无法开口说话。他的皮肤上涂了斑蝥粉，以消除水疱。放血缓解了他的症状，国王逐渐恢复了说话的能力。约克公爵应召前来，由于走得匆忙，有只脚上只穿着拖鞋。医生们现在准备了一些粉末想让国王打喷嚏，喷出“体液”，减轻大脑的压力；医生还让他服了樱草花液剂和盐卤酯剂。

国王的身体似乎逐渐好转，但到周三下午，他开始浑身冒冷汗，发冷 451
汗是身体恶化的一个阶段。随后，医生又给国王使用了一种所谓“颅骨精”的制剂。到周四中午，他人几乎没有希望了；病情发作了好几次，但在每两次发作的间隙，他的意识还是清醒的。

周四晚上，他结束了一生信仰摇摆不定的状态，正式加入了罗马天主教，为他主持仪式的是本笃会修士约翰·赫德斯通。在主教和其他随从离开后，约克公爵通过一扇暗门把修道士带进了查理的临终病房。我们似乎没有理由怀疑这种说法。詹姆士在信中写过此事，也说过此事。赫德斯通本人也对这件事做了简单的说明。有一段时期，旁人是不允许进入临终病房的，在这之后，国王就拒绝国教的领圣餐仪式了。

入教仪式结束后，他头脑清晰，说话镇静。第二天早上，他让人把他抬到窗前，在这里，他可以看到初升的太阳。到十点钟的时候，他就昏迷不醒了。快到中午的时候，他终于安详地离开了人世。 452

45

新教之风

尽管沙夫茨伯里伯爵和辉格党不断设法阻挠，新王詹姆士二世还是于1685年2月6日登上了王位。五十二岁的詹姆士二世身体状况极佳，他已证明自己性格坚定果断；虽然有人劝他背离天主教，但他还是坚守了自己的信仰。比起兄长查理，詹姆士二世更加果断、值得信赖，但在亲和力与洞察力方面稍显逊色。詹姆士似乎做不到折中妥协，他简单地认为周遭世界非黑即白，认为君主制就意味着权威，共和制则会带来混乱。另外，他的做事方式固执死板，脾气不太好。

然而，这样的君主的未来统治也不一定令人讨厌。众所周知，詹姆士比他的亡兄更勤俭节约，更关心经济，他是一名典型的中等能力的退役海军军官。宫廷内部有另一种说法。约翰·劳德尔爵士表示，过去宫内有音乐，有人赌博，充满欢声笑语，但现在“一派严肃，只谈公事，别无他物”。

詹姆士在首次声明中表示支持英格兰国教会，称国教会是君主制最
453 忠诚的朋友。然而，约翰·伊夫林表示，老国王去世刚过一周，詹姆士就“在臣民们悲痛之际，首次前往公爵府邸的天主教小礼拜堂公开做弥撒，当时门都是大敞四开的”。举扬圣体的仪式一开始，天主教徒们跪下来，新教

徒则匆匆忙忙地出了礼拜堂。新王詹姆士是在向全国宣布他的天主教信仰。他将教会建立在圣彼得的磐石之上，不过，他最终也会垮在这块磐石上。

路易十四早已给詹姆士送去一大笔钱作为储备基金，这笔钱由法国大使保管，用于防备叛乱。路易十四很清楚，在现任国王的治下，天主教会受到优待。枢臣们也知道，议会将不得不通过任何可征收新税的命令。詹姆士召见法国大使来解释当时的情况。他告诉大使，“请你的国王陛下放心，我对他心怀感激，不离不弃。如果没有他的保护，我一事无成……我会处理好这件事，不让议会插手外交事务。如果发现他们有任何捣乱的倾向，我会把他们撵出去”。

其实詹姆士不必担心。在 1685 年春天举行的这届议会上，绝大多数议员都是托利党或保王党；詹姆士在开幕词中称，“我保证，我会照顾到你们的宗教和财产”，而作为回报，詹姆士要求议会为他提供终身收入。议员们投票给他拨了这笔钱；此外，由于贸易量的增长，詹姆士的消费税收极大增加，议员们给他的钱远远超过他本来的要求。不过，当这位国王提到“你们的宗教”时，议员们可能会有所顾虑了。

詹姆士唯一潜在的威胁来自亡兄的私生子蒙茅斯公爵，他仍然觊觎着王位。果然，从阿姆斯特丹流放地离开后，6 月 11 日，蒙茅斯带着一小支部队在莱姆海岸登陆；他带了不到 150 人的同党，他相信，登陆后会有一大批人出来拥护他。蒙茅斯将代表他的蓝色旗帜插在英格兰的土地上，宣称詹姆士是一个篡位者；另外他还表示，这个国王背信弃义，毒害了自己
的兄长，并且是伦敦大火的始作俑者；说他鼓动“天主教密谋案”，而那 454
是又一场“反对宗教改革和国家权力的阴谋”。随后他就自称国王詹姆士二世了。

当蒙茅斯向汤顿和布里奇沃特两座城市进军时，来自多塞特郡和萨默塞特郡的一些本地人加入了他的小股部队，但人数还是比他原先预期的少得多。由于缺乏有条理的作战策略，蒙茅斯的部队很快便被詹姆士训练有素、装备精良的士兵彻底打败。塞奇莫尔战役是蒙茅斯在英格兰土地上的最后一场战役。他从战场上逃走后，筋疲力尽，半睡半醒地躺在灌木丛里，

但他被人发现的时候，身上还盖着蕨菜和荨麻做的伪装。

战败者没有得到宽恕。蒙茅斯本人被带到国王面前；他跪在地上，恳求詹姆士放自己一条生路。“难道一点希望都没有了吗？”他最后问道。国王转身离开，一言未发。蒙茅斯在塔山被斩首，成为刽子手杰克·凯奇拙劣的处决手法的另一个牺牲品。

英格兰西南部的人们下场悲惨。法官杰弗里斯被派去处理惩罚蒙茅斯的追随者。“血腥的巡回审判”成为当地流传的民间故事。很多人死在监狱里，800 人被运走卖为奴隶，250 人被判死刑。29 人被判决在多切斯特受刑，但那里的两个刽子手提出反对意见，说他们没法在一天之内将这么多人上吊刑、鞭刑和肢刑；在受刑者中，有一位妇女因向逃跑的“叛军”提供食物和水而被斩首。“各位先生，”杰弗里斯对陪审团说，“如果我是你们，就算她是我自己的母亲，我都会认为她有罪。”杰弗里斯放声大笑，乐呵呵地拿着眼前的囚犯开玩笑。他常说自己会“狠狠地教训被告”。“我看看你啊，恶棍，我看你脖子上已经套上缰绳了。”当他得知有个犯人的生活全靠教区救济时，便说道“我得减轻一下教区的负担”。

打败了蒙茅斯的叛军，王权得以巩固；詹姆士二世战胜了敌军后，现在要做的就是建立一个以他的绝对权力为根基的新国家。他决定废除《忠诚宣誓法》，让天主教徒担任各种要职；他还打算废除《人身保护法》，加强对竞争对手的控制。另外，詹姆士还计划建立一支约 20000 人的常备军，
455 以对抗国内外的“骚乱”。

蒙茅斯战败的那年夏天，约有 15000 人来到豪恩斯洛荒原安营扎寨；当时的一名律师约翰·劳瑟爵士回忆说，常备军的到来“令英格兰人民大吃一惊”，人们从未听说过和平时期有这样一支部队。这支军队很快被派驻到全国各地，以追击“叛乱分子”为幌子，充当詹姆士的安全部队。有时，他们会去破坏浸礼会和长老会的聚会，在这段时间里，长老会被当作异己教派对待，受迫害最为严重。另外，在塞缪尔·佩皮斯的密切协助下，国王还打算建立一支强大的海军，以巩固和开发印度、北美和西印度群岛的殖民地。因此可以说，詹姆士二世是 18 世纪商业的、帝国主义的国家的开创者

之一。

君主专制和天主教这两个共同点将詹姆士二世和路易十四紧密联系在一起，成为两人友好关系的纽带。1685 年秋天，路易十四废除了保障新教徒臣民信仰自由的《南特敕令》，这自然而然地给英格兰人敲响了警钟。詹姆士会走上同样的道路吗？詹姆士固然不敢对抗英格兰国教会，但可能会试图遏制它的权力。他对逃往英格兰的新教胡格诺派的态度并不友好；詹姆士认为，胡格诺派反对君主制，所以不愿意让他们留在英国。不过他们还是留下了，定居在斯皮塔菲尔兹等地，而且重要的是，他们开创了英格兰的丝绸业。

议会在规定的 11 月 9 日这一天重新召开，国王的同党，信奉国教的托利党人自然感到非常忧虑。“议会从未如此虔诚过，”一位同时代人声称，“你知道的，宗教是一个非常敏感的话题。”最让两院议员震惊的是，国王不顾《忠诚宣誓法》，任命罗马天主教徒为陆军和海军军官。国王发言称，“他们救我于危难之中［蒙茅斯叛乱］，如果发生第二次叛乱，到那时，我 456
不想让他们受辱，也不想让自己缺了他们的帮助”。詹姆士很快就明白，两院议员，尤其是上议院，对詹姆士违反法律、违背议会惯例的行为感到很失望。一位勇敢的贵族莫当特子爵称：“我们可以确定，恶魔已经到来。常备军是现实存在的，由天主教徒掌控。现在没有外敌，没有叛乱。这支军队除了破坏我们的法律、巩固英格兰人痛恨的专制权力之外，还有什么用处呢？”

在议会召开十一天后，詹姆士宣布将议会延期至次年；詹姆士统治的特点是，没等议会找到机会动摇王权之前，便出手镇压它，这是国王与政治国家之间关系日益紧张的迹象。在詹姆士短暂的统治期内，议会再也没有召开过。

现在，他开始凭借特权帮助自己的教友。詹姆士发布命令禁止庆祝“火药叛国日”；在这一天，人们习惯于焚烧教宗的画像；该禁令取得了一定程度的成效。天主教的各个修道会再次进驻伦敦，其中本笃会盘踞在圣詹姆士，迦密会驻扎在伦敦城，方济各会的驻地是林肯律师学院的广场，耶稣会的驻地是萨伏伊宫。耶稣会士在驻地附近建立了一所天主教学校。詹姆士最亲密的顾问之一爱德华·皮特便是耶稣会牧师，他掌管着英格兰的王家礼拜堂，住在国王的旧居白厅。截至年底，已有五名罗马天主教徒进入枢密院。

然而，国王的道德并没有完全符合天主教的标准。詹姆士赏赐给自己最重要的情妇凯瑟琳·赛德礼一座豪宅，还册封她为多切斯特女伯爵。但凯瑟琳·赛德礼似乎并不明白詹姆士为何爱慕自己。“这肯定不是因为我的长相，他知道我并不貌美；也不可能是因为我的才智，因为他也并没有发觉我有多聪颖。”

国王经常说，他的目的是“建立”或“重建”罗马天主教。他可能
457 已经意识到，自己无法强迫全体国民信仰天主教，他也很清楚，将来可能继承王位的玛丽是一位狂热的新教徒；他只希望让天主教与英国国教地位平等，然后再凭借它自身的优点吸引众人皈依。詹姆士原本想说服国教会和托利党，引导他们接受自己的想法，结果却进一步招致他们的反感。当莱姆街上建起一座天主教礼拜堂时，一群伦敦人集结起来袭击这座“弥撒馆”；民兵组织被召来驱散人群，但他们不愿服从命令，表示“我们不能昧着良心为教宗派而战”。国王性格固执、傲慢，这无助于他的事业。“我是不会让步的，”他总是这么说，“我父亲就是因为妥协而上了断头台。”

他的目的是清洗所有对他的政策或权力不满的司法官员。据估计，他在执政期间更换了各郡九成的治安官。取而代之的是罗马天主教徒，在没有警察部队的情况下，他们成了法律和王权的主要代理人。另外，詹姆士还清除了市镇当局和各郡的最高军事长官。当他后来解除坎特伯雷大主教在枢密院的职务时，法国大使评论说，詹姆士已经下定决心只偏袒那些对他有益的人。

1686 年夏天出现的戈登诉海尔斯（*Goaden v. Hales*）一案，是对国王权力的检验。问题的焦点是，国王是否有权废止法律规定的处罚，暂停对犯人的处决，其中特别提到了反天主教徒的《忠诚宣誓法》。四名法官宣称，如果国王这么干的话，就是“推翻了英格兰宪法”，于是詹姆士直接免除了

他们的职位。即使是那些曾经最忠于国王的人，现在也感到很失望。“每个人都很震惊，”约翰·伊夫林在6月27日的日记中写道，“这些讨论的结果包含着强烈的嫉妒心。”

这个夏天，国王还成立了一个教会事务委员会，用来“防止不检点的传教行为”；这个机构实际上是维护罗马天主教徒权利的。按规定，委员们有权剥夺任何神职人员的职务，也可以革除任何俗人的教籍，他们还有权 458
管理王国内的中小学和大学。

然而，占英格兰百分之二到百分之三人口的天主教徒是否乐意接纳这位天主教国王为他们做的努力呢？未必如此。詹姆士的行为让天主教徒们招致怨恨，甚至引起了外界的对抗。英格兰的一些地区爆发了反对“教宗至上派”的暴动。天主教人数过于稀少，甚至无法填补所有空缺的职位。试想，在过去他们甚至连法院都进不去，现在怎么能担任法官呢？

詹姆士还开始审查所有的掌权者。他在王宫的密室中，召见了官员以及两院议员。这些会面被称为“密室策略”，詹姆士要求每个人都认可他的宗教政策，谁反对就革掉谁的职位。切斯特菲尔德伯爵表示，“在每一种岗位上，都有许多人被解雇，就像交战中的失败者在战后遭到清算一样”。国王的这种做法，让那些原本会忠于他的人感到非常愤怒和不满。

与此同时，詹姆士还打算赐予所有臣民信教自由，以此来赢得国民的忠诚，至少得到他们的默许。在1687年春发表的《信仰自由宣言》中，詹姆士中止了“所有宗教犯罪刑罚的执行”，取消了“出任公职所要求的宗教宣誓或测试”。如此说来，他其实是在协助自己的教友，同时也希望不从国教者对他心存感激。也许他还认为自己依然可以依靠保王党和国教派的默默支持，尽管其实他们已经极度紧张了。以此可见，詹姆士并不明智。从那以后，不从国教者纷纷拥向礼拜堂和宗教集会，丝毫没有受到任何阻挠；历史学家麦考莱评论说，“留心观察的旅行者能够看到，在某些最古老的集会场所都标有这个日期：1687年”。

当国王决定将自己的意志强加给牛津大学时，英国国教会出现了躁动不安的苗头。牛津大学马格达伦学院院长过世后，国王致信该学院的研究 459

员，命令他们选安东尼·法玛尔当下一任院长；事实上，法玛尔没有资格担任这个职务，而他之所以出名，只是因为他支持天主教。马格达伦学院不顾国王的指令，选举霍夫博士为院长。同年夏天，国王在巡游途中到访牛津大学，他严厉斥责了顽固的研究员，下令他们走人。“回去吧，”他说道，“拿出你们英格兰国教会的礼数，赶紧离开，你们知道的，我是国王，我命令你们走人，你们就必须服从。”

新成立的教会事务委员会宣布霍夫当选无效，而后马格达伦学院有二十五名研究员或辞职或被解雇。如今该学院基本上成了天主教的据点，礼拜堂内每天都会举办弥撒。但对于国王来说，这场胜利其实毫无意义。因为这些行为让他疏远了大量神职人员，通过宗教宽容政策积攒的声誉也都丧失了。马格达伦学院事件传播非常广泛，国王漠视国教派的感受，让公众感到愤怒且失望。

詹姆士在夏季朝圣一事被广泛报道，他前往北威尔士的“圣井”，那里供奉着威尔士处女圣徒圣威尼弗雷德，詹姆士来此地祈求生个继承人。这里还有一件引人注目的事情。他向教廷大使阿达大主教下跪并祈求祝福。这一举动引起了大家的关注，因为自约翰王以来，从来没有哪位英格兰国王给别人下跪，这个动作让人感到尴尬和恶心。这就是天主教的报复。来自意大利摩德纳的使节报告说，“王国里稍微有点信用、地位或权力的贵族很少出现在宫廷里”。奥兰治的威廉是新教事业的坚定捍卫者，他遣使来到伦敦，会晤那些心怀不满的贵族；这位亲王正在等待时机。

威廉曾被任命为荷兰共和国军队终身总司令，由于奥兰治是他的领地，他也是一位享有主权的君主。他的母亲玛丽是查理一世的长女，他的妻子玛丽则是现任国王詹姆士的女儿；毫无疑问，如果詹姆士没有合法的儿子，
460 威廉就会成为王位继承人。威廉和其他家族成员都信奉加尔文主义，深受得救预定论的影响。要说他的使命，最重要的便是遏制法国势力。他曾眼睁睁地看着路易十四侵入荷兰，只有通过决堤泄洪才能逼停法军进攻的步伐。但波旁王朝的帝国抱负并没有消沉，威廉也一心一意地保卫欧洲新教国家，抵挡法国国王的势力。

到了1687年底，詹姆士决定召集议会，以便正式废除《忠诚宣誓法》及其他反对信教自由的刑法；为此目的，他决定再次展开“密室策略”，询问各政府官员和治安法官，他们当选后是否会投票废除《忠诚宣誓法》；如果他们不是下议院议员，是否至少会投票给愿意这样做的候选人？倘若对方的答复是否定的，或者模棱两可，詹姆士便会裁掉他们。10000多人因此而被撤职。这一行为再次激怒了当地贵族和城镇当局，也进一步疏远了国教会，他们确信，天主教的作用只是为了加强政府的专制。

1688年4月初，政府特务每天会花费20先令来准备大选；他们联络各地的“宫廷党”，安排他们专门发放宫廷的宣传材料，反击竞争对手的举措。换句话说，国王的目的是利用同党来“整顿”议会，为他的统治扫清障碍。但他心目中的议会一直未能召开。

当人们得知詹姆士二世之妻摩德纳的玛丽怀有身孕时，就自然想到，未来的王位继承人可能是天主教徒，国教会和不从国教派感到万分焦虑。斯图亚特帝国可能会一直延续下去。1688年5月7日，詹姆士重新发表了《信仰自由宣言》，并承诺在年底前召开议会。随后他下达命令，要求每个教堂连续两个周日在布道坛上宣读该宣言。詹姆士的心腹，耶稣会神父爱德 461
华·彼得爵士告诉他，“应该让（英国国教派牧师）吃下他们自己拉的屎”。

这道命令只会让神职人员感到愤怒和拒不服从。坎特伯雷大主教和其他六位主教拟定了一份请愿书，要求撤销该命令，他们表示，国王使用豁免权，实际上违反了法律。收到请愿书后，詹姆士气愤不已。“我对此感到很惊讶，”詹姆士告诉主教们，“我没想到你们教会竟然做出这样的事，尤其没想到你们会这样。这是在谋反！”在英格兰的九千座教堂中，大约只有二百座宣读了《信仰自由宣言》。在伦敦的一百座教堂中，只有七座宣读了它。这份宣言形同虚设。当圣保罗大教堂附近的圣格里高利教堂刚开始宣读宣言时，全体会众起身退场。如今国王怒火冲天，全然忘记了小心谨慎。他要求把这七位主教关进伦敦塔，并以发表煽动性诽谤罪起诉他们。

威廉正在一旁关注着事件的发展。一艘帆船快速来往于伦敦到海牙之间的北海，将它获取的消息和报告发送给了他。

1688年6月10日，詹姆士和摩德纳的玛丽之子诞生。这让很多人难以置信。斯图亚特家族的继承人在这个特殊的节点出现，未免太合时机了。据传，有人用长柄暖床器将一个新生婴儿偷运进王室。这个新生儿（后来的威尔士亲王）出生五天后，七名冒犯国王的主教被人用驳船从伦敦塔带到威斯敏斯特大厦，那里的人们一直喊着：“上帝保佑主教们”。陪审团在经过一个晚上的审议后，宣布主教们发表煽动性诽谤的罪名不成立；判决公布后，威斯敏斯特大厦响起了持续半个小时的欢呼声和喝彩声。这个消息迅速传遍了整个伦敦城，人们燃起篝火，敲响教堂的钟声。有人在街上焚烧着教宗的画像；在萨默塞特郡，也有人说新生王子的画像也被点燃了。而对于国王来说，最不祥的是，他驻扎在伦敦西部豪恩斯洛荒原的士兵听到这个消息时也欢呼雀跃。当国王听说主教被无罪释放后，只说了句“这
462 对他们来说更糟糕”。

这件事震惊了英格兰大地。主教无罪释放那天，七位有声望的政界人士——其中包括德文郡伯爵、丹比伯爵和什鲁斯伯里伯爵——给奥兰治的威廉发去一封密信，告诉他王国内的绝大多数人民都“不满现任政府的作为”，他们迫切想要变革。如果威廉要进兵英格兰，全国人民都会支持他。伯爵们还告诉威廉，“贵族和绅士阶层中的绝大多数”都反对国王，不满他的政策，威廉一旦登陆英格兰，就会“得到很多人”的拥护。

不过，就算他们再极端，他们也不希望把詹姆士从王位上赶下来。他们想要的是，让威廉充当新教救世主的角色，迫使国王召开自由议会，处理好国家的宗教事务，不再偏袒教宗派；他们要赶在国王“整顿”好他的议会之前完成这些事，因此，速度和果断是关键。不过威廉已经在准备召集一支陆战部队和一支舰队了。

英格兰人在8月初知道了威廉的意图。约翰·伊夫林在1688年8月10日的日记中写道，“特尼森博士告诉我，马上会发生一件大事。奥兰治亲王要过来了”。几天后，路易十四派遣特使来见詹姆士，警告他威廉马上要入侵英格兰，路易十四还表示自己可以提供援助。詹姆士不信。难道自己的女儿会和丈夫密谋废黜父亲？这不可能。威廉自己的国家还在遭受法国的

威胁，这个时候他还会冒险领军出征国外吗？不会的。路易十四很有可能是在吓唬他，拉他结盟，而詹姆士准备建立的议会是不会乐意他们联盟的。

威廉的决定很快就付诸实施了。9月28日，奥兰治的威廉向荷兰议会宣告，他要远征英格兰。这天，詹姆士告知全国，威廉此次入侵是为了“彻底征服我们的王国，让我们及全体人民彻底臣服于外国势力”，他的行动是“某些无德的国民为了私利”怂恿的；詹姆士还宣称自己“拒绝了外国援助”。他全靠自己。 463

威廉随后发表声明称，自己是“很多僧俗领主”邀请来的，他此行的目的只是“尽快组建一个自由的、合法的议会”而已。威廉并没有提到要争夺王位，只是说“我们会尽自己所能来保证英格兰的幸福和安康”。詹姆士想知道是哪些“领主”邀请威廉来英格兰的。他质问几位主教，并要求他们签署“反对”威廉的声明，令他感到奇怪和沮丧的是，他遭到了拒绝。

现在詹姆士意识到自己的处境很危险，开始拼命地改变原来的政策，想以此挽回民心。他将彼得神父从枢密院中解职。詹姆士发表声明，承诺他将“坚定地……维护英格兰国教会”并禁止天主教徒进入议会。另外，对于那些在今年春天被仓促撤职的治安官和其他地方领导人，他承诺恢复他们的职位。詹姆士发表声明称，那些因不从王命而遭驱逐的马格达伦学院研究员会重新得到启用，他还承诺解散负责惩罚该学院的教会事务委员会。另外，六年前被没收的伦敦城特许状，现在又还给了市长和高级市政官。然而，詹姆士的这些权宜之计来得太迟，人们现在觉得他既软弱又优柔寡断，因而看不起他。

不过，詹姆士在组织防御方面表现得很坚决。他给现已出海的海军中队配备了更多的舰船，让它拥有了三十三艘大型战舰和十六艘火攻船。他将皇家委员会派去组建新的军团，并给现有的军团扩员；伦敦和各郡的民兵被召集起来待命，随时准备保家卫国；爱尔兰和苏格兰的步兵营和骑兵团被调回来保卫本土。约翰·劳瑟爵士是一名支持威廉的从男爵，他在回忆录中称，“国王已经竭尽所能，完成了所有的防御工作”。显然，按照詹姆士的实力，他能对抗入侵者并将其击败。

奥兰治亲王威廉在10月中旬启航；这个季节出海很危险，大风把他的船
464 队吹了回来。不过，他既然已经做出了决定，就决心继续前进。11月初，他再次启航前往英格兰，东风灌满了船帆，后人把这阵东风称为“新教之风”。

然而，威廉此行不是来“拯救”新教，除非这个词有特殊含义，而是设法遏制或者尽量削弱法国在尼德兰联省共和国等地的势力。为此，他需要一支英国军队和一些英国舰船来完成这一任务。至于结果如何，他也无法预料。在准备进攻的同时，他写信给首席谋臣威廉·本廷克说，“我太痛苦、太不安了，这太可怕了。我几乎看不清路在哪里；我一生中，从未如此想要得到上帝的指引”。话虽如此，他却一直笃信得救预定论，现在他对一切后果都顺其自然。他不确定英格兰人是否会欢迎他；虽然有人说，他登陆的时候大部分英格兰人都会支持他，但他实在拿不准。

詹姆士判定威廉会在英格兰北部或东部登陆，因此将防务集中设立在这两个地方；而威廉得知詹姆士的决策后，便决定前往防备相对较弱的西南部。当他到达英格兰西南部的德文郡海岸时，强风阻挡了英格兰舰队的追击。在之后的作战会议上，英格兰舰队的舰长们决定不再攻击荷兰舰队，因为对方太强悍了。后来詹姆士认为，舰长们对此早有预谋。实际上，这些舰长的举措与其说是叛国，不如说是出于谨慎。

11月5日，奥兰治亲王到达德文郡的托尔湾，在布里克瑟姆小镇登陆，踏上英格兰的土地。这一天是个吉日，恰逢推翻“火药阴谋案”和瓦解天主教徒阴谋的周年纪念日。威廉的部队上岸后，由于阴雨连绵和道路不畅，行动受阻。11月9日，威廉到达埃克塞特，部下们得以在此休息，但他并没有受到任何热情的欢迎；市民们对他的态度很冷淡，在大教堂举行的感恩仪式上，教士和大部分会众都逃走了。威廉在城内待了九天，但没有一个有点名望的人来找过他；他开始认为，别人告诉他关于英格兰的消息是
465 假的，他上了当，因而打算带着士兵返回船上。后来，一些当地的乡绅应征入伍时，威廉说，“你们的住所离我们登陆的地点那么近，应该早点过来的”。面对威廉的困惑，他们回答道，在他登陆的地区，没有人想到他会来，不过现在，支持者们已经开始赶过来了。

詹姆士没能抓住机会，错过了这个空档期。他把原本被派往北方的部队召回，但当他在索尔兹伯里的营地与他们会师时，他发现官兵们的士气都很低落，而且内部发生了分歧。如果一个国王够强悍，必定会立即向敌人发起进攻，但詹姆士却相当犹豫不决。他的一些指挥官希望立即向前推进，而另一些则建议撤退到伦敦。

在这场危机中，国王的身体也垮掉了；他没完没了地流鼻血，而这说明他恐慌焦虑，不得安生。他的一些官员开始背弃他，去投靠奥兰治亲王，包括科尔切斯特勋爵、阿宾顿勋爵和康伯里勋爵；他们相信威廉的宣言：他来是为了拯救新教，建立自由议会。各地发起了支持议会和新教的起义，进一步将国王孤立起来；诺丁汉、约克、莱斯特、卡莱尔和格洛斯特等城市宣布支持“新教和自由”。

在这一片令人困惑和疑心重重的氛围之中，国王又听到众人开小差的消息，于是便开始忧心忡忡，并决定撤回伦敦。实际上，他不战而降了。这时候，约翰·丘吉尔和伯克利伯爵决定离开詹姆士投奔威廉。当詹姆士回到白厅时，宫廷里几乎空无一人，此时，他得知他的小女儿安妮也投靠了敌人。安妮是一个坚定的国教徒，对父亲公开支持和鼓励天主教的行为深感恐惧。在伦敦主教的保护下，她乘马车逃到了诺丁汉。

现在，国王不知道该信任谁，不知道该相信谁的话。一位廷臣写道，“国王的身体状况不太好，他面色发黄，作息也不正常”。只有服用鸦片剂，他才能入睡。詹姆士召集所有还留在城中的贵族和主教征询意见；他们表 466
示，当下唯一的解决办法就是召开自由议会。11 月 30 日，詹姆士因此发布了一份召开议会的声明，同时赦免了所有反对他的人。但为时已晚，他已经失去了与他最亲近的人的信任和忠诚。

威廉正朝着伦敦缓慢行进，国王有逃跑和抵抗两种选择，但他哪有军备和士兵抵御入侵者呢？他派了一些特派员去亨格福德对付威廉，但这只是佯攻，是为了掩饰他的真实目的。他已经为妻子和儿子的安全做好了准备；12 月 9 日晚，他的妻子摩德纳的玛丽伪装成洗衣女工，带着孩子逃到了加莱。12 月 11 日，詹姆士自己也逃了出来，他和两个信罗马天主教的同伴一起渡过泰晤士河来到伦敦的沃克斯豪尔，从那里骑上马逃走了。据说詹姆士把英格兰的国玺扔进了泰晤士河，这样一来，他的继任者就不能合法地继承王位了。他并不觉得自己抛弃了王国，而是以退为进，先保证自己的安全，日后再夺回王位。但实际上，他已经把主动权交给了威廉，并且威廉已经自居为下一任英格兰国王了。

议会中的教会领主和世俗领主在得知国王出逃后，组成了一个临时政府与威廉谈判，以重建一个自由议会，用以"恢复我们的法律、自由和财产"。詹姆士离开后，人们公开拿天主教徒泄愤；伦敦的天主教堂遭到袭击，西班牙和佛罗伦萨的天主教大使的住所被洗劫一空。

现在，国内流传着各种疯狂的谣言。有人说，国王指挥爱尔兰军队屠杀了伦敦人民，正在向北方进军；有人说，天主教徒放火烧了伯明翰；据说诺丁汉和斯塔福德被洗劫一空，唐卡斯特和哈德斯菲尔德也跟着倒霉了。谣言传到利兹，说郊区出现了吃小孩的爱尔兰人。拉尔夫·特雷斯比在日记中写道："鼓声响起，钟声悲鸣，妇女们尖叫着，每个人都惶恐万分。"
467 这只是一场虚惊，但由此可以看出，人们非常不安，几近歇斯底里了。其间还传出了一首反爱尔兰人的民谣《勒里巴尔罗》[①]，这首民谣戏谑地嘲讽天主教徒，在当时非常流行，它的作者托马斯·沃顿甚至说，这首民谣把詹姆士从三个王国（英格兰、苏格兰和爱尔兰）中赶了出来：

现在，异端们都倒下了
橙色之花最耀眼，我们大获全胜
以基督和圣帕特里克之名，这是我们的国家
橙色之花最耀眼，我们大获全胜。

这首曲子至今还是BBC广播的标志性音乐。

詹姆士的外逃计划失败了。他准备从谢佩岛乘坐一艘海关船只离开英

① *Lillibulero*，又译为《耀眼的橙色之花》。

国，结果被人发现了；当时他化了装，戴着一顶黑色短假发，一开始人们还以为他是一位耶稣会士。他被带到法弗舍姆港，很快暴露了真实身份，随后又被带到市长家，由发现他的几位海员看守；他们想拿他去领赏。此时詹姆士吓得要死，完全不知所措，一会儿哀求着要一条船，一会儿又哭哭啼啼，哀叹自己的命运。目击者约翰·纳奇布尔“看到詹姆士脸上带着微笑，他笑得很诡异，很勉强，让人看了之后感觉很不自在，很不舒服。说真的，我从来没见过这种表情”。

当局听说詹姆士被扣留在法弗舍姆，一时不知道该如何处置他。他不可能一直待在这里。詹姆士本人下定决心，要求返回伦敦与威廉面谈；他的信使准备将这一消息转告给威廉，但这人立刻被逮捕，关进了伦敦塔。现在，谁才是真正的主人呢？

詹姆士还不知道他的信使的命运，继续向首都进发；12 月 16 日，当他快到布莱克希斯时，受到了兴高采烈的人群的欢迎，毫无疑问，这些人希望两派和解。他们主要是“国王和国家”的坚定支持者，但他们出来欢迎，表明整个气氛有所缓和。一位保王党人事后表示，在瑟瓦克和白厅之间的街道上，“马车都过不去，阳台和窗户上也都挤满了人”。国王自己也写道，这倒“更像是一个凯旋的日子，而非受辱的日子”。 468

不过，也有人不太欢迎他。当晚在白厅休息时，詹姆士得知，所有的岗哨都换上了奥兰治亲王的荷兰卫兵；实际上他被囚在了自己的王宫中。第二天一大早，詹姆士被人叫醒，奥兰治亲王命令他在早上九点之前离开伦敦，前往汉姆宫。威廉之所以让詹姆士在这个时候离开，是因为自己要在中午进入伦敦，他不想让国王抢了他的风头。詹姆士服从了命令，不过他不想去汉姆，而是想去罗切斯特。威廉同意了他的要求，不过很明显，这位君王已经沦落为自己王国内一个无助的俘虏。

威廉本人于 12 月 18 日进入伦敦，他也受到了兴高采烈的人们的欢迎，钟敲响了，篝火也燃起来了。他被称为“我们的宗教、法律、自由和生命”的拯救者，不过让他们高兴的一个重要原因是，不用战争，也不用革命，新教的地位就恢复了。两天前，他们为国王欢呼，是因为他撤销了自己的天主教政策；如今他们为他们的新教救世主喝彩。

在罗切斯特，国王在当地的一位从男爵家住了几天，每时每刻都在寻找逃跑的办法。他担心被暗杀或者直接被监禁。不过他注意到，他身边的卫兵对他的看守并不严格。威廉其实想让詹姆士逃走，他认为这是这场冲突不算最坏的结果。詹姆士留在国内会很麻烦，但如果他是自己逃跑的，威廉就可以说他自动退位了。12 月 22 日晚，詹姆士从床上爬起来，后门还开着，他轻易地就离开了；他穿过花园走到梅德韦河岸边，一艘小艇正等着他。

这场众说纷纭的伟大或奇妙的“革命”就这么完成了，它最终被称为“光荣革命”。威廉的支持者伯内特主教是这样描述国王的，“他的全部力量就像蜘蛛网一样，一碰就碎，连挽回的余地都没有。他因为缺乏判断力、
469 心智不足而在一天内犯下的错，永远也无法弥补”。然而这些错误并不是一天造成的，而是多年积累的结果。詹姆士生性固执，对宗教虔诚到狂热的地步，对国家的性质判断失误；他坚持推行错误的政策，错过了叫停的机会。他把中央政府的权力与地方政府的权力对立起来，损害了国家的利益。他伤害了国教会和托利党的感情，疏远了原本支持自己的人。他不断替天主教徒出头，触犯了一种敏感的偏见。或许他并不是想做一个专制君主，但他的行为让他看起来有这种意图。他的继承人诞生后，人们更加认定他有专制倾向。

詹姆士二世在法国度过了余生。据说，在他的圣日耳曼昂莱城堡的宫廷里，“你一听他说话，就知道他为什么会待在这里了”。至此，最后一位斯图亚特国王的公众生活便结束了。我们可以用约翰·德莱顿《世俗的假面舞剧》中的话来结束这场戏：

你的战争什么都没有留下，
你的爱人都是假的；
旧时代已经过去，
470 新时代即将来临。

英格兰君主世系

威塞克斯王朝

名称	在位	继承权	大事记
阿尔弗雷德大帝	871年4月23日—899年10月26日	埃塞尔伍尔夫与奥斯博嘉之子	英格兰历史上第一个以“盎格鲁-撒克逊人的国王”自称且名副其实之人，奠定英格兰王国的基础
“长者”爱德华(爱德华一世)	899年10月26日—924年7月17日	阿尔弗雷德大帝与艾尔赫斯威斯之子	征服丹麦法地区，摧毁英格兰南部维京人的力量
埃塞尔斯坦	924年8月4日—939年10月27日	“长者”爱德华与艾克温之子	征服诺森伯兰王国，正式成立英格兰王国，人称“英格兰之王”
埃德蒙一世	939年10月27日—946年5月26日	“长者”爱德华与艾德吉夫之子	面临军事威胁后重新稳固英格兰王国，并与苏格兰保持和平共处关系
埃德雷德	946年5月26日—955年11月23日	“长者”爱德华与艾德吉夫之子	平息诺森伯兰叛乱，令该地区彻底归属英格兰王国
埃德威格	955年11月23日—959年10月1日	埃德蒙一世与沙夫茨波里的艾尔弗吉夫之子	在位期间王国持续不断地发生冲突，最终以泰晤士河为界，同埃德加分治英格兰
“和平者”埃德加(埃德加一世)	959年10月1日—975年7月8日	埃德蒙一世与沙夫茨波里的艾尔弗吉夫之子	在统治晚期的973年加冕，象征着其统治的顶点，也为此后的英王加冕仪式奠定了基础
“殉教者”爱德华(爱德华二世)	约975年7月8日—978年3月18日	“和平者”埃德加与爱塞弗里德之子	在位三年即遇害，许多圣徒传记认为他是殉教者，其遗骸在英格兰宗教改革时期被藏起，20世纪初重新被发现
“决策无方者”埃塞尔雷德(埃塞尔雷德二世)	978年3月19日—1013年12月15日 1014年2月3日—1016年4月23日	“和平者”埃德加与爱弗里芙之子	在位期间，国家不断遭受丹麦人入侵，曾被丹麦国王“八字胡”斯韦恩击败夺走王位，并于其死后重获王位

“刚勇者”埃德蒙（埃德蒙二世）	1016年4月23日—1016年11月30日	“决策无方者”埃塞尔雷德与约克的艾尔弗吉夫之子	反抗丹麦王朝克努特大帝的统治
“忏悔者”爱德华（爱德华三世）	1042年6月8日—1066年1月5日	“决策无方者”埃塞尔雷德与诺曼底的艾玛之子	结束丹麦王朝的统治，没有留下子嗣，王位由戈德温之子哈罗德继承

丹麦王朝

“八字胡”斯韦恩	1013年12月15日—1014年2月3日	蓝牙哈拉尔与加若德·奥拉弗斯多特之子	击败埃塞尔雷德，开创丹麦王朝
克努特大帝（克努特一世）	1016年10月18日—1035年11月12日	“八字胡”斯韦恩与傲慢者西格丽德之子	统辖英格兰、丹麦、挪威及部分瑞典，其辖境享有北海帝国之称
“飞毛腿”哈罗德（哈罗德一世）	1035年11月13日—1040年3月17日	克努特大帝与北安普敦的艾尔弗吉夫之子	趁哈德克努特在丹麦解决挪威叛乱无法抽身，谋得英格兰王位
哈德克努特（克努特二世）	1040年3月17日—1042年6月8日	克努特大帝与诺曼底的爱玛之子	丹麦王朝末代国王，也是英格兰最后一位斯堪的纳维亚人君主

戈德温王朝

戈德温之子哈罗德（哈罗德二世）	1066年1月6日—1066年10月14日	威塞克斯伯爵戈德温与吉莎·索尔科尔斯多特提尔之子	在黑斯廷斯之战中被诺曼底的威廉击败并阵亡

诺曼底王朝

威廉一世（“征服者”威廉）	1066年12月25日—1087年9月9日	诺曼底公爵罗贝尔一世与法莱斯的莱乌之子	自称“忏悔者”爱德华的指定继承人，征服英格兰，造成“北方之劫”
威廉二世（“红毛”威廉）	1087年9月9日—1100年8月2日	威廉一世与佛兰德的玛蒂尔达之子	击败马尔科姆三世，在很大程度上影响了苏格兰的王位继承
亨利一世（“儒雅者”亨利）	1100年8月2日—1135年12月1日	威廉一世与佛兰德的玛蒂尔达之子	其治理得到普遍认可，并在坦什布莱战役中俘获兄长诺曼底公爵罗伯特，由此征服诺曼底

玛蒂尔达（玛蒂尔达王后）	1141年4月7日—1141年11月1日	亨利一世与苏格兰的玛蒂尔达之女	与斯蒂芬的征战令英格兰陷入“无政府时期”

布卢瓦王朝

斯蒂芬（布卢瓦的艾蒂安）	1135年12月22日—1154年10月25日	布卢瓦伯爵艾蒂安二世与诺曼底的阿德拉之子	与玛蒂尔达的征战令英格兰陷入“无政府时期”

金雀花王朝

安茹王朝

亨利二世（“短斗篷”亨利）	1154年10月25日—1189年7月6日	安茹的若弗鲁瓦五世与玛蒂尔达王后之子	得到苏格兰国王的效忠，命人杀害大主教贝克特，遭到教宗绝罚
幼王亨利	1170年6月14日—1183年6月11日（与父共治）	亨利二世与阿基坦的埃莉诺之子	从1170年起成为名义上的英格兰国王，但并未实际行使统治权
理查一世（“狮心王”理查）	1189年7月6日—1199年4月6日	亨利二世与阿基坦的埃莉诺之子	唯一参加过十字军东征的英格兰国王，并在阿尔苏夫战役中击败萨拉丁的穆斯林军队
约翰（无地王）	1199年4月6日—1216年10月19日	亨利二世与阿基坦的埃莉诺之子	失去安茹帝国，专注英格兰本土；在叛乱贵族的逼迫下签订《大宪章》

金雀花王朝

亨利三世（温切斯特的亨利）	1216年10月19日—1272年11月16日	约翰与昂古莱姆的伊莎贝拉之子	自“决策无方者”埃塞尔雷德以来的第一个幼王，被迫组建摄政委员会，其治下议会初见雏形
爱德华一世（“长腿”爱德华）	1272年11月16日—1307年7月7日	亨利三世与普罗旺斯的埃莉诺之子	创立羊毛出口税，几近征服苏格兰，并处死威廉·华莱士，人称“苏格兰之锤”
爱德华二世（卡那封的爱德华）	1307年7月7日—1327年1月25日	爱德华一世与卡斯蒂利亚的莱昂诺尔之子	因崇信臣子而致使贵族叛乱；讨伐苏格兰失败；首位被废黜的合法国王
爱德华三世	1327年1月25日—1377年6月21日	爱德华二世与法兰西的伊莎贝拉之子	开启英法百年战争，对法国造成重大打击；其治下的英格兰遭遇大疫

理查二世	1377年6月21日—1399年9月30日	黑太子爱德华与肯特的琼安之子	其治下发生英格兰历史上最大规模的农民起义，由其成功平息

兰开斯特王朝

亨利四世(博林布鲁克的亨利)	1399年9月30日—1413年3月20日	冈特的约翰与兰开斯特的布兰奇之子	杀害理查二世与大主教，并数次平息以理查二世名义扯旗的叛党
亨利五世(英格兰之星)	1413年3月20日—1422年8月31日	亨利四世与博恩的玛丽之子	重启英法百年战争，以少胜多取得阿金库尔战役胜利，迫使法王签订《特鲁瓦条约》，成为法国王位的继承人
亨利六世	1422年8月31日—1461年3月4日 1470年10月3日—1471年4月11日	亨利五世与瓦卢瓦的凯瑟琳之子	继承英法百年战争，但在圣女贞德解除奥尔良之围后陷入不利境地，国内爆发玫瑰战争

约克王朝

爱德华四世	1461年3月4日—1470年10月3日 1471年4月11日—1483年4月9日	约克公爵理查·金雀花与塞西莉·内维尔之子	在陶顿战役中击败安茹的玛格丽特和亨利，第一次执政 杀害亨利六世，第二次执政
爱德华五世	1483年4月9日—1483年6月25日	爱德华四世与伊丽莎白·伍德维之子	加冕不到一年，与弟弟约克公爵理查一同失踪，最终死因成谜
理查三世	1483年6月26日—1485年8月22日	约克公爵理查·金雀花与塞西莉·内维尔之子	在博斯沃思原野战役中战败，为玫瑰战争和金雀花王朝画上了句号

都铎王朝

亨利七世(亨利·都铎)	1485年8月22日—1509年4月21日	埃德蒙·都铎与玛格丽特·博福特女勋爵之子	杀死理查三世，继承英格兰王位。擅长联姻政策，与约克的伊丽莎白结婚，合并约克和兰开斯特家族，正式结束玫瑰战争

亨利八世	1509年4月22日—1547年1月28日	亨利七世与约克的伊丽莎白之子	有过六次婚姻。推行宗教改革，使英格兰脱离罗马教廷的控制，并为创立国教会打下了关键基础
爱德华六世	1547年1月28日—1553年7月6日	亨利八世与简·西摩之子	加强国教会改革，首度将新教确立为英格兰国教会
简·格雷	1553年7月10日—1553年7月19日	萨福克公爵亨利·格雷与弗朗西丝·布兰登之女	著名的“九日女王”，但因在位仅九天，一般不被正式算作英格兰女王
玛丽一世(血腥玛丽)	1553年7月19日—1558年11月17日	亨利八世与阿拉贡的凯瑟琳之女	为了巩固自身权力以及复辟罗马天主教，常以铁腕手段镇压人民，并靠宫廷斗争铲除异己
腓力二世(共治国王)	1554年7月25日—1558年11月17日	查理五世与葡萄牙的伊莎贝拉之子	西班牙国王。与玛丽一世结婚后成为英格兰的共治国王。于1588年建立了赫赫有名的西班牙无敌舰队
伊丽莎白一世(童贞女王)	1558年11月17日—1603年3月24日	亨利八世与安妮·博林之女	于宗教分裂时期继位，不仅成功维护了国家统一，还将英格兰打造成了欧洲最强大的国家之一。终身未婚嫁

斯图亚特王朝

詹姆士一世	1603年3月24日—1625年3月27日	达恩利勋爵与玛丽一世之子	首位英格兰、苏格兰及爱尔兰国王。在位期间鼓吹君权神授，自认上帝的使者，与议会时有矛盾，国民对此不满
查理一世	1625年3月27日—1649年1月30日	詹姆士一世与丹麦的安妮之子	英格兰历史上唯一被公开处死的国王，欧洲史上第一个被公开处死的君主。在位时国内宗教冲突严重，与议会之间爆发两次内战

查理二世	1660年5月29日—1685年2月6日	查理一世与亨利埃塔·玛丽亚之子	个性风趣、活力四射，人称“快活王”。签署议会制定的“人权保护法”
詹姆士二世	1685年2月6日—1688年12月23日	查理一世与亨利埃塔·玛丽亚之子	查理二世的同母弟。臣民反对其专权，在光荣革命中被剥夺王位
玛丽二世	1689年2月13日—1694年12月28日	詹姆士二世与安妮·海德之女	作为国教表率一直以身作则，成功改善了17世纪60年代以来的不良风俗。与妹妹安妮冲突不断
安妮女王	1702年3月8日—1714年8月1日 1707年5月1日—1714年8月1日为大不列颠及爱尔兰女王	詹姆士二世与安妮·海德之女	在位期间英格兰王国与苏格兰王国合并成为大不列颠。签署《乌得勒支和约》，使英格兰大获其利并成为超越法国、荷兰的海上强国

英格兰共和国

奥利弗·克伦威尔(老铁骑军)	1653年12月16日—1658年9月3日	罗伯特·克伦威尔与伊丽莎白·斯图尔德之子	英格兰共和国首位护国公。资产阶级新贵族集团的代表人物。逼迫英格兰君主退位，解散议会，并转英格兰为资产阶级共和国，建立英格兰共和国
理查·克伦威尔(摇摇欲坠的迪克)	1658年9月3日—1659年5月7日	奥利弗·克伦威尔与伊莉莎白·鲍彻之子	英格兰共和国最后一位护国公。1659年，议会恢复君主制，英格兰共和国覆亡，理查·克伦威尔流亡法国

奥兰治－拿骚王朝

威廉三世(奥兰治的威廉)	1689年2月13日—1702年3月8日	奥兰治亲王威廉二世与长公主玛丽·亨利埃塔·斯图亚特之子	击退法国后与妻子玛丽二世一同成为英格兰国王。领导了反抗法国的大同盟战争

汉诺威王朝

乔治一世 (乔治·路易)	1714 年 8 月 1 日— 1727 年 6 月 11 日	汉诺威选帝侯恩斯特·奥古斯特与普法尔茨的索菲娅之子	第一位以德语为母语的英格兰君主，因为无法流利使用英语，他任命沃尔波尔为内阁首相，这也成为英国首相制度的开端
乔治二世 (乔治·奥古斯都)	1727 年 6 月 11 日— 1760 年 10 月 25 日	乔治一世与索菲娅·多罗西娅之子	在奥地利王位继承战争中指挥联军同法国作战，并取得德廷根大捷。在位期间，英格兰商业高速发展，但也因此引发了金融泡沫
乔治三世 (乔治·威廉·弗雷德里克)	1760 年 10 月 25 日— 1820 年 1 月 29 日	威尔士亲王弗雷德里克与萨克森-哥达的奥古丝塔之子	鼓励农业发展，令城乡人口大幅上升，为工业革命提供了充足劳动力。在位期间，英国先后参与了美国独立战争和拿破仑战争。晚年因精神失常而饱受折磨
乔治四世 (乔治·奥古斯都·弗雷德里克)	1820 年 1 月 29 日— 1830 年 6 月 26 日	乔治三世与梅克伦堡-斯特雷利茨的夏洛特之子	在位期间大部分时间由利物浦勋爵担任首相，掌控政府。晚年被迫接受与他不和的乔治·坎宁先后出任外相和首相
威廉四世 (威廉·亨利)	1830 年 6 月 26 日— 1837 年 6 月 20 日	乔治三世与梅克伦堡-斯特雷利茨的夏洛特之子	能力平庸但生性善良，被亲切地称为“水手国王”。1832 年的议会改革标志着英国资产阶级掌权
维多利亚女王 (亚历山德丽娜·维多利亚)	1837 年 6 月 20 日— 1901 年 1 月 22 日	爱德华王子（肯特和斯特拉森公爵）与玛丽·路易丝·维多利亚之女	英国鼎盛的“日不落帝国”时期，史称“维多利亚时代”。英国在此期间加大殖民扩张，经济、文化空前繁荣，君主立宪制得到充分发展。维多利亚女王成为英国和平与繁荣的象征

萨克森－科堡－哥达王朝

爱德华七世（阿尔伯特·爱德华）	1901年1月22日—1910年5月6日	维多利亚女王与阿尔伯特亲王之子	继位时曾是英格兰历史上担任王位继承人最久的王子，在位期间经历了第二次布尔战争，在英国陆军的重组和本土舰队的现代化等方面起到了推动作用，其统治时期被史称“爱德华时代”

温莎王朝

乔治五世（乔治·弗雷德里克·恩斯特·阿尔伯特）	1910年5月6日—1936年1月20日	爱德华七世与丹麦的亚历山德拉之子	在位期间见证了第一次世界大战，大英帝国版图在1922年达到巅峰，领土占全球土地面积的22.5%，人口达到全球五分之一，但印度独立运动、法西斯崛起等迹象也表明帝国行将走向衰亡
爱德华八世（爱德华·阿尔伯特·克里斯蒂安·乔治·安德鲁·帕特里克·大卫）	1936年1月20日—1936年12月11日	乔治五世与特克的玛丽之子	刚继位便向即将二度离婚的美籍名流沃利斯·辛普森求婚，与大众和国教会道德规范产生冲突，引发宪政危机，他最终选择在继位当年退位
乔治六世（阿尔伯特·弗雷德里克·亚瑟·乔治）	1936年12月11日—1952年2月6日	乔治五世与特克的玛丽之子	在位期间见证了第二次世界大战，大英帝国解体过程加速，逐渐演变为英联邦，自乔治六世始，英国君主放弃皇帝头衔，改用英联邦元首的新头衔
伊丽莎白二世（伊丽莎白·亚历山德拉·玛丽）	1952年2月6日至今	乔治六世与伊丽莎白·鲍斯-莱昂之女	英国历史上最长寿的君主，也是目前全世界最长寿的君主，在位期间的重大宪政变革包括权力下放、非洲去殖民化、英国加入欧共体与退出欧盟

延伸阅读

这份书单谈不上详尽和面面俱到，但它所包含的书目曾在我撰写本书的过程中给予我很大的帮助。

文献综述

G. E. Aylmer: *The Struggle for the Constitution* (London, 1963).

J. C. D. Clark: *Revolution and Rebellion* (Cambridge, 1986).

Thomas Cogswell, Richard Cust and Peter Lake (eds): *Politics, Religion and Popularity* (Cambridge, 2002).

Richard Cust and Ann Hughes (eds): *Conflict in Early Stuart England* (London, 1989).

Godfrey Davies: *The Early Stuarts* (Oxford, 1959).

Kenneth Fincham (ed.): *The Early Stuart Church* (London, 1993).

S. R. Gardiner: *History of England, 1603–1642*. In ten volumes (London, 1899).

William Haller: *The Rise of Puritanism* (New York, 1938).

Christopher Hill: *Puritanism and Revolution* (London, 1958).

Derek Hirst: *Authority and Conflict* (London, 1986).

Ronald Hutton: *Debates in Stuart History* (London, 2004).

J. P. Kenyon: *The Stuart Constitution* (Cambridge, 1966).

Peter Lake: *Anglicans and Puritans?* (London, 1988).

Peter Lake and Steven Pincus (eds): *The Politics of the Public Sphere in Early Modern England* (Manchester, 2007).

John Lingard and Hilaire Belloc: *The History of England*. Volumes seven to ten (New York, 1912).

Judith Maltby: *Prayer Book and People in Elizabethan and Early Stuart England* (Cambridge, 1998).

Brian Manning: *The English People and the English Revolution* (London, 1976).
John Morgan: *Godly Learning* (Cambridge, 1986).
John Morrill, Paul Slack and Daniel Woolf (eds): *Public Duty and Private Conscience in Seventeenth Century England* (Oxford, 1993).
J. F. H. New: *Anglican and Puritan* (London, 1964).
Linda Levy Peck: *Court Patronage and Corruption in Early Stuart England* (London, 1990).
H. S. Reinmuth Jnr. (ed.): *Early Stuart Studies* (Minneapolis, 1970).
Conrad Russell: *Parliament and English Politics, 1621–1629* (Oxford, 1979).
——— *Unrevolutionary England* (London, 1990).
Kevin Sharpe, *Politics and Ideas in Early Stuart England* (London, 1989).
——— *Image Wars* (New Haven, 2010).
——— (ed.): *Faction and Parliament* (London, 1978).
Kevin Sharpe and Peter Lake: *Culture and Politics in Early Stuart England* (London, 1994).
Alan Smith: *The Emergence of a Nation State* (London, 1984).
J. P. Sommerville: *Politics and Ideology in England, 1603–1640* (London, 1986).
David Starkey (ed.): *The English Court* (London, 1987).
Margot Todd (ed.): *Reformation to Revolution* (London, 1995).
Howard Tomlinson (ed.): *Before the English Civil War* (London, 1983).
Hugh Trevor-Roper: *Historical Essays* (London, 1957).
——— *Catholics, Anglicans and Puritans* (London, 1987).
Nicholas Tyacke: *Anti-Calvinists* (Oxford, 1987).
——— (ed.) *The English Revolution* (Manchester, 2007).
David Underdown: *Revel, Riot and Rebellion* (Oxford, 1985).
J. Dover Wilson (ed.): *Seventeenth Century Studies* (Oxford, 1938).
Andy Wood: *Riot, Rebellion and Popular Politics in Early Modern England* (London, 2002).

詹姆士六世和一世

Robert Ashton: *James by his Contemporaries* (London, 1969).
Bryan Bevan: *King James* (London, 1990).
Caroline Bingham: *James of England* (London, 1981).
Thomas Birch: *The Court and Times of James*. In two volumes (London, 1848).
Glenn Burgess: *Absolute Monarchy* (London, 1996).
Irene Carrier: *James* (Cambridge, 1998).
Thomas Cogswell: *The Blessed Revolution* (Cambridge, 1989).
James Doelman: *King James and the Religious Culture of England* (Cambridge, 2000).
Kenneth Fincham: *Prelate as Pastor* (Oxford, 1990).
Antonia Fraser: *King James* (London, 1974).
S. J. Houston: *James* (London, 1972).
Robert Lockyer: *James* (London, 1998).

David Matthew: *The Jacobean Age* (London, 1938).
——— *James* (London, 1967).
W. M. Mitchell: *The Rise of the Revolutionary Party* (New York, 1957).
W. B. Patterson: *King James and the Reunion of Christendom* (Cambridge, 1997).
Linda Levy Peck (ed.): *The Mental World of the Jacobean Court* (Cambridge, 1991).
Menna Prestwich: *Cranfield* (Oxford, 1966).
Walter Scott: *Secret History of the Court of James*. In two volumes (London, 1811).
Alan G. R. Smith (ed.): *The Reign of James* (London, 1973).
Alan Stewart: *The Cradle King* (London, 2003).
Roy Strong: *Henry, Prince of Wales* (London, 2000).
Roland Usher: *The Reconstruction of the English Church*. In two volumes (New York, 1910).
D. H. Willson: *King James* (London, 1956).

查理一世

G. E. Aylmer: *The King's Servants* (London, 1961).
Thomas Birch and Cyprien de Gamache: *The Court and Times of Charles I*. In two volumes (London, 1848).
Charles Carlton: *Charles I: The Personal Monarch* (London, 1983).
Hester Chapman: *Great Villiers* (London, 1949).
H. P. Cooke: *Charles I and his Earlier Parliaments* (London, 1939).
E. S. Cope: *Politics without Parliaments* (London, 1987).
Richard Cust: *Charles I: A Political Life* (London, 2005).
C. W. Daniels and John Morrill: *Charles I* (Cambridge, 1988).
Isaac Disraeli: *Commentaries on the Life and Reign of Charles I*. In five volumes (London, 1828–1831).
Christopher Durston: *Charles I* (London, 1998).
J. H. Hexter: *The Reign of King Pym* (Cambridge, Mass., 1961).
Christopher Hibbert: *Charles I* (London, 2007).
F. M. G. Higham: *Charles I* (London,1932).
Clive Holmes: *Why Was Charles I Executed?* (London, 2006).
David Matthew: *The Social Structure in Caroline England* (Oxford, 1948).
——— *The Age of Charles I* (London, 1951).
Brian Quintrell: *Charles I* (London, 1993).
L. J. Reeve: *Charles I and the Road to Personal Rule* (Cambridge, 1989).
Conrad Russell: *The Fall of the British Monarchies* (Oxford, 1991).
Kevin Sharpe: *The Personal Rule of Charles I* (New Haven, 1992).
Hugh Trevor-Roper: *Archbishop Laud* (London, 1940).
C. V. Wedgwood: *The King's Peace* (London, 1955).
——— *Thomas Wentworth* (New York, 1962).
G. M. Young: *Charles I and Cromwell* (London, 1935).

奥利弗·克伦威尔

Maurice Ashley: *The Greatness of Oliver Cromwell*(London, 1957).

Hilaire Belloc: *Cromwell*(London, 1934).

John Buchan: *Cromwell*(London, 1934).

Barry Coward: *Oliver Cromwell*(London, 1991).

J. C. Davis: *Oliver Cromwell*(London, 2001).

C. H. Firth: *Cromwell*(London, 1901).

Antonia Fraser: *Cromwell*(London, 1973).

S. R. Gardiner: *Oliver Cromwell*(London, 1901).

Peter Gaunt: *Oliver Cromwell*(Oxford, 1996).

François Guizot: *Oliver Cromwell*(London, 1879).

Christopher Hill: *God's Englishman*(London, 1971).

Roger Howell: *Cromwell*(London, 1977).

Frank Kitson: *Old Ironsides*(London, 2004).

John Morley: *Oliver Cromwell*(London, 1904).

John Morrill(ed.): *Oliver Cromwell*(Oxford, 2007).

Micheál Ó Siochrú: *God's Executioner*(London, 2008).

C. V. Wedgwood: *Oliver Cromwell*(London, 1973).

内　战

John Adamson: *The Noble Revolt*(London, 2007).

Michael Braddick: *God's Fury, England's Fire*(London, 2008).

Charles Carlton: *Going to the Wars*(London, 1992).

Edward, earl of Clarendon: *The History of the Rebellion and Civil Wars in England*. In six volumes(Oxford, 1888).

David Cressy: *England on Edge*(Oxford, 2007).

Richard Cust and Ann Hughes(eds): *The English Civil War*(London, 1997).

Barbara Donagan: *War in England, 1642–1649*(Oxford, 2008).

Anthony Fletcher: *The Outbreak of the English Civil War* (London, 1981).

S. R. Gardiner: *History of the Great Civil War*. In four volumes(London, 1888).

Peter Gaunt(ed.): *The English Civil War*(Oxford, 2000).

Ian Gentles: *The English Revolution*(London, 2007).

Christopher Hill: *The English Revolution*(London, 1940).

Ann Hughes: *The Causes of the English Civil War*(London, 1991).

Ronald Hutton: *The Royalist War Effort*(London, 1982).

D. E. Kennedy: *The English Revolution*(London, 2000).

John Kenyon: *The Civil Wars of England*(London, 1988).

Mark Kishlansky: *The Rise of the New Model Army*(Cambridge, 1979).

Jason McElligott and David Smith (eds): *Royalists and Royalism during the English Civil*

Wars (Cambridge, 2007).
Allan Macinnes: *The British Revolution* (London, 2005).
Brian Manning (ed.): *Politics, Religion and the English Civil War* (London, 1973).
Michael Mendle (ed.): *The Putney Debates* (Cambridge, 2001).
John Morrill: *The Revolt of the Provinces* (London, 1976).
——— *The Nature of the English Revolution* (London, 1993).
——— (ed.) *Reactions to the English Civil War* (London, 1982).
Jason Peacey (ed.): *The Regicides and the Execution of Charles I* (London, 2001).
R. C. Richardson: *The Debate on the English Revolution* (London, 1977).
Ivan Roots: *The Great Rebellion* (London, 1966).
Conrad Russell (ed.): *The Origins of the English Civil War* (London, 1973).
David Scott: *Politics and War in the Three Stuart Kingdoms* (London, 2004).
Lawrence Stone: *The Causes of the English Revolution* (London, 1972).
John Stubbs: *Reprobates* (London, 2011).
David Underdown: *Pride's Purge* (Oxford, 1971).
Malcolm Wanklyn: *The Warrior Generals* (London, 2010).
C. V. Wedgwood: *The King's War* (London, 1958).
Austin Woolrych: *Britain in Revolution* (Oxford, 2002).
Blair Worden: *The Rump Parliament* (Cambridge, 1974).
——— *The English Civil War*s (London, 2009).

克伦威尔与护国主

G. E. Aylmer (ed.): *The Interregnum* (London, 1972).
Toby Barnard: *The English Republic* (London, 1982).
Jakob Bowman: *The Protestant Interest in Cromwell's Foreign Relations* (Heidelberg, 1900).
Barry Coward: *The Cromwellian Protectorate* (Manchester, 2002).
C. H. Firth: *The Last Years of the Protectorate*. In two volumes (London, 1909).
S. R. Gardiner: *History of the Commonwealth and Protectorate*. In four volumes (London, 1903).
William Haller: *Liberty and Information in the Puritan Revolution* (New York, 1955).
Ronald Hutton: *The British Republic* (London, 1990).
William Lamont: *Godly Rule* (London, 1969).
Jason McElligott: *Royalism, Print and Censorship in Revolutionary England* (Woodbridge, 2007).
John Morrill (ed.): *Revolution and Restoration* (London, 1992).
Robert Paul: *The Lord Protector* (London, 1955).
David Smith (ed.): *Cromwell and the Interregnum* (Oxford, 2003).
Michael Walzer: *The Revolution of the Saints* (New York, 1974).
Austin Woolrych: *Commonwealth to Protectorate* (London, 1980).
——— *England without a King* (London, 1983).

查理二世

Maurice Ashley: *Charles II* (London, 1973).

Robert Bosher: *The Making of the Restoration Settlement* (London, 1951).

Hester Chapman: *The Tragedy of Charles II* (London, 1964).

Raymond Crawfurd: *The Last Days of Charles II* (Oxford, 1909).

Godfrey Davies: *The Restoration of Charles II* (London, 1955).

Antonia Fraser: *King Charles II* (London, 1979).

Tim Harris: *Restoration* (London, 2005).

Tim Harris, Paul Seaward and Mark Goldie (eds): *The Politics of Religion in Restoration England* (Oxford, 1990).

Cyril Hartmann: *Clifford of the Cabal* (London, 1937).

Ronald Hutton: *The Restoration* (Oxford, 1985).

———: *Charles II* (Oxford, 1989).

Matthew Jenkinson: *Culture and Politics at the Court of Charles II* (Woodbridge, 2010).

J. R. Jones: *The First Whigs* (Oxford, 1961).

——— *Charles II* (London, 1987).

——— (ed.) *The Restored Monarchy* (London, 1979).

J. P. Kenyon: *Robert Spencer, Earl of Sunderland, 1641–1702* (London, 1958).

Anna Keay: *The Magnificent Monarch* (London, 2008).

Maurice Lee Jnr: *The Cabal* (Urbana, 1965).

John Miller: *Charles II* (London, 1991).

——— *After the Civil Wars* (London, 2000).

Annabel Patterson: *The Long Parliament of Charles II* (New Haven, 2008).

Stephen Pincus: *Protestantism and Patriotism* (Cambridge, 1996).

Paul Seaward: *The Cavalier Parliament and the Reconstruction of the Old Regime* (Cambridge, 1988).

Thomas Slaughter: *Newcastle's Advice to Charles II* (Philadelphia, 1984).

Jenny Uglow: *A Gambling Man* (London, 2009).

Brian Weiser: *Charles II and the Politics of Access* (Woodbridge, 2003).

詹姆士二世

John Callow: *The Making of King James II* (Stroud, 2000).

Eveline Cruickshanks (ed.): *By Force or By Default?* (Edinburgh, 1989).

Lionel Glassey (ed.): *The Reigns of Charles II and James II* (London, 1997).

Tim Harris: *Revolution* (London, 2006).

J. R. Jones: *The Revolution of 1688 in England* (London, 1972).

T. B. Macaulay: *The History of England from the Accession of James II* (London, 1848).

John Miller: *Popery and Politics in England* (Cambridge, 1973).

——— *James II* (London, 1978).

W. A. Speck: *Reluctant Revolutionaries* (Oxford, 1988).

——— *James II* (London, 2002).

文化与社会

关于文本中提及的作者的研究并非收录于此。

Maurice Ashley: *Life in Stuart England* (London, 1964).

David Cressy: *Bonfires and Bells* (London, 1989).

Eveline Cruickshanks (ed.): *The Stuart Courts* (Stroud, 2000).

Anthony Fletcher and Peter Roberts (eds): *Religion, Culture and Society in Early Modern Britain* (Cambridge, 1994).

Ian Gentles, John Morrill and Blair Worden (eds): *Soldiers, Writers and Statesmen of the English Revolution* (Cambridge, 1998).

Johanna Harris and Elizabeth Scott-Baumann: *The Intellectual Culture of Puritan Woman* (London, 2011).

Alan Houston and Steve Pincus (eds): *A Nation Transformed* (Cambridge, 2001).

Ronald Hutton: *The Rise and Fall of Merry England* (Oxford, 1994).

N. H. Keeble: *The Restoration. England in the 1660s* (Oxford, 2002).

W. K. Jordan: *The Development of Religious Toleration in England* (London, 1936).

Gerald MacLean: *Culture and Society in the Stuart Restoration* (Cambridge 1995).

Allardyce Nicoll: *Stuart Masques* (New York, 1968).

Rosemary O'Day: *The English Clergy* (Leicester, 1979).

David Ogg: *England in the Reign of Charles II*. In two volumes (Oxford, 1934).

Stephen Orgel: *The Jonsonian Masque* (Cambridge, Mass., 1965).

Stephen Orgel and Roy Strong: *Inigo Jones. The Theatre of the Stuart Court*. In two volumes (London, 1973).

Graham Parry: *The Golden Age Restor'd* (Manchester, 1981).

R. Malcolm Smuts: *Court Culture and the Origins of a Royalist Tradition in Early Stuart England* (Philadelphia, 1987).

——— (ed.) *The Stuart Court and Europe* (Cambridge 1996).

John Spurr: *England in the 1670s* (Oxford, 2000).

Roy Strong: *Art and Power* (Woodbridge, 1984).

Blair Worden: *Literature and Politics in Cromwellian England* (Oxford, 2007).

索 引

（条目后的页码为原书页码，参见本书边码）